Die Memoiren des
Dmitri Schostakowitsch

Die Memoiren des Dmitri Schostakowitsch

Herausgegeben von Solomon Wolkow
Eingeleitet von Michael Koball

Propyläen

Aus dem Russischen von Heddy Pross-Weerth
Published by arrangement with HarperCollins Publishers Inc.,
New York
Alle Rechte an der deutschen Übersetzung
Albrecht Knaus Verlag GmbH, München
© 2000 by Econ Ullstein List Verlag GmbH & Co. KG,
Berlin - München
Propyläen Verlag
Alle Rechte vorbehalten
Satz: Utesch GmbH, Hamburg
Druck und Verarbeitung: Bercker Graphischer Betrieb GmbH, Kevelaer
ISBN 3 549 05989 2
Printed in Germany 2000

Inhalt

Der lange Weg zur Wahrheit 9
    Vorwort zur Neuausgabe von Michael Koball

Vorwort von Solomon Wolkow 27

Einführung 37

Kindheit und Jugend 67
    Oktoberrevolution und Studium

Musikwelt Leningrad 99
    Das Konservatorium unter Alexander Glasunow

Theater im Stalinismus 154
    Meyerhold und Stanislawski

»Chaos statt Musik« 188
    »Lady Macbeth« und der Beginn des Zweiten Weltkriegs

Musik als aktive Kraft 246
    Von der Leningrader Symphonie zu »Babi Jar«

Staatskünstler der UdSSR 277
    Kalter Krieg und politisches Tauwetter

Bearbeitungen und Orchestrierungen 339
    Die Opern Modest Mussorgskis

Filmmusik und Staatshymne   364
    Depression und Lebensende

Zeittafel   406

Anmerkungen   411

Personenregister   432

Dem lieben Solomon Moissejewitsch Wolkow
zur guten Erinnerung. D. Schostakowitsch 16. 11. 1974

Zur Erinnerung an die Gespräche
über Glasunow, Soschtschenko, Meyerhold. D. SCH.

Vorwort zur Neuausgabe
von Michael Koball

Der lange Weg zur Wahrheit

Entstehung und Debatte um
Schostakowitschs Memoiren

Die Neuausgabe der Memoiren Dmitri Schostakowitschs (1906 bis 1975) zur Jahrtausendwende markiert das zwanzigjährige Jubiläum des vom russischen Musikwissenschaftler Solomon Wolkow 1979 herausgegebenen Buches. Sie eröffnet gleichzeitig das Jahr des 25. Todestages von Dmitri Schostakowitsch am 9. August 2000. Inzwischen rankt sich eine zuweilen erbittert geführte Debatte um das Buch, die sich im wesentlichen an der Frage seiner Echtheit entzündet hat. Die Geschichte der Debatte um Schostakowitschs *Memoiren*, der aufschlußreiche Stil, in dem sie geführt wurde, sowie das Besondere am Inhalt des Buches sollen hier entfaltet werden.

Entstehung des Manuskriptes

Vor zwanzig Jahren verblüffte der in den Westen emigrierte junge Leningrader Musikwissenschaftler Solomon Wolkow die Welt mit einem biographischen Paukenschlag. *Zeugenaussage – Die Memoiren des Dmitri Schostakowitsch, herausgegeben und aufgezeichnet von Solomon Wolkow* – so der Originaltitel – gaben den Blick frei auf einen neuen Schostakowitsch, der mit dem linientreuen Staatskomponisten, als der er im Westen betrachtet wurde, nicht mehr das geringste gemein hatte. Hier rechnete Schostakowitsch in seinem typischen, zynischen Humor mit hohen Musikfunktionären und Komponistenkollegen ab und machte auch vor seinen

Peinigern aus Staatsführung und Parteiapparat nicht halt. Der Tenor des Buches: Hinter der offiziellen Figur gab es einen zweiten Schostakowitsch, der in seiner Musik verschlüsselt aussprach, was öffentlich zu sagen den Tod bedeutet hätte. Der offizielle Staatskomponist der UdSSR, dekoriert mit Stalinorden und anderen hochdotierten Preisen, entlarvte das menschenverachtende Regime und lieh dem Leid von Millionen Menschen seine Stimme. Und – er wurde verstanden, das Wort vom *heimlichen Dissidenten* machte seitdem im Westen die Runde.

Im Vorwort der Originalausgabe gibt Wolkow Auskunft über das Zustandekommen des Buches. Anlaß der Bekanntschaft zwischen dem jungen Wissenschaftler und dem Komponisten war Wolkows Buch über junge Leningrader Komponisten, für das Schostakowitsch das Vorwort schreiben sollte. Bei einigen vorbereitenden Treffen sprachen beide zunächst über zentrale Figuren der russischen Musikgeschichte des 20. Jahrhunderts, bevor sich allmählich der Plan der Veröffentlichung von Schostakowitschs *Memoiren* herauskristallisierte. Schostakowitsch war ins Plaudern geraten, hatte sich an zu viele unangenehme Menschen und Begebenheiten erinnert und dabei zunehmend Details freigelegt, die über einen herkömmlichen Memoirenband weit hinausgingen und auf gar keinen Fall die Zensur überstanden hätten.

Die endgültige Version von Schostakowitschs Vorwort wurde bei Erscheinen des Buches über junge Leningrader Komponisten 1971 von den Behörden *grausam gekürzt*, um es mit Wolkows Worten zu sagen. Zu Schostakowitschs Motivation merkt er an:

»Das gab ihm den letzten, entscheidenden Anstoß, der Welt seine Version von Ereignissen mitzuteilen, deren Zeuge er im Verlauf eines halben Jahrhunderts gewesen war. Der Entschluß, mit der Arbeit an seinen Erinnerungen zu beginnen, war gefaßt. ›Ich muß das tun. Ich muß es‹, sagte Schostakowitsch wiederholt.«[1]

Nach Wolkows Übersiedelung nach Moskau, er war inzwischen Redakteur der staatlichen Musikzeitschrift *Sowjetskaja Musyka* geworden, ergab sich eine für beide befriedigende Arbeitssituation: Die Redaktionsräume befanden sich im selben Gebäude wie Schostakowitschs Wohnung, und dieser brauchte Wolkow nur telefonisch zu sich zu bitten. Wolkows Beschreibung der Gespräche verdient im Blick auf die Debatte um die *Memoiren* besondere Aufmerksamkeit. Er berichtet unter anderem, Schostakowitsch habe immer wieder seitenweise Werke seiner Lieblingsschriftsteller Gogol und Dostojewski zitiert und damit sein fabelhaftes Gedächtnis unter Beweis gestellt.

Nachdem die Gespräche beendet waren, bereitete Wolkow das Material auf, ordnete es und stellte es zu Kapiteln zusammen. Über diesen Prozeß ist wenig bekannt. Wolkow verweist auf chronologische und thematische Aspekte bei der Zusammenstellung des Buches. Als Beweis für die Echtheit führt Wolkow die die Kapitel eröffnenden Manuskriptseiten an, die Schostakowitsch nach der Lektüre mit »tschital, DSCH« (z. dt.: »gelesen, D[mitri] Schostakowitsch) abzeichnete (siehe Beginn des ersten Kapitels). Zudem schenkte Schostakowitsch Wolkow ein Foto mit einer persönlichen Widmung: »*Dem lieben Solomon Moissejewitsch Wolkow zur guten Erinnerung. D. Schostakowitsch, 16. 11. 1974. In Erinnerung an die Gespräche über Glasunow, Soschtschenko, Meyerhold. D.SCH.*« und fügte mündlich hinzu: »*Das wird Ihnen nützlich sein.*«[2] Schostakowitsch stimmte einer posthumen Veröffentlichung zu, und Wolkow schmuggelte das Manuskript in den Westen, bevor er selbst 1976 nach New York ausreisen durfte. Schostakowitsch war am 9. August 1975 gestorben.

Erste sowjetische Reaktionen

Nach dem Erscheinen des Buches 1979 in den USA wurden von sowjetischer Seite eilig Kommentare aus Schostakowitschs Familien- und Freundeskreis lanciert, deren Ziel es war, den Inhalt des Buches in Frage zu stellen und seinen Verfasser zu diskreditieren. Bereits während der Vorbereitung des Drucks hatte der KGB vergeblich versucht, das Manuskript aufzustöbern und in seinen Besitz zu bringen. Der Vizepräsident der sowjetischen Urheberrechtsbehörde, Wassili Sitnikow, bezeichnete das Buch am 7. November 1979 über die Nachrichtenagentur Reuters als eine »*Fälschung, vom Anfang bis zum Ende*«, ein Statement, das von der westlichen Presse übernommen wurde, ohne über Sitnikows KGB-Funktionen im Bilde zu sein: Sitnikow war ebenfalls stellvertretender Leiter der Desinformationsabteilung des KGB. Sieben Tage später erschien in der Moskauer Zeitschrift *Literaturnaja Gaseta* unter dem Titel »Bedauerliche Fälschung« ein Artikel, der von sechs Kompositionsschülern Schostakowitschs unterschrieben war: Benjamin Wasner, Kara Karajew, Karen Katschaturjan, Juri Lewitin, Boris Tischtschenko und Moshe Weinberg.

> »Es ist uns, seinen Schülern sowie allen, die im engen Kontakt mit ihm standen, völlig klar, daß dieses Buch nichts mit den tatsächlichen Erinnerungen Dmitri Schostakowitschs zu tun hat. Vieles, sehr vieles in diesem Buch wurde von seinem wahren Autor erfunden – S. Wolkow. Sogar einige authentische Bemerkungen Schostakowitschs, der Öffentlichkeit wohlbekannt und mehr als einmal publiziert, werden hier verzerrt und verfälscht. […]
> Alle, die unseren Lehrer kannten, sind von Wolkows monströsem Versuch betroffen, das Porträt eines ›anderen‹ Schostakowitsch zu zeichnen. Hier wird eine Lüge auf der nächsten aufgehäuft. […]
> Doch kein Lügengebräu aus den Händen von Geschäftsleuten und anderen Schurken kann das edle Antlitz des großen Komponisten und leidenschaftlichen Patrioten zerstören. Der Versuch, sein Leben und Werk in den Schmutz zu ziehen, ist hoffnungslos. Seine Musik selbst widerlegt alle derartigen Fälschungen.«[3]

Die Familie

Die dritte Frau Schostakowitschs, Irina Antonowna Schostakowitsch – heute Initiatorin der weltweiten Schostakowitsch-Gesellschaft mit Sitz im *Centre de Documentation de Musique Contem-*

poraine »*Dmitri Chostakovitch*« in Paris –, stellte ebenso wie Schostakowitschs Sohn Maxim das Buch als eine Fälschung dar. Aus ihrem offiziellen Statement war am 13. November 1979 in der New York Times zu lesen:

> »Wolkow traf Dmitrich [Schostakowitsch, d.Verf.] drei- oder viermal. Er war nie ein Freund der Familie – jemanden, den man zum Essen einladen würde. Ich sehe keine Möglichkeit, wie er genug Material für ein solch dickes Buch von Dmitrich hätte sammeln können. Er stimmte einem Treffen mit Wolkow zu, um seinem Freund Boris Tischtschenko einen Gefallen zu tun. Bei zweien dieser Treffen war Tischtschenko anwesend. Schostakowitsch mag Wolkow bei anderer Gelegenheit getroffen haben, bei Konzerten, Proben usw., aber dann nur kurz.«[4]

Da die *Memoiren* bis zum heutigen Tage nicht in russischer Sprache publiziert wurden und sowohl Maxim als auch Irina Schostakowitsch zum damaligen Zeitpunkt nicht über englische Sprachkenntnisse verfügten, muß sich ihr Wissen über das Buch auf sporadische Berichte in den westlichen Medien und die (spärlichen) Informationen, die ihnen möglicherweise von seiten des KGB zugänglich gemacht wurden, beschränkt haben. Allerdings darf man hier mit Recht auch eine gezielte Intervention des KGB vermuten, der noch neun Jahre nach Schostakowitschs Tod regelmäßig mit Berichten über die Geschehnisse in der Familie Schostakowitsch versorgt wurde.

Schostakowitschs Sohn Maxim stimmte auf einer Pressekonferenz am 26. November 1979 in die Anklage seiner Stiefmutter ein:

> »Das Buch ist eine Sammlung von Gerüchten und Gesprächen mit Dritten in der Interpretation des Autors [gemeint ist Wolkow, d. Verf.], doch alle werden Schostakowitsch zugeschrieben. Ein Großteil besteht aus einem aufgewärmten Brei aus Geschichten, die Schostakowitsch von anderen gehört haben soll. Zudem ist die Entstehungsgeschichte des Buches voller Widersprüche.«[5]

Reaktionen aus dem Westen

Im Westen war es die britische Musikwissenschaftlerin Laurel E. Fay, die erste Zweifel am Manuskript äußerte. In ihrem 1980 veröffentlichten Aufsatz »Schostakowitsch gegen Wolkow: Wessen Zeugenaussage?«[6] merkte sie unter anderem nicht übereinstimmende Daten zwischen den *Memoiren* und Schostakowitschs Lebenslauf an. Weiterhin entsprächen Passagen des Buches bereits vorher erschienenen Aufsätzen aus der Feder des Komponisten, insbesondere die von Schostakowitsch abgezeichneten Kapitel*anfänge* enthielten auffallend oft zuvor publiziertes Material, und dies sogar zuweilen im Originalwortlaut. Dementsprechend drastisch sah Laurel Fays Fazit im Blick auf die *Memoiren* und ihren Herausgeber aus:

> »Es ist klar, daß die Authentizität der *Memoiren* stark anzuzweifeln ist. Wolkows fragwürdige Methodik und seine mangelhaften wissenschaftlichen Fähigkeiten sind nicht dazu angetan, uns von seiner Version von Form und Inhalt von Schostakowitschs Memoiren zu überzeugen. […] Schostakowitschs handschriftliche Anmerkungen [«gelesen, DSCH», d. Verf.] – sofern sie authentisch sind – verifizieren nicht die Version des Manuskripts, die einer naiven westlichen Öffentlichkeit präsentiert worden ist. […] Ist das von Schostakowitsch abgezeichnete Manuskript identisch mit dem, das im Westen übersetzt und als seine *Memoiren* veröffentlicht wurde?«[7]

Fays Anschuldigungen dominierten den wissenschaftlichen Diskurs der frühen achtziger Jahre, so daß bis zum Ende des Jahrzehnts die Meinung vorherrschte, das Buch sei eine mehr oder weniger elegant gemachte Fälschung. Der amerikanische Forscher Richard Taruskin, Professor an der Universität von Kalifornien in Berkeley, griff Wolkow 1989 gar persönlich an: Er habe ihn nach seiner Emigration in die USA ausgenutzt, um mit dem *gefälschten Buch* Karriere zu machen. Wolkow bat Taruskin seinerzeit um ein Empfehlungsschreiben für ein Stipendium. Taruskin äußerte 1989 verbittert:

»Und so wurde ich ein früher Komplize von etwas, das sich später als ein schändlicher Akt der Ausbeutung herausstellen sollte. [...] Denn wie jeder Wissenschaftler deutlich sehen konnte, war das Buch eine Fälschung.«[8]

Erst gegen Ende der achtziger Jahre sollte sich am schlechten Image des Buches und seines Autors einiges ändern: Der Sohn des Komponisten, Maxim Schostakowitsch, rückte nach seiner Emigration in den Westen 1981 nach und nach von seinen zuvor gemachten Äußerungen ab und maß den *Memoiren* mehr und mehr Bedeutung bei, bis er im Vorwort der finnischen Ausgabe der *Memoiren* schließlich vollends die Seiten wechselte:

»Alles, was in dem Buch über die Verfolgung meines Vaters und die politischen Umstände gesagt wird, entspricht voll und ganz der Wahrheit. Die dort gewählte Sprache erkenne ich zum größten Teil als die meines Vaters wieder. [...]«

Über diese verbale Unterstützung der *Memoiren* hinaus engagierte sich Maxim Schostakowitsch auch für die Rehabilitierung Wolkows und versuchte, die systemkritische Haltung seines Vaters innerhalb und außerhalb seiner Musik zu untermauern. So setzte er sich für Publikationen im Sinne der *Memoiren* ein und pries Ian MacDonalds Buch *The New Shostakovich* (1990) als »*eines der besten Bücher über Schostakowitsch, das ich je gelesen habe*«. In zahlreichen Interviews hat er sich seitdem für Wolkows Buch eingesetzt, so im Mai 1991 in der Zeitschrift *Grammophone,* im Januar 1992 beim Symposium im Russel Sage College in New York und schließlich, einer familiären »Absolution« gleichkommend, in einem Interview mit Solomon Wolkow beim amerikanischen Sender *Radio Liberty* am 23. November 1992:

»Solomon [Wolkow], wir haben uns bis jetzt unglücklicherweise im Leben wie vor dem Mikrophon sehr selten getroffen; aber nun, da wir hier sind, möchte ich mich bei Ihnen für Ihr Buch über meinen Vater bedanken, insbesondere für die Beschreibung der politischen Atmosphäre des Leidens, in der dieser große Künstler lebte. Für mich ist dies der wichtigste Punkt in dem ganzen Buch.

Und falls jemand in Rußland das Buch noch nicht gelesen hat, so möchte ich es dringend empfehlen, da den Menschen hier im Westen nur durch Wolkows Buch die Augen geöffnet wurden, was die Umstände anbelangt, in denen dieses musikalische Genie lebte.«[9]

Unterstützung aus der Heimat – russische Enthüllungen nach der Wende

Die Öffnung des Eisernen Vorhangs und der Zusammenbruch der Sowjetunion markieren den wohl gravierendsten Einschnitt bezüglich der Rezeption von Wolkows Buch und Schostakowitschs Gesamtwerk. Viele Zwänge, Abhängigkeitsverhältnisse und Ängste russischer Autoren erübrigten sich, und man war von nun an in der Lage, ohne Repressalien seitens der Kulturbürokratie an der internationalen Debatte teilzunehmen. Ähnliches hatten zuvor nur emigrierte Musiker vermocht, wie zum Beispiel der Primarius des Borodin Quartetts, Rostislaw Dubinski, dessen Buch »Stormy Applause – Making Music in a Worker's State« von 1989 einen Ton anschlägt, der dem in den *Memoiren* Schostakowitschs sehr ähnelt, wenn er zum Beispiel die Angriffe gegen Schostakowitsch 1936 und 1948 anspricht:

> »Zweimal – 1936 und 1948 – hatte Schostakowitsch eine ›zivile Exekution‹ erlitten. Seine Fenster wurden eingeworfen, begleitet von Rufen wie ›Formalist, Verräter, Trotzkist‹ und sogar ›amerikanischer Spion‹. Das übliche Ende dieser ›ideologischen‹ Kampagne sollte die ›physische Exekution‹ werden, doch wie durch ein Wunder kam es nicht soweit. Die Erwartung eines gewaltsamen Todes wurde zum zentralen Thema in Schostakowitschs Musik und grub sich für immer in sein Gesicht ein.«[10]

Zwei Publikationen waren es, die im zeitlichen Umfeld des Zusammenbruchs der Sowjetunion Partei für die Authentizität der *Memoiren* nahmen: 1990 erschien zunächst Ian MacDonalds *The New Shostakovich*, ein historisch-politisch ausgerichtetes Buch, das die Werke Schostakowitschs ganz im Sinne der *Memoiren* einer Analyse unterzog. Sie zielte darauf ab, das von Schostakowitsch Berichtete in den einzelnen Werken wiederzufinden und somit sein Werk als das detaillierte Vermächtnis eines heimlichen Dissidenten der Musik zu deuten.

Nach der Öffnung der Grenzen war es die Cellistin Elizabeth Wilson, eine Schülerin des Schostakowitsch-Freundes Mstislaw Rostropowitsch, die 1994 auf der Basis von Interviews mit insgesamt achtundsechzig noch lebenden Persönlichkeiten aus dem Familien-, Freundes-, Bekannten- und Kollegenkreis Schostakowitschs das knapp sechshundertseitige Kompendium ›Shostakovich – A Life Remembered‹ vorlegte. Elizabeth Wilson beschrieb ihren Ansatz als einen

> »Versuch, die Biographie Schostakowitschs im sozialen Kontext seiner Zeit zu präsentieren und dabei auf die Wahrnehmungen seiner Zeitgenossen zu vertrauen. Das Buch beabsichtigt nicht, Fragen zu seiner Musik im Detail zu behandeln oder ihr eine neue politische Interpretation zu geben.«[11]

Dies war auch keinesfalls notwendig. Wilson versah die einzelnen Stationen seines Lebens mit kurzen Zwischentexten und ließ ansonsten die Zeitgenossen sprechen. Liest man »A Life Remembered« im Blick auf die inhaltliche Authentizität der *Memoiren*, so erfährt Wolkows Buch hier indirekt die Unterstützung der Mehrheit der Befragten, auch wenn Wilson die Debatte um die *Memoiren* in ihrem Buch bewußt ausklammerte. Die Situation des Künstlers angesichts der staatlichen Repression, die Angst vor Verhaftung und Verfolgung, die Isolation des Komponisten als »Volksfeind«, dessen Werke von heute auf morgen von den Konzertprogrammen verschwanden, all diese, in den *Memoiren* zum ersten Mal in dieser Deutlichkeit präsentierten Informationen spiegelten sich in vielen Interviewbeiträgen wieder und unterstützten somit inhaltlich Wolkows Buch.

Einer der Befragten, der russische Geiger Jakow Milkis, der seit 1957 Mitglied der Leningrader Philharmonie war und bei vielen Uraufführungen der Symphonien Schostakowitschs mitwirkte, berichtete Elizabeth Wilson von der Probenarbeit mit dem Dirigenten Jewgeni Mrawinski, einem Freund Schostakowitschs, der zahlreiche seiner Symphonien uraufführte:

> »Zum Beispiel während einer Probe der V. Symphonie, im 3. Satz, der Episode, wo die Oboe ein langes Solo über dem Tremolo der 1. und dann der 2. Violinen hat, drehte sich Mrawinski zur Violingruppe um und sagte: ›Sie spielen dieses Tremolo mit der falschen Farbe, Sie haben nicht die nötige Intensität. Haben Sie vergessen, wovon diese Musik handelt und wann sie geboren wurde? Ihr Tremolo klingt viel zu selbstzufrieden!‹ Ich erinnere mich an eine andere Begebenheit, als er das Finale der IX. Symphonie probte. Er war mit dem Klangcharakter in den Celli und Kontrabässen unzufrieden, an der Stelle, wo sie mit den Posaunen unisono spielen. ›Sie haben den falschen Klang. Ich brauche den Klang von stampfenden, stahlbeschlagenen Stiefeln.‹ (Wir wußten, daß er damit nicht normale Soldaten, sondern die KGB-Truppen meinte.)«[12]

Dazu paßt eine Passage aus Schostakowitschs *Memoiren*:

> »Warten auf die Exekution ist eines der Themen, die mich mein Leben hindurch gemartert haben. Viele Seiten meiner Musik sprechen davon. Manchmal möchte ich es den Interpreten erklären in der Hoffnung, sie könnten das Werk dann besser verstehen. Doch dann hält mich der Gedanke zurück, daß man einem schlechten Interpreten sowieso nichts erklären kann, und ein guter wird es selber empfinden.«[13]

Äußerungen wie diese zementierten in Teilen der Forschung die Meinung, in Schostakowitschs Werk gäbe es verschlüsselte Botschaften, die sich mit motivischen Analysen und Untersuchungen zu Schostakowitschs hochentwickelter Zitattechnik aufspüren und übersetzen ließen. Somit rührte Wolkows Buch auch an die Grundfesten einer rein formalen Analyse und gab den kontextuell orientierten Musikforschern neue Nahrung, ein Umstand, der sich auf den Ton der wissenschaftlichen Debatte auswirkte.

Authentisches Material und neue Echtheitsprobleme: Die Glikman-Briefe

Die bis dato nur um den Text der *Memoiren* geführte Debatte erhielt 1995 eine »Vitaminspritze« durch die vom Theaterkritiker Isaak Glikman veröffentlichten Briefe Dmitri Schostakowitschs aus den Jahren 1941–1971.[14] Diese Briefe geben nicht nur ein eindrucksvolles Beispiel für das typisch russische Phänomen des »Zwischen-den-Zeilen-Lesens« ab, sondern sind auch durch die Tatsache von großer Bedeutung, daß mit ihnen erstmals seit Beginn der Debatte wieder authentisches Material auftauchte, das auf Bezüge zu den *Memoiren* untersucht werden konnte. Zudem enthielt die Briefsammlung ausführliche Kommentare Glikmans, die jeden Brief in den ihm gebührenden Kontext stellten und viele Besonderheiten in Schostakowitschs Charakter bestätigten, die in den *Memoiren* bereits angedeutet wurden. Diese betrafen besonders seinen typischen Humor, die doppelbödige Art der Formulierungen, wie sie nur in totalitären Staaten entstehen kann. Denn Glikman und Schostakowitsch waren sich der Tatsache bewußt, daß die Korrespondenz durch die Hände der Geheimpolizei ging. So schrieb Schostakowitsch an Glikman am 6. November 1942:

»Lieber Isaak Dawydowitsch.
Ich gratuliere Dir herzlich zum 25. Jahrestag der Großen Sozialistischen Oktoberrevolution.
Ich habe gerade eben im Radio die Ansprache des Genossen Stalin gehört. Mein Freund! *Wie traurig bin ich doch, daß wir diese Ansprache gehört haben* und dabei so weit voneinander entfernt waren.
Ich küsse Dich herzlich.
  D. Schostakowitsch«[15]

Die scheinbar ungelenke Satzstellung, glücklicherweise in der deutschen Übersetzung beibehalten, verdeutlicht, was auch viele Analytiker in Schostakowitschs Musik transparent zu machen suchten: Hintergründiges und Doppelbödiges begegnet dem Hörer in vielen Partituren wie in obiger Briefstelle, ein Umstand, der gewiß wenig geeignet ist, Echtheitsbeweise zu liefern. Ein Paradebeispiel für Schostakowitschs Humor gibt er selbst in einem Brief vom 29. Dezember 1957 aus Odessa. Der plakative Stil, der an die gebetsmühlenartig vorgetragenen offiziellen Verlautbarungen des Sowjetstaates erinnert, ist durchsetzt von bissiger Satire. Die Preisungen der Apparatschiks klingen hohl und leer, besonders, wenn man den Brief laut vorliest.

»29. XII. 1957, Odessa

Lieber Isaak Dawydowitsch!
Ich kam in Odessa am Tage der Feiern zum 40jährigen Bestehen der Sowjetukraine an. Heute morgen bin ich auf die Straße gegangen. Du verstehst natürlich selbst, daß man unmöglich an einem solchen Tag zu Hause sitzen kann. Ungeachtet des trüben, nebligen Wetters war ganz Odessa auf der Straße. Überall gab es Portraits von Marx, Engels, Lenin und Stalin sowie von den Genossen A. I. Beljajew, L. I. Breschnew, N. A. Bulganin, K. J. Woroschilow, N. G. Ignatow, A. I. Kirilenko, F. R. Koslow, O. W. Kuusinen, A. I. Mikojan, N. A. Muchitdinow, M. A. Suslow, J. A. Furzewa, N. S. Chruschtschow, N. M. Schwernik, A. A. Aristow, P. A. Pospelow, J. E. Kalnbersin, A. P. Kiritschenko, A. N. Kossygin, K. T. Masurow, W. P. Mshawanadse, M. G. Perwuchin und N. T. Kaltschenko.
Überall Fahnen, Aufrufe und Transparente. Ringsum fröhliche und strahlende, russische, ukrainische und jüdische Gesichter. Bald hier, bald da hörte man Begrüßungsrufe zu Ehren der großen Banner von Marx, Engels, Lenin und Stalin, sowie zu Ehren der Genossen A. I. Beljajew, L. I. Breschnew, N. A. Bulganin, K. J. Woroschilow, N. G. Ignatow, A. I. Kiritschenko, F. R. Koslow, O. W. Kuusinen, A. I. Mikojan, N. A. Muchitdinow, M. A. Suslow, J. A. Furzewa, N. S. Chruschtschow, N. M. Schwernik, A. A. Aristow, P. A. Pospelow, J. E. Kalnbersin, A. P. Kirilenko, A. N. Kossygin, K. T. Masurow, W. P. Mshawanadse, M. G. Perwuchin, N. T. Kaltschenko und D. S. Korotschenko. Überall sind russische und ukrainische Ansprachen zu hören. Gelegentlich ist die Ansprache eines ausländischen Vertreters der fortschrittlichen Menschheit zu hören, der nach Odessa gekommen ist, um die Odessaer zu ihrem großen Feiertag zu beglückwünschen.

Ich ging spazieren und kehrte, nicht imstande, meine Freude zurückzuhalten, ins Hotel zurück und beschloß, so gut ich konnte, die Feiern in Odessa zu schildern.

Verurteile mich nicht so streng.
Ich küsse Dich herzlich.

D. Schostakowitsch«[16]

Ein Echtheitsproblem ganz anderer Art sprach Schostakowitschs ehemaliger Sekretär, der Musikwissenschaftler Daniel Shitomirski, der in einigen Fällen als »Ghostwriter« für Schostakowitsch fungierte, in seinen 1996 publizierten privaten Aufzeichnungen an: So war es gängige Praxis, daß Schostakowitsch über die zahlreichen offiziellen Artikel, die seinen Namen als Autor trugen, erst relativ spät informiert wurde, dann nämlich, wenn sie ihm von der Kulturbürokratie zur Unterschrift vorgelegt wurden. Schostakowitsch betrachtete dies als lästige Pflicht und äußerte im inneren Kreis, er würde diese Dokumente auch unterzeichnen, wenn man ihm den Text auf dem Kopf stehend vorlegen würde. Shitomirski bekam als Autor zahlreicher Schostakowitsch-Texte den starken Arm der Partei zu spüren. Er berichtet über das Zustandekommen von Schostakowitschs Rundfunkrede am 28. März 1952 anläßlich der Beethoven-Feierlichkeiten in der DDR:

> »Ich kam zu ihm in seine Wohnung mit dem bereits fertigen Schreibmaschinentext. Unmittelbar auf dem Fuße folgten mir zwei hochgestellte Beamte aus dem staatlichen Komitee für Kunstangelegenheiten. Als ich in dieser Runde meine ›Ansprache von Dmitri Schostakowitsch‹ vorgetragen hatte, ergingen sich die beiden in tiefsinnigen Erörterungen und machten Einwände geltend. Vieles, so meinten sie, fehle einfach noch und müsse eingearbeitet werden. Es ging hierbei weniger um Beethoven, als vielmehr um die Beethovenpflege in der UdSSR, entsprechende Kontinuitätsbeziehungen und natürlich um das Thema ›Beethoven und die Revolution‹. Ich notierte eifrig mit. Dmitri Schostakowitsch saß entfernt in einer dunklen Ecke und sprach die ganze Zeit über kein einziges Wort. Warum auch? Seine Ansprache wurde ja von den Staatsorganen entstellt!«[17]

Shitomirskis Erinnerung ist symptomatisch für die zahlreichen Bedeutungsschichten, die sich dem Leser der offiziellen Dokumente Schostakowitschs darbieten. Auch hier gibt es nämlich Unterschiede: Artikel, die von ihm im Bewußtsein der Zensur geschrieben wurden, und solche, unter die er nur seine Unterschrift setzte.

Ein systemkritisches Monument –
Die satirische Kantate Rajok

Zweifler am Inhalt der Memoiren erhielten durch das allmähliche Auftauchen der satirischen Kantate *Rajok* gegen Ende der achtziger Jahre einen gehörigen Dämpfer aufgesetzt. Die Kantate handelt vom Kongreß des Komponistenverbandes 1948, bei dem Schostakowitsch zum zweiten Mal seit 1936 als Volksfeind diffamiert wurde, eine Verleumdung, die von erheblichen Existenzängsten begleitet wurde. Die damals üblichen öffentlichen Selbstkasteiungen lieferte Schostakowitsch in seiner Rede:

> »Wenn ich auf mich selbst zu sprechen komme, so muß ich sagen, daß vor allem die Arbeit auf dem Gebiet der sinfonischen und der Kammermusik auf mich eine negative Wirkung ausgeübt hat.«[18]

Bei allem Leid, das Schostakowitsch am öffentlichen Pranger des Jahres 1948 erfuhr, war es ihm dennoch möglich, einige dieser Erlebnisse in der beispiellosen satirischen Kantate *Rajok* zu verarbeiten, die er zu Lebzeiten unter Verschluß hielt. Darin ließ er Josef Stalin sowie die ZK-Sekretäre Andrej Shdanow und Dmitri Schepilow als Solosänger auftreten und vom Chor der Musikfunktionäre begleiten, eine zynische und entlarvende Version der offiziellen Tagung. Neben zahlreichen abgedroschenen Phrasen in verirrtem Parteichinesisch zitiert Schostakowitsch dort einen Redeauszug Andrej Shdanows.

Hier zunächst das Original:

»Es muß geradeheraus gesagt werden, daß eine ganze Reihe Werke zeitgenössischer Komponisten so mit naturalistischen Tönen übersättigt sind, daß sie – verzeihen Sie den unfeinen Ausdruck – bald an eine Bohrmaschine, bald an ein musikalisches Mordinstrument erinnern.«[19]

In der Kantate *Rajok* heißt es:

»Musik, die nicht melodisch ist, Musik, die nicht ästhetisch ist, Musik, die nicht harmonisch ist, Musik, die ohne Anmut ist, ist wie ... eine ... Bohrmaschine! Ist wie ... eine ... musikalische Gaskammer.«[20]

Unter den zahlreichen Querverweisen auf Personen und ihre Eigenarten sticht besonders das musikalische Porträt des Jedinitzin (russ.: der Erste) hervor, hinter dem klar die Person Stalins erkennbar wird. Er singt zur Melodie von Stalins Lieblingslied »Suliko« eine im typischen, sich wiederholenden Parteichinesisch gehaltene Rede, die den Chor der Musikfunktionäre süß schlummern läßt.

Das Ende der Debatte? –
Zwei Autoren auf der Suche nach der Wahrheit

Fast genauso verblüffend wie das Erscheinen der *Memoiren* 1979 mutete knapp zwanzig Jahre später das in England erschienene Buch *Shostakovich Reconsidered* an, dessen Titel man am besten mit »Schostakowitsch – Nachgehakt« übersetzt. In fünfjähriger Forschungsarbeit sammelten der Jurist Dmitri Feofanow und der Musikwissenschaftler Allan Ho Unmengen von Material zur Unterstützung der Echtheit der *Memoiren* sowie zur Ehrenrettung von Solomon Wolkow. Das im Stil einer Gerichtsverhandlung gehaltene Buch – es beinhaltet Plädoyers der Verteidigung, ein Kreuzverhör und eine Art abschließenden Richterspruch – arbeitete minutiös die gegen Wolkow gerichteten Kritikpunkte auf und bot zusätzlich eine Fülle stichhaltiger Argumente.

Ho und Feofanow präsentierten ihre Ergebnisse erstmals beim

Kongreß der *American Musicological Society* 1998 in Boston, auf dem sich die Protagonisten der Debatte um Schostakowitschs *Memoiren* zu einer nur auf sie bezogenen Tagung trafen. So legten die Autoren Auslassungen in Elizabeth Wilsons Buch offen, aus denen klar hervorging, daß Schostakowitsch Wolkow überaus schätzte und bereit war, ihm viele (auch brisante) Details anzuvertrauen. Schostakowitschs Vertraute Flora Litwinowa berichtete demnach aus den letzten Lebensjahren Schostakowitschs die folgenden Bemerkungen:

> »Weißt Du, Flora, ich habe einen wundervollen jungen Mann kennengelernt – einen Musikwissenschaftler aus Leningrad [gemeint ist Wolkow, d. Verf.]. Dieser junge Mann kennt meine Musik besser als ich selbst. Irgendwo hat er alle Informationen über mich ausgegraben, sogar aus meiner Jugend. Wir treffen uns nun regelmäßig, und ich erzähle ihm all meine Erinnerungen über mich und mein Werk. Er schreibt es auf, und beim nächsten Treffen lese ich Korrektur.«[21]

Allan Ho griff in seinem Vortrag besonders die erste westliche Kritikerin der *Memoiren*, Laurel Fay, an und bescheinigte ihr eine verzerrende Interpretation einiger Passagen der *Memoiren*. Hos und Feofanows Buch besiegelte 1998 die zuweilen hitzig geführte Debatte um den Inhalt des vorliegenden Buches. Tatsächlich hat sich heute die Mehrheit der Musikforscher für die Echtheit der *Memoiren* ausgesprochen. Laurel Fay selbst akzeptiert mittlerweile das politische Porträt Schostakowitschs in den *Memoiren*[22], und auch der einflußreiche britische Forscher David Fanning erklärte in der Buchbesprechung von *Shostakovich Reconsidered*, er hätte »*alle Überlegungen zu Volkows Unaufrichtigkeit auf Eis gelegt*«[23].

Allan Hos Schlußwort auf der Tagung der *American Musicological Society* 1998 veranschaulicht das »Friedensangebot«, als welches man *Shostakovich Reconsidered* bezeichnen kann. Bei der Fülle des angesammelten Materials zur Echtheit der *Memoiren* sei es an der Zeit, Animositäten und emotional gefärbten Debatten eine Absage zu erteilen:

»Ich bitte Sie nicht, irgend etwas zu glauben, nur weil ich es sage, oder meine Überzeugung von der Echtheit der *Memoiren* zu übernehmen. Worum ich Sie bitte, ist das Folgende: Untersuchen Sie die Sache selbständig, sprechen Sie mit der Familie und mit Freunden Schostakowitschs, vergraben Sie sich in die Briefe und das Archivmaterial, hören und studieren Sie die Musik, bedenken Sie alle Beweise und treffen Sie dann ihre eigene, gut informierte Entscheidung über die *Memoiren*.«[24]

Die letzte Zweiflerin: Irina Antonowna Schostakowitsch

Als eine der letzten Zweifler tritt gegenwärtig die dritte Frau des Komponisten, Irina Antonowna Schostakowitsch, auf. Sie besteht nach wie vor auf nur wenigen Treffen zwischen Wolkow und Schostakowitsch und brachte dies auch in einem 1997 veröffentlichten Interview zum Ausdruck, das im *DSCH-Journal*, der Mitgliederzeitschrift der amerikanisch-englischen Schostakowitsch-Gesellschaft, abgedruckt wurde.

»**DSCH-Journal:** Die Debatte um die *Memoiren* hält immer noch an. Es werden oft Meinungen geäußert, die es für wahrscheinlich halten, daß Wolkow und Schostakowitsch über eine längere Zeitspanne zusammengearbeitet haben und daß Schostakowitsch den jungen Wolkow in sein Vertrauen gezogen hat. Hat sich Ihre Meinung darüber geändert?

I. A. Schostakowitsch: Nein, ich habe meine Meinung über Wolkow nicht im geringsten geändert. Ich weiß nicht, woher diese Geschichten kommen, daß Wolkow und Schostakowitsch viel Zeit miteinander verbracht haben sollen. Abgesehen von Wolkows eigenen Äußerungen habe ich dafür nirgends stichhaltige Beweise gesehen.«[25]

Irina Schostakowitschs Aussagen werden von den von Wilson ausgelassenen, von Ho/Feofanow jedoch veröffentlichten Äußerungen Dmitri Schostakowitschs über die Vertrauenswürdigkeit

Wolkows kontrastiert. Darüber hinaus erscheint ein endgültiger Kommentar der Haltung der Witwe heute schwer, da sich dem westlichen Leser immer noch viele spezifisch russische Facetten der Debatte verschließen. Der Zickzackkurs aus zwanzig Jahren Debatte um die Echtheit der *Memoiren* hat dem Buch nichts von seiner Faszination genommen. Schostakowitschs *Memoiren* bleiben ein vielschichtiges Werk: Psychokrimi, Lebensbeichte und musikalisches Geschichtsbuch der Sowjetunion.

Der Text der 1979 erschienenen deutschen Erstausgabe wurde für die vorliegende Neuausgabe von dem Berliner Musikwissenschaftler Gottfried Eberle und der Lektorin Christine Frick-Gerke behutsam durchgesehen und auf Fehler in der Übersetzung der russischen Eigennamen und der musikalischen Terminologie überprüft. Die Kapitelüberschriften wurden neu hinzugefügt. Der Anmerkungsapparat erhielt eine Aktualisierung und wurde durch neue Daten über inzwischen verstorbene Personen und Erstaufführungen damals wenig bekannter Werke ergänzt.

Gelsenkirchen, im Januar 2000   Michael Koball

Vorwort
von Solomon Wolkow

1960, nachdem ich in einer Leningrader Zeitung die Erstaufführung seines Achten Quartetts rezensiert hatte, lernte ich Schostakowitsch kennen. Er war damals 54. Ich war 16 und ihm leidenschaftlich ergeben.

Wer in Rußland Musik studiert, stößt unweigerlich schon in jungen Jahren auf den Namen Schostakowitsch. Ich weiß noch gut, wie meine Eltern einmal, es war 1955, ganz aufgeregt aus einem Kammerkonzert nach Hause kamen: Schostakowitsch hatte mit einigen Sängern zum erstenmal seinen Zyklus »Aus jüdischer Volkspoesie« aufgeführt. In einem Land, das erst kurz vorher von einer barbarischen Antisemitismuswelle überschwemmt gewesen war, wagte es ein berühmter Komponist, öffentlich ein Werk aufzuführen, das von tiefer Anteilnahme und großem Verständnis für die Juden durchdrungen war. Das war ein musikalisches und zugleich ein öffentliches Ereignis.

Damals hörte ich den Namen Schostakowitsch zum erstenmal. Mit seiner Musik wurde ich einige Jahre später bekannt. Im September 1958 dirigierte Jewgeni Mrawinski Schostakowitschs Elfte Symphonie in der Leningrader Philharmonie. Diese Symphonie war nach dem ungarischen Aufstand von 1956 geschrieben worden und ist eine Konfrontation von Volk und Macht. Der zweite Satz schildert in naturalistischer Überzeugungskraft die Erschießung wehrloser Menschen. Poetik des Schocks. Zum erstenmal in meinem Leben dachte ich beim Verlassen eines Konzerts nicht an mich, sondern an andere. Bis heute liegt für mich eben darin die Hauptstärke von Schostakowitschs Musik.

Ich stürzte mich auf alle Partituren Schostakowitschs, deren ich irgend habhaft werden konnte. Von der Oper »Lady Macbeth des Mzensker Kreises« erhielt ich nur einen alten Klavierauszug, den man mir in der Bibliothek mit Zittern und Zagen aus dem Magazin herausgekramt hatte. Um die Noten der Ersten Klaviersonate zu bekommen, mußte ich eine Spezialgenehmigung vorweisen. Der frühe, »linke« Schostakowitsch war offiziell immer noch verboten. In Lehrbüchern und in den Vorlesungen über Musikgeschichte wurde er noch immer als Formalist verlästert. Um seine Werke zu studieren, kamen die jungen Musiker heimlich in kleinen Gruppen zusammen. Um jede Schostakowitsch-Uraufführung entspannen sich offene und geheime Kämpfe – in der Presse, in den Musikerkreisen, in den Hinterzimmern der Machthaber.

Nach einer Uraufführung erhob Schostakowitsch sich, begab sich linkisch auf die Bühne, um den Ovationen des Publikums zu danken. Mein Idol ging an mir vorüber, den schmalen Kopf mit dem kleinen Haarschopf im Nacken vorsichtig balancierend. Er wirkte so hilflos (der Eindruck täuschte, wie ich später erkannte), ich dürstete danach, ihm irgendwie nützlich sein zu können. Die Möglichkeit, mich öffentlich für ihn einzusetzen, ergab sich nach der Erstaufführung des Achten Quartetts, eines ganz ungewöhnlichen Werkes; es ist eine musikalische Autobiographie. Im Oktober 1960 erschien meine begeisterte Rezension in der Zeitung. Schostakowitsch las sie. Er las immer sehr aufmerksam die Kritiken zu Aufführungen seiner Werke. Ich wurde ihm vorgestellt. Er sagte ein paar freundliche Worte. Ich war im siebten Himmel. In den folgenden Jahren schrieb ich mehrfach Rezensionen über Schostakowitsch-Musik. Alle wurden veröffentlicht und spielten ihre größere oder kleinere Rolle im damaligen Musikleben.

Ich lernte Schostakowitsch während einer Lebensphase kennen, in welcher der Komponist tief unzufrieden mit sich war. Es hatte den Anschein, als versuche er, sich von seiner Musik zu distanzieren. Das innerlich, nicht äußerlich Tragische seiner Lage wurde mir klar, als ich zusammen mit Freunden im Frühjahr 1965 ein dem Werk Schostakowitschs gewidmetes Festival organisierte. Es war das erste Festival dieser Art in Leningrad, der Heimatstadt des Komponisten. Symphonien, Chorwerke und viel Kammermusik wurden aufgeführt. Ich sprach mit Schostakowitsch in seinem geschmacklos ausstaffierten Hotelzimmer über einige das Festival betreffende Aktivitäten. Er war sichtlich nervös und wich Fragen nach seinen letzten Werken aus. Mit schiefem Lächeln behauptete er, daß er die Musik zu einem Karl-Marx-Film schreibe. Dann schwieg er und trommelte unruhig mit den Fingern auf den Tisch. Nur ein Konzert dieses Festivals lobte Schostakowitsch demonstrativ: den Abend, der den Werken seiner Schüler gewidmet war. Er verlangte kategorisch meine Zustimmung. Ihm nicht zu gehorchen war ausgeschlossen. Nach dem Festival studierte ich die Musik seiner Schüler, vertiefte mich mehr und mehr in ihre Partituren. Eine Arbeit erregte meine ganz besondere Aufmerksamkeit: Die Oper »Rothschilds Geige« von Benjamin Fleischman.

Fleischman hatte vor dem Zweiten Weltkrieg bei Schostakowitsch studiert. Als die Deutschen bis dicht vor Leningrad vorgedrungen waren, meldete er sich freiwillig zur sogenannten Volkswehr, einer schnell aus ungedienten Männern zusammengestellten Truppe. Es waren Todeskandidaten, kaum einer von ihnen überlebte. Von Fleischman blieb keine Spur, kein Grab, keine Komposition mit Ausnahme von »Rotschilds Geige« Die Oper basiert auf Tschechows Erzählung, die voller Andeutungen und Unausgesprochenem ist. Schostakowitsch hatte Fleischman dazu angeregt, die Oper zu schreiben. Ehe dieser an die Front ging, hatte er noch den Klavierauszug fertiggestellt. Doch das einzige, was den Musikern heute zugänglich ist, ist eine Partitur, die von der ersten bis zur letzten Note in der charakteristischen nervösen Handschrift Schostakowitschs geschrieben ist. Schostakowitsch besteht darauf, er habe das Werk des toten Schülers lediglich orchestriert. Die Oper ist ein Juwel, subtil und rein. Tschechows bittersüßer Lyrismus ist in einem musikalischen Stil wiedergegeben, den man als »reifen Schostakowitsch« bezeichnen könnte. Ich war wild entschlossen: »Rothschilds Geige« mußte aufgeführt werden.

Ohne Schostakowitsch war das natürlich nicht möglich, und er half auch in jeder Weise. Zur Aufführung im April 1968 in Leningrad konnte er nicht kommen. An seiner Stelle kam sein Sohn Maxim, der Dirigent. Es wurde ein stürmischer, überwältigender Erfolg. Die Presse war begeistert. Eine wundervolle Oper hatte das Licht der Welt erblickt, und zugleich mit ihr wurde ein neues Operntheater geboren: das »Experimentalstudio für Kammeroper«. Ich war der künstlerische Leiter des Studios, des ersten Kollektivs dieser Art in der Sowjetunion. Eine Woche vor der Uraufführung war ich 24 Jahre alt geworden.

Doch schon bald beschuldigten uns die Kulturfunktionäre des Zionismus. Armer Tschechow, armer Benjamin Fleischman! Das Verdikt lautete: »Die Aufführung der Oper ›Rothschilds Geige‹ ist Wasser auf die Mühlen unserer Feinde.« Das bedeutete unwiderrufliches Aufführungsverbot. Eine Niederlage, nicht nur für mich, auch für Schostakowitsch. Traurig schrieb er: »Hoffen wir, daß Fleischmans ›Geige‹ eines Tages doch die ihr gebührende Anerkennung finden wird.«

Für Schostakowitsch waren mit »Rothschilds Geige« unauslöschliche Gefühle von Schuld, Mitleid, Stolz und Zorn verbunden. Weder Fleischman noch sein Werk sind wieder auferstanden. Die Niederlage brachte Schostakowitsch und mich einander näher. Als ich an einem Buch über die jungen Leningrader Komponisten arbeitete, schrieb ich an Schostakowitsch mit der Bitte, dem Buch ein Vorwort beizugeben. Er reagierte unverzüglich: »Ich freue mich, Sie zu sehen« und bestimmte Ort und Zeit. Einer unserer führenden Musikverlage hatte eingewilligt, das Buch zu drucken.

Mir schwebte vor, daß Schostakowitsch von den Beziehungen der jungen Leningrader zur Petersburger Komponistenschule erzählen sollte. Ich brachte daher während meines Besuchs das Gespräch auf Schostakowitschs eigene Jugend und stieß dabei zunächst auf einen gewissen Widerstand. Schostakowitsch sprach viel lieber von seinen Schülern. Also mußte ich zu einer List greifen: Bei jeder nur irgend passenden Gelegenheit zog ich Parallelen, die in ihm Assoziationen weckten, ihn an Menschen und Ereignisse erinnerten.

Schostakowitsch kam mir halbwegs entgegen. Was er mir dann von den alten Konservatoriumszeiten erzählte, war in keiner Hinsicht mit dem zu vergleichen, was ich bisher darüber gehört und gelesen hatte. All das wirkte jetzt nur noch wie ein in der Sonne bis zur Unkenntlichkeit verblaßtes Aquarell. Schostakowitschs Geschichten dagegen waren im Augenblick hingeworfene Bleistiftzeichnungen: scharf, genau und böse. Die mir aus Lehrbüchern bekannten Gestalten russischer Komponisten verloren ihre anekdotisch-sentimentale Aureole. Ich geriet in helle Begeisterung, Schostakowitsch – ohne daß er es merkte – ebenfalls. Nie hätte ich je erwartet, etwas Derartiges zu hören. Denn in der Sowjetunion ist das allerseltenste und wertvollste – ein Gedächtnis. Jahrzehntelang prügelte man es aus den Menschen heraus, lehrte sie, weder Tagebuch zu führen, noch Briefe aufzubewahren. Als in den dreißiger Jahren der »große Terror« begann, vernichteten die tödlich verängstigten Bürger ihre persönlichen Aufzeichnungen, ihre privaten Archive und damit zugleich ihr Gedächtnis. Was man jetzt »Memoiren« nennt, entspricht genau dem, was in der heutigen Tageszeitung steht. Die Geschichte wurde in schwindelerregender Geschwindigkeit wieder und wieder umgeschrieben.

Ein Mensch ohne Gedächtnis ist ein lebender Leichnam. Unendlich viele lebende Leichname sind mir begegnet, die sich nur in offiziell genehmer Form an offiziell genehmigte Ereignisse erinnern. Früher glaubte ich, auch Schostakowitsch spreche sich nur in seiner Musik völlig offen aus. Denn wir alle stießen doch immer von Zeit zu Zeit auf Artikel in den offiziösen Presseorganen, die von ihm unterzeichnet waren[1]. Kein Musiker nahm diese hohlen Phrasen ernst. Manche mit näheren Beziehungen zum »inneren Kreis« konnten auch nachweisen, wer von den »literarischen Beratern« im Komponistenverband welchen Artikel zusammengekocht hatte. So türmte sich ein gewaltiger Papierberg, der den Menschen Schostakowitsch fast unter sich begrub. Die offizielle Maske klebte fest auf seinem Gesicht. Wir alle, ich muß es bekennen, waren überzeugt, Schostakowitsch habe sich vorzüglich arrangiert.

Daher erschütterte es mich so, als unter der Maske plötzlich ein Gesicht zum Vorschein kam – vorsichtig, argwöhnisch, aber doch ein Gesicht. Schostakowitsch sprach in knappen Sätzen, einfachen Formulierungen mit für ihn charakteristischen Wiederholungen. Es waren lebendige Worte, lebendige Szenen. Aus ihnen wurde mir klar, daß der Komponist sich längst nicht mehr damit tröstete und beruhigte, in seiner Musik alles offen und unverstellt ausgesprochen zu haben, Worte daher überflüssig seien. Seine späten Werke sprechen mit zunehmender Intensität und Kraft einzig und allein vom nahenden Tod. Seine Artikel in der offiziösen Presse aber bildeten ein Hindernis, diese Musik auch so zu verstehen. Schostakowitsch hatte Angst, die letzte Tür könne hinter ihm zuschlagen, und durch obstinates Verhalten könne er verschulden, daß seine Musik nicht gehört werden dürfe.

Mein Buch über die jungen Leningrader Komponisten erschien 1971 und war im Handumdrehen ausverkauft. (Bis zu meiner Ausreise 1976 wurde es als Lehrbuch zur neuesten sowjetischen Musikgeschichte benutzt.) Schostakowitschs Vorwort hatte man grausam gekürzt. Nur die Bemerkungen zur Gegenwart waren übriggeblieben, alle Erinnerungen hatte man gestrichen. Das gab ihm den letzten, entscheidenden Anstoß, der Welt seine Version von Ereignissen mitzuteilen, deren Zeuge er im Verlauf eines halben Jahrhunderts gewesen war. Der Entschluß, mit der Arbeit an seinen Erinnerungen zu beginnen, war gefaßt.

»Ich muß das tun. Ich muß es tun«, sagte Schostakowitsch wiederholt. Und in einem seiner Briefe an mich stand: »Sie müssen dann das Begonnene fortsetzen.« Wir trafen uns nun öfter.

Warum war seine Wahl auf mich gefallen? Vor allem, weil ich jung war und Schostakowitsch das Bedürfnis und den inständigen Wunsch hatte, sich vor der jungen Generation zu rechtfertigen. Ich verehrte seine Musik, und ich verehrte ihn. Ich schwatzte ihm nichts vor und gierte nicht nach seinem Wohlwollen. Schostakowitsch gefielen meine Arbeiten und auch das Buch über die jungen Leningrader. Das hatte er mir in mehreren Briefen versichert.

Schostakowitschs Wunsch, sich zu erinnern, sein Leben zu rekapitulieren, war einem Impuls entsprungen. Es kam nun darauf an, den Wunsch wachzuhalten und immer wieder neu zu entfachen. Ich sprach mit Schostakowitsch über verstorbene Freunde. Er hörte verdutzt zu und merkte auf, wenn ich über Menschen und Ereignisse sprach, an die er lange nicht mehr gedacht, die er regelrecht »vergessen« hatte.

»Das ist der Intelligenteste der jungen Generation«, lautete sein Urteil über mich. Ich wiederhole seine Worte nicht, um mich zu brüsten, sondern um zu erklären, wie dieser komplizierte Mensch die für ihn schwere Entscheidung traf, sich mit seiner Erinnerung einzulassen. Er mußte sich überhaupt erst an den Gedanken gewöhnen, daß es so etwas wie einen selbständigen, von offiziellen Verlautbarungen unterschiedenen Bericht geben könnte.

»Glauben Sie etwa, die Geschichte sei eine ehrbare Frau?« fragte Schostakowitsch mich eines Tages. Die Resignation, mit der er diese Frage stellte, war mir unbegreiflich. Ich teilte sie nicht. Das wiederum war für Schostakowitsch wichtig. Die Arbeit ging so vor sich: Wir setzten uns an den Tisch. Er bot mir etwas zu trinken an. (Ich lehnte stets dankend ab.) Dann begann ich Fragen zu stellen, auf die Schostakowitsch zunächst zögernd, fast widerwillig antwortete. Manchmal mußte ich eine Frage mehrmals wiederholen, jedesmal in anderer Formulierung; Schostakowitsch brauchte Zeit, um in Fahrt zu kommen, warm zu werden. Nach und nach bekam dann sein blasses Gesicht etwas Farbe, er wurde lebhaft. Ich fuhr mit meinen Fragen fort und machte mir dabei Notizen in einer Kurzschrift, die ich in den Jahren meiner journalistischen Tätigkeit entwickelt hatte. Den Gedanken, auf Tonband zu sprechen, verwarfen wir aus einer Reihe von Gründen. Der Hauptgrund war, daß Schostakowitsch vor dem Mikrophon steif und hölzern wurde, starr wie das Kaninchen vor der Schlange: ein Reflex seiner »Pflichtübungen« seiner offiziellen Rundfunkreden.

Ich fand eine Formel, die Schostakowitsch half, unbefangener und freier zu sprechen, als er es selbst nahestehenden Menschen gegenüber tat. Die Formel lautete: »Erinnern Sie sich nicht an sich, erinnern Sie sich an andere.« Natürlich erinnerte Schostakowitsch sich auch an sich. Indem er über andere sprach, drang er zu sich selbst durch, spiegelte sich gleichsam in den anderen. Dieser Spiegel-Stil ist typisch für Petersburg, die Stadt am Wasser, deren schwankendes Spiegelbild die Newa reflektiert. Ein Stil, den Anna Achmatowa in ihrer späten Dichtung anwandte. Schostakowitsch verehrte Anna Achmatowa, ihr Bild, das ich ihm geschenkt hatte, hing in seiner Wohnung.

Anfänglich trafen wir uns in seiner Datscha in der Nähe von Leningrad. Hier besaß der Komponistenverband ein Feriendorf für seine Mitglieder. Für unser Vorhaben war der Ort recht ungeeignet. Die Arbeit zerdehnte sich. Jede Wiederaufnahme der Gespräche stieß auf emotionale Schwierigkeiten, weil die Intervalle zwischen meinen Besuchen zu groß waren. 1972 wurde es dann einfacher. Ich zog nach Moskau, weil ich Redakteur der Zeitschrift »Sowjetskaja musyka« geworden war. Hauptzweck meiner Übersiedlung war, Schostakowitsch örtlich näher zu sein. Er wohnte im selben Gebäude, in dem sich die Redaktionsräume der Zeitschrift befanden. Obwohl Schostakowitsch häufig verreist war, konnten wir uns nun sehr viel öfter sehen[2]. Meistens rief er am frühen Morgen an, wenn die Redaktion noch leer war, und fragte in seinem klirrenden, brüchigen Tenor: »Sind Sie frei? Können Sie zu mir hinaufkommen?«

Dann begannen die aufreibenden Stunden der vorsichtigen Pirsch. Schostakowitschs Art und Weise, Fragen zu beantworten, war in hohem Grade stilisiert. Manche Sätze waren offenbar seit Jahren zurechtgeschliffen. Er eiferte seinem literarischen Vorbild und Freund Michail Soschtschenko nach, dem Meister brillant zugespitzter ironischer Erzählkunst, und er flocht Redewendungen aus Gogol, Dostojewski, Michail Bulgakow, Ilf und Petrow ein. Seine Ironien äußerte er vollkommen ernsthaft und ohne die Spur eines Lächelns. Nur wenn ein Gespräch ihn tief bewegte, glitt dann und wann ein nervöses Lächeln um seine Lippen.

Oft widersprach er sich selbst. Den wirklichen Sinn seiner Worte mußte ich in solchen Fällen erraten, ihn aus der »Schatulle mit dem dreifachen Boden« herausziehen. Meine Hartnäckigkeit kämpfte gegen seine Grillenhaftigkeit. Nach jedem Besuch war ich völlig erschöpft. Der Berg meiner Notizen wuchs und wuchs. Wieder und wieder las ich sie durch, versuchte, die hinter den Bleistiftzeichnungen vorhandene vielfigurige Komposition zusammenzubauen.

Ich teilte das Material in größere Abschnitte auf, die ich nach eigenem Ermessen in ihrem inneren Zusammenhang zusammenfügte. Dann legte ich diese Konzepte Schostakowitsch vor, der sie billigte. Was bei dieser ersten Gruppierung herausgekommen war, beeindruckte Schostakowitsch offenbar. Nach und nach ordnete ich das ganze umfangreiche Material in die vereinbarten Kapitel ein, schrieb den Text auf der Maschine ins reine. Schostakowitsch las ihn und autorisierte jedes Kapitel mit seiner Unterschrift.

Es war uns beiden klar, daß das fertige Buch in der Sowjetunion nicht veröffentlicht werden könnte. Einige tastende Versuche in dieser Richtung scheiterten. Ich bereitete daher den Versand des Manuskripts in den Westen vor. Schostakowitsch war damit einverstanden, hatte nur den einen dringenden Wunsch: Publikation erst nach seinem Tode.

»Nach meinem Tod, nach meinem Tod«, sagte er immer wieder. Er war neuen Prüfungen nicht mehr gewachsen, war schon zu geschwächt und von seiner Krankheit erschöpft.

Im November 1974 bat er mich zu sich. Wir unterhielten uns, dann fragte er mich nach dem Manuskript, und ich antwortete ihm: »Es ist im Westen, und unsere Vereinbarung gilt.« Schostakowitsch sagte: »Gut.« Und ich versprach ihm, eine Art schriftliche Verpflichtung aufzusetzen, die sicherstellte, daß das Manuskript erst nach seinem Tod veröffentlicht werden würde. So geschah es auch. Am Ende des Gesprächs schenkte er mir sein Foto mit einer Widmung: »Dem lieben Solomon Moissejewitsch Wolkow zur guten Erinnerung. D. Schostakowitsch, 16. 11. 1974.«

Dann, als ich mich schon verabschiedete, hielt er mich noch einmal zurück: »Warten Sie, geben Sie mir das Foto noch mal.« Er ergänzte die Widmung mit den Worten: »Zur Erinnerung an die Gespräche über Glasunow, Soschtschenko, Meyerhold. D. Sch.« und fügte hinzu: »Das wird Ihnen nützlich sein.«

Bald danach beantragte ich bei der sowjetischen Behörde eine Ausreisegenehmigung. 1975 starb Schostakowitsch. Im Juni 1976 traf ich in New York ein, entschlossen, das Buch zu publizieren. Mutigen Menschen (von einigen weiß ich nicht einmal den Namen), die dafür gesorgt haben, daß das Manuskript heil und unversehrt in den Westen gelangte, bin ich zu großem Dank verpflichtet. Das Russian Institute der Columbia University, dessen wissenschaftlicher Mitarbeiter ich seit 1976 bin, hat mein Vorhaben von Anfang an unterstützt. Die Kontakte mit den Kollegen waren hilfreich und interessant. Erwin Glikes und Ann Harris vom Verlag Harper & Row widmeten sich dem Manuskript. Ihrem Rat und Beispiel habe ich viel zu verdanken. Unschätzbare Hilfe erwies mir Harry Torczyner.

Und schließlich danke ich dir, mein ferner Freund, dessen Namen ich nicht nennen darf.[3] Ohne deine ständige Anteilnahme und Ermutigung wäre dieses Buch nicht zustande gekommen.

Einführung

Ein Lächeln lag auf dem Gesicht der Gestalt in dem offenen Sarg. Ich hatte ihn oftmals lachen sehen. Manchmal hatte er schallend gelacht, manchmal sarkastisch gekichert oder vergnügt in sich hinein geschmunzelt. Aber an ein Lächeln wie dieses konnte ich mich nicht erinnern: gelöst und friedlich. Still, glücklich, als wäre er zur Kindheit zurückgekehrt. Als wäre er entflohen.

Er erzählte gern eine Geschichte über eines seiner literarischen Idole, über Nikolaj Gogol: wie dieser scheinbar dem Grabe entflohen war. Als das Grab (in Leningrad, in den dreißiger Jahren) geöffnet wurde, fand man den Sarg leer. Die Sache klärte sich natürlich bald auf, Gogols Skelett wurde gefunden und an seinen Platz zurückgelegt. Aber der Gedanke an sich – sich nach dem Tode zu verbergen – war sehr verlockend.

Er war entflohen, und der amtliche Nachruf, der nach seinem Tod am 9. August 1975 in allen sowjetischen Zeitungen gedruckt wurde, konnte ihm nichts mehr anhaben: »In seinem neunundsechzigsten Jahr verschied der große Komponist unserer Epoche, Dmitri Dmitrijewitsch Schostakowitsch, Abgeordneter des Obersten Sowjet der UdSSR, Held der Sozialistischen Arbeit, Volkskünstler der UdSSR, ausgezeichnet mit dem Lenin-Preis und mit Staatspreisen der UdSSR. Als getreuer Sohn der Kommunistischen Partei und bedeutende Figur des öffentlichen Lebens widmete D. D. Schostakowitsch als Künstler wie als Bürger sein gesamtes Leben der Entwicklung der sowjetischen Musik, stärkte die Ideale des sozialistischen Humanismus und Internationalismus ...«

Und so weiter und so fort, in gußeisernem Bürokratisch. Die erste Unterschrift unter dem Nachruf war die des Generalsekretärs der KPdSU und sowjetischen Staatspräsidenten Leonid Breschnew, danach kamen in alphabetischer Folge der Chef der Geheimpolizei, der Kriegsminister ... Abgeschlossen wurde die lange Liste der Unterschriften durch eine Person wahrhaft minderer Bedeutung, durch Wladimir Jagodkin, den Moskauer Parteichef, der lediglich deswegen in die Geschichte eingehen wird, weil er im September 1974 Bulldozer auf eine von nonkonformistischen Künstlern im Freien veranstaltete Ausstellung ansetzte.

Bei dem offiziellen Begräbnis am 14. August drängten sich dann die Spitzenfunktionäre der ideologischen Abteilungen um die Bahre von Schostakowitsch. Viele von ihnen hatten ihre Karriere damit gemacht, daß sie ihn seit Jahren denunziert hatten. »Die Raben haben sich versammelt«, sagte mit blassem Gesicht ein dem Komponisten nahestehender Musiker zu mir.

Schostakowitsch hatte all das vorausgesehen; er hatte sogar die Musik zu einem Gedicht geschrieben, welches das »ehrenvolle« Begräbnis eines russischen Genies aus anderer Zeit, Alexander Puschkins, beschrieb: »So viel Ehre, daß es keinen Raum für seine engsten Freunde gibt ... Zur Rechten wie zur Linken – die Pranken an der Hosennaht –, die Brustkörbe und groben Gesichter der Gendarmen.«

Nichts davon war noch von Bedeutung. Eine groteske Szene mehr, eine Widersprüchlichkeit mehr, aber sie berührte ihn nicht. Schostakowitsch war inmitten von Widersprüchen am 25. September 1906 geboren worden, in Petersburg, der Hauptstadt des russischen Reiches, in der die revolutionären Erschütterungen von 1905 nachwirkten. Die Stadt mußte ihren Namen innerhalb eines Jahrzehnts zweimal ändern: 1914 wurde sie zu Petrograd und 1924 zu Leningrad. Doch der tief eingewurzelte Konflikt zwischen der Macht und dem Volk blieb bestehen, er war nur hin und wieder weniger sichtbar.

Russische Dichter und Schriftsteller hatten schon seit langem ein übles Bild von Petersburg als einem Ort der Doppelexistenzen und zerstörten Leben verbreitet. Die prächtige Hauptstadt auf dem Sumpf, das »Venedig des Nordens«, von Peter I. gegründet, hatte bei ihrem Bau Tausende von Bauarbeitern das Leben gekostet. Dostojewski schien es, daß »diese faulige, schleimige Stadt sich im Nebel erheben und wie Rauch verschwinden wird«. Der Wahnsinnstraum eines »progressiven« Tyrannen, Petersburg, war Heimat, Rahmen und Bühne für viele der Werke von Schostakowitsch. Hier »auf dem Sumpf« wurden sieben seiner Symphonien uraufgeführt, zwei Opern, drei Ballette und die meisten Quartette. (Es heißt, Schostakowitsch hätte in Leningrad begraben sein wollen, aber sie begruben ihn in Moskau.) Indem er Petersburg als seine Stadt anerkannte, verurteilte sich Schostakowitsch zu einer permanenten psychologischen Dualität.

Ein weiterer Widerspruch – zwischen seinen polnischen Vorfahren und seinem ständigen Streben, wie Dostojewski oder Mussorgski in seiner Kunst die wichtigsten Probleme der russischen Geschichte zu behandeln – ergab sich aus seiner Herkunft. Die Wege von Abstammung und Geschichte kreuzten sich. Sein Urgroßvater, Peter Schostakowitsch, ein junger Tierarzt, nahm teil am polnischen Aufstand von 1830, jenem verzweifelten Versuch, Polens Unabhängigkeit von Rußland zu erzwingen. Nach der grausamen Unterdrückung der Erhebung und der Einnahme Warschaus wurde er mit Tausenden Rebellen in die Verbannung nach Sibirien geschickt, zuerst nach Perm, später nach Jekaterinenburg.

Schostakowitschs Großvater, Boleslaw, beteiligte sich an den Vorbereitungen zum polnischen Aufstand von 1863, den die russische Armee ebenfalls niederschlug. Überdies stand er der Geheimorganisation »Semlja i Wolja« nahe.[1] Er wurde nach Sibirien verschickt. In jenen Jahren galten die Worte »polnisch«, »Rebell« und »Aufrührer« geradezu als Synonyme.

Der modische Radikalismus der sechziger Jahre im russischen neunzehnten Jahrhundert war ausgesprochen materialistisch orientiert. Kunst wurde als Zeitvertreib der Müßigen verworfen, und ein volkstümlicher Leitsatz jener Zeit verkündete: »Ein Paar Stiefel sind mehr wert als Shakespeare.« Diese Einstellung erklärt vieles in den Geschicken der russischen Kunst des zwanzigsten

Jahrhunderts. Der Vater des Komponisten, Dmitri Boleslawowitsch Schostakowitsch, hielt sich aus der Politik heraus; er arbeitete mit dem berühmten Chemiker Dmitri Mendelejew zusammen und führte ein ruhiges Leben als erfolgreicher Ingenieur in Petersburg. Er heiratete die Pianistin Sofia Wassiljewna Kokoulina. Musik wurde in der Familie ernst genommen, und man verachtete auch nicht mehr Mozart und Beethoven; doch galt nach wie vor die Forderung, Kunst habe nützlich zu sein.

Indessen war die Beimischung von »fremdem Blut« zweifellos spürbar, obwohl sich die Familie russifizierte. Daran wurde Schostakowitsch vor seiner Reise nach Warschau zum Chopin-Wettbewerb von 1927 erinnert, als sich die Behörden überlegten, ob man denn »diesem Polen« die Reise gestatten solle oder nicht.

Der junge Mitja Schostakowitsch bekam mit neun Jahren, verhältnismäßig spät also, Klavierunterricht. Seine erste Lehrerin war seine Mutter, die ihn, als sie seine raschen Fortschritte feststellte, zu einem Klavierlehrer brachte. Die erste Unterhaltung ergab eine beliebte Familiengeschichte:

»Ich habe Ihnen einen wunderbaren Schüler gebracht!«

»Alle Mütter haben wunderbare Kinder ...«

Innerhalb von zwei Jahren spielte der Junge sämtliche Präludien und Fugen von Bachs Wohltemperiertem Klavier. Es war eindeutig, daß er außergewöhnlich begabt war. Auch in den schulischen Fächern war er gut. Bei allem, was er tat, wollte er immer der Beste sein. Als er fast gleichzeitig mit den ersten Stunden zu komponieren anfing, arbeitete er auch daran sofort ernsthaft. Zu seinen frühesten Kompositionen gehört das Klavierstück »Trauermarsch zum Gedächtnis der Revolutionsopfer«. Es war die Reaktion eines Elfjährigen auf die Revolution im Februar 1917, bei der Nikolaj II. gestürzt wurde. Lenin kehrte aus dem Exil nach Rußland zurück. Am Finnischen Bahnhof in Petrograd wurde er von einer großen Menge begrüßt; in dieser hätten wir auch den jungen Mitja finden können.

Im selben Jahr 1917 brachte die Oktoberrevolution die Bolschewiki an die Macht. Bald darauf brach der Bürgerkrieg aus.

Petrograd, das nicht mehr Hauptstadt war – Lenin hatte die Regierung 1919 nach Moskau zurückverlegt –, leerte sich langsam. Die Familie Schostakowitsch verhielt sich dem neuen Regime gegenüber loyal und verließ die Stadt nicht, wie es viele Angehörige der Intelligenzschicht taten. Das Land befand sich im Chaos. Geld hatte praktisch seinen Wert verloren. Nahrung war unerschwinglich. Fabriken schlossen, der Verkehr lag lahm.

> Petropolis, diaphan: hier gehen wir zugrunde,
> hier herrscht sie über uns: Proserpina.
> Sooft die Uhr schlägt, schlägt die Todesstunde,
> wir trinken den Tod aus jedem Lufthauch da,

schrieb der Dichter Ossip Mandelstam.

Inmitten dieser chaotischen Verhältnisse, 1919, kam Schostakowitsch an das Konservatorium von Petrograd, das noch immer seinen Ruf als beste Musikakademie des Landes besaß. Er war dreizehn Jahre alt. Weil das Gebäude nicht geheizt war, erschienen Professoren und Schüler vermummt in Mäntel, mit Hüten und Handschuhen, wenn sich die Klassen versammeln konnten. Schostakowitsch gehörte zu den ausdauerndsten unter den Schülern. Kam sein Klavierlehrer, der berühmte Leonid Nikolajew, nicht ins Konservatorium, so begab sich Mitja zu dessen Haus.

Die Lage der Familie wurde immer hoffnungsloser. Anfang des Jahres 1922 starb der Vater an einer Lungenentzündung als Folge von Unterernährung. Sofia Wassiljewna blieb mit drei Kindern zurück: Mitja, damals sechzehn, der älteren Tochter Maria, neunzehn, und der jüngeren Soja, dreizehn Jahre alt. Sie hatten nichts zum Leben. Also verkauften sie das Klavier, aber die Miete blieb trotzdem unbezahlt. Die beiden älteren Kinder gingen arbeiten. Mitja fand eine Anstellung in einem Kino, wo er Stummfilme auf dem Klavier begleitete. Historiker sagen gern, diese Aushilfsarbeit sei »nützlich« gewesen für Schostakowitsch, er selber dachte stets mit Abscheu an sie zurück. Außerdem wurde er krank; Tuberkulose, lautete die Diagnose, und die Krankheit setzte ihm fast zehn Jahre lang zu.

Vielleicht wäre ein anderer Mensch daran zerbrochen, nicht aber Schostakowitsch. Er war eigensinnig und zäh. Er hatte von Kindheit an den Glauben an sein Genie, obwohl er diese Überzeugung für sich behielt. Seine Arbeit ging allem vor. Er war entschlossen, um jeden Preis ein Musterschüler zu bleiben.

Das erste Porträt, das wir von Schostakowitsch haben – in Kohle und Rötel von dem bedeutenden russischen Maler Boris Kustodijew –, vermittelt diese Zähigkeit und die innere Konzentration. Es zeigt außerdem eine weitere Eigenschaft. Der Blick in diesem Bildnis ähnelt der poetischen Beschreibung, die ein Jugendfreund des Komponisten von ihm gab: »Ich liebe den Frühlingshimmel nach einem Sturm. Das sind deine Augen.« Kustodijew nannte Schostakowitsch Florestan. Aber jung, wie er war, fand Schostakowitsch diesen Vergleich zu romantisch. Handwerk war ihm alles. In das Handwerk setzte er als Kind sein Vertrauen, auf das Handwerk verließ er sich sein Leben lang.[2]

Damals schien der begabte junge Musiker ein treuer Anhänger der herrschenden Kompositionstraditionen der Rimski-Korssakow-Schule zu sein. Obwohl Rimski 1908 gestorben war, wurden die Schlüsselstellungen im Konservatorium weiterhin von seinen Mitarbeitern und Schülern gehalten. Schostakowitschs Kompositionslehrer war Maximilian Steinberg, Rimskis Schwiegersohn, und der erste musikalische Triumph von Schostakowitsch bestätigte seine geistige Verwandtschaft mit der »Petersburger Schule«. Er war neunzehn, als er die erste Symphonie für seine Abschlußprüfung schrieb. Sie wurde 1926 von einem führenden Orchester unter einem der ersten Dirigenten in der Leningrader Philharmonie aufgeführt. Ein sofortiger und stürmischer Erfolg. Jedem gefiel die Arbeit, die markant, temperamentvoll, meisterhaft orchestriert, dabei verständlich und der Tradition verpflichtet war. Ihr Ruhm verbreitete sich rasch. 1927 wurde die Symphonie in Berlin unter Bruno Walter zum erstenmal aufgeführt, 1929 durch Leopold Stokowski und Otto Klemperer, und 1931 nahm sie Arturo

Toscanini in sein Repertoire auf. Fast überall war Begeisterung die Reaktion. Man bezeichnete Schostakowitsch als einen der begabtesten Musiker der neuen Generation.

Jedoch schreckte er in diesem Augenblick des Triumphs vor einer Zukunft als Epigone zurück. Er beschloß, daß er nicht wie die »in jeder Beziehung angenehme Dame« aus Gogols »Toten Seelen« werden wollte. Er verbrannte viele seiner Manuskripte, unter ihnen eine Oper, der ein langes Puschkin-Gedicht zugrunde lag, und ein Ballett zu einem Märchen von Hans Christian Andersen – er hielt sie für nichts als Geschreibsel. Er fürchtete, sein »eigenes Selbst« für immer zu verlieren, wenn er sich an die akademische Linie hielt.

Trotz aller Traditionspflege im Konservatorium waren die zwanziger Jahre eine Zeit, in der »linke« Kunst im Kulturleben des neuen Rußland vorherrschte. Dafür gab es viele Gründe, und einer der wichtigsten lag in der Bereitschaft der Avantgarde, mit der sowjetischen Regierung zusammenzuarbeiten. (Die bedeutendsten Repräsentanten der überlieferten Kultur hatten Rußland verlassen oder sabotierten das neue Regime, oder aber sie warteten ab.) Eine ganze Weile gaben die »Linken« den Ton in der Kulturpolitik an. Man bot ihnen auch die Möglichkeit, verschiedene kühne Projekte zu verwirklichen.

Äußere Einflüsse kamen hinzu. Sobald sich 1921 das Leben nach der Einführung der Neuen Ökonomischen Politik (NEP) etwas normalisiert hatte, kam die neue Musik aus dem Westen ins Land und wurde mit Eifer aufgenommen und aufgeführt. Mitte der zwanziger Jahre fand in Leningrad fast jede Woche eine interessante Premiere statt: Kompositionen von Hindemith, Krenek, den Pariser *Six* (Auric, Durey, Honegger, Milhaud, Poulenc, Tailleferre) sowie der »Auslandsrussen« Prokofjew und Strawinski. Bedeutende Komponisten der Avantgarde, unter ihnen Hindemith und Bartók, reisten nach Leningrad und spielten dort ihre Werke. Diese neue Musik erregte Schostakowitsch sehr.

Wie viele andere Besucher zeigten sich die berühmten Musiker tief beeindruckt von der Großzügigkeit, mit welcher der neue fortschrittliche Staat die neuen Künste förderte. Indessen gab es in Wahrheit keine Wunder. Es stellte sich sehr bald heraus, daß die staatlichen Mäzene nur gewillt waren, jene Arbeiten zu fördern, die Propaganda enthielten. Schostakowitsch bekam einen großen Auftrag: eine Symphonie zum zehnten Jahrestag der Revolution. Er führte den Auftrag erfolgreich aus. Die Zweite Symphonie, »Widmung an den Oktober« (sein Titel für das Werk), mit einem Chor zu den bombastischen Versen des Komsomol-Dichters Alexander Besymenski, bezeichnete – zusammen mit weiteren Werken – die Wendung von Schostakowitsch zur Avantgarde. Die Partitur enthält den Einsatz einer Fabriksirene, bei dem der Komponist allerdings anmerkt, daß diese durch einen einstimmigen Klang von Hörnern, Trompeten und Posaunen ersetzt werden könne.

Schostakowitsch schrieb noch einige große Werke als Auftragsarbeiten, alle wurden wohlwollend von der Presse aufgenommen. Einflußreiche Funktionäre in der Leitung des öffentlichen Musiklebens förderten den talentierten jungen Komponisten. Der vakante Posten eines Staatskomponisten schien Schostakowitsch sicher zu sein.

Aber er hatte es nicht eilig, diese Stellung einzunehmen, obwohl er dringend Erfolg und Anerkennung brauchte – und finanzielle Sicherheit obendrein. Gegen Ende der zwanziger Jahre war dann für echte Künstler der Honigmond mit der sowjetischen Regierung vorüber: diese verlangte Unterwerfung und Disziplin. Um in Gunst zu bleiben, um Aufträge zu erhalten und friedlich leben zu können, mußte man sich in staatliche Montur werfen und für den Staat schuften. Eine Zeitlang war Schostakowitsch als junger aufstrebender Künstler auf die Wünsche der Gönner eingegangen, als er aber in seiner Arbeit zu einer gewissen Reife gelangt war, fiel es ihm zunehmend schwerer, den simplen, eingleisigen Anforderungen der Obrigkeit nachzukommen.

Was sollte er tun? Er konnte und wollte nicht in offenen Konflikt mit den Behörden geraten. Aber es war ihm klar, daß mit völliger Unterwerfung die schöpferische Sackgasse drohte. Er wählte einen anderen Weg und wurde als Komponist, bewußt oder nicht – was Mussorgski bereits gewesen war – ein großer *jurodiwy*.

Der *jurodiwy* – der Gottesnarr – ist ein russisches religiöses Phänomen, das sogar kritische sowjetische Gelehrte als nationale Besonderheit bezeichnen. In keiner anderen Sprache gibt es ein Wort, das die Bedeutung des russischen *jurodiwy* mit seinen vielen historischen und kulturellen Bezügen ganz genau vermitteln kann. Die deutsche Übersetzung »Gottesnarr« kommt ihm am nächsten.

Der Gottesnarr verfügt über die Gabe, zu sehen und zu hören, was andere nicht ahnen. Aber er erzählt der Welt davon in einer absichtlich paradoxen Weise, verschlüsselt. Er spielt den Toren, während er in Wirklichkeit jemand ist, der ständig das Böse und die Ungerechtigkeit aufdeckt. Der Gottesnarr ist ein Anarchist und Individualist, der in seiner öffentlichen Rolle die normalen »moralischen« Gesetze des Verhaltens übertritt und jeglicher Konvention spottet. Aber sich selbst setzt er strenge Grenzen, Regeln und Tabus.

Die Ursprünge des Gottesnarrentums reichen zurück ins fünfzehnte Jahrhundert und weiter; seine öffentliche Bedeutung blieb bis ins achtzehnte Jahrhundert erhalten. Den Gottesnarren war es gestattet, die Wahrheit zu sagen und dabei selber in verhältnismäßiger Sicherheit zu leben. Die Herrscher gestanden ihnen das Recht auf Kritik und Absonderlichkeit zu – wenn auch in Grenzen. Ihr Einfluß war ungeheuer, und ihre verwirrenden prophetischen Worte wurden von Zaren wie von Bauern beachtet. Gottesnarrentum konnte angeboren sein. Viele aber machten sich freiwillig »um Christi willen« zu Gottesnarren. Unter ihnen waren nicht wenig gebildete Männer, die auf diese Weise Kritik und Protest zum Ausdruck brachten.

Schostakowitsch war nicht der einzige, der ein »neuer Gottesnarr« wurde. Diese Verhaltensform hatte in seinem kulturellen Milieu einige Verbreitung erlangt. Die jungen Leningrader Dadaisten, die den *Oberiu*-Kreis[3] bildeten, verhielten sich wie Gottesnarren. Der volkstümliche Satiriker Michail Soschtschenko schuf eine überzeugende Gottesnarren-Maske für sich selber und hatte großen Einfluß auf Schostakowitschs Ausdrucksweise.

Für diese neuen Gottesnarren lag die Welt in Trümmern, und der Versuch, eine neue Gesellschaft zu bauen, war in ihren Augen – zumindest für den Augenblick – eindeutig fehlgeschlagen. Sie befanden sich nackt auf nacktem Boden. Die hohen Werte der Vergangenheit waren in Mißkredit geraten. Und neue Ideale, meinten sie, könnten nur in umgekehrter Weise bekräftigt werden, sie müßten gleichsam in Gestalt von Spott, Sarkasmus und Torheit vermittelt werden.

Diese Schriftsteller und Künstler wählten unbedeutende, rohe und absichtlich ungeschickte Worte, um tiefste Gedanken auszudrücken. Aber diese Worte hatten nicht nur einen einzigen Sinn, sie hatten doppelte oder dreifache Bezüge. In ihren Arbeiten spielte der vulgäre Jargon der Straße mit Grimassen und spöttischen Nuancen eine vielschichtige Rolle. Witz wurde zur Parabel, ein Kinderlied zu einer gespenstischen Überprüfung der *condition humaine*.

Selbstverständlich konnte das Gottesnarrentum von Schostakowitsch und seinen Freunden nicht so konsequent sein wie das ihrer historischen Vorbilder. Die Gottesnarren der Vergangenheit hatten ein für allemal ihren Standort außerhalb sozialer und kultureller Konventionen. Die »neuen Gottesnarren« verließen die Konvention, um zu überdauern. Ihr Versuch, die überlieferte Kultur mit Methoden zu rehabilitieren, die dem Arsenal der Antikultur entstammten, war, wenn auch beabsichtigtes Moralisieren und Predigen im Unterton vorhanden war, durchaus »von dieser Welt«.

Schostakowitsch maß auch in dieser Beziehung Mussorgski, der – wie der Musikkritiker Boris Assafjew schrieb – »manchem inneren Widerspruch in das Gebiet des Quasi-Predigens, des halben Gottesnarrentum ausgewichen« war, großen Wert bei. Auf musikalischer Ebene empfand sich Schostakowitsch als Mussorgskis Nachfolger, jetzt schloß er sich ihm auch in menschlicher

Hinsicht an und spielte gelegentlich den »Idioten« (als der Mussorgski von engsten Freunden bezeichnet wurde).

Auf dieser Ebene des Gottesnarrentums verweigerte Schostakowitsch jede Verantwortung für das, was er sagte: »Erhabene« Worte verloren jede Bedeutung, während belanglose Nebenbemerkungen überraschende Vieldeutigkeit gewannen. Das Aussprechen pathetischer Wahrheiten wurde zu Spott, andererseits enthielt der Spott häufig tragische Wahrheit. Das galt auch für Schostakowitschs Musik. Der Komponist schrieb in voller Absicht ein Oratorium »ohne Botschaft«, um die Zuhörer zu zwingen, die Botschaft aus dem herauszuhören, was beim oberflächlichen Hören wie ein unbedeutendes Gesangswerk wirkte.

Seine Entscheidung war selbstverständlich nicht plötzlich zustande gekommen, sie war das Resultat vielen Schwankens, vieler Inkonsequenzen. Schostakowitschs alltägliches Verhalten war in hohem Grade, wie das vieler echter altrussischer Gottesnarren »um Christi willen« bestimmt von den Reaktionen des Staates, die von Fall zu Fall mehr oder weniger unduldsam ausfielen. Selbstverteidigung diktierte zum großen Teil seine Haltung und auch die seiner Freunde, die zwar überleben wollten, aber nicht um jeden Preis. Die Gottesnarren-Maske half ihnen dabei. Wichtig zu wissen ist, daß Schostakowitsch sich nicht nur selber als Gottesnarren betrachtete, sondern auch in seiner Umgebung als solcher galt. In russischen Musikerkreisen ist der Begriff häufig auf ihn angewendet worden.

Sein ganzes Leben hindurch kehrte Schostakowitsch periodisch immer wieder zum Gottesnarrentum als einem Mittel zurück, seine »Predigten« in Groteske verhüllt zu halten. Sein Gottesnarrentum zeigte sich verschiedengestaltig, während Geist und Körper des Komponisten an Reife zunahmen und später wieder abnahmen. Als er jung war, trennte es ihn von den Führern der »linken« Kunst: Meyerhold, Majakowski und Eisenstein. Bei Puschkin gibt es eine berühmte Zeile, in der er zum »Mitleid mit den Gestrauchelten« aufruft. Die sowjetische Avantgarde stand niemals auf der Seite der Fallenden. Schostakowitsch konnte seit

1927 diese Worte Puschkins wiederholen: »Mitleid mit den Gestrauchelten.« Es ist das Thema zweier Opern: »Die Nase«, nach Gogols Erzählung (vollendet 1928), und »Lady Macbeth von Mzensk« nach einer Erzählung von Leskow (vollendet 1932).

Gogol hatte die Personen seiner Erzählung wie Masken behandelt, bei Schostakowitsch hingegen werden sie zu Charakteren. Selbst die Nase, die sich von ihrem Eigentümer, Major Kowaljow, trennt und Petersburg in Uniform durchstreift, gewinnt bei Schostakowitsch realistische Züge. Den Komponisten interessierte die Wechselbeziehung zwischen der gesichtslosen Menge und dem ewig einzelnen, er erforschte sorgfältig die Mechanismen der Massenpsychose. Wir fühlen mit der Nase, und wir fühlen mit dem »nasenlosen« Kowaljow. Schostakowitsch benutzte die Fabel der Geschichte nur als Sprungbrett und brach die Geschehnisse und Charaktere im Prisma eines anderen Schriftstellers gänzlich anderen Stils: Dostojewski.

In »Lady Macbeth von Mzensk« – später, in der zweiten Auflage, wurde die Oper »Katerina Ismailowa« genannt – wird die Verbindung zu Dostojewski ebenfalls sichtbar. Ein Beispiel dafür bietet die Schilderung der siegreichen, alles durchdringenden Polizeimacht. Wie in der »Nase« bringt der Komponist auch hier die Charaktere in Konflikt mit dem Polizeiapparat, dessen Wirken er dem Publikum offenbar vor Augen führen will.

In beiden Fällen ist bei Schostakowitsch wie bei Dostojewski der Kriminalfall nur Anlaß, um die Leidensstationen der Charaktere deutlicher zeichnen zu können. Er vulgarisiert das Vulgäre noch und intensiviert die Farben mittels harter, schriller Kontraste.

In »Lady Macbeth« mordet Katerina Ismailowa aus Liebe, und Schostakowitsch verteidigt sie. Nach seiner Interpretation sind die von Katerina getöteten herzlosen, tyrannischen und mächtigen Männer die wahren Schuldigen, und Katerina ist ihr Opfer. Das Finale der Oper ist sehr wichtig. Die Zuchthausszene ist eine unmittelbare musikalische Verkörperung einiger Seiten aus Dostojewskis »Aufzeichnungen aus einem Totenhaus«. Für Schostakowitsch sind die Sträflinge sowohl »Unglückliche« als auch gleichzeitig Richter. Katerina leidet unter ihrer Schuld; ihr Gesang fällt zusammen, verschmilzt beinahe mit den Melodien des Gefangenenchors: Das individuell Sündige löst sich damit auf im Allgemeinen, im Ethischen. Diese Auffassung von Erlösung und Reinigung ist bei Dostojewski von grundlegender Bedeutung; in Schostakowitschs »Lady Macbeth« gelangt sie in fast melodramatischer Deutlichkeit zum Ausdruck. Er verbirgt keineswegs seine belehrenden Absichten.

Der Weg, den er von der »Nase« bis zu »Lady Macbeth« zurücklegte, entspricht der Entfernung zwischen dem Standort eines vielversprechenden jungen Mannes und dem eines schon weitbekannten Komponisten. »Lady Macbeth« war ein ungeheurer und für ein zeitgenössisches Werk unerhörter Erfolg. Die Oper wurde in Leningrad 36mal in den fünf Monaten nach ihrer Premiere 1934 aufgeführt und in Moskau in zwei Spielzeiten 94mal. Fast sofort kam sie in Stockholm, Prag, London, Zürich und Kopenhagen heraus; Toscanini übernahm Teile davon für sein Repertoire.

Die amerikanische Premiere unter Arthur Rodzinsky erregte großes Aufsehen, Virgil Thomsons Artikel in »Modern Music« (1935) trug den Titel »Sozialismus an der Metropolitan«. Schostakowitsch wurde als Genie gefeiert.

Danach der Rückschlag. Stalin kam, um sich die Oper anzusehen, und verließ voller Wut das Theater. Am 28. Januar 1936 erschien in der »Prawda« der von Stalin diktierte vernichtende Leitartikel »Chaos statt Musik«: »Vom ersten Augenblick an vergeht dem Zuhörer Hören und Sehen bei dem absichtlich plumpen, verwirrenden Getöse von Tönen. Melodiefetzen, embryonale musikalische Folgen ertrinken, verschwinden und gehen immer wieder unter in Krachen, Knirschen und Kreischen. Dieser ›Musik‹ zu folgen ist schwierig, sich an sie zu erinnern unmöglich.«

Es war die Zeit, in der im ganzen Lande der Terror zu wüten begann. Die Säuberungen nahmen rasch gigantische Ausmaße an. Ein neuer Staat im Staate bildete sich: der »Archipel Gulag«.

In diesem Zusammenhang bedeutete Stalins Warnung an Schostakowitsch in der »Prawda« – »Dies ist ein Spiel mit abstrusen Dingen, das sehr böse enden könnte« – eine unmittelbare Bedrohung. Eine Woche später erschien ein zweiter Leitartikel in der »Prawda«, diesmal eine Schelte für seine Ballettmusik, die im Bolschoitheater zur Aufführung gelangt war. Schostakowitsch und jeder in seiner Umgebung waren gewiß, daß man ihn verhaften würde. Seine Freunde hielten sich auf Distanz. Wie viele andere Menschen jener Zeit hielt er stets einen kleinen gepackten Koffer in Bereitschaft. Die Opfer wurden nachts geholt. Schostakowitsch schlief nicht. Er lag wach, lauschte und wartete im Dunkeln.

Die Zeitungen waren damals voll von Briefen und Artikeln, die nach der Todesstrafe für »Terroristen, Spione und Verschwörer« riefen. Sie wurden von beinahe jedem unterzeichnet, der zu überleben hoffte, aber Schostakowitsch hat ungeachtet des Risikos einen derartigen Brief nie unterschrieben.

Stalin hatte jedoch eine Entscheidung über Schostakowitsch getroffen, die niemals revidiert wurde: Schostakowitsch wurde trotz seiner Beziehungen zu »Volksfeinden« wie Meyerhold und Marschall Tuchatschewski nicht verhaftet. Diese besondere Beziehung zwischen Stalin und Schostakowitsch entsprach einer alten Tradition in der russischen Kultur; der ambivalente »Dialog« zwischen dem Zaren und dem Gottesnarren, zwischen dem Zaren und dem Dichter, der die Rolle des Gottesnarren spielt, um zu überleben, erscheint in tragischem Glanz.

Ein Wink von Stalins Hand erzeugte und zerstörte ganze kulturelle Bewegungen – von einzelnen Personen ganz zu schweigen. Der Artikel in der »Prawda« war der Beginn einer bösartigen Kampagne gegen den Komponisten und seine Gesinnungsgenossen. Das ausschlaggebende Epitheton war der Begriff »Formalismus« der aus dem Vokabular der Ästhetik in das der Politik übernommen wurde.

In der Geschichte der sowjetischen Literatur und Kunst ist nicht eine einzige Persönlichkeit auch nur der geringsten Bedeutung zu finden, die nicht zu irgendeiner Zeit einmal als »Formalist« gebrandmarkt worden wäre. Es war eine völlig willkürliche Beschuldigung, aber für viele, die des Formalismus angeklagt wurden, bedeutete sie den Untergang. Nach dem »Chaos«-Artikel war Schostakowitsch verzweifelt, dem Selbstmord nahe. Die ständige Erwartung der Verhaftung lastete auf seinem Gemüt. Beinahe vier Jahrzehnte lang, bis zu seinem Tode, sah er sich als Geisel, als Verurteilten. Die Angst nahm zu oder ab, aber völlig verschwand sie niemals. Das ganze Land war zu einem riesigen Gefängnis geworden, aus dem es kein Entkommen gab.

(In mehrfacher Hinsicht rührt vieles von Schostakowitschs Feindseligkeit und Mißtrauen dem Westen gegenüber aus dieser Zeit, als der Westen sein möglichstes tat, den Archipel Gulag nicht zur Kenntnis zu nehmen. Schostakowitsch hatte nie freundschaftliche Kontakte zu Ausländern, außer vielleicht zu Benjamin Britten. Es war kein Zufall, daß er Britten seine Vierzehnte Symphonie für Sopran, Baß und Kammerorchester widmete, in welcher der Protagonist, ins Gefängnis geworfen, in tiefer Zerbrochenheit aufschreit: »Über mir hier ist die Krypta, hier bin ich für alle gestorben.«)

Drohende Repressalien bewegten Schostakowitsch dazu, die Premiere der Vierten Symphonie, die er 1936 vollendet hatte, aufzuschieben; er hatte Angst, das Schicksal erneut herauszufordern.[4] 1932 hatte er nach stürmischer Werbung Nina Warsar geheiratet, eine schöne und tatkräftige junge Frau, eine begabte Physikerin. 1936 wurde die Tochter Galja geboren und 1938 der Sohn Maxim. Der Komponist war nicht mehr nur für sich allein, sondern auch für eine Familie verantwortlich.

Die Lage wurde zunehmend bedrückender. Jeder Diktator sucht sich einen Apparat zu schaffen, um »seine Kunst« zu propagieren; der Apparat, den Stalin für sich errichtete, ist noch immer der wirkungsvollste, den die Welt je gekannt hat. Er sicherte sich von den schöpferisch tätigen sowjetischen Persönlichkeiten einen nie zuvor erlebten Grad von Dienstbarkeit für seine ständig wechselnden propagandistischen Ziele. Er errichtete und perfektionierte das System der »schöpferischen Verbände«. Innerhalb dieses Systems stand das Recht auf Arbeit (und als Künstler zu leben) nur den eingetragenen und amtlich gebilligten Künstlern zu. Die »schöpferischen« Verbände von Schriftstellern, Komponisten, bildenden Künstlern usw. wurden 1932 als bürokratische Organisationen mit streng geregelter Rangordnung und ebenso strengen Verantwortlichkeiten, die laufend überprüft wurden, gegründet. In jeder dieser Organisationen ist das KGB durch eine »Sicherheitsabteilung« vertreten, ganz abgesehen von den zahllosen inoffiziellen Spitzeln. Diese Praxis ist bis zum heutigen Tage in Kraft. Jeglicher Versuch, »seinen« Verband zu umgehen, hatte böse Folgen, denn jedwede Form von Druck und Repression stand immer zur Verfügung. Darüber hinaus wurde Gehorsam belohnt. Hinter dem gut geölten und reibungslos funktionierenden Apparat stand die Person Stalin als unausweichliche Präsenz, die den Geschehnissen häufig groteske, tragikomische Züge verlieh.

In Schostakowitschs Leben und Arbeit stellt seine Beziehung zu Stalin einen entscheidenden Faktor dar. In diesem Land, in dem der Herrscher die absolute Macht über das Schicksal seiner Untertanen hatte, quälte Stalin den Komponisten mit schweren Belastungsproben und öffentlichen Demütigungen, zeichnete ihn indessen fast gleichzeitig mit höchsten Ehren und Titeln aus. Paradoxerweise hatte beides, Ehrungen wie Schmähungen, für Schostakowitsch einen Ruhm ohnegleichen zur Folge.

Der 21. November 1937 darf als Wendepunkt im musikalischen Schicksal des Komponisten gelten. Der Saal der Leningrader Philharmonie war überfüllt, die Creme der sowjetischen Gesellschaft – Musiker, Schriftsteller, Schauspieler, Künstler, Berühmtheiten jeder Art – hatte sich zur Uraufführung der Fünften Symphonie des in Ungnade gefallenen Künstlers versammelt. Sie erwartete eine Sensation, einen Skandal, und versuchte zu erraten, was dem Komponisten wohl geschehen werde. Man tauschte Klatsch und Witze aus, denn schließlich ging trotz der »Säuberung« das Leben weiter.

Und als die letzten Noten verklangen, entstand ein Pandämonium, das sich später bei fast allen sowjetischen Uraufführungen der großen Werke Schostakowitschs wiederholte. Viele weinten. Der Gottesnarr hatte laut ausgesprochen, was alle in Gedanken bewegte, hatte in seiner Musik einen aufrichtigen, denkenden Menschen dargestellt, der unter ungeheurem moralischem Druck eine entscheidende Wahl zu treffen hat. Die Symphonie ist durchzogen von neurotischen Pulsschlägen; der Komponist sucht fieberhaft nach einem Ausweg aus dem Labyrinth, um sich dann im Finale, den Worten eines sowjetischen Komponisten zufolge, in der »Gaskammer der Gedanken« wiederzufinden. »Das ist keine Musik, das ist Starkstrom, nervöse Elektrizität«, bemerkte ein bewegter Zuhörer der Fünften, die bis heute das am meisten bewunderte Werk von Schostakowitsch geblieben ist. Die Symphonie machte klar, daß Schostakowitsch für seine Generation sprach, und damit wurde sie auf Jahrzehnte hinaus zu einem Symbol. Im Westen nahm der Name des Komponisten einen emblematischen Unterton an, sowohl für die Rechte wie für die Linke. Wahrscheinlich ist kein anderer Komponist dieser Generation in eine derart politische Rolle gedrängt worden.

Schostakowitsch hatte die aussterbende Form der Symphonie wiederbelebt; für ihn war sie die ideale Form, Gefühle und Gedanken, die ihn bewegten, zum Ausdruck zu bringen. In der Fünften verarbeitete er auch die Einflüsse der Komponisten Strawinski, Prokofjew und vor allem Gustav Mahler, um zu seinem eigenen, unnachahmlichen, individuellen Stil zu gelangen. Am charakteristischsten für die Musik von Schostakowitsch sind die klangvoll tastenden melodischen Entwicklungen. Die Themen entfalten sich meist durch die gesamte Symphonie hindurch mit immer neuen »Abzweigungen« (als Basis für die integrale Qualität seiner symphonischen Gemälde, die häufig gewaltig und fast stets abwechslungsreich sind).

Ein weiteres wichtiges Element seiner Musik ist der dreidimensionale, variationsreiche Rhythmus. Den Rhythmus setzt er zuweilen als unabhängiges Ausdrucksmittel ein, er nutzt ihn für große symphonische Abschnitte (beispielsweise für die berühmte

»Marsch«-Episode in der Siebenten, der »Leningrader« Symphonie).

Große Bedeutung hatte für Schostakowitsch die Orchestrierung. Er besaß die Gabe, sich die Musik so vorzustellen, wie sie vom Orchester gespielt wird, und er schrieb sie von Anfang an als Partitur nieder und nicht wie viele andere Komponisten als Klavierauszug. Die einzelnen Orchesterfarben empfand er als Individuen und personifizierte sie auch gern, wie in der dämmerigen Flötenstimme im »Toten Königreich« des ersten Satzes seiner Elften Symphonie. Die Monologe von Soloinstrumenten in den Orchesterwerken klingen oft wie große Reden und dann wieder wie intime Geständnisse.

Außerdem beschwört vieles in den Symphonien Analogien zum Theater und zum Film herauf. Darin liegt nichts Verwerfliches, wenn auch manche Kritiker das anscheinend noch immer meinen. In ihrer eigenen Zeit war die »reine« symphonische Musik von Haydn, Mozart und Beethoven repräsentativ für die programmatischen Vorstellungen der Aufklärung, und Tschaikowski und Brahms haben, jeder auf seine Weise, den Stoff der romantischen Literatur und des romantischen Dramas verarbeitet. Schostakowitsch war beteiligt an der Entwicklung der musikalischen Mythologie des zwanzigsten Jahrhunderts. Sein Stil ist – nach der Formulierung von Iwan Sollertinski – echter Dostojewski, nacherzählt von Chaplin.

Seine Musik vereint erhabenen Ausdruck, Groteske und bewegende Lyrik mit der Anspruchslosigkeit reiner Erzählung. Der Zuhörer kann der »Fabel« fast immer folgen, auch wenn er nicht über große musikalische Kenntnisse und Erfahrungen verfügt.

In dem Artikel »Chaos statt Musik« gab es neben den höhnischen Attacken einen aufschlußreichen Ausrutscher: die Feststellung nämlich, daß Schostakowitsch keineswegs untalentiert und durchaus fähig sei, schlichte und starke Gefühle in der Musik auszudrücken. Ohne Zweifel hängt diese Bemerkung mit Stalins Beurteilung der Filme zusammen, für die Schostakowitsch die Musik geschrieben hat. Diese Filme waren damals sehr erfolgreich, nicht nur in der Sowjetunion, sondern auch bei der linken Intelligenz im Westen (obwohl man sich heute kaum noch an sie erinnert); und das langlebigste Element in ihnen ist ganz gewiß die Musik von Schostakowitsch.

Stalin, der den Propagandamöglichkeiten der Kunst ganz besonders großen Wert zumaß, hatte sein besonderes Augenmerk auf den Film gerichtet. Er sah, daß sowjetische Filme große emotionale Wirkungen auslösten, die durch die Musik von Schostakowitsch wesentlich intensiviert wurden. Diese Filmmusik traf also auf Stalins Billigung. Für Schostakowitsch war das Schreiben für Filme seine Art, »dem Kaiser zu geben, was des Kaisers ist«; es schien ein wirksames und verhältnismäßig harmloses Mittel, am Leben und bei der eigenen Arbeit bleiben zu dürfen. Wegen der Filme nahmen die offiziellen Stellen die Fünfte Symphonie und viele folgende Kompositionen in Kauf. Einige dieser Werke wurden sogar mit Stalin-Preisen bedacht, mit den höchsten Auszeichnungen der Zeit, die jährlich und mit Stalins persönlicher Zustimmung verliehen wurden.

Aber den größten propagandistischen Gewinn bezog Stalin aus Schostakowitschs sogenannten Kriegs-Symphonien, der Siebenten und der Achten, die während des Zweiten Weltkrieges entstanden. Die Umstände der Entstehung der Siebenten wurden in der ganzen Welt verbreitet: Die ersten drei Sätze schrieb der Komponist in wenig mehr als einem Monat in Leningrad unter dem Beschuß der Deutschen, die im September 1941 bis an die Stadt herangekommen waren. Man sah in dieser Symphonie daher eine unmittelbare Spiegelung der Ereignisse der ersten Kriegszeit. Niemand bedachte dabei die Arbeitsweise des Komponisten: Schostakowitsch schrieb seine Werke sehr rasch nieder, aber immer erst dann, wenn die Musik in seinem Kopf endgültig Gestalt angenommen hatte. Die tragische Siebente spiegelte in Wahrheit das Vorkriegsschicksal von beiden, vom Komponisten wie von Leningrad.

Auch die Zuhörer verbanden anfänglich den berühmten »Marsch« aus dem Ersten Satz der Siebenten keineswegs mit der deutschen Invasion; das brachte erst die spätere Propaganda zustande. Der Dirigent Jewgeni Mrawinski, Freund des Komponisten in jenen Jahren (die Achte Symphonie ist ihm gewidmet), erinnerte sich, daß er beim ersten Hören der Symphonie am Radio im März 1942 glaubte, Schostakowitsch habe mit diesem »Marsch« ein verallgemeinertes Bild der Dummheit und der krassen Geschmacklosigkeit geschaffen.[5]

Die Popularität des Marsches hat die an sich ganz deutliche Tatsache überlagert, daß der erste Satz – wie im Grunde das gesamte Werk – wie ein Requiem voller Trauer ist. Wann immer sich die Gelegenheit bot, betonte Schostakowitsch, daß dieses Werk in erster Linie ein Requiem sei. Aber man überhörte absichtlich die Worte des Komponisten. Die Vorkriegszeit mit Hunger und Angst und der massenhaften Vernichtung Unschuldiger während der »Großen Säuberung«, von der Leningrad besonders grausam betroffen war, zeichnete die offizielle Propaganda jetzt als leuchtendes, sorgenfreies Idyll. Die Symphonie wurde in ein »Symbol des Kampfes« gegen die Deutschen umgewandelt.

Das war bei der Achten Symphonie, die 1943, eineinhalb Jahre später, uraufgeführt wurde, schon schwieriger. Ilja Ehrenburg schrieb: »Ich kam erschüttert aus der Aufführung – ich hatte die Stimme eines Chors der griechischen Tragödie vernommen. Musik hat einen großen Vorteil: sie kann, ohne zu sprechen, alles sagen.« Ehrenburg erinnerte sich später der Kriegsjahre als einer Zeit verhältnismäßiger Freiheit für die sowjetischen Künstler. »Man konnte Kummer und Zerstörung schildern«, denn schuld daran waren Ausländer, die Deutschen. In Friedenszeiten wurde wolkenloser Optimismus von der Kunst gefordert, und unter solchen Umständen wären die »Requiems« von Schostakowitsch ganz sicher vernichtender Kritik unterworfen worden. Traurig genug, der Krieg half dem Komponisten.

Ein weiterer vorübergehender Schutz ergab sich aus der zunehmenden Beliebtheit von Schostakowitsch in den Ländern der Alliierten. In England begeisterten sich sechzigtausend Zuhörer an der Siebenten Symphonie, als sie unter Sir Henry Joseph Wood in der Albert Hall aufgeführt wurde. In den Vereinigten Staaten stritten sich führende Dirigenten – Leopold Stokowski, Eugene Ormandy, Serge Kussewitzky, Arthur Rodzinsky – um das Recht, die sensationelle Symphonie zuerst aufzuführen. Sie schrieben Briefe und schickten Telegramme an die Russische Botschaft; ihre Freunde und Agenten intervenierten, um die sowjetischen Vertreter zu überreden, das Erstaufführungsrecht »ihrem« Dirigenten zu übertragen, und gaben gleichzeitig alle möglichen »kompromittierenden« Informationen über die übrigen Konkurrenten preis.

Arturo Toscanini trat erst spät in die Arena, aber er hatte die Macht der NBC hinter sich und gewann. Er erhielt die erste Kopie der Partitur auf einem Mikro-Film, der von einem Kriegsschiff in die Vereinigten Staaten gebracht wurde. Die Erstsendung des Werkes im Rundfunk wurde am 19. Juli 1942 vom Sender Radio City in New York ausgestrahlt und von Millionen Amerikanern gehört.

In dieser ersten Spielzeit wurde die Symphonie 62mal in den Vereinigten Staaten aufgeführt. Sie wurde von 1934 Sendern in Nordamerika und von 99 Sendern in Lateinamerika übernommen. Im September 1942 fand in San Francisco ein Festival von Schostakowitschs Musik mit den besten amerikanischen Orchestern statt. Toscanini dirigierte dort noch einmal im Freien die Siebente Symphonie in einem riesigen Auditorium. Für das Recht der Erstsendung der Achten Symphonie zahlte CBS der Sowjetregierung 10 000 Dollar.

In jenen Jahren wurde das westliche Publikum durch Fotografien und Titelblätter von Zeitschriften auch mit dem Gesicht des Komponisten vertraut: müde Augen hinter runden Brillengläsern; schmale, zusammengepreßte Lippen; jungenhafte Konturen des Gesichts und die ewige Haarsträhne in der Stirn. (Später senkten sich die Mundwinkel, während sich die Brauen hoben: das Alter versuchte die Grundanlage des Gesichtes zu verändern, die Maske der Angst trat schärfer hervor. Seine Dankesbezeugungen beim Applaus wurden immer linkischer. Er verbeugte sich verkrampft, ungeschickt, den Fuß stieß er dabei ruckartig zur Seite.) Er »sah nicht aus wie ein Komponist«, aber die Leute mochten auch das.

Stalin verfolgte aufmerksam die Propaganda der Alliierten. Eine Weile hielt er seine fremdenfeindlichen Instinkte im Zaum, als aber nach dem Zweiten Weltkrieg die freundschaftlichen Beziehungen zu den Alliierten endeten, war seine Aggression um so größer. Es begann die »Kampagne gegen Kosmopolitismus und Speichelleckerei vor dem Westen«.

Millionen sowjetischer Bürger, die während des Krieges mit einer anderen Welt und anderer Lebensart in Berührung gekommen waren, die gelernt hatten, Risiken auf sich zu nehmen und mutig zu sein, Initiative zu entwickeln, mußten zurückversetzt werden in den Stand von Befehlsempfängern. Massenverhaftungen und Deportationen waren wieder an der Tagesordnung. Während man die Kosmopoliten, d.h. die Juden, verteufelte und schikanierte, feierte der russische Chauvinismus regelrechte Orgien.

Besondere Aufmerksamkeit wurde der Kultur zuteil. Ab 1946 folgte ein Parteibeschluß dem anderen mit Angriffen auf Bücher, Schauspiele und Filme. Die ersten Opfer waren Michail Soschtschenko und Anna Achmatowa. Den Höhepunkt bildete die Resolution des Zentralkomitees der Kommunistischen Partei vom 10. Februar 1948 »Über die Oper, ›Die große Freundschaft‹ von M. Muradeli«. Einem zeitgenössischen sowjetischen Kommentar zufolge lag die »historische Weltbedeutung« dieser traurig-berühmten Resolution in der Tatsache, daß »sie den wahren Pfad zur Entwicklung der größten Musikkultur unserer Zeiten wies und zugleich der Ästhetik bürgerlicher Dekadenz einen entscheidenden Schlag zufügte, ihre innere Fäulnis den Millionen einfachen Menschen in der ganzen Welt enthüllte«. Befriedigt fügt der Kommentator hinzu: »Der bürgerliche Modernismus wird sich von diesem Schlag nicht erholen.«

Der »historische Beschluß« griff Komponisten an, die »formalistische, volksfremde Tendenzen« unterstützten. Schostakowitsch, Prokofjew, Chatschaturjan, Schebalin, Gawriil Popow und Mjaskowski wurden als Komponisten namentlich angeführt, »in deren musikalischen Werken formalistische Perversionen und volksfremde Tendenzen, die dem sowjetischen Volk und seinem künstlerischen Geschmack fremd sind, besonders auffällig« waren. Der Beschluß verurteilte die talentiertesten sowjetischen Komponisten, vor allem Schostakowitsch und Prokofjew. Der bedeutungslose Muradeli und seine farblose Oper, die in der Resolution verdammt wurde, hatten lediglich als Vorwand gedient. Stalin war vor allem über Schostakowitsch erzürnt – sowohl über dessen Beliebtheit im Westen wie darüber, daß er ihn nicht mit einer majestätisch triumphalen Neunten Symphonie beglückt hatte, die das Genie und die Weisheit des großen Führers verherrlichte.

Statt dessen hatte Schostakowitsch 1945 eine Symphonie voller Sarkasmus und Bitterkeit geschrieben. Der Gottesnarr weinte beim Siegesjubel, als die Mehrheit glaubte, nun würde ein wolkenloses Leben beginnen. Und seine traurige Voraussicht erwies sich, wie jedermann bald sehen konnte, als richtig.

Nach 1948 verkapselte Schostakowitsch sich gänzlich. Die Spaltung in zwei Persönlichkeiten war vollendet. Er fuhr fort, auf Befehl gelegentlich öffentlich aufzutreten, eilig und mit sichtbarem Widerwillen Bekenntnisse oder pathetische Verlautbarungen abzulesen, die er nicht geschrieben hatte. Die Verurteilung von 1948 erschütterte ihn nicht in dem Maße, längst war er auf das Schlimmste gefaßt. Die Kampagne rauschte an ihm ohne Wirkung vorbei, er schien sie aus einer gewissen Ferne zu beobachten. Seine Werke verschwanden aus den Repertoires – keine Reaktion; die Zeitungen waren voller »Arbeiterbriefe«, die seine Musik verurteilten – keine Reaktion; in der Schule lernten Kinder Texte über den »großen Schaden«, den Schostakowitsch den Künsten zugefügt habe – keine Reaktion.

Er fühlte sich allein, seine Freunde waren gestorben oder verschwunden, oder sie arbeiteten an ihren Karrieren, aber auch daran war er gewöhnt. Er lebte jetzt in Moskau, in einer Stadt, die für ihn nie ein Zuhause wurde. Seine Familie blieb ihm ein kleiner Stützpunkt, aber auch diesem letzten Zufluchtsort war vom Schicksal nur noch kurze Dauer beschieden: Seine geliebte Frau Nina Warsar starb 1954, seine Kinder wurden selbständig. Eine zweite, unglückliche Ehe mit Margarita Kainowa endete bald mit einer Scheidung. Und bei alldem schien die Hetzjagd endlos weiterzugehen. Die Welt war in ewiges Grau getaucht. Es war eine Welt des Betruges und der Angst, die so selbstverständlich wie der Regen an den Fensterscheiben geworden war.

Aber er arbeitete weiter – wie man so sagt – »für die Schublade«: ein Werk, das sich über Stalin und seine Günstlinge wegen der »antiformalistischen« Kampagne von 1948 lustig machte. Auch andere Werke wurden später bekannt. Unter ihnen verschiedene wichtige Kompositionen (Erstes Violinkonzert, der Liederzyklus »Aus jüdischer Volkspoesie«, das Vierte Quartett), in denen Schostakowitsch mitfühlend vom Schicksal der Juden spricht und in die er jiddische Folklore aufnimmt. Verbannte am Rande der Auslöschung, die wunderbarerweise überlebten. Dieses Thema verschmolz er mit dem autobiographischen Motiv des einsamen Individuums gegenüber der rasenden, stupiden Menge.[6]

Zu den vielen deprimierenden Eindrücken der späten vierziger Jahre gehörte für Schostakowitsch seine ihm aufgezwungene Reise nach New York im März 1949 zu der Cultural and Scientific Conference for World Peace. Er spielte das Scherzo aus der Fünften Symphonie vor einem riesigen Publikum im Madison Square Garden. Aber er fühlte sich wie eine Schachfigur in einem zynischen politischen Spiel. Außer seinem Besuch in Warschau für einen Klavierwettbewerb als junger Mann, mit einem kleinen Abstecher nach Berlin, war dies seine erste Reise ins Ausland, und obendrein mußte er sich mit der zweifelhaften Rolle einer Berühmtheit abfinden, die nicht ernst genommen wurde. Seine Einstellung allem »Westlichen« gegenüber stand bereits fest: Westliches schien all seinen inneren Bestrebungen entgegengesetzt und fremd. Sein kurzer Aufenthalt in Amerika, der unter äußerst quälenden Umständen vonstatten ging (wie auch die folgenden Besuche 1959 und 1973), bestärkte ihn in seinen Vorurteilen. Schostakowitsch fühlte sich vor allem abgestoßen durch die Aufdringlichkeit der amerikanischen Reporter.

Im März 1953 starb Stalin und ließ das Land in einem Schockzustand zurück. Dann begann die Sowjetunion sich zu wandeln, vorsichtig, behutsam, aber in einer Richtung, die sich die eingeschüchterte Intelligenz nie hätte träumen lassen, das heißt, zum Guten und nicht zum Bösen. Das »Tauwetter« setzte ein. Eine riesige Weltmacht stand am Scheideweg, und von den Menschen sahen sich ebenfalls viele am Scheidewege.

Schostakowitsch faßte die stalinistische Epoche in der Zehnten Symphonie zusammen. Der zweite Satz ist unerbittlich, gnadenlos wie ein böser Wirbelsturm – ein »musikalisches Porträt« Stalins. In dasselbe Werk führte er sein eigenes musikalisches Monogramm ein, DSCH – Selbstporträt eines Gottesnarren, das in den folgenden Kompositionen einen so wichtigen Platz einnehmen sollte.

Fraglos stand Schostakowitsch mit ganzem Herzen auf seiten der Liberalen. Als Chruschtschow 1956 Stalin entthronte, bedeuteten die Tatsachen, die er der Öffentlichkeit unterbreitete, keine Überraschung für Schostakowitsch. Sie besagten lediglich, daß man nun über die Verbrechen des »Führers und Lehrers« offen sprechen konnte, obwohl es sich jedoch erweisen sollte, daß diese Freiheit nicht von langer Dauer war. Schostakowitsch schrieb Musik für den – nach sowjetischem Maßstab – sehr progressiven Jewtuschenko, er schrieb und unterzeichnete Bittschriften für die »Rehabilitierung« von Musikern, die von Stalin in Straflager geschickt worden waren, und half den Überlebenden nach der Rückkehr, Arbeit zu finden; er versuchte eine Lockerung der harten kulturellen Verordnungen Stalins zu erreichen. Ein neuer Parteibeschluß auf Chruschtschows Geheiß verkündete 1958, daß Stalin in seiner Auffassung von Kunstwerken »subjektiv« gewesen sei, und dies befreite Schostakowitsch von der Bezeichnung »Formalist« und verbesserte seine Lage spürbar. Der Komponist verbrachte jetzt den größten Teil seiner Zeit damit, gewöhnlichen

Menschen in vieler Hinsicht zu helfen und sie der Bürokratie gegenüber zu verteidigen.

Als die Behörden beschlossen, Schostakowitsch den Posten des Ersten Sekretärs des Russischen Komponistenverbandes innerhalb des Sowjetischen Allunionskomponistenverbandes zu geben, mußte er der Partei beitreten. Am 14. September 1960 zog die öffentliche Sitzung des Komponistenverbandes, die für die Aufnahme Schostakowitschs in die Partei einberufen war, eine große Menge Menschen an, die irgend etwas Ungewöhnliches erwarteten: Sie erwarteten einen Auftritt des Gottesnarren. Und sie irrten sich nicht. Schostakowitsch murmelte seinen vorbereiteten Text, ohne die Augen vom Papier zu heben, außer in dem einen Augenblick, in dem er plötzlich dramatisch die Stimme erhob: »Für alles Gute an mir bin ich –« (Jeder erwartete die übliche und obligatorische Formel »der geliebten Kommunistischen Partei und der sowjetischen Regierung«, aber Schostakowitsch rief:) »... meinen Eltern verpflichtet!«

Sechs Jahre später, am Vorabend seines sechzigsten Geburtstages, schrieb er ein kleines Werk, erfüllt von qualvoller Selbstironie, dem er den Titel gab: »Vorwort zu der vollständigen Sammlung meiner Werke und eine kurze Betrachtung zu diesem Vorwort«, mit eigenem Text. Ein Hauptelement dieses Gesangswerkes ist die spöttische Aufzählung der »ehrenvollen Titel, der äußerst verantwortungsvollen Pflichten und Ernennungen« des Komponisten. Es sind groteske Witze für Eingeweihte. Um sie zu verstehen, muß man die Spielregeln kennen. Doch die ganze russische Intelligenz empfand den Komponisten trotz seiner Titel und Auszeichnungen erst in den späten sechziger Jahren als Teil des offiziellen Systems. Jahrzehntelang hatte die emotionale Wahrheit seiner Musik ihr geholfen, moralisch zu überleben. Rußland besaß keinen zweiten Schostakowitsch.

In den Jahren des »Tauwetters« schrieb er mehrere größere Werke, die in der sowjetischen Gesellschaft spürbare Resonanz hatten, und andere Kompositionen, die zuvor dem Publikum unerreichbar gewesen waren, wurden nun aufgeführt, darunter

»Lady Macbeth« (in »Katerina Ismailowa« umbenannt), die Vierte Symphonie sowie Instrumental- und Gesangswerke aus den späten vierziger Jahren. Indessen bildete sich allmählich eine Kluft zwischen dem größten lebenden russischen Komponisten und den systemkritisch eingestellten Intellektuellen.

Eine kurze Chronologie zeigt die Spannung kommender Ereignisse. 1962 druckte die Zeitschrift »Nowy mir« Alexander Solschenizyns »Ein Tag im Leben des Iwan Denissowitsch«. Im Jahre 1966 wurde den Schriftstellern Andrej Sinjawski und Juli Daniel, die ihre satirischen Arbeiten im Westen veröffentlicht hatten, in Moskau der Prozeß gemacht. Während des Prager Frühlings und des Einmarsches der Warschauer-Pakt-Truppen in die Tschechoslowakei im August 1968 nahm die Systemkritik zu. In demselben Jahr veröffentlichte Sacharow, Mitglied der Akademie, seinen Essay »Über Fortschritt, friedliche Koexistenz und geistige Freiheit«. Der Aufsatz wurde überall als Samisdatdruck verbreitet.

Das Dissidententum schien sich zu einer politischen Bewegung zu entwickeln. Schostakowitsch beobachtete dies mit Interesse und Sympathie, sah sich jedoch nicht in der Lage, sich daran zu beteiligen.

Ein Gottesnarr bekämpft die gesellschaftliche Ordnung nicht. Er stellt sich Menschen, nicht Regierungen entgegen. Er erhebt seine Stimme für sittliche, nicht für politische Veränderung. Schostakowitsch hatte nie ein politisches Programm, er blieb – noch in den kritischsten Augenblicken – Moralist.

In seinen Kompositionen wurde er mehr und mehr introspektiv; seine »Spätzeit« begann. Betrachtung und Selbstanalyse, die immer für seine Musik bezeichnend waren, nahmen einen anderen Ton an: Früher hatte er Musik für andere geschrieben, über sich selbst im Konflikt und in der Beziehung zu anderen, jetzt sprach er nur über sich selbst *für* sich selbst. Mit seiner Gesundheit, um die es nie sehr gut bestellt war, ging es rapide abwärts. 1966 bekam er ein Herzleiden, im Jahr darauf brach er sich ein Bein, seine Knochen waren zerbrechlich geworden, und eine unvorsichtige jähe Bewegung konnte schmerzhafte Folgen haben.

Sein Zustand wurde niemals endgültig diagnostiziert, eine Behandlung brachte nur vorübergehende Erleichterung.

In der Öffentlichkeit erschien Schostakowitsch nur noch mit seiner jungen dritten Frau. Sie mußte ihm helfen, sich hinzusetzen und aufzustehen, mußte ihm seinen Mantel reichen. Manchmal kniff er krampfhaft die Lippen zusammen, als kämen ihm Tränen. Öffentliche Auftritte waren äußerst schwierig für ihn. Seine Kompositionen auf dem Klavier zu spielen kostete ihn große Schmerzen; wenn er jemandem die Hand reichte, mußte er sie mit der Linken stützen. Er übte sich ernsthaft im Schreiben mit der Linken, falls die Rechte völlig ausfiele.

Das Bild des Todes beherrscht seine letzten Werke. Der Einfluß von Mussorgskis »Lieder und Tänze des Todes« spiegelt sich in der Vierzehnten Symphonie (1969). Die Musik ist durchdrungen von untröstlicher Qual: »Der Tod ist allmächtig«, verkündet der Solist. Alexander Solschenizyn konnte das als Dissident und als tief religiöser Christ nicht akzeptieren. Daher trübte sich das bisherige freundschaftliche Verhältnis der beiden Männer.[7] Die Dissidenten forderten politisches Handeln, weniger Innenschau. Die Regierung war für sie ein wichtigerer Gegenspieler als der Tod. Außerdem hatten sie das Gefühl, die Weigerung des Komponisten, ihre politischen Manifeste zu unterzeichnen, sei nichts als Kapitulation. Zum erstenmal betrachtete man Schostakowitsch als Opportunisten und nicht als Gottesnarren.

Er lag im Sterben. Sein staubiger, schwerer Weg ging zu Ende, und ihm schien, als habe dieser Weg nirgendwohin geführt. In diesem wie in manchem anderen Sinne glich er einem echten Helden Dostojewskis: der Mensch, der sich mit schwindelerregender Schnelligkeit vorwärts bewegt, ist in Wahrheit, bei näherer Betrachtung, regungslos. Die Musik dieser letzten Zeit spiegelt Todesangst, Erstarrung, Suche nach einer letzten Zuflucht im Gedächtnis der Nachkommen; Ausbrüche ohnmächtigen, herzzerreißenden Zorns. Zuweilen schien Schostakowitsch am meisten zu befürchten, die Menschen könnten glauben, er bereue und bitte um Vergebung. Am Ende seines Lebens ähnelte er dem Helden in Dostojewskis Erzählung »Aufzeichnungen aus einem Totenhaus«.

Schostakowitsch starb im Kreml-Krankenhaus, das der Elite vorbehalten ist, am 9. August 1975 an Herzversagen, wie die Ärzte mitteilten. Die Nachrufe im Westen waren einhellig: »Einer der größten Komponisten des zwanzigsten Jahrhunderts und ein engagierter Anhänger des Kommunismus und der Sowjetmacht« (»Londoner Times«); »Er leistete einen entscheidenden Beitrag zur Musikgeschichte des Jahrhunderts« (»Die Welt«); »Ein engagierter Kommunist, der manchmal harte ideologische Kritik akzeptierte« (»New York Times«).

Die Welt kennt keine Gnade. Sie sieht den Künstler als Gladiator und verlangt von ihm, in Boris Pasternaks Worten, »in vollem Ernst den Tod«. Und der Künstler fügt sich, er bietet seinen Tod als Preis für seine Anerkennung. Es war ein Preis, den Schostakowitsch gezahlt hatte, lange bevor er starb.

New York, im Juni 1979   Solomon Wolkow

Kindheit und Jugend

Oktoberrevolution und Studium

Dies sind keine Erinnerungen an mein Leben, es sind Erinnerungen an andere. Über uns werden wieder andere schreiben, und sie werden lügen, was das Zeug hält. Aber das ist ihre Sache. Über die Vergangenheit darf man nur die Wahrheit sagen oder gar nichts. Es ist sehr schwer, sich zu erinnern. Diese Mühe auf sich zu nehmen lohnt sich nur um der Wahrheit willen.

Wenn ich zurückblicke, sehe ich nichts als Ruinen. Nur Berge von Leichen. Und ich will auf diesen Ruinen keine neuen Potemkinschen Dörfer errichten. Ich werde also versuchen, nichts als die Wahrheit zu sagen. Das ist nicht einfach. Ich war Augenzeuge vieler Ereignisse, bedeutsamer Ereignisse. Ich habe viele bemerkenswerte Menschen gekannt. Ich will versuchen zu erzählen, was ich von ihnen weiß. Ich will versuchen, weder schönzufärben noch zu fälschen. Es wird die Aussage eines Augenzeugen sein. Allerdings sagt man bei uns: »Er lügt wie ein Zeuge.«

Meyerhold[1] erzählte gern eine Episode aus seiner Studentenzeit. Er studierte in Moskau Jurisprudenz. Einer der Professoren hielt eine Vorlesung über den Wert von Zeugenaussagen, plötzlich stürzte irgendein Rowdy in den Vorlesungssaal und begann, wüst zu randalieren. Es gab eine Prügelei. Universitätsdiener wurden herbeigerufen; sie brachten die Prügelnden auseinander und schleppten den Störenfried hinaus. Nun bat der Professor die Studenten, wiederzugeben, was sich gerade eben ereignet hatte. Da stellte sich heraus, daß alle den Hergang der Schlägerei und auch den Störenfried verschieden schilderten. Einige behaupteten sogar, es seien mehrere Eindringlinge gewesen.

Zum Schluß gestand der Professor, er habe diesen Vorfall selber arrangiert, um den künftigen Juristen den Wert von Augenzeugenaussagen zu demonstrieren. Sie, die jungen Leute mit ihrem scharfen Blick, beschrieben einen Vorgang voneinander abweichend, der sich vor wenigen Minuten abgespielt hatte. Zeugen vor Gericht seien jedoch häufig ältere Menschen. Und sie beschreiben etwas, das vor längerer Zeit geschehen ist. Wie kann man Genauigkeit von ihnen erwarten?

Trotzdem gibt es Gerichte, die der Wahrheit auf den Grund gehen und jedem zuteilen, was er verdient. Das heißt: Es gibt auch Zeugen. Und Zeugen haben sich vor ihrem eigenen Gewissen zu verantworten. Ein schreckliches Gericht gibt es nicht.

Ich habe mein Leben nicht als müßiger Gaffer verbracht, sondern als Proletarier. Von Kind an habe ich sehr viel gearbeitet – nicht um »mein Potential« zu erkunden – sondern körperlich geschuftet. Ich wäre gern herumflaniert, hätte gern herumgelungert und mich umgeschaut, aber ich mußte arbeiten.

Meyerhold sagte einmal: »Wenn ich mich verspäte und nicht rechtzeitig zur Probe im Theater bin, schaut nach, wo es in der Nähe einen Skandal gibt. Krawalle liebe ich unendlich.« Meyerhold war felsenfest überzeugt, daß Krawalle die Schule des Schauspielers seien. Denn wo Menschen sich beschimpfen und Krach machen, enthüllen sie ihre wichtigsten Charakterzüge. Dabei kann man eine Menge lernen. Wahrscheinlich hatte Meyerhold recht. Selber habe ich mich zwar nicht sehr viel auf den Straßen herumgetrieben; aber Skandale habe ich erlebt, kleine und auch große. Ich kann nicht sagen, daß sie mein Leben bereichert hätten. Aber sie bieten mir Stoff zum Erzählen.

Ehe ich Musikunterricht erhielt, hatte ich selber nicht den Wunsch zu musizieren, sondern fühlte nur eine vage Neigung zur Musik. Wenn die Nachbarn sich zum Streichquartett zusammensetzten, preßte ich mein Ohr gegen die Wand und hörte zu. Als meine Mutter, Sofija Wassiljewna, dies bemerkte, bestand sie darauf, daß ich Klavierstunden bekam, obwohl ich keine Lust dazu hatte. Im Frühling 1915 war ich zum erstenmal im Theater, im »Märchen vom Zaren Saltan«[2]. Die Oper gefiel mir, besiegte aber nicht meinen Widerstand gegenüber eigener Beschäftigung mit Musik.

Lernen ist ein zu bitteres Kraut. Aber meine Mutter ließ nicht locker. Im Sommer 1915 unterrichtete sie mich zunächst selbst. Ich kam unerwartet rasch voran. Es stellte sich heraus, daß ich das absolute Gehör hatte und dazu ein gutes Gedächtnis. Ich lernte rasch Noten und konnte ohne langes Einüben auswendig spielen, es prägte sich mir von selbst ein. Ich konnte fließend Noten lesen und machte meine ersten Kompositionsversuche.

Da sich alles so überraschend gut anließ, brachte meine Mutter mich nun in die Musikschule von Ignati Albertowitsch Glasser (er starb 1925). Ich erinnere mich, daß ich bei einem Prüfungskonzert fast die Hälfte aller Stücke aus Tschaikowskis »Kinder-Album« spielte. 1916 nahm Ignati Glasser mich in seine Klasse auf, vorher hatte ich bei seiner Frau Unterricht gehabt. Bei ihm spielte ich nun Mozart- und Haydn-Sonaten und im Jahr darauf auch Bachsche Fugen.

Meinen eigenen Kompositionen gegenüber verhielt sich Glasser skeptisch; er ermutigte mich nicht, damit fortzufahren. Ich machte trotzdem weiter und komponierte damals sehr viel. Im Februar 1917 wurde es mir langweilig, zu Glasser zu gehen. Er war ein stumpfer Mensch und sehr von sich eingenommen. Sein Unterricht erschien mir lächerlich. Ich ging damals ins Schidlowskaja-Gymnasium. Daß ich Musiker werden könnte, daran dachte man in der Familie nicht. Ich sollte Ingenieur werden. Ich war ein guter Schüler, in allen Fächern. Aber die Musik nahm allmählich mehr und mehr Zeit in Anspruch. Mein Vater glaubte, aus mir würde einmal ein Gelehrter. Aber es wurde kein Gelehrter aus mir.

Ich habe immer und überall mit großem Fleiß gelernt. Ich wollte ein guter Schüler sein. Es machte mir Freude, gute Noten zu bekommen, und ich schätzte es sehr, wenn man mir Anerkennung zollte. Das war schon in der Kindheit so und hat sich nicht geändert. Darum gab ich auch Glassers Musikunterricht auf. Meine Mutter wollte es nicht erlauben, aber ich blieb hartnäckig.

Mein Entschluß stand fest: ich wollte nicht mehr hingehen – und ich ging auch nicht mehr hin. Fertig.

Meine Eltern gehörten zur Schicht der Gebildeten und verfügten infolgedessen über ein empfindsames Innenleben, sie liebten die Kunst und alles Schöne. Zur Musik fühlten sie sich auf besondere Weise hingezogen. Mein Vater sang. Er sang Zigeunerromanzen aller Art: »Ach, nicht du bist es, die ich so glühend liebe«, oder »Verblüht sind im Garten die Chrysanthemen«. Diese Zaubermusik war mir später außerordentlich nützlich, als ich nämlich Klavierspieler in einem Kino war. Ich leugne auch mein eigenes Vergnügen an Zigeunerromanzen nicht und glaube kaum, daß jemand sich dessen schämen müßte – ausgenommen vielleicht Prokofjew, der mit heiligem Ekel reagierte, wenn ihm derartige Musik zu Ohren kam. Wahrscheinlich hat er eine distinguiertere musikalische Erziehung genossen als ich. Aber ich bin wenigstens kein Snob.

Mama war als junges Mädchen in Petersburg ins Konservatorium von Frau Rosanowa gegangen. Zu ihr brachte sie mich, als ich nicht mehr zu Glasser wollte. Frau Rosanowa spielte nicht unbegabt Klavier. Das war selbstverständlich nichts Besonderes. Damals gab es viel mehr Musikliebhaber als heute. Nehmen Sie nur das Quartett der Wohnungsnachbarn, von dem ich schon sprach.

In einem alten Buch habe ich davon gelesen, wie die örtlichen Honoratioren sich zusammenfanden – der Gouverneur, der Polizeipräfekt usw. – und das Oktett von Mendelssohn spielten. Und das war irgendwo tief in der Provinz. Aber wenn heute, meinetwegen in Rjasan, der Vorsitzende des Stadtsowjets, der Chef der Miliz und der Sekretär des Parteistadtkomitees zusammentreffen – was spielen die Herrschaften dann?

Ich denke jetzt selten an meine Kindheit. Wahrscheinlich, weil es langweilig ist, sich allein daran zu erinnern. Die Menschen, mit denen ich über meine Kindheit sprechen könnte, werden immer weniger. Junge Leute interessiert meine Kindheit wahrscheinlich nicht, und sie haben recht. Vielleicht würde sie die Kindheit Mozarts interessieren, weil sie so ungewöhnlich war und weil sein schöpferisches Leben so früh begann. Aber in meiner Biographie spielten sich Ereignisse, die vielleicht von einigem Interesse sind, viel später ab. Meine Kindheit zeichnete sich durch keinerlei bedeutende oder außerordentliche Ereignisse aus.

In Komponisten-Biographien ist die Kindheit der am wenigsten interessante Teil. Alle diese Präludien ähneln einander, und der Leser beeilt sich, zur Fuge vorzudringen. Eine Ausnahme bilden die Erinnerungen von Strawinski. Bei ihm ist die Kindheit das allerinteressanteste. Nur eins gefällt mir daran nicht. Warum spricht Strawinski so häßlich von seinen Eltern? Man gewinnt den Eindruck, er räche sich an ihnen für seine Kindheit.

An den Eltern darf man sich nicht rächen. Selbst dann nicht, wenn die Kindheit wenig glücklich war. Man darf die Eltern vor den Nachkommen nicht verlästern: »Mein Vater und meine Mutter waren gräßliche Leute. Ich unglückliches Kind litt unter ihrer Tyrannei.« So etwas ist widerlich. Ich mag es nicht hören, wenn jemand seine eigenen Eltern schlechtmacht.

Manchmal scheint mir, als hätte ich schon vergessen, wie meine Kindheit war. Ich muß mich anstrengen, um mich wenigstens an kleine Szenen der Kindheit zu erinnern. Und ich glaube, da gibt es für andere nichts Interessantes. Schließlich habe ich weder bei Lew Tolstoi auf dem Schoß gesessen, noch hat mir Anton Tschechow Märchen erzählt. Meine Kindheit war ganz gewöhnlich. Und ich erinnere mich an keinerlei weltbewegende Ereignisse.

Man hat behauptet, für mich sei der Marsch zum Finnischen Bahnhof im April 1917, als Lenin in Petrograd ankam, ein weltbewegendes Ereignis gewesen. Tatsächlich, dieses Ereignis hat stattgefunden. Ich schloß mich mit einigen Klassenkameraden vom Schidlowskaja-Gymnasium einer kleinen Gruppe Leute an, die zum Bahnhof zog. Aber ich kann mich nicht an Einzelheiten erinnern. Wenn man mir vorher erklärt hätte, welche außerordentliche Persönlichkeit dort ankommen werde, hätte ich natürlich mehr im Gedächtnis behalten. Aber so weiß ich so gut wie nichts mehr davon.[3]

Viel mehr habe ich von einem anderen Ereignis behalten, aus dem Februar desselben Jahres.[4] Auf der Straße wurde die Menge auseinandergetrieben. Und ein Kosak erstach mit seinem Säbel einen Knaben. Das war ganz entsetzlich. Ich rannte nach Hause, um es zu erzählen. Durch Petrograd fuhren damals Lastautos, vollbepackt mit Soldaten. Die Soldaten schossen. In jenen Tagen war es besser, nicht auf die Straße zu gehen. Den Knaben habe ich nicht vergessen, ich werde ihn nie vergessen. Ein paarmal habe ich versucht, das Erlebnis in Musik umzusetzen. Noch als Kind schrieb ich ein Klavierstück »Trauermarsch zum Gedächtnis der Revolutionsopfer«. Dasselbe Thema findet sich in meiner Zweiten und in meiner Zwölften Symphonie und nicht nur in diesen beiden Symphonien.

Ich weiß noch, daß es in Petrograd viele Prostituierte gab. Abends spazierten sie grüppchenweise auf dem Newski-Prospekt. Das begann schon während des Krieges, sie bedienten die Soldaten. Auch die Prostituierten fürchtete ich. Unsere Familie hatte Volkstümler-Neigungen[5], dementsprechend liberale Anschauungen und sehr dezidierte Auffassungen von Recht und Unrecht.

Damals schien mir, die ganze Welt denke ebenso. Aber inzwischen weiß ich, daß meine Familie sehr freidenkerisch war. Nehmen Sie die Atmosphäre bei Prokofjew: Da war alles unvergleichlich viel konservativer. Gar nicht zu reden von den Strawinskis, die Familie wurde vom Kaiserlichen Theater subventioniert.

In unserer Familie hörte ich viel von den Ereignissen des Jahres 1905.[6] Ich wurde zwar erst danach geboren, aber die Erzählungen haben meine Phantasie stark beeindruckt. Später, als ich älter war, las ich viel über die Vorgänge. Mir scheint, dieses Jahr war ein Wendepunkt – das Volk hörte auf, an den Zaren zu glauben. Das russische Volk ist nun einmal so – es glaubt und glaubt, und dann plötzlich ist es mit dem Glauben vorbei. Und wehe denen, an die das Volk nicht mehr glaubt.

Doch bis es soweit ist, muß viel Blut vergossen werden. 1905 brachte man auf einem Schlitten einen Berg erschossener Kinder fort. Sie hatten auf den Bäumen gesessen und den Soldaten zugeschaut; und diese schossen die Buben einfach ab, bloß so, zum Spaß. Dann legten sie ihre Opfer auf Schlitten und brachten sie fort. Ganze Schlittenladungen mit Kinderleichen. Und die toten Knaben lächelten. Sie wurden so plötzlich abgeschossen, daß sie gar nicht erst erschraken. Einer der Jungen war von einem Bajonett durchbohrt. Als er vorübergefahren wurde, schrie die Menge: »Zu den Waffen!« Dabei wußte keiner, wie mit Waffen umzugehen war. Doch der Geduldskelch war übergelaufen.

Mir scheint, daß sich in der russischen Geschichte vieles wiederholt. Natürlich wiederholt sich ein Ereignis nicht in genau derselben Weise. Selbstverständlich sind da Unterschiede. Aber vieles wiederholt sich trotzdem. Das Volk denkt und handelt in vielem ähnlich. Das merkt man, wenn man, sagen wir, Mussorgski studiert oder »Krieg und Frieden« liest.

Diese Wiederholbarkeit wollte ich in der Elften Symphonie zeigen. Ich komponierte sie 1957. Und sie bezieht sich auf die Gegenwart von 1957, obwohl ich sie »Das Jahr 1905« genannt habe. Sie handelt vom Volk, das den Glauben verlor, weil der Kelch der Missetaten übergelaufen war. So begegnen sich Eindrücke der Kindheit mit denen des reifen Lebensalters. Natürlich haben die Ereignisse des reifen Lebens mehr Gewicht. Ich weiß nicht, warum, aber niemand schreibt von den Kränkungen der Kindheit, alle denken mit Rührung an die Kindheit zurück: »Ich war noch so klein, aber schon so selbständig.« In Wirklichkeit gibt man dir keinerlei Selbständigkeit: du wirst angezogen, ausgezogen, man putzt dir grob die Nase. Die Kindheit gleicht dem Alter. Auch im Alter ist der Mensch hilflos. Aber niemand spricht mit Rührung über das Alter. Was hat die Kindheit vor dem Alter voraus?

Kränkungen der Kindheit haften das ganze Leben. Denn Kränkungen, die man als Kind erfährt, sind die bittersten, man kann sie nicht vergessen. Ich weiß bis heute, wer mich im Schidlowskaja-Gymnasium und noch früher beleidigte.

Ich war kränklich. Kranksein ist immer mißlich, aber am schlimmsten ist es, krank zu sein, wenn es nicht genug zu essen gibt. Und mit dem Essen war es damals sehr schlecht bestellt. Ich war nicht kräftig. Die Straßenbahnen fuhren selten. Wenn endlich eine kam, war sie schon überfüllt. Die draußen wartende Menge drängte hinein. Mir glückte es kaum einmal mitzukommen. Meine Kräfte reichten nicht aus, mich durchzuboxen. Damals entstand die Redewendung: »Wer gut boxt, der gut sitzt.« Darum ging ich immer schon vor der Zeit zum Konservatorium, rechnete nicht mit der Straßenbahn, sondern ging zu Fuß.

Dabei ist es geblieben. Ich ging stets zu Fuß. Andere fuhren in der Straßenbahn an mir vorbei. Aber ich beneidete sie nicht, ich wußte, daß es für mich keine Möglichkeit gab, hineinzukommen. Ich war zu schwach. Ich lernte, zwischen den Menschen zu unterscheiden. Eine ziemlich unerfreuliche Beschäftigung, die zwangsläufig Enttäuschungen mit sich bringt.

Die goldenen Jugendjahre sind zum Herumbummeln da, zum Anschauen schöner und fröhlicher Dinge, zur Freude an Wolken, Gras und Blumen. Man will die Schattenseiten dieser herrlichen Wirklichkeit nicht sehen, will sie als optische Täuschung abtun, wie ein Schriftsteller spöttisch vorschlug. Doch unwillkürlich beginnst du näher hinzusehen und bemerkst einiges Häßliche; du wendest deine Aufmerksamkeit darauf, zu erfahren, wer was bewegt und wer wen stößt, um mit Soschtschenko[7] zu sprechen. Davon wirst du ziemlich traurig. Du versinkst zwar nicht gerade in Trostlosigkeit und Pessimismus, aber immerhin nagen einige Zweifel in deinem jungen Hirn.

Ich arbeitete 1923 als Klavierspieler im Kino »Lichtes Band«, heute heißt es »Barrikade«. Jeder Leningrader kennt es. Mit diesem »Lichten Band« sind für mich allerdings nicht nur lichte Erinnerungen verknüpft. Ich war siebzehn. Meine Arbeit bestand darin, die menschlichen Leiden auf der Leinwand musikalisch zu illustrieren. Es war widerlich und sehr ermüdend. Schwerstarbeit bei einem winzigen Gehalt. Aber ich hielt durch in der Vorfreude auf die wenn auch noch so unbedeutende Summe. Wir hatten das Geld bitter nötig.

Der Kinobesitzer war kein gewöhnlicher Sterblicher. Er war ein berühmter Mann, immerhin Ehrenbürger der Stadt Mailand. Die

Ehrenbürgerwürde hatte er für ein selbst verfaßtes gelehrtes Buch über Leonardo da Vinci erhalten. Dieser Mailänder Ehrenbürger hieß Akim Lwowitsch Wolynski alias Flesker. Er war, wie ich schon sagte, ein berühmter Mann, Kritiker auf verschiedenen Gebieten der Kunst. Vor der Revolution war Wolynski Chefredakteur einer achtbaren Zeitschrift gewesen, in der Tschechow und sogar Tolstoi publiziert hatten. Nach der Revolution gründete Wolynski eine Ballettschule, denn auch auf diesem Gebiet kannte er sich aus. Man kann schon sagen, die ganze Ballettwelt zitterte in Erwartung seiner zahllosen, endlos langen Artikel. Diese Aufsätze waren geschwätzig und raffiniert. Das Ballettvolk las sie mit Zittern und Zagen. Täglich erschien der Mailänder Ehrenbürger in seiner Ballettschule und betrachtete genüßlich seine Mädchen. Sie waren sein kleiner Harem. Damals war er etwa sechzig – ein kleiner Mann mit einem großen Kopf, die Gesichtshaut gefältelt wie bei einer Ziehharmonika.

Mein Arbeitsmonat im »Lichten Band« verflog nicht, sondern schleppte sich irgendwie zu Ende. Es war wahrhaftig kein Honigmond. Aber dann war es soweit, ich ging zu Wolynski, um mir mein Salär abzuholen. Der Ehrenbürger der Stadt Mailand flüchtete vor mir wie vor der Pest. Doch schließlich erwischte ich ihn. Riß ihn von der Betrachtung seiner Balletthäschen los.

Übrigens machte er ziemlich gute Reklame für seinen Harem. Er veröffentlichte ein »Buch der Lustbarkeiten«. Wörtlich so, mit großen Lettern. In diesen »Lustbarkeiten« prophezeite er seinen Zöglingen Weltruhm. Daraus wurde jedoch leider nichts. Es stellte sich heraus, daß außer der Schirmherrschaft Wolynskis noch etwas anderes erforderlich war – nämlich Talent.

Wolynski sah mich geringschätzig an. In seinem Gehrock war er wirklich ungemein imposant. Dieser Gehrock hatte ihm irgendwann einmal ein Schneider gar nicht schlecht genäht. Den zu großen Kopf stützte ein schmieriger Kragen. Wolynski blickte von oben auf mich herab, obwohl das schwierig war. Er fragte mich: »Junger Mensch, lieben Sie die Kunst? Die große, hohe, unsterbliche Kunst?« Ich fühlte mich unbehaglich und antwortete: »Ja.« Das war ein Kardinalfehler. Denn nun fuhr Wolynski fort: »Wenn Sie die Kunst lieben, junger Mann, wie können Sie dann mit mir über so verachtenswürdige Gegenstände wie Geld reden?«

Er hielt mir eine wundervolle Rede. Das war, wirklich, ganz hohe Kunst. Eine glühende, begeisterte Rede über die große, unsterbliche Kunst, aus der zweifelsfrei klar wurde, daß ich Wolynski nicht meinen Arbeitslohn abverlangen dürfe. Damit erniedrigte ich die hohe Kunst, setzte er mir auseinander, zöge sie herab auf mein primitives Niveau von Gier und Eigennutz. Die Kunst war in Gefahr. Sie könnte untergehen, wenn ich auf meiner unsinnigen Forderung bestünde.

Ich versuchte, ihm auseinanderzusetzen, daß ich das Geld dringend brauchte. Er erwiderte, das könne er sich nicht vorstellen, und er begreife nicht, daß ein Mensch der Kunst überhaupt fähig sei, von so trivialen Seiten des Lebens zu sprechen. Er schäme sich unendlich für mich. Aber ich bestand auf meiner Forderung. Inzwischen haßte ich die Kunst. Sie verursachte mir Brechreiz. Wir brauchten so dringend das bißchen Geld, ich hatte so hart dafür gearbeitet. Und nun wollte man mir meine Arbeit nicht bezahlen.

Ich war erst siebzehn Jahre alt. Aber ich begriff, daß hier Schindluder mit mir getrieben wurde. Mich widerte das an. Sämtliche schönen Worte der Welt sind wertlos, dachte ich. Welches Recht hatte dieser Mensch, mich belehren zu wollen? Er sollte mir lieber mein Geld geben. Und dann würde ich nach Hause gehen. Sollte ich mich dafür abschinden, daß Wolynskis Harem blühte und gedieh? Auf gar keinen Fall. Aber Wolynski rückte keine Kopeke heraus. Ich ging noch ein paarmal zu ihm. Alles umsonst. Er hielt mir Vorlesungen, aber Geld gab er nicht. Nach langem Hin und Her bezahlte er schließlich einen Teil, den Rest mußte ich vor Gericht einklagen. Natürlich arbeitete ich nicht mehr im »Lichten Band«. Und natürlich hegte ich keinerlei warme Gefühle für Wolynski nach dieser Geschichte. Seine großspurigen Artikel über das Ballett und andere erhabene Dinge las ich mit Ekel.

Dann wurde meine Erste Symphonie aufgeführt, und dadurch wurde mein Name ein wenig bekannt. Infolgedessen erhielt ich eines schönen Tages eine Einladung. Zunächst war ich schrecklich erbost darüber. Denn es war eine Einladung zu einem Gedächtnisabend für Wolynski. Er hatte also das Zeitliche gesegnet, und jetzt sollte der Verstorbene mit einer feierlichen Soiree zu seinem Gedächtnis geehrt werden. Unter der Zahl derer, die aufgefordert worden waren, ihre Erinnerungen an ihn vorzutragen, war auch ich, denn ich war schließlich im »Lichten Band« mit ihm verbunden gewesen.

Zuerst war ich wütend. Doch dann, nachdem ich ein bißchen nachgedacht hatte, überlegte ich: Warum eigentlich nicht? Warum sollte ich denn nicht meine eigenen Erinnerungen zum besten geben? Schließlich hatte ich einiges zu erzählen. Also ging ich hin. Viele Leute waren gekommen. Fjodor Sologub hatte den Vorsitz, der hochberühmte Dichter und Schriftsteller. Zu jener Zeit war Sologub Vorsitzender des Allrussischen Schriftstellerverbandes. Jeder, der sich nur ein bißchen für russische Literatur interessiert, kennt natürlich Sologub. Er war damals ein lebender Klassiker. Seine Bücher wurden so gut wie nicht gelesen. Doch von Mund zu Mund ging die Mär von einem höchst seltsam und mysteriösen Ereignis in seinem Privatleben.

Sologub hatte eine Frau, keine gewöhnliche Ehefrau, sondern ein wahres Alter ego. Zweifellos war Frau Sologub eine ganz außerordentliche Dame. Es hieß sogar, sie habe mit ihm gemeinsam viele seiner Romane geschrieben. Überdies hatte sie eine Menge hochgelehrter Artikel über das Schaffen ihres Mannes veröffentlicht. Nicht genug damit, hatte sie einen ganzen Sammelband ihm zu Ehren publiziert. Kurz gesagt: ein Juwel. Jeder Künstler müßte so eine Frau haben.

Sologub schrieb oft über den Tod. Auch dieses Thema kann seinen Mann ernähren. Es kann sich durchaus bezahlt machen, über den Tod zu schreiben und dabei selbst behaglich zu leben. Die Sologubs lebten prächtig. Doch eines Tages verdichteten sich die mysteriösen Nebelschwaden in ihrem Haus. Vielleicht hatten sich die Eheleute auch nur ein bißchen gezankt. Wie dem auch sei, eines nicht sehr schönen Herbsttages verließ Frau Sologub das Haus und kam nicht mehr zurück. Das war natürlich eine Tragödie. In Anbetracht der Berühmtheit Sologubs und des mystischen Charakters seines Schaffens gewann diese Tragödie besondere Bedeutung. Man konnte nur herumrätseln, was mit Frau Sologub geschehen sein mochte, nachdem sie auf so geheimnisvolle Weise verschwunden war. Irgend jemand hatte an diesem schicksalträchtigen Abend eine Frau von einer Newa-Brücke ins Wasser springen sehen. Der Körper wurde nie gefunden. War es am Ende Frau Sologub?

Der Dichter überlebte und litt. Er wartete auf seine Frau. Es sprach sich herum, daß er zu den Mahlzeiten stets auch ihr Gedeck auflegen ließ. Mit Sologub überlebten und litten viele Gebildete unserer Stadt. Der Winter verging, der Frühling kam. Das Eis auf der Newa schmolz. Und ganz genau vor Sologubs Haus an der Tutschkow-Brücke wurde eine Frauenleiche angeschwemmt. Die Miliz kam zu Sologub und bat ihn hinaus, damit er die Leiche identifiziere. »Sie ist es«, sagte düster der Dichter. Wandte sich um und ging davon.

Über diese Geschichte wurde viel gemunkelt. Es war doch etwas Seltsames an der Sache. Warum schwamm die Ertrunkene genau vor das Haus von Sologub? »Sie kam, um Lebewohl zu sagen«, entschied ein Literat.

Das erfuhr Soschtschenko, und ihm platzte der Kragen. Er schrieb eine Parodie. Alles war einigermaßen ähnlich: überirdische Liebe, ertrunkene Ehefrau usw. Dazu etwa folgender Kommentar: Vielleicht ist sie absichtlich ins Wasser gegangen. Vielleicht hatte sie Jahre und Jahre mit diesem rückständigen Ehemann gelebt und sich deshalb ertränkt. Um so wahrscheinlicher, als er ihr jahrein, jahraus das Hirn mit seiner Mystik verkleisterte. Doch das alles war nicht recht glaubhaft. Am ehesten ließ sich die Sache praktisch erklären: Sie rutschte auf den Bohlen aus und ertrank.

Der Held in Soschtschenkos Parodie war kein Schriftsteller,

sondern ein Ingenieur. Und er verhielt sich, als man ihn zu seiner ertrunkenen Frau führte, genauso wie Sologub. Die ganze Geschichte von der Frau des Dichters, die zum Haus des Gatten schwamm, um diesem einen Gruß aus dem Jenseits zu überbringen, war für Soschtschenko ein gefundenes Fressen. Er führte aus: »Dieser Unglücksfall beweist endgültig, daß jede Art von Mystik, jeder Idealismus, alle Arten überirdischer Liebe und so weiter nichts als Mumpitz und Gewäsch sind. Erheben wir uns also zu Ehren und zum ewigen Gedenken an die Ertrunkene und die tiefe, überirdische Liebe und gehen dann zur Tagesordnung über. Denn die Zeiten sind nicht danach, um sich lange mit ertrunkenen Bürgern aufzuhalten.« Soschtschenko nannte seine Parodie »Dame mit Blumen«.

Also, dieser berühmte Sologub präsidierte bei der Gedächtnissoiree für den großen Idealisten und Ballettliebhaber Wolynski. Als ich dran war, begann ich meine Geschichte zu erzählen. Ich merkte, wie im Publikum Unruhe aufkam. Klarer Fall, meine Rede entsprach nicht dem Ton der Vorredner. Die hatten davon gesprochen, welch edler, erhabener Mensch Akim Ljwowitsch gewesen sei. Und nun kam ich plötzlich mit meinem ordinären Materialismus. Sogar vom Geld war noch einmal die Rede. Obwohl es sich nicht gehörte, bei »Gedächtnis-Soireen« von Geld zu sprechen. Und wenn doch, dann höchstens, um an die Selbstlosigkeit der Person zu erinnern. Ich hatte also das Dekorum auf der ganzen Linie zerstört. Das mußte einen Skandal geben.

Nebenbei: Es hatte schon einen Skandal gegeben, nachdem Soschtschenko seine Parodie veröffentlicht hatte, weil diejenigen, die sich in Sologubs Namen beleidigt fühlten, die Geschichte als offenen Affront empfanden. Doch Soschtschenko hatte Sologub gar nicht kränken wollen, sondern alle diejenigen verlacht, die traurige oder auch gewöhnliche Ereignisse mit blödsinniger Geheimnistuerei umspinnen. »Wie können Sie lachen, wenn eine Dame ertrinkt?« fragte Soschtschenko. »Ertrunken ist ertrunken, aber warum soll man aus Sologub und seiner Frau Tschebotarjewskaja Tristan und Isolde machen?« Ich teilte also meine Erinnerungen mit. Das Publikum tobte. Und ich dachte: Sollen sie mich doch von der Bühne zerren, ich werde trotzdem meine Geschichte zu Ende erzählen. Was ich dann auch tat.

Beim Fortgehen hörte ich, wie Sologub laut seinen Nachbarn fragte: »Wer ist dieser junge Schmutzfink?« Ich verbeugte mich höflich vor Sologub, aber aus irgendeinem Grund erwiderte er meinen Gruß nicht. Die historische Begegnung zwischen Sologub und mir fand also nicht statt. Er übergab mir nicht die Stafette. Und jetzt kann man nicht schreiben: Sologub auf ewig und ich auf ewig. Sologub starb bald darauf.

Soschtschenko versuchte, dem Todesproblem materialistisch näherzukommen. Er meinte, wer über den Tod ironisch schreibe, verliere die Furcht davor. Eine Zeitlang stimmte ich mit Soschtschenko überein. Ich schrieb sogar eine Romanze über dieses Thema: »Macpherson vor der Exekution«, nach einem Gedicht von Robert Burns. Doch später wurde mir klar, daß auch Soschtschenko sich nicht von der Todesangst zu befreien vermochte. Er versuchte nur, sich und andere davon zu überzeugen, daß es ihm gelungen sei. Abgesehen davon änderte sich mein Verhältnis zu diesem Problem. Doch davon später.

Soschtschenko schuf seine höchst eigene Methode der Psychoanalyse. Er nannte sie Selbstheilung. Er heilte sich von Hysterie und Melancholie. Den Ärzten traute Soschtschenko nicht. Er hielt es für möglich, sich selbst von Depressionen und Schwermut zu befreien. Man müsse nur erkennen, wovor man sich fürchte. Wenn ein Mensch den Grund seiner Ängste erkennen könne, verschwände die Schwermut. Man müsse seine Ängste entwirren. In vielem hatte Soschtschenko sicherlich recht. Unrecht hatte er vielleicht nur darin, daß er die Gründe der Ängste in der frühesten Kindheit suchte. Immerhin sagte er selbst, daß Katastrophen am häufigsten über den erwachsenen Menschen hereinbrechen, weil Neurosen erst beim erwachsenen Menschen ihren Höhepunkt erreichen. Echte Angst erfährt man erst im reifen Alter. Gewiß, Angst ist immer in uns, von frühester Kindheit an. Aber so wie im Erwachsenenalter fürchtet man sich als Kind nicht.

Soschtschenko fürchtete sich als Kind vor Bettlern. Genauer: vor der ausgestreckten Hand. Er fürchtete sich vor Wasser, und er fürchtete sich vor Frauen. Ich fürchtete mich vor der ausgestreckten Hand der Bettler. Die Hand kann dich packen. Es ist die Angst, festgehalten zu werden. Außerdem kann eine fremde Hand dir dein Essen wegnehmen. Daher meine Angst, hungrig zu bleiben. Vor Feuer fürchtete ich mich auch. Eine Geschichte, die ich als Kind las, machte einen ungeheuren Eindruck auf mich.

Der Clown Durow erzählte sie. Die Geschichte passierte in Odessa vor der Revolution. Die Pest war ausgebrochen, und man glaubte, Ratten hätten sie eingeschleppt. Die Stadtväter von Odessa erließen den Befehl, die Ratten zu vertilgen. Die Rattenjagd begann. Durow spazierte durch irgendeine Odessaer Gasse und sah: Ein paar Jungen waren dabei, Ratten, die sie gefangen hatten, zu verbrennen. Die Ratten wälzten sich hin und her. Die Jungen umringten sie johlend. Durow schrie die Kinder empört an. Es gelang ihm, eine Ratte zu retten. Auch sie hatte schwere Brandwunden, überlebte aber. Durow nannte sie Finka.

Finka haßte die Menschen. Durow nahm Finka zu sich, behielt sie lange bei sich, pflegte sie gesund. Es war sehr schwer, Finkas Vertrauen zu gewinnen, aber schließlich gelang es Durow, und er war der Ansicht, Ratten seien kluge und talentierte Tiere; dafür brachte er Beispiele. Der Ekel vor Ratten sei eines der vielen menschlichen Vorurteile. Tuchatschewski[8] hatte eine Maus in seinem Arbeitszimmer, die er sehr gern hatte und fütterte.

Tiere zu verbrennen ist entsetzlich. Leider geschieht das auch heutzutage noch. Ein begabter junger Regisseur drehte einen Film.[9] Und in diesem Film brauchte er eine brennende Kuh. Aber niemand wollte eine Kuh in Brand setzen, weder der Regieassistent noch der Kameramann, niemand. Da übergoß der Regisseur selber die Kuh mit Kerosin und zündete sie an. Brüllend rannte die Kuh hin und her. Eine lebende Fackel. So wurde sie gefilmt. Die Aufnahmen wurden in einem Dorf gemacht. Als die Bauern davon erfuhren, hätten sie den Regisseur fast totgeschlagen.

Wenn ich erfahre, daß jemand gequält wird, empfinde ich den

Schmerz am eigenen Leibe, einerlei, ob es sich um Menschen oder um Tiere handelt. Ich fürchte mich auch vor Schmerzen und denke nicht gerade voller Entzücken an den Tod. Aber ich werde lange leben, das weiß ich, weil ich gelernt habe, mich dem Tod gegenüber gelassen zu verhalten. Als Kind habe ich mich sehr vor dem Tod gefürchtet. Vielleicht, weil Krieg war, ich weiß es nicht. Auch vor Leichen habe ich mich als Kind gefürchtet. Ich hatte Angst, sie könnten aus ihren Gräbern herausklettern und nach mir greifen. Heute weiß ich, daß Tote nicht aus ihren Gräbern steigen können, leider. Von dort springt niemand mehr heraus.

Allerdings gab es Ende der dreißiger Jahre eine Episode, die mich fast glauben ließ, daß Tote doch ihre Gräber verlassen. Aus irgendwelchen Gründen wurde Gogols Grab geöffnet, aber Gogol lag nicht darin. Der Sargdeckel war aufgebrochen, der Sarg leer. Der große Verewigte war geflohen. In Leningrad kursierten natürlich böse Gerüchte. Die Zeiten waren so schlecht – selbst Gogol hatte es nicht mehr ausgehalten und war geflohen. Natürlich interessierten sich die entsprechenden Organe des Staatssicherheitsdienstes für die Angelegenheit: Wie hätte er weglaufen können? Was war das für eine Demonstration? Die Grabstätte wurde abgesperrt, eine Durchsuchung vorgenommen. Da zeigte sich: Weit war Gogol nicht gekommen. Er lag in der Nähe, nur der Schädel fehlte. Auch den Schädel fand man nebenan. Alles klärte sich auf die einfachste Weise: Zu einem seiner Todestage hatte man für Gogol ein Grabdenkmal errichtet. Das Denkmal war aus Ziegelsteinen gemauert, und das Gewicht der Ziegel drückte den Sargdeckel ein. Es waren so viele Ziegel, daß sie das Skelett aus dem Sarg hinausdrückten und den Schädel abrissen. Man legte ihn also wieder an seinen alten Platz. Moral: Leg nicht zu viele Ziegelsteine auf die Grabstätten großer Männer. Die Verewigten lieben das nicht. Aber wenn du schon Gräber mit Ziegelsteinen umgeben willst, grab sie nicht ein.

Ich habe keine Lust, in meiner Kindheit herumzugraben, sollen andere drin wühlen, wenn sie Zeit und Lust dazu verspüren. Mehrmals habe ich zwar sehr angestrengt versucht, mich zu erinnern, aber nicht zu meinem Vergnügen. Es kam nichts Gutes dabei heraus. Ich wurde nur noch kränker, konnte überhaupt nicht mehr schlafen und war mit den Nerven völlig am Ende. Wer wissen möchte, wie ich bin, sollte sich das Porträt ansehen, das Kustodijew[10] von mir gemalt hat. Meiner Meinung nach ein sehr gelungenes Bild. Sehr ähnlich. Ich halte es für das beste, das es von mir gibt. Es entspricht der Wahrheit und ist dennoch nicht kränkend. Mir gefällt es sehr. Es ist in Kohle und Rötel ausgeführt. Ich war damals gerade dreizehn Jahre alt. Kustodijew hat es mir zum Geburtstag geschenkt. Ich möchte das Bild nicht beurteilen, ich finde, es spricht für sich selbst. Und ich alter Mann betrachte es immer wieder, wenn ich am Schreibtisch sitze. Es hängt an der Seite, man kann es gut aus der Nähe betrachten. Das Bild erinnert nicht nur daran, wie ich mit dreizehn Jahren war. Es ist auch eine Erinnerung an Kustodijew – eine Erinnerung daran, welche Leiden einen Menschen überkommen können.

Schicksal, höhere Mächte – alles Unsinn. Welche Erklärung kann es für Kustodijews Schicksal geben? Heute ist er möglicherweise der populärste russische Maler. Auch der ungebildetste Mensch wird beim Anblick einer Zeichnung oder eines Bildes von Kustodijew sofort sagen: »Aha, das ist ein Kustodijew.« Heute heißt das »Kustodijew-Stil«. In den schlimmen Zeiten hieß es bösartig »Kustodijewschtschina«. Wenn heute jemand in eine alte russische Stadt kommt, ein typisches Stück russischer Natur sieht, wird er sagen: »Ganz und gar kustodijewsche Landschaft.« Geht eine statuöse, üppige Frau vorbei, sagt man: »Seht nur, ein Kustodijew-Typ.« Das alles schuf ein hoffnungslos kranker Mensch, ein Paralytiker.

Die Diagnose lautete, wenn ich nicht irre: Rückenmarkssarkom. Die Ärzte hatten einen Patienten, den sie nach eigenem Gutdünken mißbrauchen konnten. Natürlich behandelten ihn die allerbesten Ärzte. Die letzte Operation – die vierte – nahm derselbe Chirurg vor, der Lenin behandelt hatte. Er schnitt die Geschwulst an der Wirbelsäule heraus. Die Operation dauerte, wie Kustodijew erzählte, fünf Stunden, die letzten Stunden ohne Narkose. Sie hatten eine Lokalanästhesie gemacht, deren Wirkung zu früh nachließ. Es war eine regelrechte Folter. Kaum einem meiner Freunde blieb die Folter erspart. Meyerhold wurde gefoltert, Tuchatschewski wurde gefoltert, auch der Komponist Shiljajew. So geht es zu.

Ich habe Kustodijew als gesunden Menschen nicht gekannt. Ich sah ihn nur im Rollstuhl. Er dirigierte diesen Rollstuhl mit ungewöhnlicher Leichtigkeit. Nur manchmal biß er die Zähne zusammen – vor Schmerzen. Dann teilte sich sein Gesicht in zwei Hälften. Die eine wurde rot, die andere blieb blaß.

In diesem elenden Zustand malte Kustodijew sein berühmtes Bild von Schaljapin in Überlebensgröße: Schaljapin mit seiner Bulldogge, seinen beiden Töchterchen Marfa und Marina, Issaj Dworischtschin und dem Kutscher mit seinem Gaul. Schaljapin war nach dem Konzert zur Sitzung gekommen. Um den Hund in die richtige Position zu bringen, wurde eine Katze in den Schrank gesperrt. Die Katze miaute, und der Hund erstarrte in ihre Richtung.

Schaljapin hielt dieses Porträt für das beste, das je ein Maler von ihm gemalt hatte. Zu all seinen Konzerten holte er Kustodijew ab, hob ihn aus dem Rollstuhl und trug ihn vom vierten Stock hinunter. Im Auto fuhren sie ins Marijnski-Theater, dort brachte er ihn in seiner eigenen Loge unter. Nach der Vorstellung expedierte er Kustodijew auf dieselbe Art wieder nach Hause.

Ich lernte Kustodijew durch seine Tochter Irina kennen. Wir gingen beide in die 108. Arbeitsschule. Ich scheute mich, zu fremden Leuten zu gehen. Aber man setzte mir auseinander, daß Kustodijew sehr krank sei und Musik liebe. Ich sollte für ihn spielen. Ich notierte deshalb alle Stücke, die ich zur Zeit studierte, und nahm die kleine Liste mit, als ich zu Kustodijew ging. Er saß im Sessel zurückgelehnt und hörte aufmerksam zu. An seiner Brust wärmten sich junge Katzen. Schnurrten in tiefstem Wohlbehagen. Wenn sie die Musik satt hatten, sprangen sie mit einem Plumpser auf die Erde.

Ganz besonders starken Eindruck machte mir Kustodijews

Passion für prächtige Frauen. Kustodijews Malerei ist durch und durch erotisch. Davon spricht man heutzutage nicht gern. Kustodijew selber machte kein Geheimnis daraus. Er zeichnete eindeutig erotische Illustrationen zu einem der Bücher Samjatins.[11]

Wenn man sich etwas eingehender mit meinen Opern »Die Nase« oder »Lady Macbeth« beschäftigt, wird man in ihnen diesen Kustodijewschen Einfluß finden, obwohl dies mir selber damals nicht bewußt war. Aber vor kurzem fielen mir in einem Gespräch ein paar Kleinigkeiten ein. Zum Beispiel Kustodijews Illustrationen zu Leskows Novelle »Lady Macbeth von Mzensk«. Diese Illustrationen hatte ich durchgeblättert, als ich die Oper komponierte.

Für »Die Nase« hatte in Leningrad Dmitrijew die Bühnenbilder gemalt, ein bemerkenswerter Künstler. Er war von Kustodijew fasziniert: Ständig mokierte er sich über ihn, konnte aber seinem Einfluß nicht entrinnen.

Parodie, Stilisierung – das ist ein und dasselbe. Bald stilisierte Dmitrijew Kustodijew, bald parodierte er ihn. Das Resultat blieb sich gleich: Kustodijew war auf der Bühne. Nicht anders ging es mit »Katerina Ismailowa«[12] unter Nemirowitsch-Dantschenko. Auch hier war Dmitrijew der Bühnenbildner. Für mich stehen diese Namen dicht beieinander: Kustodijew, Samjatin, Leskow. Samjatin schrieb ein Stück nach Leskows »Floh«. Es wurde im Leningrader Großen Dramatischen Theater aufgeführt. Dekoration und Kostüme waren von Dmitrijew. Stück und Aufführung machten mir einen starken Eindruck. Ich wandte mich sogar an Samjatin, als ich begann, »Die Nase« zu komponieren; ich bat ihn, mir beim Libretto zu helfen. Samjatin hatte durch Kustodijew von mir gehört, daher willigte er ein. Aber aus der Zusammenarbeit wurde nichts. Samjatin verstand nicht genau, was in diesem Fall gebraucht wurde. Trotzdem verdanke ich ihm einige gute Ideen.

Was Kustodijew anbelangt, entfernte ich mich von ihm im Laufe der Jahre mehr und mehr. Eine Zeitlang war ich regelrecht verliebt in Trickfilme und arbeitete besonders gern mit dem Regisseur Michail Zechanowski, einem sehr talentierten Menschen. Ich halte ihn für den besten auf diesem Gebiet. Schade, daß er in Vergessenheit geraten ist. Für Zechanowski schrieb ich zwei kleine Opern. Sie gelten als Musik für Trickfilme. In Wirklichkeit war es umgekehrt; die Filme waren nach meiner Musik gedreht worden, regelrechte kleine Opern: »Das Märchen vom Popen und seinem Knecht Balda« und »Das Märchen von der törichten Maus«. Zu schade, daß dies alles verloringing.

»Das Märchen vom Popen« war durchaus anti-kustodijewsch. Hier wird ein Trunkenbold geschildert, der auf dem Markt mit pornographischen Postkarten handelt; Reproduktionen eines Bildes von Kustodijew, unterschrieben: »Venus ohne Hemd mit fetten Schenkeln«. Eine Verhöhnung des populären Kustodijew-Gemäldes »Russische Venus«.

Der gelähmte Kustodijew malte seine üppigen Schönen mit Hilfe einer Spezialvorrichtung, die eine Neigung der Leinwand gestattete, so daß er sie mit seinem Pinsel erreichen konnte, danach wurde die Leinwand in die Vertikale zurückversetzt. Ich beobachtete ihn voller Verwunderung bei seiner Arbeit. Meine Schwester Marusja gefiel Kustodijew. Er malte sie auf seinem Bild »Das blaue Häuschen«. Das Bild enthält mehrere Szenen gleichzeitig: Ein Junge jagt Tauben, ein junges Liebespaar, drei Freunde im Gespräch. Außerdem gab es einen Sargtischler auf dem Bild, ins Lesen vertieft. Das ist Leben. Der Knabe auf dem Dach, der Sargtischler im Kellergeschoß.

Kustodijew war allmählich müde geworden, des Lebens überdrüssig. Er konnte nicht mehr arbeiten. Üppige Frauen erfreuten ihn nicht mehr. »Ich kann nicht mehr leben, ich will nicht«, sagte er. So starb Kustodijew, nicht an seiner Krankheit, sondern an seiner Müdigkeit. Der äußere Anlaß – eine Erkältung – war nur ein Vorwand. Er war erst 49 Jahre alt. Mir war er natürlich wie ein Greis vorgekommen.

Kustodijews Beispiel übte große Wirkung auf mich aus. Das ist mir erst jetzt ganz klar, seit ich erfahren habe, daß man Herr seines Körpers werden kann. Natürlich nicht buchstäblich und absolut. Wenn deine Beine nicht gehen können, dann gehen sie eben nicht. Und wenn deine Hände sich nicht bewegen, heißt das, sie sind gelähmt. Aber trotzdem kann man seine Arbeit fortsetzen. Man muß nur trainieren und man muß sich Hilfsmittel ausdenken, die einem die Arbeit ermöglichen.

Kustodijew arbeitete weiter, als er längst schwer krank war. Das ist jetzt mein Thema, mein lebenswichtiges Thema.[13] Man muß an der Arbeit bleiben, gleichgültig, unter welchen Bedingungen. Manchmal rettet die Arbeit einem das Leben. So war es bei Glasunow. Seine Arbeit beanspruchte ihn so ausschließlich, daß ihm keine Zeit blieb[14], an sich selber zu denken. Für Glasunow hatte sich nach der Revolution alles aufs fürchterlichste verändert. Er lebte in einer schrecklichen Welt, die er nicht verstand. Aber er glaubte, wenn er stürbe, werde eine große Sache untergehen. Er fühlte sich verantwortlich für das Leben von Hunderten von Musikern. Und darum starb er nicht.

Kustodijew hörte meinem Spiel gern zu. Er erzählte mir viel über Malerei, über russische Maler und freute sich, daß er mir so manches mitteilen konnte, was ich nicht wußte.

Einmal hörte Glasunow, wie ich mit einem Freund die Partitur der Zweiten Symphonie von Brahms las. Wir lasen sie miserabel, denn wir kannten die Musik nicht. Glasunow war neugierig geworden, fragte uns, ob wir die Musik schon einmal gehört hätten. Ich antwortete ehrlich: »Nein.« Da seufzte er und sagte: »Wie seid ihr jungen Leute doch glücklich. Euch steht noch soviel Herrliches bevor. Ich kenne das alles schon. Leider.«

Glasunow hatte ebenso wie Kustodijew großes Interesse an der Entwicklung junger Leute. Täglich hatte er Besuch von jungen Künstlern: Geigern, Cellisten, Pianisten, Harfenisten und natürlich Sängern und Sängerinnen. Sie brachten ihm Einladungen zu ihren Konzerten, stets mit der Erklärung, dieses Konzert sei entscheidend, von lebenswichtiger Bedeutung für den Interpreten, und Glasunows Urteil werde der erleuchtende Lichtstrahl im Reich der Finsternis sein, der ... und so weiter, die alte Leier.

Glasunows Meinung an und für sich war für den jungen Künstler nicht so wichtig, ich meine sein musikalisches Urteil, wichtig war seine Anwesenheit aus Reklamegründen. Jedes beliebige Konzert bekommt, wie jeder gerissene Künstler weiß, eine höhere Weihe durch die Anwesenheit irgendeiner Berühmtheit. Glasunow wurde immer in die erste Reihe plaziert. Einige Übereifrige besorgten ihm sogar auf der Bühne einen Platz. Hier gab es Stühle für ganz besonders geehrte Gäste. Das Publikum hatte auf diese Weise ein doppeltes Vergnügen. Für dasselbe Geld konnte es den Künstler und seinen Ehrengast anglotzen. Der reinste Zirkus.

Wie wundervoll war es erst nach dem Konzert: Der Künstler (Geiger, Pianist, Harfenist) stand froh erregt am Bühnenrand und nahm den Applaus seiner Zuhörer entgegen. Und dann drängte sich durch die erhitzte Menge die Berühmtheit, drückte, wenn es ein Mann war, oder küßte, wenn es eine Frau war, dem Künstler die Hand, sagte ein paar wundervolle Worte, die sofort in aller Munde waren. Billig und abgeschmackt.

Dies alles und ähnliches habe ich später auch über mich ergehen lassen. Natürlich nicht in dem Ausmaß wie Glasunow. Er hielt hier zweifellos den Rekord. Böse Zungen behaupten, er habe, um diesen Rekord zu halten, unzulässige Mittel benutzt wie bei Sportveranstaltungen. Er habe, so wird steif und fest behauptet, ehe er in ein Konzert ging, sich die Ohren fest mit Watte verstopft. So saß er dann auf seinem Platz und dachte seine eigenen Gedanken. Ich muß gestehen, er dachte monumental. Dieser Prozeß verlief ungeheuer eindrucksvoll. Und die Nachbarn waren überzeugt, er lausche auf das konzentrierteste den Tönen, die von der Bühne klangen. Wenn es dann Zeit war, ins Künstlerzimmer zu gehen, um der »cause célèbre« zu gratulieren, nahm Glasunow unbemerkt die Watte aus den Ohren und sagte ein paar unverbindliche, aber jedenfalls lobende Worte: »Hervorragend die Stilisierung im ersten Satz ...«

Gewiß, wenn man den Vergleich vom Sportplatz fortsetzen will, hätte man ihn für solches Verhalten disqualifizieren müssen, jedenfalls auf diesem Gebiet. Aber jeder gab vor, es nicht zu ahnen. Jedem war mit dieser Komödie gedient. Paradox an der Sache ist, daß Glasunows Geschmack in musikalischen Dingen außerordentlich qualifiziert war. Er war ein sehr strenger und anspruchsvoller Kritiker.

Wie ist das alles zu erklären? Für mich ist die Frage wichtig. Denn wenn ich Glasunows Position verstehen lerne, kann ich mir auch manches in meinen eigenen Beurteilungen und Äußerungen erklären. Ich weiß, daß meine Meinungen und Kritiken von manchen skeptisch beurteilt werden. Hier wird ein kompliziertes Spiel gespielt. Auf der einen Seite will man von mir eine Empfehlung oder Beurteilung. Auf der anderen Seite … Man hat mir einmal die Worte eines berühmten Dirigenten über mich kolportiert. Er soll erklärt haben: »Ach, dieser Gottesnarr, sagt zu jedem beliebigen: sehr gut, sehr gut.«

Erstens scheint mir manchmal, daß dieser berühmte Dirigent, dessen Talent ich hoch schätze, mit mehr Grund als ich ein Gottesnarr genannt werden könnte. Ich denke an seinen religiösen Eifer.[15] Aber das ist nicht das entscheidende. Mir ist unverständlich, warum es so unzählige Fälle gibt, in denen mit Kanonen auf Spatzen geschossen wird – eine völlig überflüssige und sinnlose Sache.

In jedem von uns sitzt ein strenger Kritiker. Streng zu sein ist gar nicht schwer. Aber lohnt es denn, allen und jedem sein Mißfallen am Gehörten darzulegen? Wenn es angebracht und nötig ist, kann ich mich äußern, und ich äußere mich dann sehr scharf. Das betrifft Aufführungen eigener wie fremder Musik.

In der Jugend war ich besonders unduldsam. Die kleinste Abweichung des von mir ausgedachten Auffführungsplans brachte mich in Rage. Das blieb ziemlich lange so. Es gab Zusammenstöße, die auf fatale Weise das Schicksal meiner Kompositionen beeinflußten. Ich glaube, besonders bei der Vierten Symphonie. Noch jetzt bereitet es mir Qualen, daran zu denken. Diese und andere Umstände, dann natürlich das zunehmende Alter haben meine Einstellung etwas gewandelt. Aber ich bin keineswegs konzilianter geworden. Nur lege ich meine Auffassungen so dar, daß es die ausführenden Künstler nicht tödlich beleidigt. Eine wesentliche Rolle spielt dabei, daß meine Meinung heute einen höheren Stellenwert hat. Früher mußte ich, um gehört zu werden, scharf akzentuieren. Später verstanden die Musiker schon Andeutungen.

Heute ist es für mich einerseits leichter, andererseits schwerer, mit Musikern zu sprechen. Warum schwerer? Weil das Wort schwerer wiegt und daher härter trifft. Ich höre sehr viele mittelmäßige Musiker, sehr, sehr viele. Macht nichts, die wollen auch leben. Nur Gesang- und Tanzensembles bringen mich zur Raserei. Wäre ich Kulturminister, würde ich sofort alle diese Ensembles auflösen. Das wäre mein allererster Erlaß. Daraufhin würde man mich natürlich verhaften. Als Schädling. Aber die Ensembles würden sie wenigstens nicht wieder zusammenstellen.

Früher hat man wenig darauf gegeben, was ich sagte, auch nicht, wenn es um meine eigene Komposition ging. Um den Widerstand der ausführenden Künstler zu überwinden, mußte ich aggressiver werden, als ich eigentlich sein wollte. Ich mußte sie anbrüllen, obwohl man alles in ganz normalem Ton hätte sagen können. Besonders häufig mußte ich mich gegen beleidigende Herablassung zur Wehr setzen. Aber es gab auch sehr reizbare Musiker, die schon bei der bescheidensten Bitte von mir anfingen, nervös zu werden und mir Grobheiten zu sagen. Grobheiten an meine Adresse vertrage ich nicht, nicht einmal von sogenannten ›großen Künstlern‹. Grobheit und Roheit sind Eigenschaften, die ich am allermeisten hasse. Grobheit und Roheit sind meiner Meinung nach miteinander gekoppelt. Eines der vielen Beispiele dafür ist Stalin.

Lenin hat in seinem sogenannten Testament geschrieben, Stalin habe nur einen Fehler – seine Grobheit. Alles andere sei bei ihm sozusagen in Ordnung.[16] Wie wir heute alle nur zu gut wissen, hielten es damals die führenden Parteileute nicht für nötig, Stalin von seinem Posten abzuberufen. Was für ein Fehler soll denn Grobheit sein? Sie hielten sie im Gegenteil für eine Tugend.

Ich las zum Beispiel einen Kommentar zu irgendwelchen Bemerkungen Lenins, nach dem ein paar Parteigrößen (ich glaube

Ordshonikidse[17] und noch ein paar Georgier) sich beschimpft und verprügelt hatten. Das galt als nette kleine Balgerei unter Freunden.

Wie alles endete, wissen wir zur Genüge. Nein, von einem groben Menschen ist nichts Gutes zu erwarten. Dabei ist vollkommen einerlei, auf welchem Gebiet sich die Grobheit zeigt, ob in der Politik oder in der Kunst. Ganz gleich, wo. Der Grobe strebt überall danach, Diktator, Tyrann zu werden, will alle und alles unterdrücken. Die Resultate sind in der Regel die allertraurigsten.

Mich regt besonders auf, daß solche Tyrannen immer Anhänger und Verehrer finden. Sogar aufrichtige. Ein charakteristisches Beispiel ist Toscanini. Ich hasse Toscanini. Ich habe ihn nie im Konzertsaal gehört. Aber ich hörte genügend Schallplatten. Ich finde einfach entsetzlich, was er der Musik antut. Er macht Hackfleisch aus ihr und übergießt das Ganze dann mit einer abscheulichen Sauce. Toscanini erwies mir die Ehre, meine Symphonien zu dirigieren. Ich hörte auch diese Platten – sie taugen nichts. Ich las über seinen Dirigier-Stil und über seine Methode, Proben abzuhalten. Die Leute, die seine Unflätigkeiten schilderten, waren begeistert von Toscanini. Ich begreife nicht, was daran Begeisterndes ist. Ich finde es abscheulich und keineswegs begeisternd, wenn er die Orchestermusiker anschreit, wenn er wie ein Kutscher flucht und die übelsten Szenen macht. Die unglücklichen Musiker mußten das alles erdulden, sonst hätten sie ihre Posten verloren. Und allmählich fingen sie an, »etwas daran zu finden«. Klarer Fall, unmerklich gewöhnt man sich. Wenn man dich tagein, tagaus verhöhnt, wirst du dich entweder daran gewöhnen oder verrückt werden. Nur ein genügend starker Mensch kann sich zwischen diesen beiden Extremen behaupten. Aber gibt es denn unter Orchestermusikern viele wirklich starke Menschen? Die Gewohnheit, im Kollektiv zu spielen, weckt den Herdeninstinkt. Nicht bei allen natürlich. Aber bei vielen. Und die eben bewundern Toscanini. Als dieser mir die Schallplatte meiner Siebten Symphonie schickte, hörte ich sie mir an und wurde sehr böse. Alles darin war falsch. Der Geist, der Charakter, die Tempi. Eine scheußliche, schlampige, stümperhafte Arbeit. Ich schrieb einen Brief an Toscanini, in dem ich ihm meine Ansicht auseinandersetzte. Ob er den Brief bekommen hat, weiß ich nicht. Vielleicht hat er ihn bekommen, aber niemandem gezeigt. Das sähe ihm ähnlich, seinem eitlen, egoistischen Wesen.

Warum ich annehme, Toscanini habe verschwiegen daß ich ihm schrieb? Da ist folgendes: Später, bedeutend später erhielt ich einen Brief aus Amerika. Man hatte mich zum Mitglied irgendeiner Toscanini-Gesellschaft gewählt, hielt mich anscheinend für einen großen Verehrer des Maestro. Nun bekam ich regelmäßig eine Schallplatte nach der andern: immer neue Aufnahmen von Toscanini. Das einzig Gute daran ist, daß ich nun immer Geburtstagsgeschenke zur Hand habe. Freunden schenke ich so was natürlich nicht, aber entfernteren Bekannten. Warum auch nicht? Sie sind zufrieden. Und ich habe eine Unbequemlichkeit weniger. Es gehört doch zu den schwierigsten Problemen im Leben, jemandem, den man entweder nicht besonders mag oder nicht sehr gut kennt oder nicht besonders schätzt, etwas Passendes zum Geburtstag oder zu einem Jubiläum zu schenken.

Dirigenten sind häufig Grobiane und in sich selbst verliebte Tyrannen. In meiner Jugend hatte ich nicht selten erbitterte Kämpfe mit ihnen auszufechten. Kämpfe um meine Musik und um meine Würde. Einige von ihnen wollten mich gern zum Schützling haben. Ich dankte ergebenst. Von ihrem ›Patronat‹ wäre mir übel geworden. Denn in der Regel waren es schlecht maskierte Versuche, mich unter ihren Willen zu zwingen. Ich wies solche Schirmherren brüsk zurück. Das heißt, ich wies sie in ihre Schranken.

Auf Grobheit muß man einem Menschen so antworten, daß er ein für allemal die Lust an weiteren Grobheiten verliert. Das ist nicht einfach. Es ist geradezu eine Kunst. Ich hatte darin gute Lehrer. In erster Linie natürlich den Musikwissenschaftler Sollertinski. Aber auch von den anderen habe ich gelernt. Ich freue mich jedesmal, wenn ich höre, daß einem Grobian eine Abfuhr erteilt wurde.

Ein mir bekannter Schauspieler trat im Kabarett »Schiefer Jimmy« als Conférencier auf, das war in Moskau während der NEP.[18] Der Schauspieler kommt auf die Bühne heraus, will anfangen, kann aber nicht. Vor der ersten Reihe steht ein feister Mensch und streitet sich laut mit jemandem aus dem Publikum. Die Zeit vergeht, seinem Bekannten wird es zu dumm, und er sagt: »Gestatten Sie bitte, daß ich anfange, Genosse...« und erhält zur Antwort die bekannte Redensart: »Die Gans ist für das Schwein kein Genosse.« Daraufhin wedelt der Conférencier mit den Armen wie mit Flügeln und sagt: »In diesem Fall fliege ich davon...« Er entfernt sich mit kleinen Tanzschritten wie der sterbende Schwan im »Schwanensee«. Das ist Geistesgegenwart. Im Saal erhob sich ein solches Gelächter, daß der Grobian, wie aus der Kanone geschossen, verschwand.

Ich war dabei, als Sollertinski eine sehr anmaßende, genauer gesagt, unverschämte Dame zurechtwies. Sie selber war ein Nichts, aber ihr Mann war ein hohes Leningrader Tier. Auf dem Bankett anläßlich einer Opern-Premiere im Kleinen Theater begrüßte Sollertinski sie und sagte, um ihr ein Kompliment zu machen, in seiner überschwenglichen Art: »Wie fabelhaft Sie aussehen. Sie sind heute einfach überwältigend.« Er wollte in seiner Lobhudelei noch fortfahren, als die Dame ihn unterbrach: »Leider kann ich Ihnen nicht dasselbe sagen.« (Sie hatte Sollertinskis äußere Erscheinung und auch die etwas extravagante Art, sich zu kleiden, im Sinn.) Sollertinski, nicht faul, erwiderte: »Aber Sie tun doch dasselbe. Sie sagen die Unwahrheit.«

Grob sein ist sehr leicht. Scharf sein ist bedeutend schwerer. Ich hoffe, der Unterschied zwischen diesen beiden Zügen des menschlichen Charakters ist deutlich. Am schwersten ist es aber, die Wahrheit zu sagen und dabei weder grob noch scharf zu werden. Die Fähigkeit, sich auf diese Weise auszudrücken, entwickelt sich erst mit den Jahren.

Aber hier steckt noch eine andere Gefahr. Man sagt seine Meinung indirekt, und da beginnt die Lüge. In den letzten Jahren ist mir fast niemand mehr grob gekommen. Das ist gut und schlecht zugleich. Warum es gut ist, braucht nicht erst erklärt zu werden, das ist klar. Aber schlecht ist es aus zwei Gründen.

Erstens: Man will mich offensichtlich ›schonen‹. Man fürchtet wahrscheinlich, ich würde bei einer Grobheit plötzlich und unwiderruflich auseinanderbrechen und sie könnten mich nicht mehr zusammenleimen. Sie haben Mitleid mit mir.

Die Hauptsache besteht aber in etwas anderem. Daß Grobheit mich in letzter Zeit verschont, bedeutet nicht, daß sie nicht übermorgen mit neuer Kraft auf mich eindreschen kann. Denn die Grobheit an und für sich blüht und gedeiht. Zu jeder Zeit kann fast alles passieren. Aber du bist nicht mehr, der du warst, hast dich schon dran gewöhnt, daß man dir nicht mehr grob kommt. Hast deine Schutzhaut verloren. Und dann kann man dich armen, nackten Teufel abservieren.

Zur Zeit spüre ich im Verhalten mir gegenüber das Bemühen um Zurückhaltung. Man will mich nicht unnötig beleidigen. Ich bin daher – als ein im Petersburger Geist Erzogener – auch bereit, meine Meinung konzilianter zu äußern. Das erinnert mich ebenfalls oft an Glasunow.

Er war ein Mensch, der sehr viel mehr Musik gehört hat, als er mußte. Von mir kann ich das nicht sagen. Glasunow hatte immer eine Beurteilung parat, nie übermäßig streng. Warum sollte ich strenger sein? Ja, dieser Plutarch, das war ein großer Mann. Seine Parallel-Lebensbeschreibungen sind eine fabelhafte Sache. Meine eigene Biographie gewinnt, wenn man gewisse, wenn auch andersgeartete Parallelen zieht. In so angenehmer Umgebung schwimme ich dann wie eine Krabbe in Tomatensauce. Viel Ehre, wenig Nutzen.

War Glasunow mit voller Absicht so vorsichtig und maßvoll im Urteil? Oder war es ihm bloß zu schwer, aus sich herauszugehen? Ich kenne nur ganz wenige Gelegenheiten, bei denen er so zornig wurde, daß alle es merken mußten. Die eine Sache betrifft mich, die andere Prokofjew.

Die Geschichte mit Prokofjew passierte, als ich noch ganz jung war. Aber es ist auch später noch viel darüber gesprochen worden.

Der Vorfall wurde in seiner Art berühmt, fast zum Symbol. Wenn auch, meiner Meinung nach, eigentlich nichts Symbolisches daran war. Glasunow stand während der Uraufführung von Prokofjews »Skythischer Suite« einfach auf und verließ den Konzertsaal. Daß Glasunow Prokofjews Musik schlicht haßte, ist bekannt. Aber ich möchte bestreiten, daß er hier eine Demonstration beabsichtigt hatte. Glasunow hatte doch, ohne je seinen Platz zu verlassen, ohne eine Miene seines phlegmatischen Gesichts zu verziehen, Hunderte und Hunderte ihm absolut fremder Kompositionen angehört. Wie läßt sich nun dieser Affront erklären?

Ohne weiteres. Für Glasunow war die »Skythische Suite« einfach zu laut. Sein empfindliches Gehör hielt es nicht aus. Das Orchester hatte sich allzusehr angestrengt. Nach der Aufführung schenkte der Paukinist Prokofjew das Fell der Kesselpauke, es war durchschlagen.

Noch etwas kam hinzu, etwas sehr Wichtiges. Glasunow hätte nie während eines Konzerts den Saal verlassen, nicht einmal bei Lebensgefahr. Es sei denn, er war überzeugt, den Komponisten damit nicht im Innersten zu verletzen. Das war hier der Fall. Prokofjew verwand seinen Mißerfolg bei Glasunow leicht und verbuchte ihn auf seine Erfolgsliste.

In dieser Hinsicht differierten Prokofjews und meine Einstellung zu unseren Konservatoriumslehrern ganz und gar. Prokofjew führte seine Orchestrierungsanweisungen Rimski-Korssakow vor. Solche Demonstrationen fanden immer in Anwesenheit der ganzen Klasse statt. Rimski-Korssakow fand eine Menge Fehler in der Arbeit und wurde ärgerlich. Prokofjew wandte sich triumphierend zur Klasse, als wollte er sagen: Seht an, der senile Alte ist wütend. Er selbst fühlte sich dadurch erhöht. Aber wie er sich später erinnerte, blieben die Gesichter der Kommilitonen vollkommen unbewegt. Er fand keinerlei Unterstützung. Nebenbei: Er hat nie richtig orchestrieren gelernt.

Prokofjew stand von vornherein in Opposition zum Konservatorium. Er war dreizehn Jahre alt, als er ins Petersburger Konservatorium eintrat. Ich war bei meinem Eintritt auch dreizehn Jahre alt, aber da war es schon das Petrograder Konservatorium – und das ist nicht ein und dasselbe. Disziplin und Charakter spielten hier eine ebenso große Rolle wie die Einstellung zu Vergangenheit und Zukunft.

Das eben Gesagte kann in gewissem Maße erklären, warum Glasunow das zweite Mal außer sich geriet. Diesmal ging es um mich. Aber er griff mich nicht an, im Gegenteil: Er verteidigte mich. Ich hoffe, Sie verstehen mich recht: Ich will nicht renommieren. Diese Geschichte zeigt mich mehr von der komischen Seite und Glasunow als sehr vornehmen Menschen, während im Zwischenfall mit Prokofjew der Held Prokofjew war und Glasunow ein bißchen lächerlich wirkte. Doch das ist wohl mein Schicksal. Prokofjew war immer viel wirkungsvoller und interessanter als ich. Er wählte immer die effektvollere Pose und achtete sorgfältig auf den Hintergrund, damit sein klassisches Profil zur Geltung kommen konnte und er noch attraktiver aussah.

Also die Geschichte, in die ich geriet, spielte sich fünf Jahre nach der »Prokofjewschen« ab. Mein Lehrer Steinberg hat sie mir erzählt, er war dabei persönlich anwesend: Im Konservatorium wurde die Liste der Stipendiaten für das nächste Jahr überprüft. Das war eine sehr wichtige Sache. Viel wichtiger als die Examen. Daher war das gesamte Kollegium versammelt.

Es war die entsetzliche Hungerzeit. Das Stipendium berechtigte den Inhaber zum Empfang einiger Lebensmittel – eine Frage von Leben und Tod. In die Stipendiatenliste aufgenommen zu werden bedeutete Leben, gestrichen zu werden möglicherweise den Hungertod. Natürlich war man darauf aus, die Liste, soviel es eben ging, zu kürzen. Denn je länger sie war, desto weniger Aussicht bestand darauf, daß die Obrigkeit dem Konservatorium überhaupt etwas zubilligte.

Mein Name stand also auf der Liste, die Glasunows Assistent für Verwaltungs- und Wirtschaftsangelegenheiten in der Hand hatte. Die Liste war lang. Doch sie wurde kürzer und kürzer. Die Diskussion wurde höflich geführt. Jeder versuchte, die Kandidatur seines Studenten durchzusetzen. Alle waren erregt, gaben sich große Mühe, sich zu beherrschen. Die Atmosphäre war gespannt.

Der Gewittersturm brach aus, als schließlich mein Name an die Reihe kam. Er war der letzte auf der Liste. Der Assistent für Verwaltungsangelegenheiten schlug vor, ihn zu streichen: »Der Name dieses Studenten sagt mir nichts.« Und da explodierte Glasunow, er geriet vollkommen außer sich. Er schrie ungefähr folgendes: »Wenn dieser Name Ihnen nichts sagt, weshalb sitzen Sie dann überhaupt hier? Für Sie ist hier kein Platz!« Das weitere Lob, das er mir in seinem furiosen Ausbruch spendete, übergehe ich. Jedenfalls half mir sein Zorn. Ich bekam das Stipendium und war gerettet.

Doch solche Ausfälle waren bei Glasunow äußerst selten. Vielleicht ist es schade, daß sie so selten waren. Soviel Unausgesprochenes häuft sich so an. Erschöpfung, Enttäuschung bedrückt die Seele als schwere Last. Man muß sich davon befreien, sonst riskiert man einen Zusammenbruch. Manchmal möchte man schreien, aber man beherrscht sich und redet läppisches Zeug.

Es erregt mich, an diesen großen russischen Musiker und Menschen zu denken. Ich habe ihn gekannt, gut gekannt – doch die heutige Generation weiß fast nichts von ihm. Für die jungen Leute ist Glasunow so etwas wie ein altslawischer Schrank unter anderen Großvätermöbeln.

Ich achte Glasunows Größe hoch. Was kann ich tun, um auch anderen seine Größe verständlich zu machen, vor allem den Jungen? Die jungen Studenten gehen täglich an Glasunows Büste im Leningrader Konservatorium vorbei, wenden nicht einmal die Köpfe. Ich habe es selbst gesehen. Die Büste steht da, aber Liebe und Verständnis sind nicht vorhanden. Liebe kann man nicht erzwingen, sagt das Sprichwort. Wozu dann eine Büste oder ein Denkmal?

Als in Moskau dem »besten und begabtesten« Majakowski ein Denkmal errichtet worden war, spöttelte jemand: »Was ist das schon für ein Denkmal? Hoch zu Roß hätte er reiten müssen! Das hätte Sinn!« Muß man denn auch Glasunow auf einen Gaul setzen? Damit die Studenten über die Hufe stolpern? Die Erinnerung verrinnt zwischen den Fingern wie Sand.

Ich versuche, mich an Menschen, die ich kannte, zu erinnern – ohne Gesülz. Ich übergieße sie nicht mit Aspik, will kein delikates Gericht aus ihnen machen. Ich weiß: Ein wohlschmeckendes Gericht schluckt man leichter und lieber. Es ist auch bequemer, es wieder aufzuwärmen. Wohin das führt, wissen Sie.

Ich glaube, von Puschkin stammen die Worte: »Vergessen zu werden ist das natürliche Los jedes Anwesenden.« Das ist schrecklich, aber es stimmt. Dagegen muß man sich wehren, aber wie? Erst wenn man dich vergißt, bist du wirklich gestorben.

Zum Beispiel Mjaskowski[19]. Er schrieb eine Menge Symphonien. Die ganze Luft war von seinen Symphonien erfüllt. Er hat anderen etwas beigebracht. Aber heute spielt man Mjaskowski nicht. Man hat ihn vergessen. Ich weiß noch, wie er zu seinen Schülern sagte: »Das ist keine Polyphonie, sondern eine Multi-Phonie.« Gewiß, auch er selbst zollte der Multi-Phonie seinen Tribut. Er liebte es, Details in Musik auszudrücken, vielleicht zu viele Details. Trotzdem hat er es nicht verdient, so völlig vergessen zu sein.

Und was ist mit Ronja Schebalin[20]? Er hinterließ eine Menge hervorragender Musik, sein schönes Violinkonzert zum Beispiel. Auch viele seiner Quartette sind gut. Aber hört man heute im Konzert jemals Werke von Schebalin? Vergessen, vergessen.

Und Mischa Sokolowski[21]? Er war ein wundervoller Regisseur. Ich muß schon sagen, ein Genie. Er schuf ein herrliches Theater. Sie haben ihn vergöttert, auf Händen getragen. Alle hielten ihn für einen genialen Regisseur. Und jetzt ist er vergessen.

Das alles ist so unfair. Die Menschen leiden, quälen sich, denken – soviel Verstand, soviel Talent. Und kaum sind sie tot, werden sie vergessen. Wir müssen alles tun, um die Erinnerung an diese Menschen wachzuhalten. Wie wir uns ihnen gegenüber verhalten, so wird man sich eines Tages auch uns gegenüber verhalten. Wir müssen uns erinnern, wie schwer es auch sein mag.

Musikwelt Leningrad

*Das Konservatorium unter
Alexander Glasunow*

Strawinski ist einer der ganz großen Komponisten unserer Zeit. Viele seiner Werke liebe ich sehr. Den frühesten und eindringlichsten Eindruck von Strawinskis Musik verdanke ich dem Ballett »Petruschka«. Viele Male habe ich die Aufführung im Kirow-Theater in Leningrad gesehen und war sehr darauf bedacht, keine einzige Aufführung zu verpassen. (Leider habe ich die neue Bearbeitung des »Petruschka« für kleines Orchester nicht gehört. Ich bin nicht überzeugt, daß sie besser als die alte ist.) Seit damals stand dieser außerordentliche Komponist im Mittelpunkt meiner Aufmerksamkeit. Ich habe ihn nicht nur studiert und gehört, ich habe auch manches von ihm für Klavier transkribiert.

Mit Vergnügen denke ich an meinen Auftritt in der Premiere der »Hochzeiten« in Leningrad, die der Leningrader Chor unter der Leitung des bedeutenden Chormeisters Klimow ungewöhnlich gut aufführte. Ich hatte von den vier Klavierpartien die des zweiten Klaviers zu spielen. Die vielen Proben, die dem Konzert vorausgingen, waren für mich ebenso angenehm wie lehrreich gewesen. Das Werk entzückte alle durch seine Originalität, seine Klangfülle und seinen Lyrismus.

Ich spielte auch Strawinskis Serenade in A-Dur. Im Konservatorium hatten wir oft das Konzert für Klavier- und Streichorchester gespielt – arrangiert für zwei Klaviere. Mit meiner Studentenzeit ist noch ein anderes Werk von Strawinski verbunden – seine herrliche Oper »Die Nachtigall«. Allerdings fand die Bekanntschaft unter ›schicksalhaften‹ Umständen statt: Prüfung in Partiturlesen. Ich war der Oper deswegen ein bißchen böse. Für mich war diese Prüfung so etwas wie die spanische Inquisition, ein grausames Spektakel. Doch irgendwie schaffte ich es. Ich bezwang diese Nachtigall.

Strawinski gab mir viel. Es war interessant, ihn zu hören und seine Partituren zu lesen. »Mawra« gefiel mir, auch »Die Geschichte vom Soldaten«, vor allem die ersten Sätze. Das Werk vollständig zu hören ist langweilig. Über eine andere Strawinski-Oper »Der Weg des Wüstlings« spricht man heute geringschätzig. Und das ohne jeden Grund. Dieses Werk ist tiefer, als man auf den ersten Blick ahnen kann. Wir sind träge geworden und gleichgültig.

Erinnerungen besonderer Art habe ich an die »Psalmen-Symphonie«. Sofort nachdem ich die Partitur in Händen hatte, arrangierte ich die Symphonie für Klavier zu vier Händen. Ich spielte sie meinen Studenten vor. Dabei merkte ich, daß etwas mit der Konstruktion nicht stimmte. Sie ist ein bißchen grob gezimmert, die Nahtstellen werden sichtbar. In der »Symphonie in drei Sätzen« kommt das noch stärker zum Ausdruck. Bei Strawinski ist es übrigens oft so: Die Konstruktion ragt wie ein Baugerüst heraus. Keine natürlichen, fließenden Übergänge. Das irritiert mich. Aber andererseits erleichtert diese Deutlichkeit dem Hörer das Verständnis. Wahrscheinlich liegt darin auch eines der Geheimnisse der Popularität Strawinskis.

Mir gefällt sein Violinkonzert, und ich liebe seine »Messe« – eine herrliche Musik. Banausen behaupten, Strawinski habe im Alter schlechter komponiert. Das ist Verleumdung und Neid. Für meinen Geschmack trifft das Gegenteil zu, ich mag die frühen Sachen nicht so gern. Zum Beispiel »Sacre du Printemps« schätze ich nicht, eine ziemlich grobe Arbeit. Zuviel äußerer Effekt, zuwenig innere Substanz.

Dasselbe möchte ich vom »Feuervogel« sagen. Auch diese Komposition mag ich nicht besonders. Trotzdem, Strawinski halte ich für den einzigen wirklich großen Komponisten unseres Jahrhunderts. Vielleicht konnte er nicht alles, was er wollte, und vielleicht war nicht alles, was er schrieb, von gleich hoher Qualität. Aber seine besten Sachen begeistern mich.

Eine andere Frage ist, wie weit Strawinski ein russischer Komponist ist. Sicher war für ihn richtig, nicht nach Rußland zurückzukehren – seine Moralbegriffe sind europäisch. Das sieht man klar in seinen Memoiren. Was er über seine Eltern, über seine Kollegen sagt – all das ist europäisch. Und mir ist diese Einstellung sehr fremd. Auch Strawinskis Auffassung von der Rolle der Musik ist europäisch. Besser gesagt: französisch. Meine Eindrücke vom heutigen Frankreich sind gemischt. Mir kommt es vor, als herrsche dort ein sehr provinzieller Geist.

Als Strawinski uns besuchte, wirkte er wie ein Ausländer. Der Gedanke, daß wir im Grunde »Nachbarskinder« sind, befremdete mich. Ich bin in Petersburg geboren, er nahebei. (Ich weiß nicht, ob jemand das wichtig finden wird, aber Strawinski und ich haben polnische Vorfahren, genauso ist es mit Rimski-Korssakow. Und wir gehören zur gleichen Schule, auch wenn wir uns sozusagen verschieden ausdrücken. Sollertinski stammt übrigens auch aus einer russifizierten polnischen Familie. Ich habe auch noch andere Bekannte polnischer Abkunft. Dies nur nebenbei. Ernsthafte Bedeutung hat dies alles, glaube ich, nicht.)[1]

Die Einladung an Strawinski hatte einen hochpolitischen Hintergrund. Die alleroberste Führung hatte beschlossen, Strawinski zum nationalen Komponisten Nummer eins zu erheben. Doch dabei spielte Strawinski nicht mit. Er hatte nichts vergessen. Er hatte nicht vergessen, daß man ihn »Lakai des amerikanischen Imperialismus« und außerdem noch »Speichellecker vor der katholischen Kirche« geschimpft hatte. Das hatten genau dieselben Leute gesagt, die Strawinski nun mit ausgebreiteten Armen entgegenkamen.

Einem dieser Heuchler reichte Strawinski statt der Hand seinen Spazierstock. Er war genötigt, ihn zu nehmen, und erwies sich damit selber als Lakai. Ein anderer lungerte herum, wagte aber nicht, zu ihm hinzugehen, weil er zuviel Dreck am Stecken hatte. So saß er die ganze Zeit im Foyer. Ganz auf Lakaienart: »Lakai, bleib im Vorzimmer, ich habe eine Rechnung mit deinem Herrn.«[2] Das alles widerte Strawinski – wie ich vermute –

so an, daß er vorzeitig wieder abreiste. Er tat recht daran. Er machte nicht Prokofjews Fehler, der wie ein Huhn in der Suppe endete.

Prokofjew und ich wurden nie wirklich Freunde. Möglicherweise, weil Prokofjew generell freundschaftlichen Beziehungen abgeneigt war. Er war ein verschlossener Mensch. Offenbar interessierte er sich nur für sich selbst und seine Musik.

Ich kann es auf den Tod nicht leiden, wenn mir jemand plump vertraulich auf die Schulter klopft. Auch Prokofjew war dies unerträglich. Doch anderen gegenüber erlaubte er sich diese Geste durchaus, noch dazu in ungeheuer herablassender Manier.

Ein endgültiges Urteil über Prokofjew kann man wohl noch nicht fassen. Wahrscheinlich ist die Zeit dafür noch nicht gekommen. Seltsamerweise hat sich mein Geschmack gewandelt, noch dazu ziemlich stark. Manches, was mir vor vergleichsweise kurzer Zeit gefiel, mag ich jetzt weniger – erheblich weniger. Manches mag ich überhaupt nicht mehr. Ich will daher nicht über Musik urteilen, die ich zum erstenmal vor ein paar Jahrzehnten gehört habe. Als Beispiel fällt mir die Klaviersuite »Invention« von Scherbatschow ein. Das Stück stammt aus den frühen zwanziger Jahren. Damals fand ich es gar nicht schlecht. Aber neulich hörte ich es im Radio. Von einer Invention kann nicht die Rede sein. Dafür aber von vielen Lügen. Genauso geht es mir mit Prokofjew. Viele seiner Arbeiten, die mir seinerzeit gefielen, haben ihren Glanz verloren.

Kurz vor seinem Tod schien Prokofjew am Beginn einer neuen Schaffensperiode zu stehen. Er ertastete neue Pfade. Vielleicht wäre daraus tiefere Musik geworden als die, die wir besitzen. Aber es war erst ein Anfang, zur Entwicklung kam es nicht.

Prokofjew hatte zwei Lieblingswörter. Das eine war »spaßig«. Mit diesem Wörtchen charakterisierte er alles ringsum. Alles – Menschen, Musik, Ereignisse. Ihm erschien es auch vollkommen ausreichend, den »Wozzeck« spaßig zu finden. Das andere Wörtchen war »verstanden?«. Ihn interessierte, ob das, was er, Prokofjew, gesagt hatte, verstanden worden war. Diese beiden Lieblingswörter ärgerten mich manchmal. Wozu dieses barbarisch primitive Vokabular? Sogar die Menschenfresserin Ellotschka in der Geschichte von Ilf und Petrow[3] hatte drei Wörter in ihrem Wortschatz, das dritte war Homosexualität. Prokofjew kam mit zweien aus.

Prokofjew war in einer Glückshaut geboren. Immer bekam er, was er wollte. Meine Sorgen und Nöte hat er nie gekannt. Er hatte immer Geld und Erfolg und infolgedessen den Charakter eines verwöhnten Wunderkindes. Tschechow hat mal gesagt: »Russische Schriftsteller leben in der Regentonne, essen Silberfischchen und schlafen mit Waschfrauen.« In diesem Sinne war Prokofjew niemals Russe. Deshalb verblüffte ihn auch die Wendung seines Lebens so sehr.

Ein unbefangenes offenes Gespräch habe ich mit Prokofjew nie gehabt. Aber ich glaube doch, daß ich einiges von ihm weiß. Daher kann ich mir sehr gut vorstellen, was diesen Europäer veranlaßte, nach Rußland zurückzukehren. Prokofjew war ein leidenschaftlicher Spieler und hatte immer gewonnen. So glaubte er, auch diesmal alles genau kalkuliert zu haben, um das Spiel zu gewinnen.

Fünfzehn Jahre saß Prokofjew erfolgreich zwischen zwei Stühlen. Im Westen galt er als Sowjetbürger. In Rußland empfing man ihn als ausländischen Gast. Doch dann änderte sich die Lage. Die Kulturbeamten begannen, scheeläugig auf Prokofjew zu blicken. Fragten sich, was für ein Pariser ist das denn eigentlich? Und Prokofjew überlegte, daß es für ihn doch wohl vorteilhaft sei, in die Sowjetunion zurückzukehren. Bei einem solchen Schritt würden im Westen seine Aktien nur steigen. Dort war alles Sowjetische in Mode gekommen. Und in der Sowjetunion würde man ihn nicht länger als Fremden betrachten. Ergo, er, Prokofjew, würde wieder gewonnenes Spiel haben.

Den letzten Anstoß gaben seine Kartenspielaffären. Er hatte im Ausland enorme Spielschulden, die er kurzfristig begleichen mußte. Das hoffte er, von der Sowjetunion aus regeln zu können. Und so landete Prokofjew wie ein Huhn in der Suppe. Er war nach

Moskau gekommen, um uns zu belehren. Und nun belehrte man ihn. Wie jeder andere hatte er den »Prawda«-Artikel »Chaos statt Musik«[4] zu memorieren. Die Partitur meiner »Lady Macbeth« blätterte er auch durch und sagte: »Spaßig.«

Mich hat Prokofjew wohl nie als ernst zu nehmenden Komponisten betrachtet. Als seinen einzigen Rivalen erkannte er Strawinski an. Er ließ keine Gelegenheit vorübergehen, ihm eins auszuwischen. Einmal fing er an, mir eine dreckige Anekdote über Strawinski zu erzählen. Ich ließ ihn nicht ausreden.

Prokofjew hatte eine Menge Kränkungen zu schlucken. Und irgendwie schluckte er sie. Man ließ ihn nicht mehr ins Ausland reisen. Seine Opern und Ballette wurden nicht aufgeführt. Jeder Kulturfunktionär konnte ihn herumkommandieren. Ihm blieb nichts anderes übrig, als die Faust in der Tasche zu ballen.

Ein bezeichnendes Beispiel – die Orchestrierung von Prokofjews Ballette. Sie werden im Bolschoitheater bis heute nicht in Prokofjews Orchestrierung aufgeführt. Zugegeben, als Orchestrierer war Prokofjew nicht bedeutend. Ich habe schon als junger Mann seine Orchestrierung korrigiert, als ich sein Erstes Klavierkonzert spielte. Orchestrierung war für Prokofjew immer eine unerquickliche Schwerarbeit, die er nach Möglichkeit anderen aufhalste. Doch was das Bolschoitheater daraus machte, war barbarisch. Man sollte doch wenigstens bei »Romeo und Julia« Pogrebow als Prokofjews Ko-Komponisten nennen. Das gleiche gilt für die »Steinerne Blume« Dieser Pogrebow ist ein lebhafter Kerl, Schlagzeuger, ein Husar der Orchestrierung. Er orchestriert im Höllentempo und einigermaßen sicher.

Es kam eine Zeit, in der es Prokofjew schwarz vor Augen wurde. Seine Kantate auf Worte von Lenin und Stalin wurde verworfen. Er schrieb Lieder für eine Singstimme, Chor und Orchester zum Lobe Stalins und fiel damit durch. Meyerhold hatte mit der Inszenierung von Prokofjews Oper »Semjon Kotko« begonnen – und wurde verhaftet. Und zu allem Überfluß überfuhr Prokofjew mit seinem Ford ein junges Mädchen. Der Ford war neu, und Prokofjew kutschierte wild mit ihm umher. Aber die Moskauer Fußgänger sind undiszipliniert, rennen einem direkt unter die Räder. Prokofjew nannte sie Selbstmordkandidaten.

Prokofjew hatte die Seele einer Gans. Ständig suchte er Händel. Eine Zeitlang trug er sich mit dem Gedanken, eine Oper nach Leskow zu schreiben, sozusagen eine Prokofjewsche »Lady Macbeth«. Er wollte mir eine Nase drehen und zugleich beweisen, daß er, Prokofjew, fähig sei, eine echte sowjetische Oper zu schreiben. Ohne all diese Grausamkeiten, ohne diesen scheußlichen Naturalismus. Das trug natürlich nicht zur Verbesserung unserer Beziehungen bei und war nicht geeignet, eine freundschaftliche Atmosphäre zwischen uns zu schaffen. Den Gedanken an die Leskow-Oper gab er später jedoch wieder auf.

Prokofjew lebte in ständiger Furcht, bei der Ausschüttung von Prämien, Orden und Titeln übergangen zu werden. Er legte großen Wert auf diese Kinkerlitzchen und war überglücklich, als er seinen ersten Stalin-Preis bekam.

Die unterschwellige Animosität zwischen uns trat während des Krieges offen zutage. Prokofjew hatte einige ziemlich schwache Sachen komponiert. Die Suite »1941« und die »Ballade vom unbekannten Knaben«. Ich äußerte mich über diese Arbeiten, wie sie es verdienten. Prokofjew brauchte nicht lange, um mir zu widersprechen. Im großen und ganzen befaßte er sich zwar nicht ernsthaft mit meinen Kompositionen, verkündete aber lautstark sein unwiderrufliches Urteil.

In dem ausgedehnten Briefwechsel zwischen Prokofjew und Mjaskowski finden sich nicht wenige abschätzige Äußerungen über mich. Ich hatte Gelegenheit, mich mit dieser Korrespondenz vertraut zu machen. Schade, daß sie noch nicht veröffentlicht worden ist. Vielleicht entspricht dies dem Wunsch seiner Frau, Mira Alexandrowna Mendelsohn, die nicht wollte, daß Prokofjews barsches Urteil der musikalischen Öffentlichkeit bekannt würde. In seinem Briefwechsel mit Mjaskowski kritisierte Prokofjew nicht nur mich, sondern auch viele andere Komponisten und Interpreten. Ich meine aber, das dürfte kein Hinderungsgrund sein, diese Korrespondenz zu veröffentlichen. Notfalls kann man kleine Kürzungen vornehmen. Zum Beispiel, wenn Prokofjew schreibt: »Dieser Idiot Hauk«, könnte man drucken: »Dieser ... Hauk.«[5]

Heute läßt mich Prokofjews Musik ziemlich kalt. Ich höre seine Werke ohne sonderliches Vergnügen. Am besten gefällt mir seine Oper »Der Spieler«, obwohl auch sie viele überflüssige effektvolle Äußerlichkeiten enthält. In seinen Opern bringt Prokofjew häufig das Sujet dem Effekt zum Opfer. Sie können das im »Feurigen Engel« und in »Krieg und Frieden« feststellen. Man hört und bleibt unberührt. So empfinde ich es heute.

Früher war das anders. Aber das ist lange her. Und dann drängte meine Begeisterung für Mahler selbst Strawinski in den Hintergrund, erst recht natürlich Prokofjew. Iwan Sollertinski hat mir nachdrücklich klargemacht: Mahler und Prokofjew sind unvereinbar.

Jeder kennt heute Sollertinski, jeder Blödian. Aber das ist nicht die Art von Popularität, die ich meinem toten Freund wünsche. Man hat aus ihm einen Witzbold gemacht. Schuld daran ist Andronikow[6] mit seinen Fernsehauftritten. Er macht aus Sollertinski eine Art Popanz. In Wirklichkeit war Sollertinski ein Schwerarbeiter. Er kannte mehr als zwanzig Sprachen und Dutzende von Dialekten. Seine Tagebuchnotizen schrieb er in Altportugiesisch, damit kein Spitzel sie entziffern konnte. Natürlich sprach er auch klassisches Griechisch ebenso fließend wie klassisches Latein. Und was wissen die Leute heute von ihm? Seine Krawatte saß immer schief. Ein neues Jackett war nach fünf Minuten so verknautscht wie das alte. Dummes Zeug. Andronikow hat ihn zum Popanz gemacht.

Ich wurde Sollertinski dreimal vorgestellt. Und erst beim dritten Mal nahm er mich wahr. Mit seinem Gedächtnis war es eine seltsame Sache. Wenn ihn etwas interessierte, behielt er es sofort und für immer. Er konnte eine Seite Sanskrit lesen – und sie gleich auswendig rezitieren. Ich hatte ihn offenbar das erste und das zweite Mal gar nicht interessiert.

Das erste Mal kam es zu einer Begegnung auf der Straße. Das

zweite Mal fand unter völlig idiotischen Umständen statt: Prüfung in Marxismus-Leninismus. Wir hatten sie beide abzulegen. Sollertinski war als erster dran, als er herauskam, erschreckte er uns alle mit den Worten, die Fragen seien unerhört kompliziert. Wir kamen schier um vor Angst.

Man hatte uns damals als Versuchskarnickel zusammengeholt. Von der Wissenschaft, in der wir geprüft werden sollten, hatten wir kaum eine blasse Ahnung. Und nun behauptete Sollertinski, wir würden über Sophokles als frühen Repräsentanten materialistischen Denkens befragt werden. Natürlich machte Sollertinski Witze. Aber wir wußten trotzdem nicht, in welchem Jahrhundert dieser Sophokles gelebt hatte.

Eine Nebenbemerkung über Marxismus-Leninismus. Irgendwann, Mitte der zwanziger Jahre, wurde dem Dirigenten Hauk und seiner Frau, der Ballerina Jelisaweta Gerdt, der Titel »Verdiente Künstler der RSFSR«[7] verliehen. Das war damals eine hohe Ehre, die erst wenigen zuteil geworden war. Aus diesem Anlaß gab das Ehepaar mehrere Empfänge. Die Leute kamen, aßen und tranken und gratulierten, jeder einzeln, den Gastgebern. Zu einer dieser Soireen erschien auch Sollertinski. Die gute Bewirtung wurde gelobt. Sollertinski stand auf und brachte einen Toast aus: Er beglückwünschte die Gastgeber zu der hohen Auszeichnung und äußerte die Hoffnung, sie würden auch das unvermeidliche Examen erfolgreich bestehen und in ihrem hohen Rang bestätigt werden.

Die Hauks gerieten in Panik: Was für ein Examen? Nun war es an Sollertinski, sich zu wundern: Wissen die teuren Gastgeber nicht Bescheid? Erst nach bestandener Prüfung in Marxismus-Leninismus wird der Titel bestätigt. Sollertinski sprach so ernst, daß die Hauks nicht das geringste argwöhnten. Sie waren fassungslos, wußten sie doch: Eine Prüfung in Marxismus-Leninismus ist kein Spaß. Wir aßen und tranken in aller Gemütsruhe zu Ende und ließen das unglückselige Paar am leeren Tisch zurück.

Übrigens, Hauk war ein bemerkenswert törichter Mensch. Wir nannten ihn »Papa Hauk«. Das klang so ähnlich wie Papagei. Diesem Hauk habe ich es zu verdanken, daß die Manuskripte meiner Vierten, Fünften und Sechsten Symphonie verlorengegangen sind. Auf meine schüchternen Vorhaltungen erwiderte er: »Was sind schon Manuskripte? Ich habe einen ganzen Koffer voll neuer Schuhe verloren. Und du redest von Manuskripten!«

Sollertinski bereitete sich nie auf irgendwelche Scherze vor. Er improvisierte. Viele seiner Improvisationen habe ich selbst erlebt. Wir waren oft zusammen. Häufig nahm er mich zu seinen Vorlesungen und Vorträgen mit. Ich saß bescheiden abseits und wartete das Ende ab, um anschließend mit ihm spazierenzugehen. Wir bummelten an der Newa entlang oder gingen ins Volkshaus auf ein Glas Bier. Dort gab es fabelhafte Attraktionen.

In einem seiner Vorträge sprach Sollertinski über Skrjabin. Er mochte ihn nicht und teilte meine Meinung, daß Skrjabin vom Orchestrieren nicht mehr wisse als ein Schwein von Apfelsinen. Meiner Meinung nach taugten alle Poeme Skrjabins – »Divin Poéme« und »Poéme de l'Extase« und »Prometheus« – nicht viel.

Sollertinski beschloß, sich und mir einen kleinen Spaß zu machen. Emphatisch dröhnte er vom Podium herab: »In der glänzenden Plejade russischer Komponisten – Kalafati, Koreschtschenko, Smirenski und so weiter – nimmt Skrjabin, wenn nicht den ersten, so doch beileibe nicht den letzten Platz ein.« Ich verschluckte mich fast vor Lachen. Aber niemand bemerkte es. So feierlich hatte Sollertinski gesprochen.

Ein Wort zu Kalafati, Koreschtschenko usw. (einen Komponisten namens Smirenski hat es überhaupt nicht gegeben): Glasunow bat mich eines Tages, seine Notenbibliothek zu ordnen – Beethoven zu Beethoven, Brahms zu Brahms, Bach zu Bach, Glinka unter G. usw. – alles nach dem Alphabet. Als ich schließlich zum Buchstaben U kam, fand ich die verschiedensten Namen, die keineswegs mit U anfingen. Hier gab es Kalafati, Koreschtschenko, Akimenko und Iwanow. Ich fragte Glasunow, was das zu bedeuten habe, warum sie alle unter U lägen. Und Glasunow erwiderte: »Da liegen alle unbedeutenden Komponisten.«

Einmal wurde Sollertinski nach einem Vortrag gefragt, ob es

zutreffe, daß Puschkins Frau die Geliebte des Zaren Nikolaj II. gewesen sei. Ohne eine Sekunde zu zögern, antwortete Sollertinski: »Gewiß, wenn Puschkins Frau Natalija Nikolajewna acht Jahre später gestorben wäre als tatsächlich, und wenn man davon ausgeht, daß Nikolaj II. schon mit drei Jahren zum Geschlechtsverkehr fähig war, dann hätte das, wonach sich mein verehrter Hörer erkundigt, tatsächlich stattgefunden haben können.« Als ich nach Hause kam, überprüfte ich sofort die von Sollertinski angegebenen Daten. Er hatte sich nicht vertan, alles stimmte genau. Er hatte ein phänomenales Gedächtnis, das eine Unmenge von Zahlen und Daten parat hatte.

Die Stupidität seiner Hörer konnte Sollertinski auch in schwierige Situationen bringen. Er hielt viele Vorträge im Konservatorium, nach dem Vortrag gab es gewöhnlich Fragen, und Sollertinski antwortete brillant. Einmal fragte ein stattlicher Kerl: »Sagen Sie mir, bitte, wer ist Karapetjan?« Sollertinski überlegte. Sensation: Sollertinski wußte es nicht.

Schließlich sagte er: »Wahrscheinlich ein armenischer Philosoph aus dem 15. Jahrhundert. Ich werde Ihnen in der nächsten Vorlesung Genaueres sagen, Genosse.« In der nächsten Vorlesung stand der Student wieder auf und fragte: »Wer ist Karapetjan?«

»Ich weiß es nicht.«

»Karapetjan, das bin ich«, teilte der Student mit. Schallendes Gelächter im Auditorium.

Sollertinski parierte: »Aha, jetzt weiß ich also, wer Karapetjan ist: ein Dummkopf.«

Dieser Karapetjan war ein Tenor, in seiner Art eine Berühmtheit. Im Opernstudio sang er im »Eugen Onegin« die bekannten Strophen von Triquet. Die Aufführung begann. Alles verlief normal, bis Triquet-Karapetjan drankam. Er schwieg. Der Dirigent fing von vorn an. Triquet schwieg. Vorhang runter. Der Dirigent stürzte zu Karapetjan: »Was hast du denn, weißt du den Text nicht mehr?«

»Doch, den Text wohl, aber ich hab die Melodie vergessen.«

(Als ich sehr viel später einmal zu einer Opernaufführung in Eriwan war, kam ein gutaussehender Mann auf mich zu: »Erkennen Sie mich nicht, ich bin Karapetjan.«)

Die vielen Vorträge hatten Sollertinskis Stimme überanstrengt, und er suchte einen Lehrer für Sprecherziehung, der seine Stimme trainieren sollte. Der probierte seine Künste an ihm aus, doch das Resultat war erbärmlich. Sollertinskis Stimme war und blieb ruiniert.

Einmal bekam er eine Zuschrift aus dem Publikum. Er entfaltete lächelnd den Zettel. Darauf stand: »Genug gekrächzt.« Sollertinski schwieg und verließ das Podium.

Die Komponisten zitterten vor Sollertinski. Er konnte mit einer einzigen scharfen Bemerkung töten. Assafjew[8] beispielsweise hat nie verwunden, was Sollertinski über eines seiner prächtig inszenierten Ballette gesagt hatte: »Erfreulich anzusehen. Aber beim Zuhören wird einem übel.«

In der Philharmonie gab man Strawinskis »Nachtigall«. Sollertinski hielt einen kleinen einführenden Vortrag. Er zählte mit China verbundene Musikwerke auf und sagte abschließend: »Und dann ist da noch Glières ›Roter Mohn‹, entschuldigen Sie den Ausdruck.« Glière, der neben mir saß, wechselte die Farbe. Im Zwischenakt ging Glière hinter die Bühne und stellte Sollertinski zur Rede: »Weshalb entschuldigen Sie sich, wenn sie ›Roter Mohn‹ sagen? Immerhin ist mein Werk keine Zote.«

»Roter Mohn« war von Lopuchin im Kirow-Theater mit gewaltigem Erfolg aufgeführt worden. Glière war kein schlechter Mensch, aber ein mittelmäßiger Komponist. Sein Ballett hielt sich endlos, jahrzehntelang auf der Bühne. In den fünfziger Jahren taufte man es allerdings in »Rote Blume« um. Man hatte erfahren, daß in China aus Mohn Opium gewonnen wurde und die Pflanze daher ein wenig geeignetes Symbol für revolutionäres Heldentum in Glières Sinn war.

Auch Glières »Hymne an eine große Stadt« erfreute sich großer Beliebtheit. Ich zittere jedesmal, wenn ich auf dem Leningrader Bahnhof aus dem »Roten Pfeil« aussteige. Aus allen Lautsprechern dröhnt Glières Hymne. Die Reisenden ziehen den Kopf ein und beschleunigen ihre Schritte.

Sollertinski hatte in seiner Einschätzung westlicher Musik meistens recht. Jedenfalls versuchte er nie, dem Fortschritt noch vorauszueilen, wie es Assafjew tat. Und so brauchte er auch nicht so oft seine Meinung zu ändern, wie Assafjew es mußte. Sollertinskis Liebe zu Mahler spricht für sich selbst. Er hat mir hier für vieles die Augen geöffnet. Das Studium der Mahlerschen Werke veränderte meinen kompositorischen Geschmack. Mahler und Berg sind auch heute noch von mir bevorzugte Komponisten, im Unterschied etwa zu Hindemith, Krenek oder Milhaud. Die gefielen mir wohl in meiner Jugend, später ließ meine Begeisterung nach.

Die Kritiker meinen, Bergs »Wozzeck« habe meine beiden Opern sehr stark beeinflußt. Darum fragt man mich oft nach Berg, zumal ich ihn persönlich kennengelernt habe.

Ich finde es immer erstaunlich, wie träge manche Musikwissenschaftler sind. Sie schreiben Bücher, bei deren Lektüre sich einem Kakerlaken im Gehirn einnisten. Ich habe jedenfalls noch nie ein gutes Buch über mich selbst gelesen, obwohl ich Bücher über mich, versteht sich, ziemlich aufmerksam lese.

Wenn man Ihnen eine Tasse Kaffee serviert, können Sie nicht verlangen, daß Bier in der Tasse ist, pflegte Tschechow zu sagen. Wenn die Musikologen »Die Nase« oder »Katerina Ismailowa« hören, suchen sie darin »Wozzeck«. Dabei hat »Wozzeck« überhaupt nichts damit zu tun.

Ich liebe diese Oper sehr, und wenn sie in Leningrad gegeben wurde, versäumte ich keine einzige Aufführung. Es hat, glaube ich, acht oder neun Inszenierungen gegeben, ehe »Wozzeck« aus dem Repertoire gestrichen wurde, unter demselben Vorwand übrigens wie »Die Nase«. Es sei für die Künstler zu schwierig, in Form zu bleiben, da die Einstudierung so viele Proben erfordere. Außerdem sei sie bei den breiten Hörermassen nicht beliebt.

Berg kam nach Leningrad, um seinen »Wozzeck« zu sehen. In musikalischer Hinsicht war Leningrad damals eine fortschrittliche Stadt. Wir gehörten zu den ersten, die den »Wozzeck« inszenierten, ich glaube, gleich nach Berlin. Es war schon vorher bekannt, was für ein angenehmer Mensch Berg war, denn der Kritiker Strelnikow alias Baron Mesenkampf erzählte es jedem. Strelnikow hatte eine Unzahl Operetten geschrieben und war überzeugt, an ihm sei ein großer Opernkomponist verlorengegangen. Ich kann mir gut vorstellen, wie lästig er Berg schon in Wien fiel, in Leningrad brachte er ihn fast zur Verzweiflung. Er schleppte ihn auf die Probe einer seiner zahlreichen Operetten und erzählte später allen, wie sehr Berg ihn gelobt hätte. Wirklich, Berg war ein selten wohlerzogener Mensch. Jeder mochte Berg. Er war irgendwie sehr lieb, hatte keinerlei Staralüren. Er war ein bißchen scheu, sah sich ständig nach allen Seiten um.

Später erfuhren wir den Grund dieser eigenartigen Scheu. Berg hatte sich vor der Reise nach Leningrad entsetzlich gefürchtet. Er wußte nicht, was ihn dort erwartete, hatte Angst, es werde mit dem »Wozzeck« irgendeinen Skandal geben. Damit nicht genug. Unmittelbar vor der Premiere erhielt er ein Telegramm aus Wien von seiner Frau. Sie beschwor ihn, nicht in die Oper zu gehen, denn sie habe erfahren, dort plane man ein Bombenattentat auf ihn.

Man kann sich vorstellen, wie Berg zumute war. Er mußte ja täglich ins Theater zur Probe des »Wozzeck«. Und im Theater wartete er die ganze Zeit darauf, daß endlich die Bombe auf ihn geworfen würde. Es beunruhigte ihn auch, daß die Repräsentanten der Obrigkeit ihn seltsam frostig begrüßt hatten. Darum also schaute Berg sich fortwährend um.

Als er sich davon überzeugt hatte, daß aller Wahrscheinlichkeit nach doch keine Bomben geworfen würden, faßte er Mut und bat sogar in einer Probe, sein Werk selber dirigieren zu dürfen. Ein Komponist, der sein eigenes Werk dirigiert, wirkt meistens komisch. Es gibt nur wenige Ausnahmen, und Berg vermehrte diese Ausnahmen nicht. Kaum hatte er den Stab gehoben, fiel das großartige Orchester des Marijnski-Theaters auseinander, ein einziges Chaos. Dranischnikow, der Chefdirigent des Theaters, rettete die Situation. Er stellte sich hinter Berg und gab dem Orchester Zeichen. Berg merkte nichts davon, so sehr begeisterte ihn sein Dirigieren.

Die Premiere des »Wozzeck« verlief wirklich glänzend. Die Anwesenheit des Komponisten steigerte die Begeisterung. Warum um alles in der Welt hatten unsere Offiziellen ihn so mürrisch begrüßt? Den Grund erfuhr ich später: Die Sängerin der Maria hatte eine Angina bekommen. An jedem anderen Ort hätte man daraufhin die Premiere verschoben. Nicht bei uns. Wir werden doch nicht vor einem Ausländer das Gesicht verlieren. Es scheint nur so, als mißtraue man bei uns allen Ausländern und allem Ausländischen. Ungesunde Ambitionen sind die Kehrseite ungesunder Verehrung. In der Seele ein und desselben Menschen leben Ambition und Verehrung einträchtig nebeneinander. Ein gutes Beispiel dafür bietet Majakowski. In seinen Gedichten spuckt er auf Paris, spuckt auf Amerika. Aber seine Hemden kaufte er trotzdem am liebsten in Paris, und für einen amerikanischen Füllhalter war er bereit, unter den Tisch zu kriechen.

Bei den Musikern ist es genauso. Wir sprechen alle davon, daß wir unsere eigene, selbständige russische Schule haben. Trotzdem wird ein Interpret bei uns erst dann wirklich hochgeschätzt, wenn er auch im Ausland einen Namen hat. Bis heute wundere ich mich, wie Sofronitzki und Maria Judina es fertigbrachten, bei uns so unerhört populär zu werden, denn sie haben im Westen faktisch nicht gastiert.

Die Sache mit Berg war typisch. Unsere Obrigkeiten befahlen der Sängerin, trotz ihres kranken Halses aufzutreten. Und sie sang, obwohl sie dabei ihre Zukunft als Sängerin gefährdete. Es ist ganz gewiß kein Spaß, mit einer geschwollenen, schmerzenden Kehle zu singen. Berg merkte davon nichts. Nach der Premiere gab Schaporin dem Gast zu Ehren einen Empfang. Berg sprach dort wenig. Lobte die Aufführung im allgemeinen und die Sänger im besonderen. Ich saß stumm dabei; einmal, weil ich noch so jung war, aber mehr noch, weil ich nicht gut deutsch sprach.

Trotzdem hatte Berg mich bemerkt. Erst kürzlich erfuhr ich, daß er in Wien meine Erste Symphonie gehört hat. Sie muß ihm irgendwie gefallen haben, denn er schrieb mir einen Brief. Berg schickte den Brief, wie ich erfahren habe, an Assafjew, mit der Bitte, ihn mir zu geben. Doch ich habe diesen Brief nie bekommen und auch von Assafjew kein einziges Wort darüber gehört. Auch das ist charakteristisch für diesen Mann.

Berg verließ Leningrad mit sichtlicher Erleichterung. »So flieg denn fort. ... je schneller, je besser«, wie es bei Puschkin heißt. Aber er hinterließ zwei Legenden. Die Quelle der einen Legende war ein Musikkritiker und Verehrer Skrjabins. Er behauptete, Berg habe ihm erzählt, als Komponist verdanke er alles Skrjabin. Die andere Mitteilung kam von einem Kritiker, der Skrjabin nicht sehr schätzte. Ihm sollte Berg erzählt haben, er habe überhaupt noch keine einzige Note von Skrjabin gehört. Inzwischen sind vierzig Jahre vergangen. Aber beide Männer wiederholen hartnäckig, was sie von Berg gehört haben wollen. So verläßlich sind Aussagen von Augenzeugen.

Aber wozu sich darüber ärgern, daß man über Berg allerlei zusammenlügt? Er ist ein Ausländer, ein fremder Gast. Über ihn Lügen zu verbreiten ist erlaubt. Die drüben lügen schließlich auch über uns (ich meine damit nicht Berg persönlich). Bitterer ist es, wenn über unsere eigenen Meister gelogen wird.

In letzter Zeit habe ich viel über mein Verhältnis zu Glasunow nachgedacht. Das ist ein besonderes Thema, für mich ein sehr wichtiges Thema. Und wie ich sehe, wird es auch unter denen populär, die sich so oder anders für meine klägliche Person interessieren.

Über die Beziehungen zwischen mir und Glasunow wird ziemlich viel geschrieben, aber alles ist falsch. Darum hat es vielleicht Sinn, auf diese Frage etwas näher einzugehen. Denn Glasunow ist einer der größten russischen Musiker, die ich kennengelernt habe. Glasunow spielte eine eminent wichtige Rolle in meinem Leben. Aber die Schreiberlinge, die sich mit diesem Thema befassen, zeichnen verzuckerte Kitschbilder. Derartige Bildchen gibt es mittlerweile eine ganze Menge. Dauernd bringt man mir irgendwas, mal eine Zeitschrift, mal ein Buch. Schaust du hinein, findest du nur wieder eine neue Kitschgeschichte über Glasunow und mich. Ich kann in solchen idiotischen Histörchen wirklich keinen Sinn erblicken.

Das ist ungefähr so, wie es Glasunow und dem berühmten Ballettmeister Marius Petipa mit Glasunows Ballett »Raymonda« erging. Sie arbeiteten und arbeiteten intensiv an dem Ballett. Es wurde aufgeführt, war ein großer Erfolg. Als Glasunow einige Zeit danach Petipa eines Tages auf der Straße traf, fragte er ihn: »Erinnern Sie sich noch, worum es bei der ›Raymonda‹ eigentlich ging? Ich meine das Sujet des Balletts?«

Petipa antwortete: »Natürlich...«, überlegte etwas und sagte dann: »Nein, ich kann mich nicht erinnern. Wissen Sie es noch?« Glasunow erwiderte: »Nein, ich habe es vergessen.« Die Sache ist ganz simpel, denn als sie das Ballett erarbeiteten, schufen sie schöne Bilder. Glasunow dachte an die Musik, und Petipa träumte von seinen Pas. Darüber vergaßen sie das bißchen Sujet.

Mit den Bildern von Glasunow und mir, die uns »mit einem Lied auf den Lippen durchs Leben marschieren« lassen, ist es nicht anders. Die Autoren derartiger sentimentaler Geschichten möchten sicher gern, daß im Leben alles schön verläuft, erbaulich und rührend; daß unser Jahrhundert an die Vergangenheit anknüpft. Oder wie es in einem Schulaufsatz über Tschechow heißt: »Er stand mit dem einen Bein im vorigen Jahrhundert, mit dem anderen begrüßte er die Morgenröte einer neuen Zeit.«

Derartiges Gewäsch hat bei uns eine ruhmreiche Tradition. Schauen Sie sich an, wie man bei uns über Kulturgeschichte schreibt. Jeder umarmt jeden. Jeder beweihräuchert jeden. Man schreibt einander liebenswürdige Widmungen auf die Lorbeerkränze: »Dem siegreichen Schüler vom besiegten Lehrer.« Und dann noch dazu: »Aus dem Leben scheidend, gab er seinen Segen...« Die Zitate aus einem berühmten Gedicht Dershawins[9] klingeln mir in den Ohren.

Aber man vergißt hinzuzufügen, daß der alte Dershawin, ehe er von diesem Puschkin überhaupt Notiz nahm, den Diener fragte: »Und wo ist hier der Abtritt, Bruder?« Der Abtritt gehört meiner Meinung nach unbedingt in diese historische Szene. Er gibt der Sache jenen realistischen Anstrich, der einem überhaupt erst ermöglicht zu glauben, daß die Begegnung zwischen Dershawin und Puschkin, die in alle Lese- und Lehrbücher Eingang gefunden hat, überhaupt stattgefunden hat. Andererseits ist es natürlich auch nicht gut, wenn dieser Abtritt die ganze Szene beherrscht.

»Morgenröte einer neuen Zeit« – widerlich sind solche Sprüche. Im Dreck wühlen ist auch widerlich. Wofür soll man sich entscheiden? Ich entscheide mich für die Wahrheit. Vielleicht ist das hoffnungslos und dumm. Denn die Wahrheit bringt einem ständig Mißhelligkeiten. Beleidigte Bürger protestieren. Sie schreien, du hättest ihre heiligsten Gefühle verletzt, die zarten Saiten ihrer edlen Seelen nicht geschont. Was soll man aber tun? »Ich gehe meinen Weg allein«, wie ein berühmter Dichter sagt.[10]

Es kam nichts Gutes dabei heraus, daß er seinen Weg allein ging. Der Witz ist, daß es einem nur scheint, als sei man allein, wenn man auf die Straße geht. Ein kluger Mann hat darauf hingewiesen: »Der Mensch ist nie allein. Immer ist jemand da, der ihn beobachtet.« So ist es mit dem Weg. Du gehst allein spazieren und wirst schon erwartet.

Ich liebe Glasunow. Darum will ich die Wahrheit über ihn erzählen. Sollen doch die über ihn lügen, die nichts mit ihm zu tun hatten. Sollen sie ihm nur den Lorbeerkranz mit liebenswürdiger Widmung am dafür bestimmten Ort niederlegen. Für sie ist Glasunow eine Fiktion. Ein Eherner Reiter[11], von dem sie nur die Pferdehufe sehen.

Meine guten Beziehungen zu Glasunow entwickelten sich auf einer exzellenten Basis – dem Alkohol. Sie dürfen nicht denken, daß Glasunow mit mir Trinkgelage abhielt. Immerhin war er schon über fünfzig und ich erst 13 Jahre alt, als sich unsere Lebenswege trafen. Von gemeinsamen Saufereien konnte keine Rede sein. Es war auch nicht so, daß Glasunow bloß gern trank. Er litt an ständigem Durst.

Manche Menschen haben nun einmal eine ungünstige Konstitution. Unter normalen Lebensumständen spielt das keine Rolle.

Warum soll einer nicht trinken, wenn er Durst hat? Er geht in einen Laden und kauft sich ein paar Fläschchen. Mehr als zwei Flaschen hintereinander hätte Glasunow sowieso nicht getrunken, das erlaubte ihm seine Gesundheit nicht.

Aber jetzt herrschte der Ausnahmezustand. »Das unvergeßliche Jahr 1919« hatte begonnen: »Kriegskommunismus.« Diese beiden Begriffe sagen der jungen Generation heute wenig. Doch sie bedeuten unendlich viel, unter anderem die absolute Unmöglichkeit zu trinken. Es gab nichts – überhaupt nichts. Nicht einmal am Namenstag. Die Vorräte an Lebensmitteln, Wein und Spirituosen waren bis zum letzten Krümel, bis zum letzten Tropfen verschwunden. Es herrschte ein ungemein strenges Gesetz.

Jetzt, in der Rückerinnerung, kann man kaum glauben, daß es so war. Es ist unerfreulich, daran zu denken. Nirgends kann ich etwas über die trostlosen Umstände unseres damaligen Lebens lesen. Wahrscheinlich haben unsere Memoirenschreiber ein schlechtes Gedächtnis, verursacht durch die damalige Unterernährung.

Lassen wir das Problem der Ernährung beiseite, konzentrieren wir uns auf den Wodka. Für viele war sein Verschwinden eine Tragödie. Für Glasunow war es *die* Katastrophe.

Wie hätten andere Leute reagiert? Das Leben diktiert seine Gesetze. Man muß sich ihnen unterwerfen. Durchhalten, Genossen. Und so weiter. Sicherlich hat auch Glasunow versucht, mit der Epoche Schritt zu halten. Sicherlich hat er sich vorgenommen: Ich will nicht mehr trinken, ich werde nicht mehr trinken. Er trank eine Stunde nichts, trank auch zwei Stunden nichts. Ging dann vielleicht auf die Straße, frische Luft schöpfen. Die Luft in Petrograd war damals ganz hervorragend – voller Fichten- und Föhrenduft. Die meisten Fabriken lagen still, und die Luftverschmutzung war minimal. Ihm war klar, so konnte er nicht weiterleben. Er litt übermenschlich.

Bei jeder Krankheit muß man nach der Ursache suchen und sie dann mit der Rute austreiben. So rieten von alters her die russischen Bader. Und heute geben uns die Ärzte denselben Rat.

Glasunow kannte den Grund seiner Krankheit: Mangel an Alkohol. Er mußte ihn also auftreiben, wenn auch ohne Rute. Denn in jener unvergeßlichen, hochromantischen Zeit gab es nicht einmal Holz.(Holz war damals eine unschätzbare Kostbarkeit. Man schenkte es sich gegenseitig zum Namenstag. »Bitte schön, nehmen Sie ein Bündelchen Holz zum Geschenk.« So eine Gabe war damals hochwillkommen.)

Die Lage war ernst. Es gab nichts, das uns sozusagen den letzten Lebenstrost gespendet hätte. Und ohne ihn, um mit Soschtschenko zu sprechen, wurde das Sprechen mühsam, ging der Atem unregelmäßig, flatterten die Nerven.

Wer keinen Wodka hat, nimmt Spiritus. Das weiß jedes Kind. Aber es gab auch keinen Spiritus. Der wurde nur für zwei Zwecke ausgegeben: für die ärztliche Versorgung der Verwundeten und für wissenschaftliche Forschungen auf dem Verteidigungssektor. Das letzte Eau de Cologne war schon längst ausgetrunken.

Damit komme ich zum Kern der Sache. Eines Tages lernte Glasunow meine Eltern kennen. Sie sprachen über dies und das, und dabei stellte sich heraus, daß mein Vater Zugang zu staatlichem Spiritus hatte.[12] Glasunow war damals jammervoll abgemagert. Sein Gesicht hatte eine gelbe, ungesunde Farbe, mit vielen kleinen Runzeln unter den Augen. Es war unübersehbar: Dieser Mann litt unendlich. Deshalb kamen sie zu einer Vereinbarung: Vater würde ihm mit Alkohol aushelfen. Kurz gesagt, er würde staatliche Spiritusreserven stehlen.

Während meiner Schülerzeit im Konservatorium hatte ich für Glasunow gelegentlich kleine Aufträge auszuführen. Er schickte mich mit Briefen an verschiedene Adressen – in die Philharmonie, zu Behörden. Besonders erinnere ich mich an jene Briefe, die er mich bat meinem Vater zu überbringen. Ich wußte, daß diese Briefe die übliche Bitte enthielten: »Verehrter Dmitri Boleslawowitsch, könnten Sie nicht? ...«

Warum erinnere ich mich so genau an diese Fälle? Weil ich doch nicht mehr gar so klein war und alles begriff. Vor allem begriff ich, daß dies eine sehr, sehr gefährliche Sache war. Damals trieb jeder irgendwelche Nebengeschäfte, denn man wollte schließlich überleben. Jeder machte krumme Sachen, aber in diesem Fall konnte mein Vater in eine fürchterliche Geschichte verwickelt werden.

Alkohol war sein Gewicht in Gold wert, sogar bedeutend mehr. Was ist schon Gold? Bloß Metall. Eines Tages wird man es höchstens noch zur Herstellung von Klosetts verwenden, versprach Lenin. Doch mit dem Alkohol war es anders. Er war fast wie das Leben selbst. Und wer beim Sprithandel erwischt wurde, bezahlte dafür mit dem Leben.

Damals nannte man das: zum Höchstmaß verurteilt. Ins Russische übersetzt: Erschießung. Die Menschen witzelten: »Alles schön und gut, bloß bitte nicht das Höchstmaß. Das Höchstmaß hält man schwer aus.« In dieser unvergeßlichen heroischen Zeit gab es viele Synonyme für das schlichte Wort »erschießen«. Etwa: »Zu den Unkosten schreiben«, »Nach links schicken«, »In Duchonins Stab versetzen«, »liquidieren«, »ablegen«. Und das sind längst nicht alle.

Merkwürdig, daß es so viele Ausdrücke für eine einzige scheußliche, unnatürliche Aktion gab. Warum fürchteten sich die Menschen davor, eine Erschießung auch Erschießung zu nennen? Wie man es auch bezeichnet, es ändert nichts an der Sache. Und mein Vater riskierte sein Leben. Bei uns lag es wohl in der Familie – das Leben zu riskieren.

Ich hatte große Angst um Vater, regte mich auf. Nur gut, daß ich Glasunow den Spiritus nicht hinbringen mußte. Ich hätte die Flasche zerschlagen mögen oder sonst eine Dummheit anstellen können. Und wenn man mich erwischte?

Glasunow holte den Sprit unter größten konspirativen Vorsichtsmaßregeln bei uns ab. Noch heute kriege ich Herzklopfen, wenn ich nur daran denke, nicht anders, als wenn ich einen Horrorfilm ansehe. Manchmal träume ich noch von diesen Besuchen Glasunows.

Viele Jahre später, mein Vater war längst gestorben, und Glasunow lebte inzwischen im Ausland, kamen Gerüchte über diese

Geschichte auf. Möglicherweise hatte ich unvorsichtigerweise etwas ausgeplaudert. Nun ja, »Wohltäter« hatte ich immer genügend. Damals hieß es von mir: »Klarer Fall, Talentlosigkeit. Hat Glasunow mit Sprit gekauft. Alle seine guten Noten im Konservatorium sind in Sprit getränkt. Sauerei! Und so was will Komponist sein!« Man wollte mir das Konservatoriumsdiplom und die Dozentur abnehmen. Aber daraus wurde nichts.

Gut, meinetwegen, sollen sie mich feuern, ich sage kein Wort, dachte ich damals. Doch jetzt möchte ich etwas zu meiner Verteidigung sagen: Ich habe gewissenhaft gearbeitet, habe mich ehrlich bemüht. Anfangs war ich wohl ein bißchen faul, später nicht mehr. Und solche Geschichten wie seinerzeit dem legendären Ljadow sind mir nicht passiert. Der Jüngling Ljadow hatte mit Violine begonnen, es aufgegeben, dann mit Klavier angefangen, auch das aufgegeben. Seine Kompositionsstudien betrieb er sehr nachlässig.

Einmal erhielt er die Aufgabe, eine Fuge zu schreiben. Er wußte im voraus, daß er sie nicht schreiben würde. Zu seiner Schwester, bei der er wohnte, sagte er: »Gib mir nichts zu essen, ehe ich die Fuge fertig habe.« Die Mittagsessenszeit kommt, die Fuge ist nicht fertig. »Ich geb' dir kein Essen, weil du mit der Fuge noch nicht fertig bist. Du hast es selbst so gewollt«, sagte die Schwester, eine brave Frau. »Wie du willst«, antwortete dieser herrliche Jüngling, »dann esse ich bei der Tante.« Sprach's und ging fort.

Ich schrieb meine Fugen. Glasunow war mit den Komponisten streng, ließ ihnen in den Prüfungen nichts durchgehen. Mit den Interpreten ging er nachsichtiger um. Er gab ihnen immer gute Noten. Wenn einer nur begabt war, konnte er leicht eine 1+ bekommen, ohne sich besonders anzustrengen.

Anders bei den Komponisten, hier konnte er sehr pedantisch sein. Lange und erbittert konnte er darüber streiten, ob ein Schüler eine 3 oder eine 3- verdient habe oder vielleicht nur eine 4+. Und jeder Lehrer war glücklich, wenn er für seinen eigenen Schüler eine halbe Note mehr herausschinden konnte. Ich will ein Beispiel davon erzählen, daß auch ich immer wieder Schwierigkeiten mit ihm hatte – trotz des legendären Alkohols.

Ich hatte Prüfung in Fuge. Glasunow gab das Thema, und über dieses Thema sollte ich eine Fuge mit einer Stretta schreiben. Ich hockte über der Arbeit, gab mir Mühe, war schließlich in Schweiß gebadet. Aus der Stretta wurde nichts. Man hätte mich totschlagen können. Vielleicht war ein spezieller Trick dabei. Vielleicht ging es auch ohne Stretta.

Schließlich gab ich die Fuge ohne Stretta ab und bekam eine 1-. Ich war sehr gekränkt. Was soll das? dachte ich. Soll ich zu Glasunow gehen und eine Erklärung fordern? Das war eigentlich nicht meine Art. Aber andererseits sah es so aus, als hätte ich die Prüfung verhauen. Also ging ich hin. Wir nahmen die Arbeit vor, dabei stellte sich heraus, daß ich beim Abschreiben des Themas eine Note falsch abgeschrieben hatte. Darum konnte aus der Stretta auch nichts werden. Die eine unglückselige Note hatte alles verändert.

Hätte ich die richtige Note abgeschrieben, hätte ich jede beliebige Stretta schreiben können: im Quartabstand, im Quint-, vielleicht auch im Oktavabstand; ich hätte einen Kanon in der Vergrößerung, in der Verkleinerung oder auch im Krebs schreiben können. Alles unter der Voraussetzung, daß ich das Thema richtig abgeschrieben hätte. Aber hier hatte ich einen Fehler gemacht.

Glasunow korrigierte die Prüfungsnote nicht, statt dessen kanzelte er mich ab. Ich erinnere mich noch Wort für Wort an die Standpauke: »Sie haben diese Note verwechselt, junger Mann, also hätten Sie von selbst draufkommen müssen, daß hier ein Fehler steckte. Sie hätten die Note korrigieren müssen.«

Ich studierte gewissenhaft im Konservatorium, arbeitete fleißiger als viele andere. Ich spielte mich nicht als Genie auf, besuchte alle Unterrichtsstunden. Es war damals gar nicht so einfach, fleißig zu lernen, denn es waren harte Zeiten. Auch den Lehrern fiel die Arbeit schwer. Da war zum Beispiel Nikolajew, mein Professor. Er war ein kultivierter Mensch, mehr als kultiviert, entsprechend waren seine ästhetischen Bedürfnisse: Im Konservatorium in irgendwelchen abgetragenen Fetzen und Lumpen zu erscheinen, ging ihm wider die Natur.

Und im Konservatorium war es kalt, es wurde nicht geheizt. Nikolajew fand einen Ausweg: Er kam zu spät. Wenn die Studenten es schließlich satt hatten zu warten, gingen sie fort. Ich tat das nie. Wartete verbissen auf Nikolajew, blieb sitzen und wartete.

Maria Judina war genauso hartnäckig wie ich, manchmal holten wir uns aus der Bibliothek Klavierauszüge und spielten vierhändig. Damit ging die Zeit herum. Maria Judina war ein seltsamer Mensch, ein ziemlicher Einzelgänger. Sie wurde aber in Leningrad und später in Moskau als außerordentliche Pianistin zum Publikumsliebling.

Nikolajew sagte häufig zu mir: »Los, geh und hör dir an, wie Marusja spielt.« (Er nannte die Judina Marusja und mich Mitja.) »Hör genau hin, ganz genau. Sie spielt in einer vierstimmigen Fuge jede Stimme mit eigenem Timbre.« Das wunderte mich. Sollte das möglich sein? Ich ging hin, hörte zu. Natürlich in der Absicht, mich davon zu überzeugen, daß der Professor sich irrte – daß alles nur Einbildung war. Statt dessen hörte ich zu meinem immensen Erstaunen, daß in Judinas Interpretation tatsächlich jede der vier Stimmen ihr eigenes Timbre hatte, obwohl dies eigentlich unvorstellbar war. Maria Judina spielte Liszt wie kaum jemand sonst; Liszt, ein schrecklich vielstimmiger Komponist. In meiner Jugend spielte ich ihn auch ziemlich häufig. Später kühlte meine Begeisterung ihm gegenüber sehr ab, gerade vom Standpunkt des rein Pianistischen her.

Mein erstes Solo-Konzert bot ein gemischtes Programm. Im zweiten spielte ich ausschließlich Liszt. Doch dann hatte ich ihn satt – zu viele Noten. Judina spielte mit besonderer Hingabe die nicht so überfrachteten Liszt-Werke; so zum Beispiel »Die Glocken von Genf«. Meiner Meinung nach ist es Liszts bestes Klavierwerk.

Einmal war ich ziemlich wütend auf die Judina: Ich hatte Beethovens Mondscheinsonate und die Appassionata studiert, spielte sie oft in Konzerten, besonders gern die Appassionata. Da sagte doch die Judina zu mir: »Was spielen Sie immerfort die Mondscheinsonate und die Appassionata? Nehmen Sie sich doch mal die ›Sonate für Hammerklavier‹ vor.« Das ärgerte mich. Ich wollte mich von der Judina nicht verspotten lassen und ging zu Nikolajew. Der war einverstanden, daß ich die Hammerklavier-Sonate einstudierte. Ehe ich sie Nikolajew vortrug, spielte ich sie ein paarmal der Judina vor. Sie hatte ein exzellentes Verständnis für Beethoven. Ganz besonders staunte ich, wie sie Beethovens letzte Sonate spielte, op. 111. Da ist der zweite Satz so unendlich lang, so unendlich langweilig. Aber Judina spielte ihn so, daß man die Längen überhaupt nicht wahrnahm.

Man hat von der Judina gesagt, sie habe einen ganz besonderen philosophischen Zugang zu den von ihr gespielten Stücken. Ich weiß nicht recht, ich habe das nie bemerkt. Mir schien, im Gegenteil, daß bei ihr vieles von der jeweiligen Stimmung abhing – wie bei jeder Frau. Oberflächlich betrachtet, hatte Judinas Spiel wenig Weibliches. Sie spielte in der Regel energisch und zupackend, fast männlich.

Sie hatte sehr starke Hände, auch sie beinahe männlich gebaut. Lange, kräftige Finger, die sie hielt, daß sie einer Adlerklaue ähnelten, verzeihen Sie den banalen Vergleich. Aber dabei blieb sie ausgesprochen weiblich. Und alle rein weiblichen Erfahrungen spielten bei ihr eine große Rolle.

In ihrer Jugend trug Maria Judina ständig ein bodenlanges schwarzes Gewand. Nikolajew prophezeite gern: »Wenn Judina in die Jahre kommt, wird sie in einem durchsichtigen Negligé auftreten.« Zum Glück für das Publikum tat sie es nicht. Sie trug auch weiterhin immer nur ihren schwarzen Sack. Mir kommt es vor, als hätte sie ihr ganzes ziemlich langes Leben hindurch ein und denselben schwarzen Sack getragen; dabei entwickelte sie in ihren späteren Jahren durchaus einen Hang zu Eleganz, trug allerdings sportliche Tennisschuhe. In diesen berühmten Tennisschuhen ging sie sommers und winters. Selbst bei ihrem Treffen mit Strawinski, der 1962 die Sowjetunion besuchte, kam Judina wie immer in Tennisschuhen: »Soll er doch sehen, wie russische Avantgardisten leben.« Ich weiß nicht, ob Strawinski viel davon gesehen hat. Judinas Tennisschuhe machten jedenfalls keinen nachhaltigen Eindruck auf ihn.

Was Judina auch spielte, sie spielte es »nicht so wie andere«. Das brachte ihre zahllosen Anbeter und Anbeterinnen in begeisterte Raserei. Mir blieb manches in ihrer Interpretation unverständlich, und wenn ich sie um Erklärungen bat, bekam ich stets dieselbe Antwort: »Ich fühle es so.« Und das soll Philosophie sein!?

Ich zeigte Maria Judina meine Kompositionen, denn ich war immer begierig darauf, die Meinung anderer zu hören. Damals konnte sie, wie mir schien, wenig mit meinen Sachen anfangen. Ihr Enthusiasmus galt der neuen westlichen Klaviermusik. Sie war es auch, die uns mit Krenek, Hindemith und Bartók bekannt machte. Sie studierte Kreneks Klavierkonzert in f-Moll, es gefiel mir in ihrer Interpretation sehr. Als ich es in späteren Jahren durchsah, beeindruckte es mich allerdings nicht mehr im selben Maße.

Damals, ich weiß es noch gut, spielte ich mit Vergnügen zweites Klavier für Judina und ging später auch zu ihren Orchesterproben. Wenn mein Gedächtnis mich nicht täuscht, muß es etwa 1927 gewesen sein, als die neue Musik bei uns noch nicht verboten war:

Der Dirigent Malko ging bei diesen Proben ziemlich derb mit der Judina um, verspottete ihre Seltsamkeiten: »Einen Mann brauchst du, Marusja. Ein Mann, das ist es, was du brauchst.« Zu meinem Staunen nahm Judina, die sonst bei jeder Kleinigkeit aufbrauste, Malkos Frechheit hin. Ich hätte mir so was nicht gefallen lassen.

Später änderte sich Judinas Verhältnis zu meiner Musik. Sie spielte sie ziemlich viel, vor allem die Zweite Klaviersonate. Davon gibt es eine Schallplattenaufzeichnung, und allgemein wird behauptet, es sei die beste Interpretation der Sonate. Ich finde jedoch, daß sie diese Sonate schlecht spielte. Die Tempi stimmten nicht. Ihre Einstellung zum Notentext war sehr, sagen wir mal, eigenwillig. Aber vielleicht irre ich mich auch; ich habe die Platte lange nicht gehört.

Ein Treffen mit Judina brachte meistens Unannehmlichkeiten mit sich. Kaum sahst du sie, wurdest du in irgendeine blödsinnige Geschichte verwickelt.

Einmal traf ich sie in Leningrad auf dem Moskauer Bahnhof: »Ach, guten Tag, guten Tag. Wo wollen Sie hin?« – »Nach Moskau.« – »Ach, wie gut! Wie praktisch! Ich soll in Moskau konzertieren, kann aber auf gar keinen Fall fahren. Bitte, geben Sie das Konzert für mich.« Ich war natürlich ziemlich konsterniert von diesem unverhofften Antrag. Sagte ihr: »Wie kann ich an Ihrer Stelle konzertieren? Ich kenne doch Ihr Programm gar nicht. Und überhaupt, das ist doch ziemlich befremdlich. Mit welchem Recht kann ich für Sie ein Konzert geben? Und wie ist das Programm?« Judina erwiderte: Das Programm ist so und so. »Nein, ich kann wirklich nicht. Wie sollte ich auch? Das wäre zu merkwürdig.« Und ich verschwand eiligst in meinem Abteil. Vom Gangfenster aus sah ich die Judina noch immer auf dem Bahnsteig hin und her laufen. Sicher suchte sie nach einem anderen Pianisten, der für sie nach Moskau führe und ihre seltsame Bitte erfüllte.

Soweit mir bekannt ist, spielte Maria Judina immer vor überfüllten Sälen. Als Pianistin hat sie diesen Ruhm unstreitig verdient. Aber davon abgesehen, hielten viele sie zudem für eine Heilige.

Ich bin nie ein doktrinärer Atheist gewesen, ich lasse jedem seinen Glauben. Und Judina hielt sich offenbar wirklich für eine Heilige, mindestens aber für eine Prophetin. Sie spielte immer, als zelebriere sie eine Verkündigung. Gut, nichts dagegen einzuwenden. Ich weiß, daß sie Musik auf mystische Weise verstand. So empfand sie zum Beispiel Bachs Goldberg-Variationen als eine Serie von Illustrationen zur Bibel. Auch das ist entschuldbar, wenn auch gelegentlich schrecklich enervierend.

Judina betrachtete Mussorgski jedenfalls als einen rein religiösen Komponisten. Aber Mussorgski ist nicht Bach, ich halte daher diese Interpretation für höchst anfechtbar. Und später – Gedichtrezitationen in Konzerten! Was soll das? Entweder du spielst oder du liest Gedichte. Allerdings: Sie las Gedichte von Pasternak, und das in einer Zeit, als er offiziell geächtet war. Trotzdem, das Ganze kam mir wie Bauchrednerei vor.

Der Erfolg dieser berühmten Lesungen zwischen Bach und Beethoven gipfelte natürlich in einem fabelhaften Skandal – einem der zahlreichen in der langen Reihe ihrer Skandale. Es war ein bißchen zuviel Pose, zuviel hysterisches Getue in Judinas Benehmen, wirklich, ein bißchen zuviel.

Eines Tages kam sie zu mir und erklärte, sie hause in einem scheußlichen, engen Zimmerchen, in dem sie weder arbeiten noch sich ausruhen könne. Ich unterschrieb also ein Gesuch, antichambrierte bei allen möglichen Bürokraten, bat die verschiedensten Leute um Hilfe. Sammelte bei allen möglichen Leuten Geld ein.

Mit ungeheurer Mühe verschafften wir der Judina schließlich eine Wohnung. Gott sei Dank, alles in Ordnung. So konnte sie leben und arbeiten. Nach einiger Zeit erschien sie wieder bei mir, bat mich wieder um Hilfe, sie brauche eine Wohnung. »Du liebe Zeit, wieso? Sie haben doch eine neue Wohnung bekommen. Wozu brauchen Sie denn noch eine?« – »Ich habe die Wohnung einer armen alten Frau abgetreten.« Was soll man da noch tun?

Genauso war es mit Geld. Stets und ständig borgte Judina sich bei jedermann Geld. Dabei verdiente sie selbst sehr gut. Sie hatte ihr Professorengehalt, später die Pension. Sie hatte viele Rundfunkaufträge, verdiente an ihren Platten. Doch sowie sie Geld in der Hand hatte, gab sie es auch schon aus. Schließlich sperrte man ihr sogar das Telefon, weil sie die Gebühren nicht bezahlte. Und die sind bei uns nun tatsächlich minimal!

Folgende typische Geschichte hat man mir von ihr erzählt: Judina besuchte jemanden, lieh sich bei ihm fünf Rubel. »Ich habe in meinem Zimmer die Fensterscheibe zerbrochen, jetzt zieht es entsetzlich, und es ist so kalt, daß ich nicht arbeiten kann.« Natürlich bekam sie das Geld, schließlich stand der Winter vor der

Tür. Nach einiger Zeit besuchte der freundliche Spender die Judina. Im Zimmer war es kalt wie auf der Straße. Das zerbrochene Fenster war mit irgendeinem Lumpen verstopft. »Wie kommt denn das, Maria Benjaminowna?« Und sie antwortete: »Ich habe die fünf Rubel der Kirche gespendet.«

Was sollte das nun wieder? Die Kirche konnte sicherlich alles mögliche gebrauchen. Aber der Geistliche würde trotzdem nicht im Kalten sitzen. Nicht bei zerbrochenen Fensterscheiben.

Jede Selbstverleugnung muß eine vernünftige Grenze haben. Judinas Gebaren klingt nach Gottesnarrentum. Aber ist denn Professor Judina ein Gottesnarr? Nein, das ist sie nicht. Warum führte sie sich dann aber so auf?

Ich kann so etwas absolut nicht gutheißen. Gewiß, Maria Judina hat viel Unangenehmes in ihrem Leben erfahren, und man muß Mitgefühl mit ihr haben. Wegen ihrer religiösen Einstellung war sie ständig »Artillerie«- und sogar »Kavallerie«-Attacken ausgesetzt. Als Dozentin im Leningrader Konservatorium wurde sie beispielsweise noch vor mir entlassen.

Und das kam so: Der damalige Direktor Serebrjakow hatte die Gewohnheit, sogenannte »Streifzüge der leichten Kavallerie« zu befehlen. Der Mann war jung – kaum dreißig – und mußte die Übersicht über das ganze Konservatorium behalten. So kontrollierte er ständig, ob auch in dem ihm anvertrauten Institut ideologisch alles in Ordnung sei.

Über die Judina erhielt der Direktor eine Menge Denunziationen, einige davon hat er wohl auch selber verfaßt. Natürlich wußte der Direktor, daß Judina eine hervorragende Pianistin war, aber er wollte ihretwegen nicht seine Stellung riskieren. So setzte er einen der »Streifzüge der leichten Kavallerie« unmittelbar auf sie an.

Die »Kavallerie« brach in Judinas Unterricht ein, verlangte zu wissen: »Glauben Sie an Gott?« Sie antwortete mit Ja. Die nächste Frage: »Treiben Sie religiöse Propaganda unter Ihren Schülern?« Antwort: »Die Verfassung verbietet es mir nicht.«

Ein paar Tage später erschien in der Leningrader Zeitung ein von »Einem Unbekannten« eingesandtes Protokoll dieses Gesprächs. Daneben eine Karikatur: Judina im Nonnengewand, um sie herum auf den Knien, ihre Schüler. Die Unterschrift besagte, im Konservatorium sei ein Prophet aufgetaucht. Maria Judina wurde nach diesem »Streifzug« natürlich entlassen.

Bei uns bringt man, ich weiß nicht warum, sehr gern Karikaturen mit Mönchen, Klöstern und ähnlichem Beiwerk. Allerdings geschieht dies meistens nicht überzeugend und in falschem Zusammenhang.

Als Shdanow[13] nach dem Krieg Anna Achmatowa[14] in Leningrad verleumdete, schimpfte er sie »halb Nonne, halb Hure«. Und präzisierte dann: »Sie ist beides – Hure und Nonne – und verrichtet ihr schändliches Gewerbe unter Gebeten.« Na gut, aber doch irgendwie widersinnig. Ich kann mir einfach nicht erklären, was Shdanow im gegebenen Fall eigentlich meinte. Vielleicht hatte sich Anna Achmatowa unanständig aufgeführt?

In einer seiner Leningrader Reden machte Shdanow solch eine Bemerkung. Er sagte, Anna Achmatowa vertrete schändliche Ansichten von der Rolle und der Bestimmung der Frau. Was das nun wieder bedeuten sollte? Ich weiß es nicht. Aber Karikaturen der Achmatowa, die sie halb als Nonne, halb als Hure zeigen, gab es damals genügend.

Auch mich hat man einmal als Mönch karikiert. Und zwar in der Zeitschrift »Sowjetskaja musyka«. Aber was für ein Mönch kann ich schon sein? Ich rauche, wissen Sie, und ich trinke, bin auch nicht ohne die übrigen Sünden. Und ich lese sogar von anderen vorbereitete Reden ab über die genialen Werke von Komponisten, die ich nicht ausstehen kann. Und so weiter. Trotzdem machte mich der sowjetische Komponistenverband zum Mönch. Aber wenn wir auch auf die gleiche Weise in Karikaturen verspottet wurden, eine gemeinsame Sprache haben Judina und ich nie gefunden.

In meiner Jugend hatte ich mit vielen Schwierigkeiten zu kämpfen: Ich tat mich mit dem Komponieren schwer, hatte kein Geld, war viel krank und sah ziemlich trostlos in die Welt. Da riet

Maria Judina mir: »Gehen Sie zum Erzbischof. Er wird Ihnen helfen. Ganz bestimmt wird er Ihnen helfen. Er hilft allen.« Ich dachte, meinetwegen, soll sie mich zum Erzbischof bringen. Vielleicht kann er mir tatsächlich helfen.

Wir gingen hin. Da saß ein ziemlich wohlgenährter Mann, recht ansehnlich. Und ein Häufchen Damen führte vor ihm einen regelrechten Zirkus auf. Sie stürzten sich auf ihn und küßten ihm die Hand. Es entstand ein regelrechtes Handgemenge um diese Hand. Jedes dieser Dämchen wollte die erste sein. Wie ich sah, geriet auch die Judina in Ekstase. Ich dachte bei mir: »Nein, um nichts in der Welt wirst du diese Hand küssen.« Ich küßte sie nicht. Der Erzbischof betrachtete mich sogar mit einiger Sympathie. Mir war diese Sympathie egal. Und geholfen hat er mir sowieso nicht.

Ein anderer Lieblingsschüler von Nikolajew war Wladimir Sofronitzki. Nikolajew nannte ihn Wowotschka. Nikolajew war geradezu verliebt in Sofronitzki und zeigte es deutlich. Wowotschka spielte zum Beispiel in der Unterrichtsstunde Schumanns Symphonische Etüden. Nikolajew sagte anschließend: »Hervorragend, Wowotschka. Nächstes Mal bring uns bitte eine Liszt-Sonate.«

Um Sofronitzki gab es einen regelrechten Kult. Meyerhold widmete ihm eines seiner besten Stücke: »Pique-Dame«. Über »Pique-Dame« muß ich noch gesondert erzählen.

Sofronitzkis Popularität wuchs ins ungeheure und erreichte ihren Höhepunkt kurz vor seinem allzu frühen Tod. Dennoch verlief sein Leben nicht glücklich. Alkohol, Drogen, äußerst konfuse Verhältnisse in seinem Privatleben. Es kam vor, daß er vor einem Konzert eine ganze Flasche Cognac trank und bewußtlos umkippte. Das Konzert mußte dann abgesagt werden.

Auslandsreisen unternahm Sofronitzki kaum. Einmal war er in Frankreich, einmal in Warschau. 1945 befahl Stalin ihm, mit nach Potsdam zu kommen. Man zog ihm eine Offiziersuniform an und schickte ihn los. Nach der Rückkehr erzählte er nichts über diese Reise. Ich glaube, es wußten nicht sehr viele, daß er überhaupt dort gewesen war. Aber einmal machte Sofronitzki mir vor, wie Truman Klavier spielte.

Ähnlich wie bei Judina wußte man auch bei Sofronitzki nie, was von ihm zu erwarten war. 1921 absolvierten beide das Konservatorium und spielten bei der Abschlußprüfung beide die h-Moll-Sonate von Liszt. Das Prüfungskonzert dieser beiden war eine Sensation, ganz Petrograd kam. Plötzlich erschien Nikolajew auf der Bühne und sagte: »Der Student Sofronitzki ist krank und bittet um Nachsicht.« Ich war ziemlich verwundert. Sofronitzki spielte, wie erwartet, hervorragend. Nach der Prüfung fragte ich Nikolajew, was los gewesen sei. Wenn einer krank ist, kann er nicht spielen. Und wenn er spielt, wozu dann behaupten, er sei krank? Um Sympathie buhlen? Nikolajew sagte mir damals, Sofronitzki habe tatsächlich hohes Fieber gehabt. Aber ich muß bekennen, ich glaubte es nicht recht.

Ein paarmal spielten Sofronitzki und ich vierhändig. So auch Nikolajews Variationen für zwei Klaviere. Er hielt sich für einen Komponisten, hatte aber, ehrlich gesagt, kaum Veranlassung dazu. Wir spielten seine Variationen und lachten uns ins Fäustchen. Kicherten, aber spielten.

Sofronitzki erzählte gern eine Anekdote über Glasunow: Ein Konservatoriumsdiener kommt zu ihm, Sofronitzki, gelaufen mit dem Auftrag, sofort zu Glasunow in die Wohnung zu gehen, es sei dringend. Sofronitzki läßt alles stehen und liegen, eilt zu Glasunow, rennt. Man führt ihn unverzüglich in Glasunows Zimmer, der sitzt im Sessel und schläft. Sitzt zusammengesunken, der Kopf hängt ihm fast auf dem Bauch.

Stille. Glasunow öffnet ein Auge, starrt Sofronitzki lange an. Dann fragt er mit schwerer Zunge: »Sag mir bitte, was hältst du von der Sonate für Hammerklavier?« Sofronitzki antwortet bereitwillig, daß er sie selbstverständlich sehr liebe. Wieder schweigt Glasunow lange. Sofronitzki steht, wartet. Dann murmelt Glasunow leise: »Und ich, weißt du, kann diese Sonate nicht ausstehen.« Und schläft wieder ein.

Ähnliche Geschichten sind mir mit ihm auch passiert. Ich war

Glasunows Schüler. Zu meiner Zeit unterrichtete er im Konservatorium nur Kammermusik, und natürlich studierte ich bei ihm. Er hatte seine eigene Unterrichtsmethode, die einem Fremden ziemlich absurd erschienen wäre. Der Unterricht fand in Glasunows großem Direktorzimmer im Parterre statt. Der schwerfällige Glasunow saß hinter seinem Schreibtisch. Wir spielten. Er unterbrach nie. Wir spielten, sagen wir, ein Schuberttrio. Danach ertönte leises Gemurmel. Glasunow sprach, ohne aufzustehen, sehr leise zu sich selbst und nur wenige Worte. Was er wirklich sagte, war kaum zu verstehen. Und meistens verstanden wir gar nichts.

Ich saß am Klavier, meine Freunde in der Nähe. Glasunow blieb aber an seinem Tisch sitzen, also in ziemlicher Entfernung von uns. Nie stand er auf. Nie winkte er uns näher zu sich hin. Und dann diese ganz leise, nuschelnde Sprechweise. Nachfragen war ausgeschlossen. Und näher heranzugehen hätte sich nicht gehört. Eine befremdliche Situation. Meistens wiederholten wir das Stück aufs Geratewohl von Anfang bis Ende, und gegen diese Initiative erhob er keine Einwände. Nach der Wiederholung murmelte er wieder irgend etwas, noch leiser und noch kürzer. Danach gingen wir.

Anfänglich irritierte mich diese Unterrichtsmethode maßlos. Vor allem wunderte mich, daß Glasunow niemals aufstand, nicht zu uns an die Instrumente trat, nicht einmal in die Noten schaute. Mit der Zeit enthüllte sich uns das Geheimnis dieser ungewöhnlichen Unterrichtsmethode. Ich bemerkte folgendes: Während der Stunde beugte Glasunow sich manchmal ächzend über seinen Schreibtisch, verharrte eine Weile gebeugt und richtete sich dann nicht ohne Anstrengung wieder auf.

Interessiert, verstärkte ich meine Beobachtung des geliebten Direktors und kam zu dem Ergebnis: Glasunow war tatsächlich nichts mehr und nichts weniger als ein großes Baby. Und so wie jedes Baby seinen Schnuller liebt, saugte Glasunow ständig vor sich hin. Nur gab es da essentielle Unterschiede: Erstens benutzte er statt des Schnullers ein spezielles Röhrchen; wenn mich meine

Beobachtungen nicht täuschten, war es ein Gummischlauch. Und zweitens saugte er keine Milch, sondern Alkohol.

Das ist keine Vermutung. Ich stelle eine Tatsache fest, die ich viele Male beobachtet habe. Ohne diese Stärkung konnte Glasunow seine Stunde nicht abhalten. Darum stand er nie auf. Und darum wurden die Anweisungen an seine Studenten im Laufe der Stunden immer undeutlicher und immer kürzer.

Es könnte der Eindruck entstehen, daß bei Glasunow überhaupt nichts zu lernen gewesen sei. Weit gefehlt. Er war ein großartiger Pädagoge. Doch zuerst mußte man lernen, wie man bei ihm zu lernen hatte. Ich lernte diese Kunst. Und ich will das Geheimnis aufdecken, warum ich mit vollem Recht Glasunow in die Zahl der großen Lehrer einreihe. Um wirklich von Glasunow zu lernen, mußte man soviel wie möglich mit ihm zusammentreffen. Man mußte ihn abfangen, sei es bei Konzerten, sei es bei Geselligkeiten und natürlich im Konservatorium.

Im Konservatorium vor allen Dingen, denn hier verbrachte er fast seine ganze freie Zeit. Heute ist es schwer zu glauben, aber er besuchte ausnahmslos alle Prüfungskonzerte, selbst die der Schlagzeuger, bei denen er manchmal der einzige Außenseiter war.

Was habe ich bei Glasunow gelernt? Sehr viel. Sehr Notwendiges. Natürlich hätte dabei noch mehr herauskommen können, aber ich war noch ein Knabe; bemüht, fleißig, aber doch erst ein Knabe. Da gibt es vieles, was ich heute bedaure. Glasunows Kenntnisse in Musikgeschichte waren für die damalige Zeit phänomenal. Er kannte beispielsweise wie nur sehr wenige die Musik der großen flämischen und italienischen Kontrapunktiker.

Heute ist man natürlich klüger. Niemand zweifelt mehr an der Genialität und Vitalität der Renaissancemusik. Damals sah das ganz anders aus. Damals war das ein Buch mit sieben Siegeln. Noch Rimski-Korssakow war der Ansicht, die Musik habe erst mit Mozart begonnen. Haydn erschien ihm schon fragwürdig. Und Bach fand er ganz einfach langweilig. Was kann man dann erst über die Vor-Bach-Zeit sagen? Für viele meiner Mitschüler war das die schiere Wüste.

Glasunow aber begeisterte sich an Josquin Desprez, Orlando di Lasso, Palestrina und Gabrieli. Nolens volens begann ich mich auch für sie zu interessieren, obwohl ich es anfangs für ein ermüdendes Geduldsspiel hielt. Dabei war es höchst interessant, zu hören, wie Glasunow diese Musik beurteilte. Er begnügte sich nie mit allgemeinem Entzücken. Er kannte und liebte diese Komponisten wirklich. Und immer, so schien es uns, konnte er deutlich den »Stil der Epoche« und die individuelle Komponistenhandschrift unterscheiden. In dieser Hinsicht war er genial.

Heute begeistert man sich pauschal in Bausch und Bogen für jegliche alte Musik. Früher kannte sie keiner. Sie war vollkommen vergessen. Heute kennen sie alle, und alle preisen sie. Oft heißt es: »Der zu Unrecht vergessene Komponist alter Musik.« Ohne zu überlegen, ob er vielleicht doch mit Recht vergessen ist und man sich an ihn gar nicht zu erinnern braucht. Gräßlich, daran zu denken, wieviel zeitgenössische miserable Musik eines Tages unter »alte« Musik eingereiht werden wird. In den Konzerten des 21. Jahrhunderts wird man dann Fragmente aus einer Oper des Iwan Dzierzynski »Der stille Don« aufführen (nach dem vergessenen Roman – peinlich, sich daran zu erinnern – des Nobelpreisträgers Scholochow) und wird dazu anmerken: »Zu Unrecht vergessen«. Wenn es nach mir ginge, sollte lieber Unvergessenes aufgeführt werden. Mir scheint das logischer.

Die unschuldigen Zuhörer sollte man verschonen. Im übrigen sind sie natürlich selbst schuld, denn sie brauchen sich ja nicht als Experten aufzuspielen. Es sind immer die Snobs, die als erste einer Mode auf den Leim gehen.

Als Glasunow über alte Musik sprach, roch das keineswegs nach Snobismus. Er sprach nie in allgemeinen Phrasen, sondern bewertete diese Musik, wie jede andere auch, mit der vollen Verantwortlichkeit für sein Urteil. Und mit großem Ernst. Diesen Ernst vermittelte er seinen Zuhörern.

Auf diese Weise lernten wir, scheinbar einfachen Begriffen einen genauen Sinn beizulegen. Das ist eine große Sache. Wenn Glasunow beispielsweise einen Komponisten »Meister« nannte, so behielten wir das unser Leben lang im Gedächtnis. Denn hinter dieser kurzen Definition stand eine große geistige Arbeit. Wir waren Zeugen dieser Arbeit. Nach Maßgabe unserer Möglichkeiten bemühten wir uns, ebenfalls etwas Sinnvolles zu leisten. Das heißt gemeinsam (zusammen mit Glasunow) zu diesem und keinem anderen Ergebnis zu kommen.

Wenn Glasunow nach dem Anhören einer Schumann-Symphonie sagte: »Technisch unerreichbar«, verstanden wir genau, was er meinte. Es bedurfte keiner langen Erklärungen. Sonst herrschte überall Geschwätzigkeit. Ozeane von Worten wurden verbraucht. Sie hatten keinen Wert mehr, sagten nichts. Glasunow stellte den Wert des einfachen Wortes wieder her.

Wenn ein Berufsmusiker, ein Meister, ganz schlicht über Musik spricht – ohne windiges Geschwafel –, dann ruft das einen sehr starken Eindruck hervor. Einen viel stärkeren als die pseudomusikwissenschaftliche Schönrednerei eines Igor Glebow alias Boris Assafjew. Für mich war Glasunows Unterricht eine große Schule. Damals begann ich die Kraft des kurzen Wortes über Musik zu verstehen. Die Kraft der einfachen, nicht erklügelten, aber einleuchtenden Beurteilung. Ich erkannte, wie wichtig derartige Urteilsfähigkeit für Berufsmusiker in einem professionellen Milieu ist.

Besonders eindrucksvoll klang bei Glasunow das Wort »stümperhaft«. Das Wort wurde im Konservatorium sehr populär. Früher hatte man nach einem Ausdruck Rimski-Korssakows über eine schlechte Arbeit gesagt: »Gefällt mir wenig.« In den Glasunow-Jahren benutzte man das noch einfachere, prägnante Wort »stümperhaft«. Übrigens wendete man diese Definition durchaus nicht nur auf die Musik an. »Stümperhaft« konnte das Wetter sein. »Stümperhaft« konnte eine abendliche Gesellligkeit sein. »Stümperhaft« waren auch neue Schuhe, wenn sie drückten.

Glasunow dachte ständig über Musik nach. Daher blieb es einem auch für immer im Gedächtnis, wenn er darüber sprach. Nehmen wir Skrjabin. Mein Verhältnis zu ihm wurde in vielem von einem Lieblingsgedanken Glasunows beeinflußt, nämlich, daß Skrjabin seine Symphonien nach denselben Bauprinzipien schrieb wie seine Klavierminiaturen. Diese Beurteilung der Skrjabinschen Symphonien scheint mir vollkommen richtig zu sein. Glasunow äußerte auch eine Mutmaßung über Skrjabins religiös-erotischen Wahn, der ich absolut zustimme.

Ich erinnere mich gut an viele seiner Urteile. So sagte er: »Das Finale in Mozarts Jupitersymphonie ist wie der Kölner Dom.« Ich kenne bis heute keine bessere Definition dieser wunderbaren Musik.

Viele andere, im Vorübergehen hingeworfene Bemerkungen Glasunows gefielen mir. Etwa die Bemerkung über »Überflüssigkeiten« in der Orchestrierung. Dabei handelt es sich um eine heikle Angelegenheit. Hier muß man eine eigene Meinung haben und fest auf ihr beharren.

Glasunow überzeugte mich als erster davon, daß ein Komponist den Interpreten zwingen muß, sich ihm unterzuordnen, und nicht umgekehrt. Wenn ein Komponist zur Realisierung seiner künstlerischen Idee nicht die dreifache oder vierfache Bläserbesetzung braucht, dann ist das eine Sache. Aber wenn er beginnt, an praktische Dinge, an Ökonomie zu denken, dann ist das schlecht.

Der Komponist muß genauso orchestrieren, wie es seiner musikalischen Intention entspricht, und er darf dem Dirigenten zuliebe nichts simplifizieren. Das sagte Glasunow. Und ich bin bis heute der Ansicht, daß Strawinski einen Fehler machte, als er die Orchestrierung von »Feuervogel« und »Petruschka« neu bearbeitete. Denn dabei waren finanzielle, praktische und ökonomische Überlegungen im Spiel, was nicht gut war. Glasunow bewies mir, daß es nützlich ist, Ballette zu schreiben, weil es die Kompositionstechnik entwickelt. Und ich habe mich schließlich davon überzeugt, daß er recht hatte.

Einen guten Rat gab mir Glasunow einmal bezüglich eines Scherzos als Satz einer Symphonie. Bei einem Scherzo sei die Hauptsache, daß es den Hörer interessiere. Dem müsse alles untergeordnet werden: die Melodik, der Rhythmus und die Textur.

Beim symphonischen Scherzo muß alles anziehend, spannend sein, und vor allem: unerwartet. Das war ein guter Rat. Später habe ich zu meinen Schülern im gleichen Sinne gesprochen.

Es versteht sich von selbst, daß ich damals in vielem mit Glasunow nicht übereinstimmte, und auch heute kann ich manches nicht unterschreiben. Er äußerte einmal, ein Komponist schreibe seine Musik für sich selber und für die »sehr wenigen«. In diesem Punkt bin ich entschieden anderer Meinung.

Ich konnte natürlich auch nicht mit seinen Ausfällen gegen die »recherchés cacophonistes« übereinstimmen. So nannte er die neuen westlichen Komponisten, angefangen mit Debussy. Einmal bemerkte er beim Durchsehen einer Debussy-Partitur – es war das »Prelude à l'Aprèsmidi d'un faune« – sehr nachdenklich: »Sehr geschmackvoll orchestriert ... versteht seine Sache ... Kann es denn sein, daß Nikolaj Andrejewitsch* und ich die Orchestrierung all dieser modernen Mißgeburten beeinflußt haben?«

Über Schrekers Oper »Der ferne Klang«, die in Leningrad aufgeführt wurde, sagte er kategorisch: »Schreckliche Musik!«

Zur Ehre unseres Direktors muß ich sagen: Wenn er eine Komposition dem von ihm gehaßten kakophonischen Stil zurechnete, verzichtete er nicht ein für allemal darauf, sie anzuhören. Er bemühte sich, jede Musik zu verstehen. Schließlich war er Komponist und nicht Bürokrat.

Gern erzählte Glasunow, wie er in Wagner »eingedrungen« sei. »Ich hörte die ›Walküre‹. Verstand nichts. Sie mißfiel mir gründlich. Ich hörte sie ein zweites Mal. Verstand wieder nichts. Beim drittenmal – dasselbe. Was glauben Sie, wie oft ich diese Oper hörte, ehe ich sie verstand? Neunmal. Beim zehntenmal hatte ich endlich alles verstanden. Und sie gefiel mir sehr.« Als Glasunow mir diese Geschichte zum erstenmal erzählte, mußte ich insgeheim grinsen, blieb aber natürlich äußerlich ganz ernst. Heute verehre ich ihn tief für diese Achtung gegenüber Andersartigem. Das Leben hat mich mittlerweile allerlei gelehrt.

---

* Gemeint ist Rimski-Korssakow.

In meiner Studentenzeit ging es Glasunow ähnlich mit Richard Strauss. Wieder und wieder hörte er die »Salome«. Gewöhnte sich an sie, drang in sie ein, studierte sie. Sein Verhältnis zu Strauss wandelte sich. Früher hatte Richard Strauss bei ihm auf seiner berüchtigten Liste der »recherchés cacophonistes« gestanden.

Nebenbei: Glasunow hat Johann Strauß immer vergöttert, immer wieder betonte er, er sei kein musikalischer Snob. Vielleicht hat er mich auch das gelehrt. Es ist sehr wichtig, kein Snob zu sein.

Es mag paradox klingen, aber Glasunow war kein Musik-Dogmatiker. Sein Dogmatismus lag eher auf ästhetischem Gebiet. Wendigkeit gehörte jedenfalls nicht zu Glasunows Eigenschaften, und das ist vielleicht auch gar nicht schlecht. Wir haben alle erfahren, was es mit der »Flexibilität« in Fragen der Kunst auf sich hat. Und wohin solche Flexibilität führt.

Natürlich legte Glasunow genügend Indolenz an den Tag. Aber er war ein gewissenhafter Mensch. Er beklebte seine ästhetischen Gegner nicht mit politischen Etiketten. Während jene leider sehr oft zu solchen üblen Verfahren Zuflucht nahmen.

Hier kann ich an die Polemik zwischen Nemirowitsch-Dantschenko[15] und Meyerhold erinnern. Nemirowitsch mochte Meyerhold nicht und verstand ihn auch nicht. Schon als Meyerhold noch sein Schüler war, mochte er ihn nicht.

Bei der Eröffnung des Künstlertheaters wurde als erstes Stück »Zar Fjodor Iwanowitsch« gegeben. Stanislawski wollte, daß Meyerhold den Fjodor spielte. Nemirowitsch bestand auf Moskwin. Später erzählte Meyerhold mir lachend, er sei damals fast verrückt geworden vor Eifersucht auf Moskwin und vor Haß auf Nemirowitsch. Er konnte inzwischen darüber lachen, aber die Antipathie gegen Nemirowitsch blieb auf immer.

Das ist jedoch gar nicht so wichtig. Interessant ist etwas anderes. In langjähriger Polemik attackierte Meyerhold das Künstlertheater und Nemirowitsch, dabei benutzte er die verschiedensten, vor allem aber unzulässige Methoden. Immer war Meyerhold bemüht, dem alten Mann irgendein aktuelles politisches Etikett zu verpassen.

Nemirowitsch gestattete sich niemals etwas Ähnliches, obwohl er sich in Gesprächen mit mir äußerst ungehalten über Meyerhold äußerte. Nemirowitsch hielt Meyerhold für einen Taschenspieler und Gaukler. Er war überzeugt, Meyerhold führe das Theater auf Abwege. Aber niemals verstieg er sich in die Terminologie der Zeitungsschlagzeilen oder zu politischer Schelte. Dabei wäre es für Nemirowitsch sehr viel leichter gewesen, dies zu tun, als es für Meyerhold war. Als ich Nemirowitsch kennenlernte, war bereits sonnenklar, daß Meyerholds Theater schwierigen Zeiten entgegenging. Außerdem kannten alle Stalins Vorliebe für das Künstlertheater. In dieser Situation hätte es für Nemirowitsch sehr verführerisch sein können, ein für allemal mit seinem erbitterten Widersacher abzurechnen. Er hätte nichts weiter zu tun brauchen, als öffentlich mit einer politischen Beschuldigung gegen Meyerhold aufzutreten. Basta. In jenen Tagen machten es alle so. Oder doch fast alle.

Von einer derartigen Möglichkeit distanzierte Nemirowitsch sich angewidert. Seiner Mentalität entsprechend, konnte der alte Herr sich eine solche Möglichkeit nicht einmal vorstellen. Folgende Episode ist charakteristisch. 1938 war auf Stalins Anordnung Meyerholds Theater geschlossen worden, die Presse führte eine Anti-Meyerhold-Kampagne durch. Eine solche Hetzkampagne war nicht zum erstenmal inszeniert worden. Aber zu diesem Zeitpunkt war sie besonders viehisch.

Zahllose Artikel wurden veröffentlicht, darunter auch ein Interview mit sowjetischen Kulturfunktionären, die ihrer Freude über ein so großartiges kulturelles Ereignis, wie die Schließung eines Theaters, Ausdruck verliehen.

Man rief auch bei Nemirowitsch an und bat um ein Interview. Die schmierigen Zeitungsschreiber waren überzeugt: der Alte wird sich die Möglichkeit nicht entgehen lassen, auf dem frischen Grab seines Feindes zu tanzen. Nemirowitsch lehnte ab. Und er fügte hinzu: »Im übrigen ist es dumm, mich danach zu fragen, was ich von der Schließung des Meyerhold-Theaters halte. Ebensogut könnten Sie den Zaren fragen, was er von der Oktoberrevolution hält.«

Meine Musik gefiel Glasunow im Grunde nicht. Und je mehr ich in meiner Entwicklung fortschritt, desto weniger. Er hat das Erscheinen des Artikels »Chaos statt Musik« in der »Prawda« und anderen Publikationen noch erlebt. Doch er wohnte inzwischen in Paris. Dort konnten sie ihn nicht erreichen und wegen eines Interviews für die »Prawda« belästigen. Aber ich bin überzeugt, der alte und leidende Glasunow hätte den Schreiberlingen nichts Angenehmes mitgeteilt. Niedertracht lag seinem Charakter fern.

Glasunow gab seine Erklärungen und Meinungen niemals in »dienstlicher« Form ab. Was er sagte, kam nie als »Anweisung des Konservatoriumsdirektors«. Es ist ein großes Unglück, daß er der letzte Direktor des Leningrader Konservatoriums war, der sich so verhielt.

Davon, was sich außerhalb der Konservatoriumswände abspielte, ich meine, auf kulturellem Gebiet und nicht nur dort, spreche ich gar nicht erst. Im großen und ganzen bin ich dem Konservatorium dankbar, denn es gab mir, was ich brauchte. Ich mußte mich nicht zum Studium zwingen. Ich kann nicht sagen, daß alles glatt lief. Meine materiellen Bedingungen waren kläglich. Ich war viel krank. Und dann die Schwierigkeit der Entscheidung: Sollte ich Pianist oder Komponist werden. Ich wurde Komponist.

Rimski-Korssakow hat einmal gesagt, mit Komponisten, die über ihr schweres schöpferisches Leben klagen, habe er kein Mitleid, und er erläuterte diese Feststellung so: Sprich mit einem Buchhalter, und er wird dir von seinem schweren Leben, von der vielen Arbeit vorjammern. Die Arbeit hat ihn sozusagen ruiniert, die uninteressante, langweilige Arbeit. Eigentlich hatte der Buchhalter lieber Schriftsteller werden wollen, aber das Leben hat ihn zum Buchhalter gemacht.

Bei den Komponisten ist es ein wenig anders. Keiner kann von sich sagen, eigentlich habe er Buchhalter werden wollen, aber das Leben habe ihn zum Komponisten gemacht. Es ist schon ein besonderer Beruf! Sich beklagen gehört sich nicht. Wenn's dir zu schwer wird, kannst du Buchhalter werden oder Hausverwalter.

Niemand wird dich zwingen, bei der Schwerarbeit des Komponisten auszuharren, keine Angst. In meiner Jugend hatte ich Anfälle von Zweifel und Verzweiflung. Ich glaubte, ich könne nicht komponieren. Niemals würde ich eine einzige ordentliche Note zu Papier bringen. Das waren schwere Augenblicke, an die ich mich lieber nicht erinnern will. Und ich würde es auch nicht, wäre da nicht eine Sache.

Ich verbrannte viele meiner Manuskripte. Imitierte Gogol. Dummer Bengel, der ich war. Na ja, Gogol oder nicht Gogol, ich verbrannte auch meine Oper »Der Zigeuner«, die ich nach Puschkins Poem geschrieben hatte.

Vielleicht wegen dieser Sache – aber doch ohne besondere Begeisterung – erwähne ich meinen Kompositionslehrer Steinberg. Er war ein sehr nüchterner und pedantischer Mensch. Er blieb mir hauptsächlich durch zwei Eigenschaften im Gedächtnis: Erstens war er der Schwiegersohn von Rimski-Korssakow. Zweitens hegte er einen leidenschaftlichen Haß gegen Tschaikowski.

In der Familie Rimski-Korssakow schätzte man Tschaikowski recht wenig. Das Verhältnis zu ihm war eine heikle Angelegenheit, vor allem natürlich zu Lebzeiten Nikolaj Andrejewitschs für diesen selbst. Dazu braucht man nicht in Archiven zu wühlen. Es genügt, einen Blick auf Rimski-Korssakows Werkliste zu werfen, und alles wird verständlich.

Tschaikowski machte es Korssakow durch seine bloße Existenz unmöglich, zu komponieren. Das mag blasphemisch klingen, aber es stimmt. Rimski-Korssakow fühlte sich erdrückt von der Tatsache, daß nebenan Tschaikowski arbeitete. Er konnte keine Note schreiben. Und es war wie im Sprichwort: Ein Unglück kam und half. Tschaikowski starb. Das machte Korssakow frei.

Zehn Jahre lang hatte Rimski-Korssakow keine Oper schreiben können. Nach Tschaikowskis Tod schrieb er in 15 Jahren 11 Opern. Dabei ist charakteristisch, daß dieser produktive Strom mit »Vorweihnachtsnacht« begann. Nach Tschaikowskis Tod übernahm Korssakow dieses Sujet der Gogol-Erzählung, an dem

Tschaikowski schon gearbeitet hatte. Korssakow arbeitete es auf seine Weise um. Er brauchte eine Selbstbestätigung. Von da an ging ihm alles leicht von der Hand.

Die Feindseligkeit blieb jedoch. Prokofjew erzählte, wie er in der Partitur von Tschaikowskis Erster Symphonie einen Fehler entdeckt hatte. Die Flöte hätte ein B spielen müssen. Er zeigte Rimski-Korssakow den Fehler. Der ergötzte sich ungemein an Tschaikowskis Irrtum, schmunzelte in seinen Bart etwas Ähnliches wie: »Da hat Pjotr Iljitsch ein schönes Durcheinander angerichtet ... regelrechter Kuddelmuddel.«

Nie wieder habe ich eine Familie wie die Korssakows getroffen. Wie sie das Gedächtnis des Vaters ehrten, läßt sich mit Worten überhaupt nicht beschreiben. Natürlich schloß sich Steinberg, der Schwiegersohn, hier nicht aus. Er sprach mit seiner Frau Nadjeschda vom Vater nie anders als von Nikolaj Andrejewitsch. Sie zitierten und bezogen sich nur auf Nikolaj Andrejewitsch.

Im November 1941, im Krieg, sitze ich und schreibe meine Siebte Symphonie. Plötzlich klopft es. Ich werde zu den Steinbergs gerufen. Es ist dringend. Gut. Ich lasse die Arbeit liegen und gehe hin. Ich komme, sehe – eine Tragödie im Haus. Alle gehen düster mit verweinten Augen. Steinberg selbst ist düsterer als eine Regenwolke. Ich denke, sie wollen mich in irgendwelchen Evakuierungsdingen um Rat fragen. Das war damals das größte und dringendste Problem.

Sicher, Steinberg fragt mich etwas. Aber ich merke, es ist ein Vorwand. Er will von etwas ganz anderem sprechen. Dann redet er über irgendeine seiner eigenen Kompositionen. Welcher Komponist spricht nicht gern über seine eigenen Sachen? Ich höre zu, denke: Auch das ist es nicht. Was will er bloß? Endlich hält Steinberg es nicht mehr aus. Er nimmt mich mit in sein Arbeitszimmer. Schließt die Tür ab. Blickt sich um. Zieht aus der Schreibtischschublade die »Prawda« und sagt: »Warum hat Genosse Stalin in seiner Rede Glinka und Tschaikowski erwähnt? Aber Nikolaj Andrejewitsch nicht genannt? Nikolaj Andrejewitsch hat für die russische Musik viel größere Bedeutung als Tschaikowski. Ich will dem Genossen Stalin in dieser Angelegenheit schreiben.«

Das also war es. Alle Zeitungen hatten eben Stalins Rede veröffentlicht. Es war seine erste große Rede seit Kriegsbeginn. Und er hatte insbesondere davon gesprochen, daß die russische Nation – die Nation Puschkins und Tolstois, Gorkis und Tschechows, Repins und Surikows ... Nun, und so weiter, zwei von jeder Sorte.

Von den Komponisten hatte Stalin Glinka und Tschaikowski als preiswürdig herausgepickt. Und diese Ungerechtigkeit erschütterte Steinberg bis in die Wurzeln seiner Seele. In vollem Ernst wollte er sich mit mir beraten, in welcher Form er am besten an Stalin schreiben solle, damit sein Brief Gewicht bekomme.

Jahre vergehen, Epochen wechseln. Weiß der Teufel, was ringsum geschieht, nichts kann den heiligen Haß der Familie Korssakow auf Tschaikowski ins Wanken bringen. Natürlich, das alles ist unwichtig. Kleine Schwächen. Ausschlaggebend war, daß Steinberg als Musiker nichts Bedeutendes aufzuweisen hatte. Er glänzte in geborgtem Licht. Daher verdienten seine Worte und seine Urteile kein besonderes Vertrauen.

Was Glasunow sagte, war dagegen absolut vertrauenswürdig. In erster Linie, weil er ein großer Musiker war, ein lebender Klassiker. (Zu meiner Studentenzeit war er das einzige Exemplar dieser Gattung im Konservatorium.) Zu seinen Werken verhielt man sich damals – wie auch heute – durchaus unterschiedlich. Für uns war etwas anderes sehr viel wichtiger. Jeder Student (oder wie es damals hieß: jeder Schüler) konnte sich von den außerordentlichen, man kann wohl sagen einmaligen Fähigkeiten Glasunows als Musiker überzeugen.

Zunächst sein Gehör. Es war so unfehlbar absolut, daß es die Studenten erschreckte. Nehmen wir eine Prüfung in Harmonie. Dazu gehörten Modulationen auf dem Klavier. Nun, Steinberg war hinsichtlich der Harmonie ein strenger Lehrer. Wir alle konnten die aufgegebene Modulation in unglaublicher Geschwindigkeit spielen. Im Tempo einer virtuosen Chopin-Etüde.

Dann kam das Examen, und wie es sich gehörte, war Glasunow anwesend. Du spielst – brillant. Bist mit dir sehr zufrieden. Pause. Und dann Glasunows leises Brummeln: »Und warum erlauben Sie sich Parallelquinten zwischen dem Quintsextakkord der zweiten Stufe und dem Quartsextakkord in der ersten?« Lähmende Stille.

Unfehlbar erwischte Glasunow jede falsche Note – wo auch immer. Kurz vor seiner Abreise ins Ausland klagte er darüber, er höre einen Halbton höher, als die Note effektiv sei. Er hielt es für Sklerose. Vielleicht, vielleicht auch nicht. Möglicherweise lag es auch an der gestiegenen Tonhöhe, nach der die Instrumente gestimmt wurden. Sie wird ständig erhöht. Jeder, der mehr als fünfzig Jahre mit Musik zu tun hat, merkt das. Wahrscheinlich liegt es an den Aufzeichnungen. Wirklich, was soll das? Läßt du die Platte schneller laufen, klingt es höher, drehst du sie langsamer, wird's tiefer. Wir haben uns schon daran gewöhnt. Aber im Grunde genommen ist es ein Hohn für das menschliche Gehör.

Noch etwas anderes erstaunte uns an Glasunow: sein Gedächtnis. Sein musikalisches Gedächtnis. Darüber gibt es zahllose Histörchen. Einige seiner musikalischen Tricks versuchte ich sogar zu imitieren. Zu seinen berühmtesten Nummern gehörte folgende: Tanejew war aus Moskau nach Petersburg gekommen, um seine neue Symphonie vorzuspielen. Der Herr des Hauses, in dem Tanejew spielte, hatte im Nebenzimmer den jungen Glasunow versteckt. Als Tanejew geendet hatte und vom Klavier aufstand, wurde er von allen Seiten umringt und beglückwünscht. Nach gehörigen Komplimenten fügte der Hausherr hinzu: »Ich möchte Sie mit einem sehr begabten jungen Menschen bekannt machen. Er hat kürzlich auch eine Symphonie geschrieben.« Was sollte nun kommen?

Glasunow wurde hereingeführt. »Sascha, spiel doch deine Symphonie für unseren teuren Gast«, bat der Hausherr. Glasunow setzt sich ans Klavier und wiederholt Tanejews Symphonie, von Anfang bis zu Ende. Dabei hatte er sie zum erstenmal gehört, noch dazu hinter der Tür. Ich bin nicht überzeugt, daß Strawinski ein ähnlicher Spaß geglückt wäre. Bei Prokofjew bin ich sogar ganz sicher, daß er es nicht gekonnt hätte.

Von Strawinski hieß es, er habe während seines Studiums bei Rimski-Korssakow Schwierigkeiten mit dem Gehör gehabt. Ich weiß nicht, vielleicht ist das eine Verleumdung, Ärger über den obstinaten Schüler. Für solche musikalischen Späße braucht man in allererster Linie Gehör. Und außerdem Wagemut. Beides geht gewöhnlich zusammen. Sollertinski regte mich an, Mahler-Symphonien auf diese Weise wiederzugeben. Und es klappte.

Auch ein paar kleinere Gaukeleien gelangen mir. Ich war bei einem Dirigenten zu Gast. Damals war ich knapp über zwanzig Jahre alt. Man kurbelte das Grammophon an und spielte einen Foxtrott. Der Foxtrott gefiel mir, aber nicht die Ausführung. Ich sagte es dem Gastgeber, und der erwiderte: »Ach, dir paßt nicht, wie er gespielt wird? Schreib doch einfach das Stück noch mal aus dem Gedächtnis und orchestriere es neu. Ich gebe dir eine Stunde. Wenn du ein Genie bist, sollte eine Stunde genügen.« Ich schaffte es in 45 Minuten.

Glasunow kannte alle Schüler namentlich. Das ist nicht weiter verwunderlich. Schließlich ist ein Gesichter- und Namengedächtnis nicht besonders selten; Offiziere haben es. Wichtiger für uns war, daß Glasunow jeden Schüler als Musiker kannte. Er erinnerte sich genau, wann und wie jeder gespielt hatte. Kannte auch das Programm und wußte, wie viele Fehler der Betreffende gemacht hatte.

Das ist keine Übertreibung. Glasunow erinnerte sich ganz genau daran, wie oft ein Schüler sich in welcher Prüfung verspielt hatte. Auch wenn die Prüfung drei oder vier Jahre zurücklag. Von den Komponisten gar nicht erst zu reden. Glasunow erinnerte sich an alle, an die begabten, die mittelmäßigen, die unbegabten und die hoffnungslosen. An alle ihre Arbeiten, frühere, jetzige und künftige, und wenn sie zwanzig Jahre studierten.

Einige brachten es tatsächlich fertig, als ewige Studenten zwanzig Jahre und mehr am Konservatorium zu verbringen. Zu meiner

Zeit gab es diese Sorte allerdings kaum noch, sie wurden nach und nach »ausgeräuchert«.

Aber man konnte, sooft man wollte, wieder ins Konservatorium eintreten, mußte nur nachweisen, daß man nicht mangelhaft war. Einer dieser Unermüdlichen wollte in die Komponistenklasse aufgenommen werden. Glasunow brachte ihn dabei völlig aus der Fassung. Der Anwärter spielte eine eigene Klaviersonate. Glasunow hörte zu und sagte dann verträumt: »Wenn ich mich nicht irre, bewarben Sie sich schon vor ein paar Jahren. Damals spielten Sie eine andere Sonate mit einem recht netten Nebenthema.« Mit diesen Worten setzte sich Glasunow ans Klavier und spielte einen großen Teil der damaligen Sonate dem sprachlosen Komponisten vor. Das Nebenthema taugte natürlich auch nichts, aber der Effekt war enorm.

Glasunow spielte gut Klavier, eigenwillig, aber gut. Die heutige pianistische Technik hatte er nicht. Oft spielte er Klavier, ohne dabei die berühmte Zigarre aus der rechten Hand abzulegen. Er hielt sie zwischen dem dritten und vierten Finger. Das habe ich selbst gesehen. Er konnte mit der Zigarre zwischen den Fingern alles spielen, auch die schwierigsten Passagen. Es sah aus, als ob Glasunows dicke Finger sich mit den Tasten vermischten, sich in der Klaviatur ertränkten.

Er las jede, auch die vielstimmigste Partitur vom Blatt. Es klang wie das Spiel eines ausgezeichneten Orchesters. In seiner Wohnung standen im Salon zwei sehr gute Koch-Flügel. Aber er benutzte sie nicht, sondern spielte auf einem Klavier, das in ein kleines Nebenzimmer gepfercht war. Vor der Revolution war dieser Raum das Dienerzimmer gewesen. Nach der Revolution wurde es zum einzigen Ort der Wohnung, in dem man leben konnte. Es war klein genug, daß man es heizen konnte. Die ganze übrige Wohnung blieb kalt, unheizbar.

Besuchte man Glasunow zu Hause, traf man ihn im Pelz und in Überschuhen an. Die verehrungswürdige Jelena Pawlowna, Glasunows Mutter, wieselte umher, wickelte ihn wie ein Kind in eine Decke. Es half nichts. Das Söhnchen zitterte jämmerlich. Jelena Pawlowna war damals achtzig Jahre alt. Manchmal, wenn ich kam, war sie gerade dabei, ihrem »Baby« die Socken zu stopfen.

Mit den neuen Lebensumständen zurechtzukommen war natürlich nicht leicht. Glasunow konnte nicht fassen, daß sich die Sänger trotz der Kühle überhaupt nicht mehr erkälteten. Es kam ihm wie ein Wunder vor, und es tröstete ihn. Auch am Klavier saß Glasunow im Pelzmantel. In seinem mehr oder weniger warmen Dienerzimmer spielte er berühmten Besuchern seine Kompositionen vor. Für die Besucher war es ein exotisches Erlebnis, für Glasunow ein Ventil. Überdies lag ihm viel daran, den Kontakt mit berühmten ausländischen Musikern aufrechtzuerhalten. Ich vermute, er beschäftigte sich schon damals, kurz nach der Revolution, ernsthaft mit dem Gedanken, ins Ausland zu gehen, und hoffte, nicht ohne Grund, dort im Westen seine mit den Jahren immer bescheidener werdenden Bedürfnisse befriedigen zu können, ohne dabei sein Leben zu riskieren.

Ein prachtvolles Bild: Glasunow im Pelz. Spielt. Der berühmte Gast auch im Pelz. Hört. Anschließend entspinnt sich ein weltläufiges Gespräch. Dampf quillt aus den Mündern. Dampfwolken quollen aus den Mündern von Felix Weingartner, Hermann Abendroth, Arthur Schnabel, Joseph Sigeti. Dann kehrten alle diese Koryphäen nach Hause zurück, in den Westen, durch unerhörte Eindrücke aus einem erfrierenden, in Dunkelheit und Kälte versinkenden Land bereichert.

Die Berühmtheiten staunten über Glasunow. Und Glasunow staunte über sie. Seine Bewunderung für Egon Petri war grenzenlos. Petri spielte ein Liszt-Programm: »Don Juan« und zwei Sonaten (h-Moll und »Dante«). Es war ein echtes Virtuosen-Konzert, Resultat guter Ernährung und eines friedlichen Lebens während dreier Generationen.

Glasunow verehrte Liszt ungemein. Er hatte ihn in Weimar kennengelernt. Liszt spielte ihm Beethoven vor; Glasunow erzählte gerne davon und stellte ihn Rubinstein gegenüber. Er bezog sich auf Rubinstein, wenn er über Klavier-Timbres sprach, und zitierte einen Ausspruch von ihm: »Sie glauben, das Klavier sei nur ein

Instrument. Es sind hundert Instrumente.« Abgesehen davon, mochte Glasunow Rubinsteins Spiel nicht, er bevorzugte Liszt.

Was Glasunow über Liszts Spiel erzählte, unterschied sich sehr von dem, was wir uns allgemein darunter vorstellen. Mit seinem Namen assoziieren wir Krach und Trara, in die Luft geworfene Handschuhe und so weiter. Doch Glasunow erzählte, Liszt habe einfach gespielt, genau und luzide. Gewiß, das war der späte Liszt. Er spielte nicht mehr auf dem Konzertpodium, sondern bei sich zu Hause. Er brauchte nicht mehr all die vielen Damen und jungen Mädchen zu bezaubern. Es ging wohl um Beethovens cis-Moll-Sonate. Glasunow erzählte, Liszt habe sie sehr ruhig gespielt, sehr beherrscht, die Tempi extrem moderato. Er enthüllte alle sogenannten »inneren Stimmen«. Das gefiel Glasunow besonders, denn als wichtigstes Element der Komposition galt ihm die Polyphonie.

Wenn Glasunow etwas am Klavier demonstrierte, betonte er gern die Begleitstimmen, die Chromatik. Die absteigenden und aufsteigenden Läufe. Das gab dem Spiel Fülle und Lebendigkeit. Ich glaube, es ist eines der großen Geheimnisse des Klavierspiels. Ein Pianist, der damit umzugehen weiß, steht an der Schwelle großer Erfolge.

Ein schon ziemlich bekannter Pianist klagte mir einmal, wie schwer es sei, abgedroschene Stücke zu spielen: »Es ist so schwierig, einen frischen Zugang zu ihnen zu finden.« Bei dieser Mitteilung bedrängten mich widersprüchliche Empfindungen. Der erste spontane Gedanke: Was für eine ungewöhnliche Person sitzt hier neben mir. Interpreten denken in der Regel überhaupt nicht, wenn sie ihre »Appassionata«, »Mondscheinsonate«, »Ungarischen Rhapsodien« spielen. (Die Liste kann beliebig verlängert oder verkürzt werden, das tut nichts zur Sache.) Sie kümmern sich nicht um die Intention des Komponisten, sie geben auch nicht ihre eigene Beziehung zu dem Werk wieder, denn sie haben gar keine. Was spielen sie aber dann? Noten. Auf Grund ihres Gehörs. Einer fängt damit an, schon greifen es andere auf. Die Liste der nach dem Gehör gespielten Klavierliteratur hat sich erweitert bis zu den Sonaten Prokofjews und den Werken Hindemiths. Doch der essentielle Zugang dieser Stars zur Musik hat sich dadurch nicht geändert.

So war ich im ersten Augenblick entzückt von der selbstkritischen Bemerkung meines Nachbarn. Der nächste Gedanke war dann schon etwas skeptischer. Wie kann man sich beklagen, keinen »frischen Blick« zu *finden*? Ist ein »frischer Blick« so etwas wie ein Geldbeutel, den man mit Glück auf der Straße finden kann? Jemand läßt ihn fallen, und du hebst ihn auf. Ein Pianist, der auf einen solchen Fund hofft, hat wohl einen Scherz von Scholem Alejchem ernst genommen, der gesagt hat: »Talent ist wie Geld. Man hat es, oder man hat es nicht.« Ich glaube, hier hat der große Humorist unrecht. Mit dem Geld ist es doch so: Heute hast du keins, morgen hast du welches. Aber wenn du kein Talent hast, dann ist die Situation ernst – und das auf immer.

Du kannst keinen frischen Zugang finden. Er muß dich finden. Frischer Zugang zu einem Musikwerk – davon konnte ich mich mehr als einmal überzeugen – wird gewöhnlich denen zuteil, die auch zu anderen Aspekten des Lebens einen frischen Zugang haben. Zum Leben als Ganzem. So wie Judina oder Sofronitzki.

Aber kehren wir zu dem Pianisten zurück, meinem Nachbarn, der so naiv hoffte, einen »frischen Zugang« zu finden, ohne sein eigenes Leben zu ändern. Ich wollte ihn mit meinen Überlegungen nicht kränken. Wozu auch? Man mußte diesem Menschen helfen. Ich erinnerte mich an einen Glasunowschen Rat hinsichtlich der Polyphonie in der Interpretation.

Ich sagte zu dem Pianisten: »Folgen Sie doch in jedem Stück, das Sie spielen, der Polyphonie. Zeigen Sie die Bewegungen der Stimmen. Suchen Sie die zweiten Stimmen, die inneren Bewegungen. Das ist sehr interessant und macht Freude. Finden Sie sie, und zeigen Sie sie den Zuhörern, damit die sich auch freuen. Sie werden sehen, das wird helfen. Das Stück lebt neu.«

Ich erläuterte ihm die Sache mit einer Analogie zum Theater. Die meisten Pianisten stellen nur einen Charakter in den Vordergrund – die Melodie. Alles übrige bleibt im vagen Hintergrund, im Sumpf. Theaterstücke werden gewöhnlich für mehrere handelnde Personen geschrieben. Wenn nur ein Held spricht und niemand ihm antwortet, wird das Stück ein öder Quatsch. Alle Personen müssen sprechen, damit wir Frage und Antwort hören können. Das macht es erst wirklich interessant, dem Inhalt eines Stückes zu folgen.

Ebenso zu verfahren, riet ich damals dem schon ziemlich bekannten Pianisten. Und er nahm, zu meiner größten Verwunderung, den Rat auf und handelte danach. Der Erfolg ließ nicht auf sich warten. Bis dahin hatte man ihn als bloßen Virtuosen betrachtet, dem es an Tiefgang bei der Interpretation mangele. Jetzt begeisterten sich alle an seiner interpretatorischen Tiefe und Intelligenz. Seine Reputation wuchs mehr und mehr. Er rief mich sogar an und sagte: »Haben Sie vielen Dank für einen so verblüffend guten Rat.« Ich erwiderte ihm: »Danken Sie nicht mir, sondern Glasunow.«

Glasunow spielte selber unendlich gern Klavier. Wenn er einmal zu spielen angefangen hatte, war es schwer, ihn zum Aufhören zu bringen, fast unmöglich. Er spielte meistens seine eigenen Kompositionen und konnte zwei oder drei seiner Symphonien hintereinander spielen. Manchmal hatte ich den Eindruck, er spielte einfach deshalb, weil es ihm beschwerlich war, aufzustehen. Er war damals schon recht unbeweglich, so blieb er einfach sitzen und spielte weiter.

Wenn er dann schließlich doch aufstand, erwähnte er unweigerlich Leopold Godowsky, der sich immer strikt weigerte, in einer Gesellschaft zu spielen, und behauptete, in einem Salon könne er seine Finger nicht bewegen. Doch kaum saß er, als er das eben Gesagte auch schon vergessen hatte. Und nun war es unmöglich, ihn vom Klavier wieder fortzubringen. Ich weiß nicht, wie es bei Godowsky war, doch bei Glasunow wunderte mich dieser kindliche Wunsch zu spielen und gerade die eigenen Werke.

Man findet das häufig bei Komponisten, die beim Komponieren auf dem Klavier improvisieren. Dieses »Musizieren« verbindet sich für sie mit angenehmen Erinnerungen und Gefühlen.

Und darum fahren sie so gern mit den Händen in die Tasten. Die Gäste schlafen ein. Die Hausfrau gerät in Panik. Der ehrwürdige Meister am Klavier hört und sieht nichts.

Glasunow komponierte nicht am Klavier. Hier waren wir – zur Abwechslung – absolut einer Meinung. Auch er litt, wenn ihm musikalische Einfälle während einer der zahllosen Sitzungen in den Kopf sprangen. Viele meiner Bekannten – aus der Zahl derer, die man heute »schöpferische Arbeiter« nennt – klagten, daß ihnen die herrlichsten Einfälle ausgerechnet während der Sitzungen kämen. Als Mensch, der viele Hunderte, wahrscheinlich sogar Tausende von Stunden auf Sitzungen zugebracht hat, will ich ihnen gerne glauben. Wahrscheinlich gibt es eine spezielle Muse – die Schirmherrin der Sitzungen.

Glasunow wartete meistens, bis die Komposition sich in seinem Kopf geformt hatte. Erst dann schrieb er sie nieder, sofort ins reine. Er ließ aber die Möglichkeit zu Korrekturen, neuer Redaktion usw. offen.

Merkwürdig: im ersten Punkt stimme ich mit ihm überein, im zweiten nicht. Merkwürdig darum, weil isolierte Betrachtung unserer Auffassungen zu diesem Punkt den falschen Schluß nahelegen kann, Glasunow sei ein Arbeitstier gewesen, ich aber ein loser Vogel. Dabei war es genau umgekehrt. Glasunow war und blieb in seinen Kompositionen Aristokrat. Ich dagegen ein typischer Proletarier.

Es ist schwer, die Achtung junger und respektloser Leute zu gewinnen. Fast unmöglich. Aber Glasunow wurde diese Achtung gezollt. Seine praktischen Kenntnisse auf einem äußerst wichtigen Gebiet, dem der Musikinstrumente, hatten viel dazu beigetragen. Für viele Komponisten ist und bleibt dieses Gebiet eine Terra incognita. Theoretisch – aus ihren Lehrbüchern – kennen und verstehen sie alles. Aber praktisch – und im Ernstfall – sind sie hilflos. Anders Glasunow. Er lernte Geige spielen, als er sein Violinkonzert komponierte. Das war eine Heldentat. Er beherrschte auch viele Blasinstrumente, so zum Beispiel die Klarinette.

Meinen eigenen Schülern habe ich immer die Geschichte von

Glasunows Besuch in England erzählt. Er dirigierte dort eigene Kompositionen, dirigierte, wie jeder weiß, einfach göttlich. Die englischen Orchestermusiker aber mokierten sich über ihn, hielten ihn für einen Barbaren und Ignoranten. Es kam zu regelrechter Sabotage. (Für einen Dirigenten gibt es nichts Schrecklicheres als die Gehorsamsverweigerung des Orchesters bei der Probe. Ich wünsche es meinem ärgsten Feind nicht.) Der Waldhornspieler stand auf und sagte, die und die Note könne er nicht spielen. Es sei absolut unmöglich, denn diese Note sei gar nicht spielbar. Die Musiker unterstützten ihn unisono.

Wie hätte ich in dieser Situation reagiert? Ich weiß es nicht. Wahrscheinlich hätte ich die Probe verlassen. Glasunow aber ging, ohne ein Wort zu sagen, zu dem Musiker, nahm ihm das Waldhorn ab; der verdutzte Musiker ließ es geschehen. Nachdem Glasunow das Instrument eine Weile ausprobiert hatte, spielte er genau die Note, von der der englische Waldhornbläser so steif und fest behauptet hatte, sie sei nicht spielbar. Das Orchester applaudierte. Der Widerstand war gebrochen. Die Probe konnte fortgesetzt werden.

Ich glaube, für mich war das entscheidende Hindernis auf dem Wege zum Dirigenten die Angst vor möglichem Widerstand des Orchesters. Ich kannte ihn von Anfang an, hatte ihn seit meiner Ersten Symphonie immer wieder erlebt. Diesen Widerstand zu überwinden ist Sache von geborenen Diktatoren. Zu spüren, daß man mir nichts zutraut, ist schrecklich für mich. Da ist diese ekelhafte professionelle Anmaßung, soviel Überheblichkeit, soviel Selbstsicherheit. Und ständig liegen sie auf der Lauer, zu verurteilen, den Bann zu schleudern. Immer sind sie voller Mißtrauen und Nichtachtung. Je höher ein Orchester bezahlt wird, desto größer ist seine halsstarrige Abwehr. Ist das Professionalismus? Nein, es ist professioneller Snobismus. Glasunow sagte oft: »Am besten spielen die Laien.« Und fügte hinzu: »Vorausgesetzt, daß sie spielen können.«

Kennen Sie Tschukowskis Kindergeschichte, in der er erzählt, wie schwer es ist, ein Nilpferd aus dem Sumpf zu ziehen? Ich versuche also, ein Nilpferd aus dem Sumpf meiner Erinnerungen zu ziehen. Es heißt Glasunow, dieses gütige, freundliche und hilfsbereite Nilpferd. Die Mühsal des Erinnerns geht weiter, und oft denke ich über ihren Sinn nach. Manchmal glaube ich, niemand wird den Sinn einsehen. Manchmal bin ich optimistischer, glaube, daß wenigstens ein Leser verstehen wird, worum es mir geht. Und dieser Leser bin ich selbst. Ich erkläre mir verschiedene Menschen, die ich gekannt habe – ein wenig, gut oder sehr gut. Und in einem Fall vielleicht besser als jeder andere auf der Welt.

Ich erörterte sie im Laufe meines Lebens auf unterschiedliche Weise. Manchmal widersprach ich mir auch, aber ich schäme mich dessen nicht. Wenn ich meine Meinung über einen Menschen geändert habe, brauche ich mich dessen nicht zu schämen. Häßlich wäre es gewesen, wenn ich dies unter äußerem Druck getan hätte oder um mir einen Vorteil zu verschaffen. So war es jedoch nicht. Die Leute veränderten sich ganz einfach, und ich veränderte mich auch. Ich hörte neue Musik und lernte dadurch die alte besser verstehen. Ich las. Man erzählte mir vielerlei. Ich litt an Schlaflosigkeit. Dachte in den Nächten nach. All das beeinflußte mich. Und so denke ich heute über manche Menschen anders als vor dreißig, vierzig oder fünfzig Jahren.

Als ich jünger war, benutzte ich in Gesprächen mit Freunden häufig derbe Schimpfwörter. Im Laufe der Jahre habe ich mir das Fluchen ziemlich abgewöhnt. Ich bin alt geworden, dem Tode nahe, sehe ihm schon beinahe ins Auge. Mir scheint, ich kann meine Vergangenheit nun besser verstehen. Auch sie ist mir nähergekommen. Ich kann ihr nun in die Augen sehen.

Als ich noch mit Juri Olescha[16] befreundet war, erzählte er mir einmal eine lehrreiche Parabel. Ein Käfer liebte eine Raupe, und sie erwiderte diese Liebe. Und plötzlich war die Raupe tot. Sie lag eingesponnen, verpuppt. Der Käfer trauerte über der Leiche seiner Liebsten. Auf einmal öffnete sich die Larve, ein Schmetterling erschien. Wo Lärm ist, gibt's auch Prügel. Und der Käfer beschloß, den Schmetterling zu töten, weil er ihn in seiner Trauer um die Raupe gestört hatte. Er flog zu ihm hin und sah: Die Augen des

Schmetterlings sind ihm vertraut. Es sind die Augen der Raupe. Fast hätte er sie getötet, denn alles an ihr hatte sich verändert, nur die Augen waren dieselben geblieben.

Nun lebten der Käfer und der Schmetterling glücklich miteinander. Um das zu können, muß man einander in die Augen sehen. Nicht jedem gelingt das. Und manchmal reicht dafür das Leben nicht aus.

Theater im Stalinismus
Meyerhold und Stanislawski

Meyerhold lernte ich 1928 in Leningrad kennen. Wsewolod Emiljewitsch rief mich an und sagte: »Mit Ihnen spricht Meyerhold. Ich will Sie sehen. Wenn Sie können, kommen Sie zu mir. Hotel soundso, Zimmer Nummer soundso.«

Ich weiß nicht mehr, worüber wir gesprochen haben, erinnere mich nur noch daran, daß Meyerhold mich einlud, zu ihm an sein Theater zu kommen. Ich nahm sofort an. Fuhr kurz darauf nach Moskau und begann, im Meyerhold-Theater als Musikspezialist zu arbeiten.

Doch noch im selben Jahr gab ich die Sache wieder auf: Sie erforderte zuviel technische Arbeit. Ich konnte hier keine Verwendung für mich finden, die mich und Meyerhold befriedigt hätte, obwohl das Theater an und für sich mich sehr interessierte. Das interessanteste waren Meyerholds Proben. Es war hinreißend zuzusehen, wie er seine eigenen neuen Stücke in den Griff bekam.

Meine Arbeit im Theater bestand vornehmlich darin, Klavier zu spielen. Wenn etwa im »Revisor« die Schauspielerin eine Romanze von Glinka zu singen hatte, kam ich als einer der Gäste im Frack auf die Bühne und setzte mich ans Klavier. Auch im Orchester spielte ich.

Ich wohnte bei Wsewolod Emiljewitsch auf dem Nowinski-Boulevard. Abends machten wir oft Pläne, gemeinsam ein Musikdrama zu schreiben. Ich arbeitete damals viel, schrieb meine Oper »Die Nase«. Einmal gab es einen Brand in Meyerholds Wohnung. Ich war nicht zu Hause, aber Wsewolod Emiljewitsch packte alle meine Manuskripte zusammen und brachte sie in Sicherheit. Es ging nichts verloren. Das war eine herrliche Freundestat, schließlich befanden sich in seiner Wohnung sehr viel wertvollere Dinge als meine Manuskripte.

Diesmal ging bei dem Brand alles glücklich aus, Meyerholds Besitztümer hatten nicht ernstlich Schaden genommen. Andernfalls wäre seine Frau, Sinaida Nikolajewna Reich, sehr ungehalten gewesen. Meine Einstellung zur Reich ist vielleicht nicht ganz objektiv. Meyerhold bemühte sich, mich den Unterschied unserer Stellung und unseres Alters nicht spüren zu lassen. Niemals würde er mich verspottet oder gar gescholten haben. Seine Frau aber keifte manchmal. Sie war eine energische Person, so eine Art Unteroffizierswitwe, die sich gern als Gesellschaftslöwin sah.

Dabei fällt mir ein Gedicht von Sascha Tschorny[1] ein. Es handelt von einer Lebensregel: Wenn eine Berühmtheit dir unbefangen die Hand gibt, sagte Tschorny, dann reicht dir dessen Frau höchstens zwei Finger. Dieses Gedicht hatte er auf Sinaida Reich gemacht.

Meyerhold liebte seine Frau abgöttisch. Ähnliches habe ich nie und nirgends erlebt. Kaum vorstellbar, daß es in unserer Zeit eine derartige Liebe geben konnte. Es war etwas Unheildrohendes darin. Und es endete entsetzlich.

Unwillkürlich denke ich: Das beste Mittel, etwas zu behalten, an dem man hängt, ist, es nicht zu beachten. Alles, was man zu sehr liebt, geht einem verloren. Man muß zu allem eine ironische Einstellung gewinnen, besonders zu dem, was einem ans Herz gewachsen ist, das ist die beste Chance, es zu behalten. Vielleicht ist dies eines der großen Geheimnisse des Lebens. Die Alten haben dieses Geheimnis nicht gekannt. Darum haben sie alles verloren. Bleibt zu hoffen, daß die Jungen glücklicher werden.

Ich denke sehr oft an Meyerhold, öfter, als für mich gut ist. Wir sind jetzt in gewisser Weise Nachbarn, denn ich fahre oder gehe oft an seiner Gedenktafel vorüber. Irgendein abschreckendes Monstrum ist auf ihr abgebildet. Und ich schaudere jedesmal zusammen. Dazu die Inschrift: »In diesem Hause lebte Meyerhold.« Man müßte noch hinzusetzen: »In diesem Hause wurde seine Frau auf bestialische Weise ermordet.«

Meyerhold kleidete sich mit erlesener Eleganz. Und er liebte es, sich mit schönen Dingen zu umgeben: Bildern, Porzellan, Kristall und so weiter. Doch all das war nichts, verglichen mit Sinaida Nikolajewnas Leidenschaft für Luxus. Sie war eine sehr schöne Frau, vielleicht ein bißchen zu korpulent. Das fiel besonders auf der Bühne auf, sie bewegte sich seltsam schwerfällig. Sinaida Reich war in ihre eigene Schönheit verliebt und wußte sie zur Geltung zu bringen, ihr einen Rahmen zu geben. Alles im Hause Meyerhold war auf Sinaida abgestimmt: die Möbel, die Vorhänge, alles. Und natürlich die Juwelen.

Unmittelbar nach Meyerholds Verschwinden wurde bei Sinaida Reich eingebrochen. Sie wurde ermordet. Siebzehn Messerstiche. Die Augen wurden ihr ausgestochen. Sinaida schrie. Aber keiner der Nachbarn kam ihr zu Hilfe. Niemand konnte sich entschließen, in Meyerholds Wohnung zu gehen. Es konnte doch sein, daß Sinaida Reich von der eisernen Faust irgendeines der beamteten Schläger niedergestreckt worden war. Da mischte man sich besser nicht ein. So wurde sie erstochen, und die Mörder verschwanden mit all den Kostbarkeiten.

Sie entstammte einer adeligen lutherischen Familie. Doch wenn man sie sah, hätte man eine solche Abkunft nie vermutet. Sie wirkte wie eine echte Odessaer Marktfrau. Und es erstaunte mich nicht, als ich hörte, sie sei in Odessa geboren. Das Odessaer Erbe überschattete alles. Sie besuchte gern einen Trödelladen in der Nähe des Nowinski-Boulevards. Dort verkauften Damen aus der ehemaligen Oberschicht die Reste ihrer Kostbarkeiten. Sinaida verstand es fabelhaft, mit ihnen zu feilschen.

Ihr Verhalten mir gegenüber war wohl auch einer der Gründe, daß ich das Meyerhold-Theater wieder verließ. Sie gab mir ständig zu verstehen, daß ich aus Gnade und Barmherzigkeit im Hause Meyerhold aufgenommen worden sei. Natürlich sprach sie das nie offen aus, aber ihre ganze Art zeigte es mir überdeutlich. Das paßte mir nicht.

Meyerhold protegierte mich in gewisser Weise. Er hatte durch Arnschtam von mir gehört. Arnschtam hatte in Meyerholds Inszenierung des »Lehrer Bubus« in einer extra angefertigten Muschel über der Bühne zu sitzen. Er trug einen Frack und spielte eine Menge Stücke von Chopin und Liszt, einschließlich der Dantesonate, mit der das Stück endet.

»Lehrer Bubus« war ein ziemlich barbarisches und unsinniges Stück. Die Muschel, in der der unglückselige Arnschtam saß, war vergoldet. Auf dem Flügel brannten Kerzen. Die prächtige Reich marschierte zu Chopin-Musik über die Bühne.

Arnschtam mußte sich von Meyerhold trennen, denn er war zum Militär einberufen worden. Da hörte Meyerhold meine Erste Symphonie. Sie gefiel ihm nicht besonders, aber immerhin. Arnschtam empfahl mich als Pianisten. Von seiten Meyerholds war das eine Art Wohltätigkeitsakt. Er überlegte so: »Da ist ein junger Kerl, braucht was zu essen. Also nehme ich ihn in mein Theater.« Und er nahm mich. Er war ein generöser Charakter und ließ mich – anders als Sinaida Nikolajewna – seine Wohltat nicht spüren.

Im Grunde war Sinaida Reich für Meyerholds Tod mitverantwortlich. Davon bin ich fest überzeugt. Sie hatte ihn ständig gedrängt und genötigt, sich nahe an die Machthaber zu halten, an Trotzki, Sinowjew[2] und andere. Meyerhold widmete Trotzki eines seiner Stücke. Er überschüttete die hohen Herren mit seinen Werken, das wirkte auf ihn zurück.

Zu seinen Bewunderern gehörten auch Bucharin und Karl Radek.[3] Aber zu Meyerholds Ehre muß ich ergänzen, daß er mit den Mächtigen nie auf vertraut-freundschaftlichem Fuß stand. Hohe Gäste wirkten auf ihn beklemmend. Das kann ich bezeugen. Und natürlich hat sich Meyerhold nie zum Lakaien Stalins erniedrigt. Stalin haßte Meyerhold. Ein Haß aus der Ferne sozusagen, denn Stalin hat sich kein einziges Meyerhold-Stück angesehen. Nicht ein einziges. Seine Ablehnung basierte ausschließlich auf ihm zugetragenen Denunziationen.

Unmittelbar vor der Schließung des Theaters erschien Kaganowitsch[4] zu einer Vorstellung. Er verfügte damals über große Macht. Von ihm hing die Zukunft des Theaters und auch die Meyerholds ab. Wie nicht anders zu erwarten, mißfiel Kaganowitsch das Stück. Stalins treuer Waffenkamerad verließ schon vor der Mitte der Aufführung das Theater. Meyerhold, damals in den Sechzigern, rannte hinter Kaganowitsch her auf die Straße. Kaganowitsch stieg mit seinem Gefolge ins Auto und fuhr ab. Meyerhold lief hinterher, lief, bis er hinfiel. So hätte ich Meyerhold nicht sehen mögen.

Meyerhold war ganz und gar kein Pädagoge, schon eher ein Anti-Pädagoge. Wenn irgendein neugieriger Mensch ihn mit Fragen auf die Nerven ging, konnte es zu einem großartigen Skandal kommen. Er stürzte sich dann auf den unschuldigen Menschen und schrie, man wolle ihn ausspionieren, ihm seine besten schöpferischen Ideen stehlen usw., es grenzte schon an Wahnsinn.

Aber man brauchte nur ganz kurze Zeit bei Meyerhold zu sein, um doch manches von ihm zu lernen. Selbst wenn er jemanden mit Donnergepolter hinauswarf, ging der Betreffende bereichert davon. Es sei denn, er war ein vollkommener Trottel.

Als ich bei Meyerholds wohnte, sprach er manchmal mit mir über seine Ideen. Ich saß bei vielen Proben dabei. Und ich sah viele Inszenierungen Meyerholds: »Tarelkins Tod«, »Lehrer Bubus«, »Trust D«, »Der Wald«, »Das Mandat«, »Kommandeur der 2. Armee«, »Der Revisor«, »Dreiunddreißig Ohnmachten«, »Das Bad«, »Die Kameliendame«. Ich sah Meyerholds »Pique-Dame« im Kleinen Theater und die Neuinszenierung von »Maskerade«. Ich schrieb die Musik zur »Wanze«, war für den musikalischen Teil in »Verstand schafft Leiden« verantwortlich. Und ich habe einiges von Meyerhold gelernt. Manche seiner Ideen haben sich damals in mir festgesetzt, und sie erwiesen sich als nützlich und wichtig.

Die erste Lektion: In jeder deiner Arbeiten mußt du dich um etwas Neues bemühen, damit jedes neue Werk überrascht. In jedem neuen Werk mußt du dir eine neue technische Aufgabe stellen. Meyerhold selbst hielt sich an diese Regel mit fanatischer Hartnäckigkeit.

Heute mag so eine Regel wie ein Gemeinplatz klingen. Aber

damals war es für mich eine große Entdeckung. Uns hatte man nichts dergleichen gelehrt. Bei uns im Konservatorium war es ungefähr so: »Aha, du komponierst? – Schön, dann komponiere, ganz wie es dir in den Kopf kommt. Aber natürlich nach den festgelegten Regeln.« Mehr hat man uns nicht gesagt.

Dies führt mich zu Meyerholds zweiter Lektion: Auf jede neue Arbeit mußt du dich vorbereiten. Eine Menge Musik durchgehen, vielleicht bei den Klassikern nach etwas Ähnlichem suchen und dann versuchen, es besser zu machen oder wenigstens auf deine eigene Art.

Diese Lektionen haben mir damals sehr geholfen, als die Zweifel, ob ich jemals ein richtiger Komponist würde, mich schier überwältigten. Ich begann, jede meiner Arbeiten zu durchdenken, bekam Zutrauen zu dem, was ich schrieb, war nicht mehr so leicht aus der Fassung zu bringen.

Und noch eine Meyerhold-Regel half mir, mich der Kritik meiner Arbeiten gegenüber gelassener zu verhalten, die dritte Lektion. Sie war nicht nur mir nützlich. Meyerhold wiederholte oft: Wenn ein Stück allen gefällt, kannst du sicher sein, daß es total mißlungen ist. Wenn dagegen alle deine Arbeit kritisieren, dann ist vielleicht etwas dran. Einen echten Erfolg hast du, wenn deine Arbeit umstritten ist. Wenn die Hälfte des Saals in Verzückung gerät, die andere Hälfte dich aber zerreißen möchte.

Wie immer, wenn ich an Meyerhold denke, werde ich traurig. Nicht nur, weil ihm so ein furchtbares Geschick zuteil wurde. Meyerholds Ende schmerzt mich; aber traurig macht mich, daß Wsewolod Emiljewitsch und ich keine gemeinsame Arbeit haben vollenden können. Nichts kam aus den großen Plänen gemeinsamer Arbeit heraus. Meyerhold wollte meine Oper »Die Nase« aufführen. Es wurde nichts daraus. Er wollte »Lady Macbeth« inszenieren, daraus wurde auch nichts. Ich schrieb die Musik zu Meyerholds Aufführung von Majakowskis »Wanze«. Und gerade dieses Stück ist mir im Grunde zuwider. Ich schrieb die Musik einfach unter Meyerholds Hypnose.

Andere Vorschläge Meyerholds lehnte ich ab, weil ich wütend

war wegen der »Wanze«. Ich wollte nicht mit ihm an Majakowskis schlechtem Stück »Das Bad« arbeiten. Es wurde aufgeführt und war ein Reinfall. Ich weigerte mich, die Musik zu »Dreiunddreißig Ohnmachten« zu schreiben (nach Tschechow). Und natürlich schrieb ich auch nicht die Musik zu »Ein Leben«. Das war eine gräßliche Sache, basierte auf dem gräßlichen Ostrowski-Buch »Wie der Stahl gehärtet wurde«. Meyerhold wollte sich mit diesem Stück vom Formalismus distanzieren. Er verlangte eine realistische Dekoration, damit alles zeitgemäß aussähe. Doch für Distanzierung war es zu spät. Die Liste seiner ideologischen Sünden war schon viel zu lang. Und als die Obrigkeiten die Dekorationen sahen, befanden sie: »Dies wurde bloß ausgeklügelt, um den sozialistischen Realismus zu verspotten.«

Das Stück wurde verboten, das Meyerhold-Theater geschlossen. Es war wie bei Ilf und Petrow: Kommen Sie doch herüber. Die Petrows werden nicht dasein. Die Iwanows werden auch nicht dasein. Kommen Sie nur, kommen Sie, Sidorows werden ebenfalls nicht dasein. Woran man auch denken mag: Dies ist nicht geschehen, jenes hat nicht geklappt. Und das haben wir nicht gemacht – wir hatten Angst. Du schaust dich um, das Leben ist vorbei. Meyerhold wollte mit mir nach Lermontows »Ein Held unserer Zeit« eine Oper machen, konzipierte selber das Libretto. Dann planten wir eine Oper »Maskerade« auch nach Lermontow. Dann schlug er mir vor, eine Hamlet-Oper zu schreiben, die er aufführen wollte.

Sehr schade, daß daraus nichts wurde; wenn ich mir auch lebhaft vorstellen kann, wie man uns gerade für diesen Hamlet verrissen hätte. Denn Meyerholds Ideen über Hamlet waren für jene Zeit die allerunpassendsten. Man hätte uns schlimmsten Formalismus[5] vorgeworfen. Aber schade ist es doch, daß aus der Sache nichts wurde. Die Musik zum »Hamlet« schrieb ich trotzdem, und zwar für einen höchst »formalistischen« Hamlet.

Ein Greuel war es mit diesem Formalismus. Da soll ein künstlerisches Projekt realisiert werden; ich bin eingeladen, die Musik dazu zu schreiben, und heraus kommt ein Skandal, der größte

Skandal, hieß es, in der gesamten Shakespearegeschichte. Vielleicht stimmt das. Ich weiß es nicht. Jedenfalls: Geschrei gab es mehr als genug. Und wieder ging es um Formalismus.

»Hamlet« wurde im Wachtangow-Theater von Akimow inszeniert. Er war fünf Jahre älter als ich. Das ist ein enormer Unterschied, wenn man noch sehr jung ist. Es war Anfang der dreißiger Jahre, und es war Akimows erste selbständige Inszenierung. Ziemlich kühn, nicht wahr? Wenn man bedenkt, was für einen »Hamlet« er dem Publikum zeigen wollte.

Bis auf den heutigen Tag ist den gelehrten Shakespearespezialisten diese skandalöse Inszenierung ein Alptraum. Sag bloß: »Akimows Hamlet«, und sie erbleichen, als sähen sie den »Geist« leibhaftig vor sich. Akimow hatte übrigens den Geist liquidiert. Ich glaube, es ist die einzige Hamletinszenierung ohne den Geist. Akimow hatte das Stück sozusagen »materialistisch« aufgeführt.

Meyerhold vergötterte den »Hamlet«. Er hielt dieses Stück für das größte aller Zeiten und Völker. Er sagte: »Wenn plötzlich alle irgendwann einmal geschriebenen Stücke vernichtet würden und nur ›Hamlet‹ erhalten bliebe, wären alle Theater der Welt gerettet. Alle könnten den Hamlet aufführen und hätten Erfolg beim Publikum.« Hier mag Meyerhold vielleicht ein wenig übertrieben haben. Aber auch ich liebe den »Hamlet« sehr. Dreimal näherte ich mich ihm »professionell«. Gelesen habe ich ihn viel öfter. Sehr viel öfter. Ich lese ihn auch jetzt wieder.

Besonders berührt mich Hamlets Gespräch mit Rosenkranz und Güldenstern: Als Hamlet sagt, er sei keine Flöte, auf der die Menschen blasen könnten. Eine herrliche Passage. Gut, daß er immerhin ein Prinz war. Sonst würden sie so auf ihm geblasen haben, daß er gar nicht gemerkt hätte, wie ihm geschah.

Auch »König Lear« liebe ich. Mit dem »Prinzen« hatte ich dreimal zu tun, mit dem »König« zweimal. Und einmal teilte ich brüderlich die Musik zwischen ihnen. König Lear und Hamlet teilten sich in die Musik. Ich meinte, gekrönte Häupter würden das schon irgendwie unter sich ausmachen.[6]

Im Lear ist für mich das wichtigste der Zusammenbruch der

Illusion des unglücklichen Königs. Nein, eigentlich nicht der Zusammenbruch, nein. Ein Zusammenbruch kommt plötzlich, mit einem Schlag, und alles ist vorbei. Das ist keine Tragödie. Wäre uninteressant. Aber zu beobachten, wie diese Illusionen allmählich sterben, das ist eine andere Sache. Das ist ein quälender, schmerzhafter Prozeß.

Illusionen sterben langsam. Selbst wenn es so scheint, als geschehe es plötzlich, als wachtest du eines Morgens auf und die Illusionen seien verschwunden, und nur irgendein übriggebliebener Fetzen liege irgendwo herum, so stimmt das nicht. Das Hinschwinden von Illusionen ist ein langwieriger, unerträglich öder, quälender Prozeß. Wie Zahnweh. Den Zahn kann man immerhin ziehen. Aber die schon abgestorbenen Illusionen nagen weiter in dir und stinken. Du kannst ihnen nicht entkommen, trägst sie in dir.

Ich denke an Meyerhold. In seinem Leben hat es viele Tragödien gegeben. Sein ganzes Leben war tragisch. Eine seiner Tragödien war es, daß er den »Hamlet« nicht hat aufführen können.

Meyerhold sprach gerne davon, wie er diese oder jene Szene im »Hamlet« inszenieren würde. Manche seiner Ideen waren denen Akimows verwandt. Meyerhold war allerdings sehr viel früher als Akimow darauf gekommen, hatte sie mit sich herumgetragen. Später posaunte er überall aus, Akimow habe ihm seine Ideen gestohlen. Natürlich stimmte das nicht. Akimow hatte sich alles selbst ausgedacht. Die Idee, Hamlet als Komödie aufzuführen, lag in der Luft, obwohl die Zeit nichts Komödienhaftes an sich hatte.

Meyerhold wollte den »Hamlet« von zwei Personen spielen lassen. Am besten von einem Mann und einer Frau. Die eine Person sollte Hamlets tragische Monologe sprechen, die andere sollte ihn dabei stören. Den zweiten Hamlet wollte Meyerhold ausschließlich als komische Figur aufgefaßt wissen. Ich glaubte, Sinaida Reich sollte die tragischen Monologe sprechen. Meyerhold hatte mit ihr den Hamlet schon studiert. Der »Geist« machte ihm Kopfzerbrechen. Er glaubte nicht an Geister. Aber was wichtiger war, das Hauptrepertoire-Komitee glaubte ebenfalls nicht an Geister. Und so überlegte Meyerhold, wie er den Geist präsentieren sollte. Er machte vor, wie der Geist ächzend aus einer riesigen alten Truhe kletterte, mit Brille und Gummihandschuhen, ständig niesend, denn in der Truhe war es feucht, er hatte sich erkältet. Meyerhold war sehr komisch, wenn er von dem Geist erzählte. Und plötzlich führte Akimow »Hamlet« ohne den Geist auf. Das war natürlich dramaturgisch hoch interessant. Doch damals steckte ich in einer tiefen Krise, war in verzweifelter Stimmung. Nichts glückte, alles entglitt mir. Ich war innerlich regelrecht zerfressen.

Ich arbeitete an meiner zweiten Oper. Es war meine zweite vollständige Oper. Über meine mißglückten Opernprojekte erzähle ich später. Es waren eine ganze Menge. Sie rumorten mir im Kopf herum, machten die Seele müde. Aber diese zweite schien mir gut zu sein, ich wollte sie zu Ende schreiben, wurde aber in alle möglichen Richtungen hin- und hergezerrt, ständig gestört.[7]

Es war eine schlechte Zeit. Außerdem drängte Akimow mich unablässig. Ich hatte mit dem Wachtangow-Theater einen Vertrag und – was sehr bemerkenswert ist – auch einen Vorschuß erhalten. Akimow hatte eine sehr giftige Zunge und war hartnäckig. Er verlockte mich mit seinen Prognosen über den Skandal, den sein »Hamlet« entfesseln würde, und so schrieb ich die Musik. Die Zensur hatte vor Jahren dem Künstler-Theater die Aufführung des »Hamlet« verboten – ob Sie es glauben oder nicht. Mit Shakespeare hatten unsere Theater immer Schwierigkeiten gehabt, besonders mit »Hamlet« und »Macbeth«. Beide Stücke konnte Stalin nicht ausstehen. Warum? Das dürfte klar sein.

Ein verbrecherischer Potentat – was konnte den Führer und Lehrer[8] an diesem Thema reizen? Shakespeare war ein Prophet; er schildert den Weg eines Menschen zur Macht, der bis an die Knie im Blut watet. Und wie naiv Shakespeare trotzdem war! Ständig diese Gewissensskrupel und Schuldgefühle. Was sollen da denn Schuldgefühle?

All das ist konventionell, naiv und wundervoll. Shakespeare spricht zu uns wie zu kleinen Kindern. Redet man mit Kindern, kommt es auf die Worte nicht an. Wichtig ist, was hinter den Worten steht: die allgemeine Einstellung, die Musik. Wenn ich mit kleinen Kindern spreche, dringe ich oft in den Sinn ihres Kauderwelsch nicht ein, lausche nur den reinen Klangfarben. So ist es auch mit Shakespeare. Wenn ich Shakespeare lese, überlasse ich mich dem Wortstrom. Das glückt nicht immer, aber die geglückten Momente sind die besten. Ich lese und höre seine Musik.

Shakespeares Tragödien quellen über von Musik. Shakespeare selber hat gesagt, ein Mensch, der Musik nicht liebt, ist verdächtig, ist zu jeder Schlechtigkeit fähig, auch zum Mord. Shakespeare liebte Musik sehr. Ich bin immer hell begeistert von der Szene im »Lear«, in der der kranke König bei Musik aufwacht.

Für Stalin bedeuteten all diese Schönheiten natürlich nicht das geringste. Er wollte ganz einfach nicht, daß die Menschen Stücke sähen, deren Sujet ihm mißfiel. Ungefestigten Leuten konnte alles mögliche in den Kopf kommen. Natürlich weiß das ganze Volk unverbrüchlich und ein für allemal, daß Stalin der Größte der Großen und der Weiseste der Weisen ist. Und Stalin selbst ist von dieser Tatsache überzeugt. Aber trotzdem: Es ist schon besser, das Stück zu verbieten, für alle Fälle. Es könnte am Ende jemand darauf verfallen, sich zum Hamlet aufzuspielen. Oder zum Macduff.

Ich erinnere mich, wie die Proben zu »Hamlet« im Künstler-Theater eingestellt werden mußten. Das Künstler-Theater war, wenn man die Bezeichnung verwenden darf, Stalins »Lieblingstheater«. Genauer, es war das einzige Theater, das der Führer und Lehrer guthieß.

Für den Schauspieler des Hamlet wurde das Verbot zu einer echten Tragödie. Den Hamlet zu spielen war sein großer Traum, und alle wußten, er würde ein ganz hervorragender Hamlet sein. Aber eine Verfügung Stalins war Gesetz. Dabei brauchte der Führer und Lehrer nicht einmal einen schriftlichen Befehl, er äußerte lediglich einen Wunsch. Warum verbieten? Dadurch könnte man in ungünstigem Licht in die Geschichte eingehen. Viel besser und einfacher war es, eine Frage zu stellen, wie Stalin es tat: »Wozu ist es nötig, im Künstler-Theater den ›Hamlet‹ aufzuführen?« Das reichte vollkommen. Das Stück wurde abgesetzt. Der Schauspieler trank sich zu Tode.

Danach wurde der »Hamlet« auf den sowjetischen Bühnen jahrelang nicht mehr aufgeführt. Alle kannten die Frage, die Stalin an das Künstler-Theater gestellt hatte. Keiner wollte etwas riskieren. Und alle hatten Angst.

Und »König Lear«? Jeder weiß, daß unser bester Lear Michoëls[9] vom Jiddischen Theater war. Und alle wissen, auf welche Weise Michoëls umkam, ein grauenhaftes Ende. Und was geschah mit unserem besten Shakespeare-Übersetzer, mit Pasternak?[10] Diese Namen stehen für Tragödien, die tragischer sind als alles Tragische in Shakespeares Stücken. Nein, da ist es schon besser, mit Shakespeare nichts zu tun zu haben. Nur sehr unvorsichtige Leute lassen sich auf so eine Verderben bringende Sache ein. Dieser Shakespeare ist hochexplosiv.

Aber damals, in meiner Jugend, gab ich Akimows Drängen nach. Er war ein einzigartiger Regisseur. Eine Sirene mit einem Kohlstrunk als Kopf. Stets war er elegant gekleidet, benahm sich überaus höflich. Aber es war besser, seiner scharfen Zunge oder seiner spitzen Feder nicht in die Quere zu kommen. Akimow war ein gnadenloser Künstler. Seine Attacken waren mörderisch. Ich glaube, ich bin noch ziemlich glimpflich davongekommen.

Akimow erhielt eine provisorische Erlaubnis, den »Hamlet« zu inszenieren. Das war ein großer Sieg. Die letzte Moskauer Inszenierung des Stückes war von der Zensur als absolut unzulässig abgesetzt worden. Die Rolle des Hamlet hatte da der legendäre Michail Tschechow, der Anthroposoph, gespielt. Sein Theater war damals durch und durch anthroposophisch. Und in diesem Geist war Hamlet inszeniert worden.

Den Ort der Handlung hatte Tschechow im Fegefeuer angesiedelt. Im wahrsten Sinne des Wortes. Tschechow war der Meinung, Shakespeare habe ein rein symbolisches Stück geschrieben, in dem alle Personen bereits gestorben, die Höflinge die Seelen Verstorbener und die Haupthelden anthroposophische Symbole seien.

Bestimmt glaubte Michail Tschechow, daß Shakespeare Anthroposoph war, und so spielte er den Hamlet. Die Atmosphäre war nicht von dieser Welt. Die Schauspieler spielten großartig, und Tschechow war einfach ein Genie. Das Publikum ging nach diesem merkwürdigen »Hamlet« mit dem Gefühl nach Hause, soeben aus dem Jenseits zurückzukommen. Was für rätselhafte Ideen Künstler haben, man kann schon sagen – Fieberwahnideen.

Repräsentanten der Macht sahen das Stück und erschraken. Es wurde sofort als reaktionär, pessimistisch und mystisch abgesetzt. Akimow war, wie ich schon sagte, ein boshafter, aber fideler Mensch. Er hatte »Hamlet« in Michail Tschechows Inszenierung gesehen und geriet außer sich. Er erzählte: »Ich starrte auf die Bühne und fragte mich, ob Shakespeare diesen hirnverbrannten Mumpitz wirklich geschrieben habe.« Nun begann er, sich für das Stück zu interessieren, wünschte immer sehnlicher, es selbst aufzuführen. So geht es ja oft: Widerspruch beflügelt.

Meyerhold zum Beispiel faßte seinen Plan, Tschaikowskis »Pique-Dame« aufzuführen, unter dem Eindruck einer gräßlichen Inszenierung, die er gesehen hatte. Er sagte mir später, wenn er dem Tenor, der den Hermann gesungen hatte, in einer finstern Gasse begegnet wäre, hätte er ihn umgebracht.

Auch Akimow hatte im Tschechowschen »Hamlet« Qualen gelitten. Das gab den Anstoß zu seiner eigenen Konzeption des Stückes, einer revolutionären Konzeption. Er wollte eine Komödie daraus machen, die Komödie eines Kampfes um die Macht. Die Rolle des Hamlet gab er einem ziemlich bekannten Komiker, einem untersetzten, dicken Schauspieler, der außerordentlich gern aß und trank.

Ich erinnere daran, daß dies dem Text des Stückes durchaus entspricht, Hamlets Korpulenz wird ausdrücklich erwähnt. Nur ist der Zuschauer daran nicht gewöhnt. Er kennt ihn als Erhabenen, ich möchte sagen Geschlechtslosen. Oder besser als zwiegeschlechtliches Wesen in eng anliegendem Trikot.

Es gab auch Frauen, die den Hamlet spielten, ich glaube Asta Nielsen. Sinaida Reich hatte sich auch auf diese Rolle vorbereitet, und das bei ihren üppigen Formen. Hamlet ist wohl im Weltrepertoire der Männerrollen die einzige, die man auch Frauen spielen läßt. Und jetzt plötzlich ein fetter Hamlet, lebensfroh, mit lauter Stimme. Als Akimow sein Projekt den Theaterobrigkeiten vorlegte, waren sie baß erstaunt. So eine Sache brauchte man eigentlich nicht zu verbieten. Jedenfalls roch dieses Konzept nicht nach reaktionären Mystizismus. Eher im Gegenteil. Es strömte gesunden Alkoholdunst aus.

Denn nach Akimows Intention war Hamlet fröhlich, lebenslustig, arbeitete hart und genoß seinen Wein. Überhaupt wurde in diesem einzigartigen Stück wacker getrunken. Gertrude trank, Claudius und Polonius tranken, sogar Ophelia. In Akimows Version ertrank sie, weil sie betrunken war. In der Sprache des gerichtsmedizinischen Protokolls: »Bei der Obduktion der Leiche fanden sich Spuren einer starken Alkoholvergiftung.« Die Totengräber kommentierten: »Trinken oder nicht trinken, das ist die Frage.« Die Zweifler wiesen sie zurecht: »Was heißt hier Frage!? Selbstverständlich trinken!« Für diese Szene war ein neuer Text geschrieben worden.

Nun aber der Kampf um die Macht. Dieser Kampf war das Zentralthema in Akimows »Hamlet«. Und zwar der Kampf um die Krone. Aber ohne alle traditionellen Gewissensskrupel, Zweifel usw. Für mich ist der Kampf um die Macht ein ewiges Thema der Kunst. Diesem Thema kann man nicht ausweichen. Schon gar nicht in unserer Zeit.

Also: Hamlet spielt den Verrückten, um auf diese Weise Claudius besser täuschen zu können. Im Laufe des Stückes sollte Hamlet siebzehnmal den Verrückten simulieren. Akimows Hamlet führt einen hartnäckigen, schlauen Kampf um die Macht. Einen Geist, wie ich schon sagte, gab es nicht. Hamlet selbst personifizierte den Geist. Das tat er, um die Höflinge zu erschrecken und einzuschüchtern. Er wollte sozusagen einen Kronzeugen aus dem Jenseits liefern, der bestätigen konnte: Claudius sitzt zu Unrecht auf dem Thron. Die Szene, in der der Geist auftritt, war als regelrechte Farce konzipiert.

Und »Sein oder Nichtsein«? Diesen Monolog spricht Hamlet, während er die Krone in der Hand wiegt, sie nach allen Seiten hin und her dreht, aufprobiert. Zu Ophelia, einer Hure und Spionin, hatte er eindeutige Beziehungen unterhalten. Sie war schwanger. Vor Kummer betrank sie sich und ertrank.

Polonius war einfach wunderbar, vielleicht der größte schauspielerische Erfolg des Akimow-Stückes (auch wieder eins von Akimows Paradoxen). Der berühmte Boris Schtschukin spielte ihn. Später wurde er noch berühmter als erster Lenin-Darsteller im Kino. Genauer, er war der erste Berufsschauspieler, dem eine historische Mission dieser Art übertragen wurde.

Schtschukin war genau wie Akimow ein sehr listiger Mensch. Er versuchte auf verschiedene Weise, die Rolle des Polonius anzugehen. Zunächst kam nichts Rechtes dabei heraus. Ich lernte Schtschukin später etwas besser kennen, als er in seinem Theater ein Stück von Balzac aufführte, zu dem die Musik zu schreiben er mich eingeladen hatte. Da enthüllte er mir das kleine Geheimnis seines Erfolgs im »Hamlet«.

Diese Geschichte ist interessant und für Schauspieler ziemlich lehrreich. Eine kleine Lektion in Schauspielkunst. Ich habe von Herzen gelacht, als Schtschukin mir die Geschichte erzählte. Ihm lag vor allem daran, sich vom Klischee zu lösen. Die Rolle des Polonius ist in mancher Hinsicht töricht. Dem Sohn gegenüber kann er wohl der »hochherzige Vater« sein. Die Tochter aber verkuppelt er.

Die Szenen mit Polonius sind für die Zuschauer meistens langweilig, sie sind das gewohnt und ertragen es. Sie wissen, wenn ein Klassiker gespielt wird, muß man einiges aushalten. Den Klassikern schuldet man Hochachtung. Schtschukins besondere Arbeitsmethode bestand darin, bei seinen Bekannten nach typischen Gesten und Charakterzügen zu suchen, die ihm bei der Gestaltung einer Rolle nützlich sein konnten.

So machte er es nun auch bei der Polonius-Rolle. Ein bißchen entlehnte er vom einen Freund, ein bißchen vom anderen. Und dann sprach er eines Tages bei einer Probe den Polonius-Monolog so, als wäre er Stanislawski. Und nun bekam die Rolle Leben. Alles rückte an seinen Platz. Selbst die dunkelsten Stellen der Rolle, ausgeführt in der Art und der Gestalt Stanislawskis, überzeugten plötzlich. Er kopierte Stanislawski so glänzend, daß man Tränen lachen konnte: Ein dümmlicher Mensch mit bombastischem Gehabe lebt gemächlich und komfortabel, schwatzt allerlei Unsinn zusammen. So stellte Schtschukin Stanislawski dar.

Damals gab es eine Menge Stanislawski-Anekdoten. Er begriff nichts von dem, was man die »umgebende Wirklichkeit« nennt. Manchmal, wenn er zu Proben ins Künstler-Theater kam (und das geschah seltener und seltener), erschraken die Schauspieler über seine blödsinnigen Fragen, vor allem, wenn Stücke aus dem sowjetischen Alltag gespielt wurden.

In einer Komödie beispielsweise entstand der Konflikt daraus, daß zwei Familien in einem Zimmer wohnen müssen. Zwei – das war in damaliger Zeit noch gar nicht mal viel. War ein Zimmer etwas geräumiger, stopfte man auch drei oder vier Familien hinein. Vom Luxus einer eigenen Wohnung konnte man nicht einmal träumen. Es gab Wohnungen, in denen zehn und sogar fünfzehn Familien hausten. Es herrschte eben eine Wohnungskrise, da war nichts zu machen.

Ein großes Wort: Kommunalwohnung. Das Phänomen mußte verewigt werden, auf daß unsere Nachkommen erfahren, was das war – eine Kommunalwohnung. Natürlich war es Soschtschenko, der die Kommunalwohnungen unsterblich machte. Er besang sie in höchsten Tönen:

»Eine eigene Wohnung haben – das ist natürlich irgendwie philisterhaft. Gemeinschaftlich muß man leben, in einer kollektiven Familie, darf sich nicht in der eigenen häuslichen Festung verbarrikadieren. In einer kommunalen Wohnung muß man leben. Dort ist man immer unter Menschen, kann immer mit jemandem sprechen, sich beraten, sich zanken.«

Und Erklärungen, zutreffender gesagt, Denunziationen über den Nachbarn lassen sich auch viel bequemer anfertigen. Das Leben aller Nachbarn liegt vor allen offen da. Wann einer kommt, wann einer geht. Wer welche Besucher hat, welche Bekannten. Natürlich auch, wer was zu Mittag ißt. Denn die Küche ist selbstverständlich ebenfalls für alle da. Es läßt sich leicht ein Blick in den Topf des Nachbarn werfen, wenn der mal einen Augenblick hinausgeht. Und man kann ihm fix noch einen Löffel Salz ins Essen schütten. Soll er doch Versalzenes essen, dieser Intellektuelle. Man kann auch irgendwas hineinschütten, damit es ihm besser schmeckt. Da gibt es Möglichkeiten noch und noch. Einige spucken für ihr Leben gern dem Nachbarn kräftig in den Kochtopf, andere bloß in den Teekessel. Dazu gehört allerdings schon einige Meisterschaft: Man muß abwarten, bis der Mensch die Küche verläßt, zum Kessel hinüberspringen, den Deckel mit einem raschen Griff abnehmen und soviel wie möglich in den Kessel spucken, wobei man allerdings sehr aufpassen muß, sich nicht am Dampf zu verbrennen. Natürlich riskierst du, daß der Mensch zurückkommt, dich erwischt und dir die Fresse einschlägt.

Wie Soschtschenko weiter vorschlägt, muß man die gelehrten Sekretäre mit gelehrten Sekretären in eine Wohnung packen, die Zahnärzte mit den Zahnärzten. Aber die Flötisten muß man außerhalb der Stadt unterbringen. Dann wird das Leben in den Kommunalwohnungen seinen vollen Glanz entfalten. Über dieses unsterbliche Thema – die Kommunalwohnung – wurden ganz außerordentlich dringend epochale und monumentale Werke gebraucht. Theaterstücke, Filme, Bücher, Bilder. Die Kommunalwohnung mußte glorifiziert und besungen werden. Das ist die Pflicht unserer Kunst, unserer Literatur.

Ich muß bekennen, daß auch ich versucht habe, an dieser gemeinsamen Sache nach Kräften mitzuwirken – nämlich die Wohnungsmisere in Musik zu setzen. Ich wollte zeigen, daß man einen Menschen nicht nur physisch umbringen kann. Nicht nur, indem man ihn erschießt oder zu Zwangsarbeit verurteilt. Man kann Menschen durch ganz einfache Dinge umbringen, zum Beispiel durch das Leben. Durch diese höllische Kommunalwohnung oder, wie wir sie nannten, Kommunalka. Sie sei verflucht.

Sie ist daher absolut kein Thema für eine Komödie, für verständnisinniges Hihi und Haha, sondern für eine Satire. Im Künstler-Theater aber inszenierten sie eine Komödie. Damit man freundlich lachen konnte, obwohl man hätte weinen müssen. Aber Stanislawski begriff zu aller Verblüffung nicht mal das Sujet. Er fragte: »Was soll das bedeuten? Warum leben alle diese Leute in einem einzigen Zimmer?« Stanislawski selber hatte natürlich ein Haus für sich allein.

Man erklärte Stanislawski: »Sie haben keine Wohnung für sich allein.« Stanislawski glaubte es nicht. Er sagte sein berühmtes: »Das glaube ich nicht!« Schauspieler aller Länder, erzittert!

Stanislawski sagte: »Das kann nicht sein! Es ist unmöglich, daß Menschen keine eigene Wohnung haben. Ihr wollt mich reinlegen.«

Man versuchte, Stanislawski zu überzeugen, daß es die reine Wahrheit sei, daß zahllose Bürger unter so anomalen Bedingungen leben müssen. Der Alte wurde zornig. Man beruhigte ihn. Und schließlich fällte er eine weise Entscheidung:

»Gut, in diesem Fall schreiben wir auf die Plakate, daß es eine Komödie aus dem Leben von Menschen ist, die keine eigene Wohnung haben. Sonst werden die Zuschauer es nicht glauben.«

Das ist eine wahre Geschichte aus dem Leben eines der bedeutendsten Regisseure unseres Jahrhunderts. Heute weiß jeder, daß Stanislawski nicht ganz von dieser Welt war. Er war ein enthusiastischer Mensch, hatte eine Künstlerseele. Seine Lebensmittel bezog er aus einem Sonderladen wie alle übrigen Genies und Parteifunktionäre, die dem Staat großen Nutzen brachten.

In seiner Naivität sprach der alte Mann von diesem Sonderladen als von seinem »geheimen Versorger«. Das erzählte man sich schmunzelnd im ganzen Theater, nur Stanislawski selber hielt es für ein großes Geheimnis. Was für ein Geheimnis konnte es auch sein? Von den geschlossenen Sonderläden wußte jeder. Alle wissen, daß die hohen Tiere ihre Einkäufe woanders tätigen als die gewöhnlichen Bürger, nämlich in speziell dafür eingerichteten Geschäften. Wir sind an dieses Faktum so gewöhnt, als gehöre es sich auch so. Man verliert kein Wort darüber. Auf diese Weise wird also »das große Geheimnis« gewahrt.

Ein Leningrader Gauner machte sich dieses Faktum geschickt zunutze. Er zog aus beiden Umständen seine Folgerungen. Aus dem Umstand, daß alle über die Sonderläden Bescheid wissen, und aus dem Umstand, daß niemand ein Wort darüber verliert. Wer nicht in so einem Laden einkaufen kann, schweigt, damit man ihn nicht wegen Verleumdung einlochen kann. Wer aber dort einkaufen darf, verschweigt das verständlicherweise auch.

Der Ganove las fleißig die Zeitung, besonders aufmerksam die Todesanzeigen. Und wenn er sah, daß, sagen wir mal, die Parteiorganisation eines Betriebes »der Familie des Verstorbenen ihr Beileid ausdrückt«, landete er seinen Coup. Zunächst suchte er sich aus dem Telefonbuch die betreffende Nummer heraus. Und dann rief er diese Nummer an.

Er stellte sich als Leiter eines Sonderladens vor und sagte, er habe »von oben« eine Anweisung bekommen, die Familie des Verstorbenen »mit allem Nötigen« zu versehen – da der Verstorbene sich so verdient gemacht habe, fügte der Schlingel hinzu. Er bat, man möge eine Bestellung für Eier, Fleisch, Fett, Zucker aufgeben, auch für Kakao und Schokolade. Die Preise waren phantastisch niedrig. Na, was denn, es ist schließlich ein Sonderladen, speziell für verdiente Genossen.

Der Gauner wartete ein paar Tage und rief dann wieder an, sagte, die Lebensmittel seien inzwischen eingetroffen. Die verehrten Hinterbliebenen möchten sich bitte dort und dort einfinden, um sie abzuholen. Und wenn die Leute vertrauensvoll zu dem angegebenen Treffpunkt kamen, nahm er ihnen das Geld ab, versprach die Lieferung und verschwand.

Dieses Gewerbe betrieb er lange Zeit. Dutzende, wenn nicht Hunderte derartiger Operationen führte er durch. Das konnte nur gelingen, weil die Rechnung so genial einfach war. Wäre er mit seinem Angebot zu einer Arbeiterfamilie gekommen, so hätte die ihm nicht geglaubt. In den Angestelltenfamilien glaubten sie ihm um so bereitwilliger. Sie wußten nur zu gut, daß Sonderläden existierten. Daß man heimlich vorgehen mußte und daß man nicht darüber sprechen durfte.

Das neue Leben hatte eine Menge neuer Konflikte mit sich gebracht. Den Sonderladen, die Kommunalwohnung. In früheren Epochen schlich beispielsweise ein Mensch mit einem Schwert in der Hand um ein Schloß herum, um einen Geist zu erschlagen. In unserer Zeit schleicht ein Mensch mit einer Axt in der Hand in einer kommunalen Wohnung herum, lauert auf den Mitbewohner, der auf dem Klosett das Licht nicht ausgeknipst hat. Ein ganzer Roman voller Geheimnisse und Schrecken der neuen Zeit. Da rennt mein Held herbei, die Axt in der Hand, droht, wenn er den schlampigen Verbrecher am Tatort erwische, werde er ihn erschlagen. Und ich fühle, ich habe ihn noch nicht genügend besungen, ihn nicht deutlich genug geschildert.

Ich meine das keineswegs ironisch. Warum soll Musik uns immer nur von den Höhen des menschlichen Geistes berichten oder allenfalls von romantischen Bösewichtern? Helden und Schurken gibt es nur wenige. Die meisten Menschen sind mittelmäßig. Sind weder schwarz noch weiß. Sie sind grau, von einer schmutziggrauen Schattierung. In diesem so unbestimmt gefärbten Milieu entstehen die grundlegenden Konflikte unserer Zeit. Es ist ein ungeheurer Ameisenhaufen, in dem wir herumkriechen.

Mit den meisten von uns meint es das Schicksal nicht gut, behandelt uns grob und streng. Und sowie ein Mensch eine etwas höhere Stufe erklommen hat, beginnt er selbst nach unten zu treten, andere zu quälen und zu erniedrigen. Gerade diesen Umstand sollten wir, glaube ich, besonders beachten. Man muß über die Mehrheit und für die Mehrheit schreiben. Und man muß die Wahrheit schreiben. Das wird man dann realistische Kunst nennen können.

Weg mit den hohen Tragödien. Bei Ilf und Petrow kommt ein Mann vor, der sich seinen schmerzenden Fuß wäscht, weil er zum Arzt will. Erst in der Sprechstunde merkt er, daß er den falschen Fuß gewaschen hat. Das ist eine zeitgenössische Tragödie.

So gut ich es vermochte, versuchte ich über diese Menschen zu schreiben, über ihre ganz durchschnittlichen Träume und Hoffnungen. Über ihren verdächtigen Hang zum Mord. Ich bedaure es sehr, daß meine Fähigkeiten dazu nicht ausreichten, vielleicht war ich nicht konsequent genug. Mir fehlte die Entschlossenheit und die geistige Kraft, die Soschtschenko auszeichnete. Aufs entschiedenste wies er die Forderung zurück, ein roter Tolstoi oder ein roter Rabindranath Tagore würde gebraucht, und Sonnenauf- und -untergänge müßten unbedingt in blumigem Satzgekräusel beschrieben werden. Mir gelang es nicht, das durchschnittliche Leben meiner Zeitgenossen in meiner Musik auszudrücken. Das ist eine Schwäche. Von einer anderen Schwäche aber weiß ich mich absolut frei: Nie habe ich versucht, mit meiner Musik den Mächtigen zu schmeicheln. Niemals habe ich »getändelt«. Nie war ich ihr »Liebling«.

Ich weiß wohl, daß man mich dessen beschuldigt. Behauptet, ich hätte der Macht zu nahe gestanden. Das ist, wie Daniil Charms sagen würde, eine optische Täuschung. Was nicht war, war nun einmal nicht.

Das einfachste ist, sich an die Tatsachen zu halten. Lenin, wie man sich leicht vorstellen kann, hat nie Musik von mir gehört. Und selbst wenn er einmal etwas von mir gehört haben sollte, wird es ihm kaum gefallen haben. Lenin hatte, soviel ich verstanden habe, zur Musik eine ausgeprägte eigene Beziehung, ausgeprägter, als man gewöhnlich annimmt.

Lunatscharski[11] sprach einmal darüber. Er hatte Lenin oft zu seinen Hauskonzerten eingeladen, aber Lenin wehrte immer ab, hatte keine Zeit. Einmal, als ihm diese ständigen Einladungen gar zu lästig wurden, sagte er geradeheraus zu Lunatscharski: »Natürlich ist es sehr angenehm, Musik zu hören. Aber wissen Sie, Musik verwirrt mich, macht mich niedergeschlagen, ich kann sie nur schwer ertragen.« Lenin, sehen Sie, irritierte Musik. Darüber nachzudenken ist sehr aufschlußreich.

Auch Sinowjew, das Petrograder Parteioberhaupt, war kein Anhänger meiner Musik. Ihm folgte Kirow[12] nach, auch der hatte mit mir nichts im Sinn. Sinowjew ließ seinerzeit die Leningrader Opernhäuser schließen und begründete diesen Befehl ungefähr so: Das Proletariat braucht keine Opernhäuser. Sie sind dem Proletariat eine schwere Last. Wir Bolschewiken können diese Bürde nicht länger schleppen. (Auch Lenin bezeichnete die Oper als ein »Stück reinster Adelskultur«.)

Kirow besuchte dagegen gerne die Oper. Er gefiel sich als Mäzen. Doch meiner Oper »Die Nase« nützte das nichts. Er äußerte sich scharf ablehnend über sie. Die Oper wurde abgesetzt unter dem Vorwand, es seien zu viele Proben nötig gewesen, die Schauspieler seien erschöpft. Ich kann noch von Glück sagen, daß sie das Theater nicht zumachten. Wegen Kreneks Oper hatten sie seinerzeit beabsichtigt, das Theater völlig zu schließen.

Über Stalin, Shdanow und Chruschtschow brauche ich an dieser Stelle nichts zu sagen. Wie unzufrieden diese Führer mit meiner Musik waren, ist bekannt. Soll mich das verbittern? Komische Frage, natürlich nicht.

Das wäre die einfachste Antwort. Aber diese einfachste Antwort reicht nicht aus. Diese Männer waren nicht irgendwelche nebensächlichen Straßenbekanntschaften, sondern Inhaber unbegrenzter Macht. Diese Macht benutzten die Bürger Vorgesetzten bedenkenlos. Besonders dann, wenn ihre empfindliche Eigenliebe verletzt worden war.

Ein Künstler, der den Führer nicht ähnlich gemalt hatte, verschwand auf immer. Auch ein Schriftsteller, der »grobe Worte« gebraucht hatte, verschwand. Mit ihnen wurden keine Diskussionen über ästhetische Fragen geführt. Man forderte sie auch nicht auf, sich zu rechtfertigen. Nachts kamen einfach Männer und brachten sie fort. Fertig.

Das waren keine Einzelfälle, keine Ausnahmen. Das muß man festhalten. Es kam überhaupt nicht darauf an, wie das Publikum ein Werk aufnahm. Auch nicht darauf, ob es der Kritik gefiel. Das alles hatte keinerlei Gewicht.

Lebenswichtig war etwas anderes. Wie gefällt dein Opus dem Führer? Ich betone: lebenswichtig. Denn es ging buchstäblich um

Leben oder Tod, nicht etwa im übertragenen Sinne. Das muß man festhalten.

Jetzt werden Sie verstehen, warum eine einfache Antwort auf die Frage, ob mich das verbitterte, unmöglich ist. Natürlich war ich verbittert. Wenn auch das Wort nicht ganz stimmt. Aber lassen wir das beiseite. Tragödien erscheinen im nachhinein als Farcen. Erzählt man jemandem von seiner eigenen Angst, wirkt es lächerlich. So ist nun mal die menschliche Natur.

Nur einem einzigen Menschen aus der Zahl der höchsten Machthaber gefiel meine Musik wirklich. Und das war für mich sehr wichtig. Warum, das werden Sie gleich verstehen. Es war Marschall Tuchatschewski, der »Rote Napoleon«, wie man ihn gerne nannte.

Als wir uns kennenlernten, war ich 19 Jahre, Tuchatschewski schon über dreißig Jahre alt. Der Altersunterschied war natürlich nicht die Hauptsache. Der Hauptunterschied bestand darin, daß Tuchatschewski damals schon einen der höchsten Posten in der Roten Armee innehatte und ich ein Musikstudent war.

Aber ich gab mich sehr selbstbewußt, war streitsüchtig. Das gefiel Tuchatschewski. Wir freundeten uns an. Es war das erste und zugleich das letzte Mal, daß ich mich mit einem der Führenden des Landes befreundete. Und diese Freundschaft endete erst mit Tuchatschewskis tragischem Tod.

Er war einer der interessantesten Menschen, die ich kennengelernt habe. Natürlich wirkte sein Kriegsruhm unwiderstehlich. Alle wußten, daß Tuchatschewski schon mit 25 Jahren Armeekommandeur gewesen war und im übrigen sichtlich ein Götterliebling. Ruhm, Auszeichnungen, hohe Stellungen. Das ging bis 1937.

Tuchatschewski genoß seine Beliebtheit. Er sah sehr gut aus und wußte es. Er kleidete sich luxuriös. Und das gefiel mir ausnehmend an ihm. In meiner Jugend liebte ich es auch, mich gut anzuziehen.

Eine andere Eigenschaft Tuchatschewskis rief in mir so etwas wie Neid hervor: seine unerschütterliche Gesundheit. Hier stand ich weit hinter Tuchatschewski zurück. Ich war oft krank. Tuchatschewski konnte einen Menschen auf einen Stuhl setzen und dann den Stuhl mit dem Menschen darauf in die Luft stemmen. Er hob sogar mit ausgestrecktem Arm den Stuhl mit dem Daraufsitzenden an einem Bein hoch.

Neben seinem Arbeitszimmer in Moskau hatte er einen regelrechten Turnsaal. Dort gab es Barren, Turnbalken, Recks und viele mir völlig unbekannte Turngeräte. Zweifellos war Tuchatschewski ein außerordentlich begabter Mensch. Über seine militärischen Fähigkeiten kann ich nicht urteilen. Ich hatte auch nicht den Wunsch, mich pausenlos an Tuchatschewskis berühmten Operationen zu begeistern, etwa der Niederwerfung des Kronstädter Aufstands.[13]

Aber ich war mehrfach Zeuge, wie Leute aus Tuchatschewskis Umgebung Dithyramben auf seine Kriegstaten sangen. Schmeichler gab es zu allen Zeiten genügend in seiner Nähe. Tuchatschewski war ehrgeizig und herrschsüchtig – er war schließlich auch Berufssoldat. Auch Meyerhold war ehrgeizig und herrschsüchtig. Er hatte ein Faible für militärisches Gepränge, trug stolz den albernen Titel »Rotarmist ehrenhalber« und ging gern in Rotarmistenuniform. Er hegte eine kindliche Leidenschaft für Kanonen, Dekorationen, Trommeln und ähnlichen martialischen Firlefanz. Das war sozusagen Meyerholds Achillesferse. Tuchatschewskis Achillesferse war die Kunst.

Meyerhold sah in Soldatenuniform wirklich komisch aus, aber viele Leute fanden ihn sehr eindrucksvoll. Nicht weniger komisch sah Tuchatschewski aus, wenn er eine Geige in die Hand nahm. Doch auch das entzückte viele. Beides war, unter uns, Pose.

Immerhin: Meyerhold konnte Geige spielen, Tuchatschewski auch. Tuchatschewski widmete sich der Geige sogar mit übermäßiger Leidenschaft. Und beide, Tuchatschewski wie Meyerhold, erwähnten kurz vor ihrem tragischen Tod ihre Liebe zur Geige. Dies ist natürlich nur ein zufälliges Zusammentreffen. Einer dieser bösen Scherze, die uns das Leben spielt.

Meyerhold, der täglich seine Verhaftung erwartete, beklagte, daß er nicht Geiger geworden sei: »Dann würde ich jetzt in irgendeinem Orchester sitzen und fiedeln. Hätte keine Sorgen.« Er sagte es bitter und voller Angst. Er war damals 65 Jahre alt.

Fast das gleiche sagte kurz vor seiner Verhaftung der vierundvierzigjährige Tuchatschewski: »Wenn ich doch bloß schon als Kind Geige spielen gelernt hätte. Aber Papa kaufte mir ja keine Geige. Er hatte nie Geld. Als Geiger wäre ich jetzt besser dran.«

Diese Koinzidenz verwundert und erschreckt. Der umjubelte Regisseur und der gefeierte Heerführer – beide wollten plötzlich unscheinbar und unbemerkt sein. Einfach im Orchester sitzen und fiedeln. Der Maestro und der Marschall hätten am liebsten ihre Biographie mit jedem beliebigen Orchestermusiker getauscht. Mit jedem betrunkenen Stehgeiger, der das Publikum vor dem Beginn eines Films unterhält. Aber es war zu spät.

Tuchatschewski gefiel sich in der Rolle des Mäzens. Er liebte es, »junge Talente« zu entdecken und zu protegieren. Vielleicht, weil er selber eine Art militärisches Wunderkind gewesen war, vielleicht auch, um seine Macht spielen zu lassen. Schon bei unserer ersten Begegnung wollte Tuchatschewski eigene Kompositionen von mir hören. Er lobte sie. Manchmal kritisierte er sie auch. Häufig wollte er das eben Gehörte noch einmal hören. Das ist eine Folter für jeden, dem Musik an die Nerven geht. Offenbar mochte Tuchatschewski meine Musik tatsächlich.

Manchmal denke ich darüber nach, wie mein Leben sich wohl gestaltet hätte, wenn Tuchatschewski nicht auf Stalins Befehl erschossen worden wäre. Vielleicht wäre alles anders verlaufen? Besser? Glücklicher? Lassen wir müßige Erwägungen beiseite. Schließlich pflegte der weise Führer und Lehrer sich nicht mit Tuchatschewski zu beraten. Als Stalin mich wegen »Lady Macbeth« zu prügeln begann, war Tuchatschewski nicht vorher davon informiert gewesen. Wie jeder normale Sterbliche erfuhr er es erst durch den ominösen Artikel in der »Prawda«: »Chaos statt Musik«. Hätte Tuchatschewski irgend etwas tun können? Hätte er sich Stalin entgegenstellen können?

Damals schien Tuchatschewski eine glänzende Zukunft vor

sich zu haben. Er war kürzlich zum Marschall der Sowjetunion ernannt worden. Klingt imponierend. Anderthalb Jahre später wurde er erschossen. Ich blieb zufällig am Leben. Wer von uns beiden war der Glücklichere?

Damals, 1936, wurde ich nach Moskau gerufen. Zur öffentlichen Auspeitschung[14]. Und ich mußte vor der ganzen Welt erklären, ich hätte mich selber verhauen. Absolute Niedergeschlagenheit befiel mich. Gleichsam über Nacht waren alle meine bisherigen Arbeiten getilgt, meine künftigen unmöglich gemacht.

Bei wem sollte ich Rat suchen? Zu wem konnte ich gehen? Ich ging zu Marschall Tuchatschewski. Er war gerade von einer triumphalen Reise nach London und Paris zurückgekehrt. Täglich schrieb die »Prawda« über ihn. Ich dagegen war wie ein Aussätziger. Keiner besuchte mich, niemand erkannte mich auf der Straße. Alle hatten Angst. Tuchatschewski empfing mich. Er schloß sich mit mir in seinem Arbeitszimmer ein. Schaltete das Telefon ab. Wir schwiegen. Begannen dann, ganz leise zu sprechen. Ich sprach leise, weil ich vor Jammer und Verzweiflung nicht laut sprechen konnte. Er sprach leise, weil er fremde Ohren fürchtete.

Es war schon damals so: Wenn man einen politischen Witz erzählen wollte, mußte man seinen Gast ins Badezimmer bitten, alle Wasserhähne aufdrehen und beim Rauschen des Wassers den Witz erzählen. Sogar lachen mußte man leise, hinter vorgehaltener Hand. Diese herrliche Tradition ist nicht ausgestorben, hat sich bis auf unsere Tage erhalten.

Doch damals war uns nicht nach Witzen zumute. Tuchatschewski kannte Stalin gut, viel besser als ich. Er wußte, daß Stalin einen Menschen gnadenlos vernichtet.

In jenen Tagen schien es so, als sei auch mir dieses Schicksal beschieden. Der zweite »Prawda«-Artikel zehn Tage später, der noch schwereres Geschütz aufgefahren hatte, bestätigte die finsteren Vermutungen.

Tuchatschewski versprach mir, alles zu tun, was ihm irgend möglich war. Er sprach vorsichtig. Es war deutlich zu sehen, wie er sich beherrschen mußte, als die Rede auf Stalin kam. Was hätte er mir in diesem Augenblick auch sagen können?

Tuchatschewskis politische Pläne sind nicht bekannt geworden. Wollte er Diktator werden? Warum eigentlich nicht? denke ich heute. Doch ich bezweifle, daß es ihm unter den herrschenden Umständen gelungen wäre.

Inzwischen weiß man, daß Tuchatschewski einer gemeinsamen Aktion Hitlers und Stalins zum Opfer fiel. Doch sollte man die Rolle des deutschen Geheimdienstes nicht überschätzen. Wenn Tuchatschewski nicht durch diese gefälschten Dokumente »entlarvt« worden wäre, hätte Stalin eine andere Gelegenheit gefunden, ihn zu beseitigen. Die Deutschen hatten Stalin ganz einfach in die Hände gespielt, als Begleitstimme sozusagen. Ob es Anlaß dazu gab oder nicht – was machte das für einen Unterschied? Tuchatschewskis Schicksal war sowieso entschieden.

Tuchatschewskis Empfehlungen in militärischen Dingen hatte Stalin immer schroff zurückgewiesen. Und da er zu entscheiden hatte, ob eine Empfehlung angenommen oder abgelehnt wurde, mußte man listig vorgehen, um etwas zu erreichen. Tuchatschewski verabredete sich in solchen Fällen mit seinem Stellvertreter. Gemeinsam gingen sie zu Stalin. Tuchatschewski trug eine Empfehlung vor. Dann begann sein Stellvertreter, ihn zu »korrigieren«. Das amüsierte Stalin jedesmal ungemein, und mit schadenfrohem Vergnügen begann er, die »Korrekturen« noch zu vervollständigen und weiterzutreiben. Es machte ihm Spaß, daß Tuchatschewski »sich geirrt« hatte. Zum Schluß wurde die Empfehlung angenommen. Aber es war nun nicht mehr Tuchatschewskis Empfehlung, sondern eine »Idee« Stalins. Dies ist nur ein Beispiel davon, wie Stalins Ideen entstanden.

Manche Leute behaupten, Tuchatschewski habe Stalin gegenüber nie etwas auszurichten vermocht. Stalin habe ihn stets ausgetrickst. Das ist dummes Geschwätz. Stalin griff aus dem Hinterhalt an wie ein Strauchdieb. Dazu braucht man nicht klüger und auch nicht gerissener zu sein, nur schlechter.

Tuchatschewski war einsam. Er hatte kaum Freunde, war von

Schmeichlern und von Frontkameraden aus dem Bürgerkrieg umgeben. Außer Stalin intrigierten auch die »alten Kavalleristen« – Budjonny und vor allem Woroschilow[15] – gegen ihn, weil er nachdrücklich den Standpunkt vertrat, daß Panzer und Luftwaffe den nächsten Krieg entscheiden würden. Wie sich zeigte, hatte Tuchatschewski recht gehabt. Aber die ehemaligen Kavalleristen wollten damals nichts davon hören. Sie meinten, es werde eine Kleinigkeit sein, hoch zu Roß bis Berlin oder Paris zu galoppieren.

Tuchatschewski, der über die Bedeutung von Einsteins Relativitätstheorie für militärische Belange diskutierte, war ihnen ein Dorn im Auge. Und Stalin unterhielt sich natürlich lieber mit den »Kavalleristen«. Sie sahen kritiklos zu ihm auf. Nur dieser unterwürfigen Kritiklosigkeit verdankte es zum Beispiel Woroschilow, daß er alle Mißhelligkeiten unbeschadet überlebte. Zwar knurrte Stalin in seinen letzten Lebenstagen, auch Woroschilow sei ein englischer Spion. Aber er wußte schon nicht mehr recht, was er sagte. Und so blieb Woroschilow ungeschoren.

Woroschilow liebte den Chorgesang, sang auch selber gern, war Tenor. Wahrscheinlich hielt er sich für einen ebenso großen Musikspezialisten wie Shdanow. Mit großem Eifer gab er Komponisten und Interpreten wertvolle Anweisungen. Ukrainische Volkslieder gingen ihm über alles, er sang sie hingerissen mit seinem dünnen Tenor. Ein mir bekannter Schauspieler erzählte, wie er einmal mit Stalin, Woroschilow und Shdanow gemeinsam gesungen habe. Es war nach einem Empfang. Die Solisten des Bolschoitheaters begleiteten untertänigst den Gesang der Führer. Scheußliche Dissonanz hing in der Luft. Stalin dirigierte. Selbst hier noch wollte er kommandieren. Natürlich waren alle schwer betrunken.

Selbstverständlich habe ich in militärischen Fragen kein Urteil, bin zum Glück ein absoluter Dilettant. Doch von Tuchatschewski habe ich ziemlich viel über militärische Dinge gehört. Natürlich war ihm klar, daß es gar keinen Sinn hatte, mir derartiges mitzuteilen. Aber wenn ihn ein militärisches Problem beschäftigte, ging sein Mitteilungsbedürfnis mit ihm durch. Wir gingen oft zusammen spazieren. Er fuhr gern aus der Stadt heraus und nahm mich mit. Das Auto ließen wir dann stehen und gingen in den Wald. Hier konnte er frei und offen sprechen.

Tuchatschewski war und blieb überall, in jeder Situation, Berufssoldat. Es machte ihm Freude, die Künste zu protegieren. Doch sein Denken kreiste ausschließlich um Militärdinge. Und so erfuhr ich manches. In solchen Momenten war er mir sympathisch und unsympathisch zugleich. Mir gefiel, daß er über Dinge sprach, von denen er sehr viel verstand. Ich höre lieber Spezialisten als Dilettanten zu. Aber er war Spezialist in einem furchtbaren Beruf. Sein Beruf war es, über Leichen zu gehen, und zwar so erfolgreich wie möglich. Das wiederum stieß mich ab – sein Enthusiasmus für diesen Beruf.

Tuchatschewski schwärmte dafür, Harun al Raschid zu spielen. Zwar stand ihm die Uniform sehr gut, und er wußte das. Aber in Uniform erkannte ihn jeder sofort. Deswegen ging er gern in Zivil durch die Stadt, in einem gut geschnittenen Anzug. Er liebte es, ins Kino zu gehen. Natürlich konnte er in den speziellen Vorführsälen für die hohen Tiere so viele Filme sehen, wie er wollte, er zog es aber vor, in Zivil sich in irgendeine schäbige kleine Flohkiste zu setzen. Allein, ohne Leibwächter. Das war ihm interessanter.

Einmal saß Tuchatschewski in einem Kino und sah, daß der Klavierspieler sein ehemaliger Musiklehrer aus dem Kadettenkorps war. Er hieß Erdenko und war verwandt mit dem berühmten Geiger Michail Erdenko. Der alte Mann war in einer jämmerlichen Verfassung. Tuchatschewski beschloß, ihm zu helfen. Er ging zu ihm, erinnerte ihn an die alten Zeiten und sagte, er wolle wieder Stunden bei ihm nehmen; denn der Musikunterricht damals sei so gut gewesen, daß er ihn bis heute nicht vergessen habe. Natürlich nahm Tuchatschewski keine Stunden bei dem alten Lehrer, doch er schickte ihm ein durchaus angemessenes Honorar für ein Jahr Unterricht im voraus. Er wollte dem alten Mann auf elegante Weise helfen, ohne ihn zu kränken.

Einmal gingen Tuchatschewski und ich in die Eremitage. Es war Tuchatschewskis Idee gewesen. Natürlich war er in Zivil. Erst bummelten wir allein durch das Museum, dann schlossen wir uns einer Touristengruppe an. Die Gruppe hatte einen jungen, nicht übermäßig kenntnisreichen Führer. Tuchatschewski begann, den Führer zu korrigieren, dessen dürftige Erläuterungen zu ergänzen. Die Gruppe hörte bald nur noch Tuchatschewski zu und beachtete den Führer nicht mehr. Der geriet nach und nach in Weißglut, wollte sich aber mit dem »vorlauten Kerl« nicht anlegen und wandte sich an mich: »Was ist denn das für einer?« Mit dem Unterton – der soll gefälligst seine Nase in seinen eigenen Dreck stecken. Ich antwortete, ohne mit der Wimper zu zucken: »Tuchatschewski.« Es wirkte wie ein Donnerschlag.

Das heißt, im ersten Augenblick glaubte mir der Führer nicht. Doch dann schaute er genauer hin und begriff, wen er vor sich hatte. Tuchatschewskis äußere Erscheinung war imponierend. Und, klarer Fall, der nicht allzu kenntnisreiche Angestellte der Eremitage erschrak. Die Sache konnte ihn seine Stellung kosten. Wie sollte er dann seine Kinder ernähren?

Man hätte ihn ohne Gnade hinausgeworfen, wenn Tuchatschewski es verlangt oder sich auch nur mit einem Wort über den Mann beschwert hätte. Als Chef des Wehrkreises verfügte er in Leningrad über erhebliche Autorität. Die kriegerische Stimmung des Museumsführers wich abgrundtiefer Angst. Er dankte Tuchatschewski untertänigst für seine wertvollen Hinweise. Tuchatschewski antwortete ihm wohlwollend: »Lernen Sie, junger Mann, lernen Sie. Zum Lernen ist es nie zu spät.« Wir gingen zum Ausgang. Tuchatschewski war mit der kleinen Episode sehr zufrieden.

Einmal erwischten Sicherheitsbeamte einen Mann an Tuchatschewskis Auto. Der Mann war restlos betrunken und versuchte, die Türgriffe abzuschrauben. Sie waren vernickelt und glänzten schön, das gefiel diesem Bürger offenbar. Die Sicherheitsleute brachten den Bürger, »wohin es sich gehört«. So lautet die berühmte Formel. Mit sehr mißlichen Folgen, wie man zugeben muß.

Tuchatschewski mischte sich ein. Er befahl, den Trunkenbold gehen zu lassen – er solle seinen Rausch ausschlafen. Es handelte sich um den Komponisten Gladkowski, der damals recht bekannt war. Sogar eine Oper von ihm wurde mit einigem Erfolg aufgeführt.

Die Oper wurde gerade damals, nachdem es lange Zeit überhaupt keine gegeben hatte, neu inszeniert; es handelte sich um ein militärisches Sujet (die Verteidigung Petrograds 1919). Gladkowski meinte, es werde Tuchatschewski bestimmt interessieren, die Oper zu hören, und er lud ihn deshalb mit eigenem Extrabrief ein. In diesem Brief dankte er ihm, daß er ihn nicht dorthin hatte bringen lassen, »wohin es sich gehört«.

Tuchatschewski hörte sich die Oper an. Sie gefiel ihm nicht sonderlich. Später sagte er nachdenklich zu mir: »Vielleicht war es doch ein Fehler von mir, ihn laufenzulassen.« Natürlich meinte er es nur im Scherz.

Tuchatschewski galt allgemein als der »bedeutendste sowjetische Militärtheoretiker«. Das konnte Stalin natürlich nicht dulden. Sehr argwöhnisch betrachtete er auch die Freundschaft zwischen Tuchatschewski und Ordshonikidse. Unerwartet starb Frunse[16], der Volkskommissar für Verteidigung. Auch bei diesem Todesfall hatte, wie man heute annimmt, Stalin seine Hand im Spiel. Und Tuchatschewski empfahl für den vakant gewordenen Posten des Volkskommissars ausgerechnet Ordshonikidse.

Das alles paßte Stalin nicht, und es spielte bei den späteren Ereignissen auch eine gewisse Rolle. Auf Stalins Veranlassung war Tuchatschewski daher eines schönen Tages nach Leningrad versetzt worden. Er empfand das als eine Art Verbannung. In dieser Zeit sahen wir uns ziemlich häufig. In Leningrad entwickelte Tuchatschewski einen stürmischen Tatendrang, dessen Ergebnisse erst im Kriege zutage traten. Da war Tuchatschewski schon längst erschossen.

Im Kriege habe ich oft an ihn gedacht. Sein kluger Kopf fehlte. Heute weiß man, daß Hitler zunächst zögerte, den Befehl zum »Unternehmen Barbarossa«[17] zu unterzeichnen. Er tat es dann doch aus der Erwägung, daß die Rote Armee ohne Tuchatschewski kopflos sei.

Ich dachte an Tuchatschewski, als ich im Juli 1941 Panzergräben bei Leningrad aushob. Wir wurden bis hinter das Forelli-Krankenhaus gebracht, dort in Gruppen aufgeteilt. Jeder bekam einen Spaten. Die Mitglieder des Konservatoriums waren in einer Gruppe zusammengefaßt. Die Musiker boten einen jammervollen Anblick und arbeiteten miserabel.

Julihitze. Einer der Pianisten hatte einen neuen Anzug an. Er krempelte die Hosen bis übers Knie hoch, seine spindeldürren Beinchen kamen zum Vorschein; sie waren bald bis weit über die Knie hinauf mit nassem Grabenlehm beschmiert. Ein anderer – hochgeachteter Musikhistoriker – legte alle paar Minuten die Schaufel beiseite. Er hatte eine Aktentasche mitgebracht, randvoll mit Büchern, und bei jedem Busch hockte er sich erst einmal in den Schatten und zog ein dickes Buch aus der Tasche. Natürlich gaben sich alle große Mühe. Ich auch. Aber was sollten hier Gräben nützen? Mit dem Bau wirksamer Verteidigungsanlagen hätte man früher, sehr viel früher beginnen müssen. Fachleute hätte man damit betrauen müssen, dann wäre etwas Vernünftigeres dabei herausgekommen. Das wenige, was für einen Verteidigungsfall vorbereitet war, hatte noch Tuchatschewski veranlaßt.

Als Tuchatschewski mehr Flugzeuge und Panzer verlangte, nannte Stalin ihn einen Phantasten. Doch als der Krieg dann ausgebrochen war, griff Stalin nach den ersten schweren Niederlagen Tuchatschewskis Pläne auf. Genauso war es mit den Raketen gewesen, eine Initiative Tuchatschewskis während seiner Leningrader Zeit. Stalin hatte nach der Liquidierung des unbequemen Marschalls alle Raketenspezialisten erschießen lassen. Und im Krieg mußte man von vorn beginnen.

Der Krieg war für unser Volk eine furchtbare Tragödie. Ich habe in meinem Leben viel Schlimmes gesehen und erlebt. Doch der Krieg war wohl unsere schwerste Prüfung. Nicht nur für mich persönlich, für alle Menschen. Für Komponisten oder Dichter war es vielleicht nicht ganz so schwer. Aber das Volk litt. Und wie viele kamen um! Millionen!

Es stimmt schon, der Krieg war nicht zu vermeiden gewesen.

Er ist ein scheußliches, schmutziges Geschäft. Ein blutiges. Viel besser wäre es, es gäbe weder Kriege noch Soldaten. Aber wenn schon Krieg, dann muß man ihn auch sachkundig führen.

Tuchatschewski war Berufssoldat. Und er verstand von diesem Beruf mehr als jene unerfahrenen oder auch unfähigen Heerführer, die nach allen Säuberungen übriggeblieben waren und nun unsere Truppen zu befehligen hatten. Tuchatschewski erzählte mir vom Ersten Weltkrieg. Dem Zaren gegenüber hatte er eine mehr als skeptische Einstellung. Aber er kämpfte. Kämpfte besessen und tapfer. Als er gegen die Deutschen focht, tat er es nicht für den Zaren, sondern für das Volk. Denn unter den Deutschen wäre es dem russischen Volk noch schlechter ergangen als unter dem Zaren.

An diese Worte Tuchatschewskis habe ich oft denken müssen. Während des Krieges wurden sie für mich aktuell. Ich hasse den Krieg. Aber man muß das Land verteidigen gegen den Überfall eines Feindes. Man hat nur ein Heimatland.

Tuchatschewski war im Ersten Weltkrieg in deutsche Kriegsgefangenschaft geraten. Nach unseren heutigen Begriffen war diese Gefangenschaft das reinste Sanatorium. Die gefangenen Offiziere konnten ohne Bewachung außerhalb des Lagers spazierengehen. Es genügte die schriftliche Verpflichtung, nicht auszureißen. Offiziersehrenwort sozusagen. Tuchatschewski bat einen anderen Offizier, dieses Ehrenwort für ihn zu unterschreiben, und floh. Er erzählte mir lächelnd davon. Aber vor Stalin zu fliehen gelang ihm nicht.

Als Tuchatschewski Lenin vorgestellt wurde, fragte der ihn als erstes, wie er der Kriegsgefangenschaft entronnen sei. Anscheinend nahm Lenin an, die Deutschen hätten Tuchatschewski zur Flucht verholfen, so wie sie es ihm ermöglicht hatten, nach der Revolution nach Rußland zurückzukehren.

Lenin spürte in Tuchatschewski den verwandten Geist. Er übertrug dem unbekannten Leutnant höchst verantwortungsvolle Posten. Man weiß, daß Tuchatschewski mit seiner Armee bis vor Warschau kam, die Stadt aber nicht einnehmen konnte; er mußte sich zurückziehen. Lenin verzieh ihm den Fehlschlag. Tuchatschewski erzählte mir dies vor meiner Reise nach Warschau zu einem Pianisten-Wettbewerb.

Er hatte Warschau 1920 angegriffen. Wir fuhren im Januar 1927 hin, kaum sechs Jahre später. Wir waren zu dritt. Und wir spielten unsere Programme Tuchatschewski vor. Er ertrug unser Spiel geduldig und sagte irgend etwas Ermutigendes; dem Sinn nach: Es sei doch nicht schlimm, wenn wir den Preis nicht gewönnen. Schließlich habe ihn der Warschauer Fehlschlag damals nicht den Kopf gekostet, und auch wir würden unseren Mißerfolg überleben.

Ich wüßte gerne, wer heute Tuchatschewskis Geigen spielt, ob sie überhaupt erhalten blieben. Ich habe das Gefühl, sie müßten einen traurigen Klang haben. Mir ist es im Leben oft schlechtgegangen. Andere aber waren noch sehr viel schlimmer dran. Wenn ich an Meyerhold oder Tuchatschewski denke, fallen mir Ilfs und Petrows Worte ein: »Es genügt nicht, die Sowjetmacht zu lieben. Sie muß auch dich lieben.«

»Chaos statt Musik«

»Lady Macbeth« und der Beginn des Zweiten Weltkriegs

An »Lady Macbeth« habe ich ungefähr drei Jahre lang gearbeitet. Ich hatte sie mir als eine Trilogie über die Lage der Frauen in verschiedenen Epochen der russischen Geschichte gedacht. Als Sujet lag ihr Leskows Erzählung »Lady Macbeth von Mzensk« zugrunde. Diese Erzählung reißt den Leser durch ihre ungewöhnliche Prägnanz und Fülle mit. Es ist die wahrhaftige und tragische Schilderung des Schicksals einer begabten, klugen und außerordentlichen Frau, die an den alptraumhaften Zuständen im vorrevolutionären Rußland scheitert. Ich halte diese Erzählung für eine der besten ihrer Art.

Maxim Gorki sagte anläßlich der Feier seines 60. Geburtstages: »Man muß lernen. Man muß sein Land kennenlernen, seine Vergangenheit, seine Gegenwart und seine Zukunft.« Und Leskows Erzählung entspricht wie kaum eine andere dieser Forderung Gorkis. Eine unerhört starke Darstellung einer der dunkelsten Epochen des vorrevolutionären Rußland. Für einen Komponisten ist die »Lady Macbeth« geradezu ein Schatz. Die lebendig gezeichneten Charaktere, die dramatischen Konflikte – all das zog mich mächtig an. Das Libretto schrieb der junge Leningrader Dramaturg Alexander Preiss zusammen mit mir. Es basierte fast ausschließlich auf Leskow, mit Ausnahme des dritten Akts, der in seiner schärferen sozialen Aussage von Leskow abweicht. Wir fügten eine Eingangsszene auf der Polizeistation hinzu und nahmen den Mord an Katerina Lwowna Ismailowas Neffen heraus.

Ich plante »Lady Macbeth« als tragische Oper, besser gesagt als tragisch-satirische Oper. Wenn Katerina Lwowna auch eine Mörderin ist, gehört sie doch nicht zum Abschaum. Ihr Gewissen quält sie. Sie denkt an die Menschen, die sie umgebracht hat. Ich sympathisiere mit ihr.

Das ist schwer darzustellen. Und ich bekam eine Menge Einwände zu hören. Doch ich wollte diese Frau als hoch über ihrer Umgebung stehend zeigen. Katerina Lwowna lebt inmitten von Räubern. Sie leidet – wie im Gefängnis – fünf Jahre lang. Wer Katerina Lwowna kategorisch verurteilt, geht davon aus, daß jeder, der ein Verbrechen begangen hat, auch schuldig ist. Das ist die allgemeine Meinung. Für mich ist aber die Person das wichtigste.

Ich glaube, so war es schon Leskow ergangen. Bei ihm existieren keine allgemeinen standardisierten Verhaltensnormen. Alles hängt von der Situation ab, vom Menschen. Es ist durchaus eine Wendung möglich, bei der der Mörder nicht der Schuldige ist. Man kann nicht alles über einen Leisten schlagen.

Katerina Lwowna ist eine besondere und sehr starke Persönlichkeit. Ihr Leben ist trübselig und uninteressant. Dann kommt die Liebe in ihr Leben. Und diese Liebe ist ihr ein Verbrechen wert. Ein Leben ohne den geliebten Mann hat für sie jeden Sinn verloren.

In »Lady Macbeth« klingen viele Themen an. Ich möchte nicht allzuviel Zeit damit verbringen, sie im einzelnen anzuführen und zu interpretieren, denn ich will ja nicht über mich berichten und noch weniger über meine Musik. Wer will, kann die Oper anhören. Sie wird in letzter Zeit ziemlich oft aufgeführt, auch im Ausland, wenn auch in schlechten Inszenierungen, sehr schlechten. In den letzten Jahren gab es nur eine gute Aufführung, und zwar in Kiew mit Simeonow als Dirigenten. Simeonow hat ein bemerkenswertes Gespür für Musik. Er geht von der Musik aus, nicht vom Sujet. Wenn die Sänger anfingen, ihren Part »psychologisch zu vertiefen«, schnauzte er sie an: »Sie sind hier nicht im Moskauer Künstler-Theater! Ich brauche Gesang, aber keine Psychologie. Los, singen Sie!«

Bei uns wird selten berücksichtigt, daß in der Oper der Gesang wichtiger ist als die Psychologie. Die Dirigenten betrachten die

Musik in der Oper als etwas Drittrangiges. Dadurch haben sie auch den Film »Katerina Ismailowa« verdorben. Die Schauspieler spielten hervorragend, vor allem Galina Wischnewskaja[1], aber das Orchester ist kaum zu hören. Wie kommt das?

Ich widmete »Lady Macbeth« meiner Braut, meiner zukünftigen Frau. Versteht sich, daß die Oper auch von Liebe handelt, aber nicht nur. Sie handelt auch davon, wie Liebe sein könnte, wenn nicht ringsum Schlechtigkeit herrschte. An diesen Schlechtigkeiten ringsum geht die Liebe zugrunde. An den Gesetzen, am Besitzdenken, an der Geldgier, an der Polizeimaschinerie. Wären die Verhältnisse anders, wäre auch die Liebe eine andere.

Liebe gehörte zu Sollertinskis Lieblingsthemen. Darüber konnte er stundenlang sprechen – von den verschiedenen Ebenen aus, von der höchsten wie von der niedrigsten. Sollertinski half mir sehr bei meinen Versuchen, meine Ideen in »Lady Macbeth« zum Ausdruck zu bringen. Er sprach davon, wie die Sexualität in den beiden großen Opern »Wozzeck« und »Carmen« zum Ausdruck kommt, und bedauerte, daß in der russischen Oper nichts Vergleichbares geschaffen worden ist. Bei Tschaikowski beispielsweise gibt es nichts Derartiges. Und das ist kein Zufall.

Sollertinski hielt Liebe für eine hohe Begabung. Wer lieben kann, besitzt ein Talent wie jemand, der Schiffe konstruieren oder Romane schreiben kann. In diesem Sinne war Katerina Lwowna ein Genie, genial in ihrer Leidenschaft: Um der Liebe willen war sie zu allem fähig, selbst zum Mord. Unsere derzeitigen Lebensbedingungen erachtete Sollertinski als wenig geeignet für das Erblühen von Talenten dieser Art. Alles ringsum jammerte darüber, daß die Liebe verkümmere. Wahrscheinlich ist das immer so. Jede Generation bildet sich ein, für die Liebe sei das letzte Stündlein gekommen. Jedenfalls aber glaubt man immer, daß diese Frage sich heute anders stellt als gestern. Und morgen wird sie nicht mehr so gestellt wie heute. Wie – das weiß niemand; ganz bestimmt aber anders.

»Liebe zu dritt« war ein großer Filmerfolg. Im Theater gab man Stücke wie »Die Nationalisierung der Frauen«. Man arrangierte

Diskussionen über die freie Liebe. Diese Diskussionen hatten großen Zulauf. Dabei wurde die »Glas-Wasser-Theorie« diskutiert. Man stellte sich geschlechtliche Beziehungen so einfach vor wie den Griff nach einem Glas Wasser, das den Durst löscht.

Im »Theater der jungen Arbeiter« sagte die Heldin eines Stükkes, die Hauptsache sei, die geschlechtlichen Bedürfnisse zu befriedigen – nur das sei wichtig, sonst nichts. Aber man könne nicht ständig aus demselben Glase trinken, man werde dessen überdrüssig.

Gleichzeitig gab es Auseinandersetzungen über ein sehr populäres Buch, »Der Mond von rechts« von Sergej Malaschkin. Ein sehr schlechtes Buch. Doch das focht die Leser nicht an. Wichtig war der Inhalt: Sexualorgien junger Komsomolzen. Man veranstaltete regelrechte Gerichtsverhandlungen über die Helden dieses Buches mit Zeugen, Verteidigern und Staatsanwalt. Hitzig wurde die Frage verhandelt, ob ein Mädchen zweiundzwanzig Männer haben könne.

Das Problem beschäftigte alle. Selbst Meyerhold horchte auf, der doch ein Mann von gutem Geschmack war. Dies charakterisiert ein übriges Mal die damalige Atmosphäre. Meyerhold plante, Tretjakows[2] Stück »Ich will ein Kind« aufzuführen, hatte schon mit den Proben begonnen. Doch dann wurde das Stück verboten. Zwei Jahre bemühte er sich um die Aufführungsgenehmigung. Es blieb bei dem Verbot. Das Haupt-Repertoire-Komitee verurteilte das Stück als vulgär und zu direkt. Meyerhold konterte, wenn man dem Theater alle vulgären Wörter fernhalten wollte, dann müßte man den ganzen Shakespeare verbrennen und könnte nur noch Rostand aufführen.

Meyerhold wollte das Stück als Disput inszenieren. Es ging darum, die Liebe abzuschaffen. Eine brave Frau sagt: »Ich liebe nur meine Parteiarbeit.« Sex gibt es so nebenher. Und von Zeit zu Zeit werden gesunde Kinder geboren, klassenmäßig reine Kinder, von guter arischer, Verzeihung, proletarischer Abstammung.

Keine erfreuliche Geschichte. Tretjakow träumte davon, daß in Zukunft Kinder nur nach Plan in die Welt gesetzt werden würden, nun, man hat ihn umgebracht. Und Meyerhold wurde vorgeworfen: »Er bestand hartnäckig darauf, das Stück des Volksfeindes Tretjakow ›Ich will ein Kind‹ aufzuführen, ein Stück, das eine bösartige Verleumdung der sowjetischen Familie darstellt.«

Meine Oper, in der es keine direkten Berührungspunkte mit unserer ruhmreichen Wirklichkeit gibt, hat bei genauerem Hinsehen eben doch eine Menge Berührungspunkte. Allgemein gesprochen, ist für die russische Oper eine Heroine wie Katerina Lwowna nicht typisch, aber in meiner Oper gibt es auch eine ganze Reihe traditioneller Figuren, die mir ebenfalls sehr wichtig zu sein scheinen. Es gibt den schmierigen Kerl – eine Art Grischka Kuterjma.[3] Und dann spielt natürlich der ganze vierte Akt im Zuchthaus. Einige meiner Bekannten waren der Ansicht, der Akt sei zu traditionell. Aber ich wollte dieses Finale so und nicht anders. Schließlich ging es um Sträflinge. In früheren Zeiten nannte man Sträflinge »Unglückliche«. Man versuchte, ihnen zu helfen, ihnen etwas zu schenken. Erst in meiner Zeit wandelte sich die Beziehung zu Verhafteten: Gerätst du ins Gefängnis, bist du schon kein Mensch mehr.

Tschechow reiste nach Sachalin, um die Lage gewöhnlicher Krimineller zu erleichtern. Von den politischen Häftlingen gar nicht zu reden – sie alle waren in den Augen der Gebildeten Helden. Dostojewski erinnerte sich, wie ihm als Sträfling ein kleines Mädchen eine Kopeke geschenkt hat. Er war für sie ein Unglücklicher.

Ich wollte im vierten Akt zeigen, daß Häftlinge unglückliche Menschen sind, daß man den schon am Boden Liegenden nicht noch mit Füßen treten darf. Heute bist du Gefangener – morgen ich. Das ist für mich ein sehr wichtiges Moment in »Lady Macbeth«, ein sehr traditionsreiches in der russischen Musik.

Nehmen Sie Mussorgskis »Chowanschtschina«. Golizyn ist eine unsympathische Person. Doch als er in die Verbannung geführt wird, leidet Mussorgski mit ihm. Das muß auch sein, selbstverständlich.

Ich halte es für mein gutes Glück, daß ich den Stoff der »Lady

Macbeth« fand. Gewiß, es hatte schon einiges darauf hingearbeitet. Zum Beispiel, daß ich Leskow sehr liebe, daß Kustodijew die »Lady Macbeth« so gut illustriert hatte und daß mir Tscheslaw Sawinskis Film nach der Novelle so gut gefiel. Der Film wurde kritisiert: zu geringer ideologischer Gehalt. Aber es war eine lebendige, begeisternde Sache. Jegorowa spielte die Katerina Lwowna – der junge Nikolaj Simonow den Sergej.

Ich schrieb die Oper mit großem Elan. Dazu verhalfen mir die Umstände meines persönlichen Lebens. Wenn ich Vokalmusik schreibe, stelle ich mir gerne konkrete Menschen vor. Wie wird ein Mensch, den ich kenne, diesen oder jenen Monolog singen? Daher kann ich wohl auch von jeder meiner handelnden Personen sagen: »Das ist der und der, und das ist der.« Gewiß, eine subjektive Empfindung, aber sie hilft mir beim Komponieren.

Natürlich denke ich auch über die Tonumfänge und all das übrige nach, aber in erster Linie denke ich an den Charakter. Vielleicht haben meine Opern daher kein »emploi«. Und für die Künstler ist es schwer, sich zurechtzufinden. Nicht anders ist es bei Vokalzyklen.

Mein Verhältnis etwa zu Sergej in »Lady Macbeth« ist ziemlich verwickelt. Er ist natürlich ein Schurke. Aber er ist auch ein hübscher Kerl und, die Hauptsache, er ist Frauen gegenüber charmant. Während Katerina Lwownas Mann einfach ein widerlicher Mensch ist. Und nun muß ich mit meiner Musik Sergejs Anziehungskraft deutlich machen. Das geht nicht ausschließlich karikaturistisch. Das würde psychologisch nicht überzeugen. Der Hörer muß begreifen: Diesem Mann kann eine Frau nicht widerstehen.

Ich stattete also Sergej mit einigen Eigenschaften eines guten Freundes von mir aus. Natürlich war der keineswegs Sergej, sondern ein hochintelligenter Mensch. Doch wenn es um Frauen ging, war er nicht zu halten. In diesem Punkt war er überaus hartnäckig, entfaltete eine fabelhafte Eloquenz, und die Frauen schmolzen dahin. Genau diesen Zug übertrug ich auf Sergej. Wenn Sergej Katerina umgirrt, ist er in der Intonation mein

Freund. Aber gemacht ist es so, daß selbst dieser – ein hochsensibler Musiker – es nicht bemerkte.

Es ist sehr wichtig, dem Sujet reale Personen und Ereignisse zu unterlegen. Als Alexander Preiss und ich die ersten Libretto-Entwürfe machten, schrieben wir alle möglichen Einzelzüge unserer Bekannten auf. Das machte viel Spaß und erwies sich als sehr hilfreich für unsere Arbeit.

Die Aufführung war ein echter Erfolg. Ich würde das jetzt nicht erwähnen, wenn nicht spätere Ereignisse alles verdreht hätten. Alle vergaßen, daß »Lady Macbeth« in Leningrad zwei Jahre en suite gespielt wurde und ebenso lange in Moskau mit dem Titel »Katerina Ismailowa« unter Nemirowitsch-Dantschenko. Außerdem führte Smolitsch die Oper in der Filiale des Bolschoitheaters auf.

Gegen »Die Nase« hatten seinerzeit Arbeiterkorrespondenten aufgeregte Briefe geschrieben. Auch die Ballette »Der Bolzen« und »Dynamiada« beschimpften sie in jeder nur möglichen Form. Bei »Lady Macbeth« war es anders. In Leningrad wie in Moskau wurde die Oper mehrmals in der Woche gespielt. Nemirowitsch-Dantschenko führte sie unter dem Titel »Katerina Ismailowa« in zwei aufeinanderfolgenden Spielzeiten fast hundertmal auf. Nicht anders in Leningrad. Für eine neue Oper war dies ein gutes Resultat.

Ich beschäftige mich hier nicht mit Selbstlob. Es geht auch nicht nur um Musik. Nicht einmal um die Aufführungen, die in Moskau wie in Leningrad so sorgfältig und begabt inszeniert worden waren. Wichtig war die allgemeine Atmosphäre. Und die war damals für Opern ziemlich günstig. Vielleicht war das die glücklichste Zeit für meine Musik. So etwas hatte es noch nie gegeben – weder vorher noch nachher. Vor der Oper war ich ein grüner Bengel, den man verhauen konnte. Später wurde ich zum Volksfeind. Immer unter Beobachtung. Immer beargwöhnt. Doch in der Zeitspanne dazwischen war alles verhältnismäßig glücklich. Genauer, es schien alles glücklich zu sein.

Diese in Wirklichkeit unbegründete Zuversichtlichkeit kam in mir auf, nachdem die RAPP und die RAPM[4] aufgelöst worden waren, die uns allen so schwer im Magen gelegen hatten. Sie überwachten Literatur und Musik und taten es in einer Weise, daß uns schien, jegliche Musik werde in Zukunft durch Dawidenkos Lied »Sie wollten uns schlagen, uns schlagen« ersetzt werden. Dieses völlig wertlose Lied wurde als Solo und im Chor gesungen, die Geiger spielten es ebenso wie die Pianisten. Es gab sogar eine Fassung für Streichquartett. Bis ins Symphonieorchester gelangte es leider nicht. Hier gab es zu viele verdächtige Instrumente, zum Beispiel die Posaune.

Man war schier verzweifelt, sah keine Perspektiven, weder für symphonische noch für Opernmusik. Die Stimmung der meisten Musiker war damals auf dem Nullpunkt. Einer nach dem andern hatte demütig gesenkten Hauptes um Aufnahme in die RAPM gesucht. So auch mein Freund Ronja Schebalin, der plötzlich Dawidenko in den höchsten Tönen lobte. Ich konnte mich heraushalten, weil ich am »Theater der jungen Arbeiter« angestellt war.

RAPM hatte die Schrauben so angezogen, daß es fester nicht mehr möglich schien (später mußten wir erleben, daß sie noch sehr viel fester angezogen werden konnten). Und als die RAPM 1932 ebenso wie die RAPP durch Parteierlaß verschwand, atmeten alle erleichtert auf. Eine Zeitlang wurden die Dinge von sachlich kompetenten Leuten entschieden. Das heißt, sie besaßen natürlich keinerlei Entscheidungsbefugnisse, aber ihre Empfehlungen wurden angehört. Und das war schon sehr viel.

Ich reiste in die Türkei. Als Mitglied einer halboffiziellen Kulturdelegation. Die gespannten Beziehungen zur Türkei hatten sich gelockert. Kemal Atatürk gab endlose Empfänge für uns. Alle Männer erhielten goldene Zigarettenetuis mit eingravierter Widmung, die Frauen bekamen Armbänder. Man machte einen gewaltigen Wirbel um uns. Das musikalische Leben der Türkei stand erst in seinen Anfängen. Oistrach und Oborin – ebenfalls Mitglieder unserer Delegation – benötigten irgendwelche Beethoven-Noten. Die waren in ganz Ankara nicht aufzutreiben. So spielten sie eben alles, was sie konnten, auswendig.

In der Türkei lernte ich auch einen Frack zu tragen. Abend für Abend hatten wir uns in großer Gala zu präsentieren. Wieder zu Hause, zeigte ich das Frack-Monstrum allen Freunden und Bekannten. Entschädigung für die Frack-Quälerei bot ein Fußballspiel zwischen der Türkei und Österreich. Als die Österreicher ein Tor schossen, trat Totenstille im Stadion ein. Die ganze Sache endete in einer grandiosen Prügelei.

Es gab auch sonst genug Spaß. Wir tranken Kaffee und konnten nachts nicht schlafen. Nicht wegen des Kaffees, sondern wegen seines Preises. Ich ging in einen Laden und wollte mir eine Brille kaufen. Der Besitzer demonstrierte mir, wie stark seine Gläser seien – absolut nicht zu zerbrechen. Zweimal warf er sie mit Schwung auf die Erde. Sie blieben heil. Er wollte es mir ein drittes Mal zeigen. Ich sagte: »Danke, es reicht.« Aber er ließ sich nicht abhalten. Schleuderte sie ein drittes Mal – sie waren kaputt.

Nach der Reise in die Türkei, über die unsere Zeitungen viel veröffentlicht hatten, wurden mir Gastspielreisen zu sehr schmeichelhaften Bedingungen angeboten. Eine dieser Reisen machte ich zusammen mit dem Cellisten Viktor Kubatzki. Er spielte meine Cello-Sonate. Am 28. Januar 1936 gingen wir in Archangelsk auf den Bahnhof, um die neueste »Prawda« zu kaufen. Ich durchblättere sie und finde auf der dritten Seite den Artikel »Chaos statt Musik«. Diesen Tag werde ich nie vergessen. Er ist vielleicht der denkwürdigste in meinem ganzen Leben. Der Artikel auf der dritten Prawda-Seite veränderte ein für allemal meine ganze Existenz. Er trug keine Unterschrift, war also als redaktionseigener Artikel gedruckt. Das heißt, er verkündete die Meinung der Partei. In Wirklichkeit die Stalins, und das wog bedeutend mehr.

Es gibt die Auffassung, diesen Artikel habe der sattsam bekannte Schweinehund Sasslawski[5] geschrieben. Niedergeschrieben hat ihn wohl auch der Schweinehund Sasslawski, doch das ist eine gänzlich andere Sache. Dieser Artikel enthielt allzuviel von Stalin selber, vor allem Formulierungen, die nicht einmal Sasslawski verwendet hätte, weil sie grammatikalisch falsch sind. Überdies erschien der Artikel noch vor dem eigentlichen Beginn der großen Säuberungen, als es noch genug einigermaßen gebildete Leute in der Redaktion der »Prawda« gab. Sie hätten den berühmten Passus, in meiner Musik gebe es nichts, was auch nur im entferntesten mit »symphonischen Klängen« zu tun habe, niemandem durchgehen lassen, außer – natürlich – Stalin.

Was für geheimnisvolle »symphonische Klänge« sind das? Klarer Fall: ein echter Ausspruch des großen Führers und Lehrers. Der Artikel wimmelt von derartigen Passagen. Ich kann glasklar die von Sasslawski geschriebenen Verbindungsglieder von Stalins Text unterscheiden. Die Überschrift »Chaos statt Musik« stammt ebenfalls von Stalin. Am Vortag hatte die »Prawda« geniale Bemerkungen des Führers und Lehrers abgedruckt, diesmal zum Thema der neuen Geschichtslehrbücher für die Schulen. Auch hier wird von Chaos gesprochen.

Dieser Text des Führers der Völker und Freundes der Kinder war mit seinem Namen unterzeichnet. In Stalins Kopf hatte sich das Wörtchen »Chaos« eingenistet. Geisteskranke verbeißen sich oft in bestimmte Ausdrücke und benutzen sie bei jeder Gelegenheit. Und nun spie er dieses Wörtchen überall hin. Aber was lag dem zugrunde?

Schön, die Oper war abgesetzt worden – gleichzeitig an allen Theatern. Versammlungen wurden anberaumt. Das Chaos mußte »durchgearbeitet« werden. Alle wandten sich von mir ab. Es gab in dem Artikel einen Satz, aus dem zu entnehmen war, »dies alles könne sehr schlecht enden«. Und nun warteten alle auf dieses schlechte Ende.

Alles Weitere vollzog sich wie in einem Alptraum. Einer meiner Freunde, den Stalin kannte, glaubte, mir helfen zu können. Er schrieb einen verzweifelten Brief an Stalin. Darin führte er aus, Schostakowitsch sei kein hoffnungsloser Fall. Er habe außer der dekadenten Oper »Lady Macbeth von Mzensk« die absolut zu Recht von unserer ruhmreichen Zeitung »Prawda« verurteilt worden sei, Musikstücke geschrieben, die in würdiger Weise unser sozialistisches Vaterland besängen.

Stalin ging in mein Ballett »Der helle Bach« das im Bolschoi gegeben wurde. Lopuchow hatte das Ballett in Leningrad mit Erfolg aufgeführt, war mit ihm zu einem Gastspiel nach Moskau gekommen und daraufhin zum Ballettmeister des Bolschoi ernannt worden. Die Resultate der kulturellen Unternehmung des Führers und Lehrers sind bekannt. Es vergingen keine zehn Tage nach dem ersten Artikel, als ein zweiter erschien. Er enthielt weniger Fehler im Satzbau, auch weniger Stilblüten, aber davon wurde mir nicht leichter.

Zwei solche Attacken, getarnt als redaktionelle Artikel der »Prawda«, innerhalb von zehn Tagen – das war für einen einzigen Menschen zuviel. Jetzt wußte jeder, daß ich daran glauben mußte. Und die Erwartung dieses – jedenfalls für mich bemerkenswerten – Ereignisses hat mich seitdem nie mehr verlassen. Das Etikett »Volksfeind« blieb für immer an mir kleben. Ich brauche nicht zu erklären, was dieses Etikett in damaliger Zeit bedeutete. Wir wissen es alle noch sehr genau.

Laut und leise wurde ich zum Volksfeind abgestempelt, von den Rednerpulten herab und in den Zeitungen. Eine Zeitung kündigte ein Konzert von mir so an: »Es spielt der Volksfeind Schostakowitsch.«

In diesen Jahren druckte man meinen Namen nicht besonders gern, es sei denn im Zusammenhang mit dem Kampf gegen den Formalismus. Doch da geschah es, daß man bei mir eine Rezension der Aufführung des »Othello« in Leningrad bestellte. Ich erging mich in dieser Rezension nicht in Begeisterungsausbrüchen über den Tenor Petschkowski. Daraufhin wurde ich mit anonymen Briefen überschüttet. In der Art: Du bist die längste Zeit über sowjetische Erde gegangen. Wir werden dir deine Eselsohren abschneiden und damit zugleich den Kopf. Petschkowski war in Leningrad sehr populär. Er gehörte zu den Tenören, die beim Singen mit drei Handbewegungen auskommen: zu sich hin, von sich weg und zur Seite. Er war es, von dem Meyerhold nach der Aufführung von Pique-Dame, in der er den Hermann gespielt hatte, sagte: »Wenn ich dem in einer dunklen Gasse begegnete, bring ich ihn um.«

Vor dem Krieg kam ein deutscher Musikwissenschaftler zu Gast nach Leningrad. Er zeigte für nichts Interesse. Nicht für Musik, nicht für bunte Abende – für nichts. Die Leute vom Komponistenverband waren verzweifelt, hatten ihn gründlich satt. Was sollten sie bloß mit ihm anfangen? Endlich schlug jemand vor: »Haben Sie nicht Lust, in die Oper zu gehen? Petschkowski singt.« Da wurde der Deutsche munter: »Oh, der berühmte Invertit!« Und eilte davon. Alle seufzten erleichtert auf. Petschkowski hatte die Situation gerettet.

Später ist es Petschkowski schlimm ergangen. Er verbrachte viele Jahre im Lager. Hätten wir das seinerzeit gewußt, niemand hätte sich Witze auf seine Kosten geleistet. Damals jedoch hatte ich die größte Chance, ins Lager zu kommen.

Dann kam »der Fall Tuchatschewski«. Seine Erschießung war ein entsetzlicher Schlag für mich. Als ich die Nachricht in der Zeitung las, wurde mir schwarz vor Augen. Mir schien, mit ihm habe man auch mich umgebracht. So jedenfalls fühlte ich mich. Ich will das nicht ausmalen. Nur in Romanen kommt es vor, daß Menschen weder essen noch schlafen können, weil ein Schicksalsschlag sie vollkommen überwältigt hat. Im gewöhnlichen Leben ist das alles einfacher eingerichtet. Und, wie Soschtschenko sagt, »Romanschreiber wissen zuwenig vom Leben«.

Soschtschenko hatte in dieser Hinsicht eine sehr solide Philosophie: Ein Bettler hört auf, sich Sorgen zu machen, wenn er erst mal ein Bettler geworden ist. Und eine Küchenschabe leidet durchaus nicht daran, eine Küchenschabe zu sein. Dieser Ansicht Soschtschenkos schließe ich mich an. Schließlich muß man leben, die Familie ernähren. Das Töchterchen kam zur Welt, schrie und verlangte zu essen, ich hatte dafür zu sorgen, daß es bekam, was es brauchte.

»Die Gefühle des Autors vor der Größe der Natur lassen sich nicht beschreiben.« Ich könnte natürlich, ohne Farben zu sparen, mit großen Strichen meinen schlimmen seelischen Zustand schildern. Die moralischen Qualen. Die ständige entsetzliche Angst. Nicht nur um mein Leben. Um das Leben meiner Mutter, meiner

Schwestern, meiner Frau, meiner Tochter und später noch meines Sohnes. Und so weiter. Ich will nicht verhehlen, daß ich eine schwere Zeit durchlebte. Der aufmerksame Leser versteht dies wohl. Aber vielleicht überspringt er auch all diesen Unsinn und denkt, Bonbons lutschend: »Warum soll ich so was überhaupt lesen, es regt mich vor dem Schlafengehen unnötig auf.« Wenn ich mir einen solchen Philister vorstelle, vergeht mir die Lust, mich überhaupt an irgend etwas zu erinnern. Ich sitze da mit einem vagen Schuldgefühl, obwohl es gerade in dieser Zeit nichts gibt, dessen ich mich schuldig gemacht hätte.

Der allerbeste Spezialist für Trauer, Verzweiflung, Melancholie und dergleichen ist – von allen Menschen, denen ich im Leben begegnet bin – der Schriftsteller Soschtschenko. Mir scheint, ich habe schon zuviel über mich gesprochen. Und dabei will ich das gar nicht. Ich will mich an andere erinnern, will hauptsächlich von anderen erzählen. Von mir nur am Rande. Nun also über Soschtschenko.

Daß Schuster ohne Schuhe herumlaufen, ist eine alte Wahrheit. Für diese Wahrheit gibt es kein besseres Beispiel als Soschtschenko. In meiner Jugend war er der populärste Humorist, und das ist er bis heute geblieben, trotz aller Verfolgungen und Verbote. Millionen Leser lachen über Soschtschenkos Geschichten. Vielleicht sind das keine sehr kultivierten, politisch bewußten Leser. Vielleicht lachten sie damals, als man hätte weinen mögen. Sie lachten gerade über solche Geschichten Soschtschenkos, die ich für tragisch halte. Doch meine Ansicht zählt in diesem Fall nicht. Soschtschenko war als Schriftsteller ein großer Humorist, im Leben aber ein von Trauer und Melancholie gepeinigter Mensch.

Ich meine nicht sein gräßliches literarisches Schicksal, die Tatsache, daß er gezwungen wurde, schlechter und immer schlechter zu schreiben. Seine letzten Erzählungen kann man nur noch mit Bitterkeit und Verzweiflung lesen. Aber das meine ich nicht.

Die Schwermut erdrückte Soschtschenko zu einer Zeit, als sein trauriges literarisches Schicksal noch in gar keiner Weise vorherzusehen war. Sie würgte ihn, als er berühmt war und Geld hatte.

Die Schwermut war keine literarische Pose. Sie überwältigte ihn. Er verließ das Haus nicht mehr, konnte nichts essen. Er wurde mit Medikamenten und Spritzen traktiert. Nichts half. Er war noch jung, erst 27. Und da beschloß er, die Krankheit selber zu heilen ohne Hilfe der Ärzte. Seiner Überzeugung nach kannten die Ärzte die Ursache dieser ihn so unglaublich quälenden Schwermut nicht.

Mit traurigem Lachen erzählte Soschtschenko von seinem Besuch bei einem Psychiater. Er erzählte dem Arzt von seinen Träumen. Im Traum sah er Tiger und eine Hand, die sich nach ihm ausstreckte. Der Arzt, auf Psychoanalyse spezialisiert, antwortete wie aus der Pistole geschossen, nichts sei klarer als die Bedeutung dieser Träume. Soschtschenko sei als Kind zu früh in den zoologischen Garten geführt worden. Dort habe der Elefant mit seinem großen Rüssel ihn erschreckt. Die Hand – das sei der Elefantenrüssel. Und der Rüssel sei ein phallisches Symbol. Ergo habe Soschtschenko ein Sexualtrauma.

Soschtschenko war überzeugt, daß das nicht stimme, daß der Arzt sich irre. Seine Lebensangst müsse andere Ursachen haben. Nicht alle unsere Impulse seien auf den Sexualtrieb zurückzuführen. Angst könne auch aus sozialen und allen möglichen anderen Gründen sich in der Seele einwurzeln. Soschtschenko wies nach, daß aus sozialen Gründen entstandene Ängste sehr stark sein und sogar unser Unterbewußtsein beherrschen können. Hier stimme ich mit Soschtschenko völlig überein.

Gewiß, sexuelle Motive sind sehr stark, niemand ist frei von ihrer Wirkung. Aber Krankheiten können auch aus anderen Gründen entstehen. Angst kann von anderen Kräften hervorgerufen werden. Angst hat primitive und konkrete Ursachen: die Angst vor Nahrungsentzug. Die Angst vor dem Tod. Die Angst vor furchtbarer Strafe.

Soschtschenko sagte, ein vor Angst kranker Mensch könne im übrigen gesund sein, nur in einigen wenigen Handlungen äußere sich seine Anomalie, sozusagen in einigen Wunderlichkeiten des alltäglichen Verhaltens. Er spürte, daß diese Wunderlichkeiten besser als Träume die Krankheitsgründe zu zeigen vermögen. Sie sind fast immer infantil. Ein erwachsener Mensch benimmt sich wie ein Kind. Besser, er versucht, ein Kind zu sein. Dieses »Kind-Spielen« hilft dem Erwachsenen, Gefahren zu vermeiden, hilft ihm, den Kontakt mit gefährlichen Gegenständen, mit gefährlichen Mächten zu vermeiden.

Der Kranke beginnt zu agieren. Und bei analoger Entwicklung der Krankheit hängt alles davon ab, wie kräftig die Psyche des Patienten ist und wie stark die Krankheit. Wenn die Ängste sich verschlimmern, kann die Krankheit zum völligen Zusammenbruch der Person führen. Der Mensch versucht, den angsterregenden Phänomenen zu entfliehen, und denkt schließlich an Selbstmord. Was Selbstmord ist, hat Soschtschenko mir erklärt. Er hat mir erklärt, warum der Tod als Retter erscheinen kann: Ein Kind begreift nicht, was der Tod ist. Es sieht nur, Tod ist Abwesenheit. Es sieht, daß man vor Gefahren fliehen, weggehen kann, daß man sich vor ihnen verstecken kann. Dieses »Nicht-da-Sein« nennt das Kind Tod. So hat der Tod für ein Kind nichts Schreckliches.

Wenn ein Mensch krank ist, sind seine Gefühle die eines Kindes, sie befinden sich auf niedrigstem psychischem Niveau. Ein Kind fürchtet Gefahren mehr als den Tod. Selbstmord ist Flucht vor Gefahr. Er ist die Handlung eines Kindes, das vom Leben zu sehr erschreckt wurde.

In meinem nicht sehr heiteren Leben gab es viele traurige Ereignisse. Und es gab Perioden, in denen sich die Gefahr besonders verdichtete, mich besonders hart bedrängte. Dann verstärkte sich auch die Angst besonders. In der Periode, von der ich schon erzählte, war ich dem Selbstmord nahe. Die Gefahr schreckte mich, und ich sah keinen Ausweg. Ich war ganz und gar von Furcht beherrscht, war nicht mehr Herr meines eigenen Lebens. Meine Vergangenheit war ausgestrichen. Meine Arbeit, meine Fähigkeiten – sie wurden nicht gebraucht. Und die Zukunft bot keinen Hoffnungsschimmer. Ich wollte einfach verschwinden. Das war der einzig mögliche Ausweg. Ich dachte mit Erleichterung daran.

In dieser kritischen Zeit halfen mir Soschtschenkos Gedanken. Er hielt Selbstmord nicht für eine Geistesverwirrung, sondern für einen im höchsten Grade infantilen Akt, für die Meuterei der niederen Kräfte über die höheren, den vollständigen und endgültigen negativen Sieg.

Es waren natürlich nicht allein Soschtschenkos Überlegungen, die mir in dieser Periode halfen. Aber diese und ähnliche Gedanken hielten mich vom äußersten Schritt zurück. Ich ging aus dieser Krise sogar gestärkt hervor, mit mehr Vertrauen in meine eigenen Kräfte. Die feindlichen Kräfte erschienen mir nicht mehr als allmächtig und übermächtig. Auch der schändliche Verrat der Freunde und Bekannten erfüllte mich nicht mehr mit soviel Bitterkeit wie zuvor. Er traf mich nicht mehr persönlich. Ich hatte gelernt, mich von anderen Menschen abzusondern. Das wurde meine Rettung.

Einige der neugewonnenen Erkenntnisse sind in meiner Vierten Symphonie enthalten. Vor allem am Schluß. Dort ist alles klar ausgedrückt. Auch später noch habe ich mich mit ihnen beschäftigt, so beim ersten Satz meiner Sechsten Symphonie. Der Sechsten wurde ein glücklicheres Los zuteil als der Vierten. Sie wurde sofort aufgeführt und recht friedlich kritisiert. Die Uraufführung der Vierten dagegen fand erst 25 Jahre nach ihrer Vollendung statt. Ich weiß nicht, ob das zu ihrem Besten war, ich weiß es nicht. Ich hänge nicht der verbreiteten Meinung an, Musikwerke müßten vergraben werden, bis ihre Zeit gekommen sei. Symphonien sind keine »chinesischen Eier«. Musik muß gleich nach ihrem Entstehen gespielt werden. Das Publikum hat das Vergnügen der Zeitgenossenschaft. Und für den Komponisten ist es leichter, sich verständlich zu machen. Und wenn er Fehler beging, kann er versuchen, sie im nächsten Werk zu korrigieren. Sonst ist es Unsinn, wie die Sache mit der Vierten.

Heute vertritt man die Ansicht, ich sei selbst an allem schuld gewesen, hätte schließlich selbst die Aufführung der Symphonie abgesagt, hätte daher keine Veranlassung, anderen die Schuld in die Schuhe zu schieben. So kann ein Außenstehender leicht urteilen. Aber wenn er in meiner Haut gesteckt hätte, würde er eine andere Melodie singen.

Damals sah es so aus, als brächten die Aufführungen meiner Werke nichts als Scherereien. Das Kleine Opernheater brachte »Lady Macbeth« nach Moskau – bitte sehr: »Chaos statt Musik«. Das Bolschoitheater führte mein Ballett auf – da hast du's: »Ballettverfälschung«. Und was wäre passiert, wenn ich damals die Aufführung der Vierten nicht abgesetzt hätte? Wer weiß? Vielleicht hätte niemand ein Wort gesagt, vielleicht hätte mein Lied sogar gefallen. Die Voraussetzungen aber waren fatal. Es lohnt nicht, daran zu erinnern. Überdies leitete Stiedry die Proben nicht nur schlecht, sondern einfach miserabel.

Erstens hatte er verzweifelte Angst. Er wußte, daß man auch ihn nicht schonen würde. Sowieso gehören Dirigenten nicht zum tapfersten Teil der Menschheit. Ich hatte reichlich Gelegenheit, mich davon zu überzeugen. Die Dirigenten sind mutig genug, das Orchester anzuschnauzen. Aber schnauzt man sie selber an, zittern ihnen sofort die Knie.

Zweitens kannte Stiedry die Partitur nicht richtig, beziehungsweise er verstand sie nicht, wollte sie auch nicht verstehen. Das gab er ungeschminkt zu. Warum sollte er sich auch genieren? Der Komponist war doch ein entlarvter Formalist. Wozu sich in seine Partitur vertiefen? Das lohnte sich doch überhaupt nicht mehr.

Es war nicht das einzige Mal, daß Stiedry sich so benahm. Er ging nicht nur mit meiner Musik nachlässig um. Seinerzeit hatte er Glasunow schrecklich erzürnt. Er sollte Glasunows Achte dirigieren, kam nach Leningrad angereist. Und da stellt sich plötzlich heraus: Er hat die Achte mit der Vierten verwechselt. Nichts mehr und nichts weniger. Wahrscheinlich deshalb, weil sie in derselben Tonart geschrieben waren, in e-Moll. Stiedry focht das nicht an, es war ihm völlig gleichgültig. Während Glasunow im Saal saß, probte Stiedry halbherzig mit dem Orchester herum. Doch dann mußte Glasunow gehen, er hatte einen Termin vor Gericht. Es ging um nichtbezahlte Wohnungsmiete. Glasunow hatte einen Rechtsstreit mit dem Hauskomitee. Kaum hatte Glasunow den

Saal verlassen, wurde Stiedry munter, brach die Probe ab und sagte: »Es wird schon irgendwie gehen.«

Man kann mir entgegenhalten: Warum beklagst du dich über andere. Hast du dich etwa nicht gefürchtet? Ich gebe unumwunden zu: Ich habe mich gefürchtet. Angst – das ist ein uns allen gemeinsames Gefühl. Ich bin ihm nicht entgangen. Weiter wird man sagen: Wovor hast du Angst gehabt? Musiker ließ man doch ungeschoren. Darauf muß ich antworten: Das ist die Unwahrheit. Sie wurden geschoren – und wie! Die Version, Musiker seien nicht angerührt worden, verbreiten jetzt Chrennikow und seine Handlanger. Und da Künstler ein kurzes Gedächtnis haben, glauben sie ihm.

Sie haben Nikolaj Sergejewitsch Shiljajew vergessen, den ich zu meinen Lehrern zähle. Ich lernte Shiljajew bei Tuchatschewski kennen. Beide Männer waren befreundet. Shiljajew unterrichtete im Moskauer Konservatorium, gab aber die meisten Stunden bei sich zu Hause. Als ich nach Moskau fuhr, ging ich natürlich zu Shiljajew und zeigte ihm meine Arbeiten. Shiljajew redete nie irgendwas dahin, bloß um etwas zu sagen. Steinberg, meinem Lehrer im Konservatorium, meine Sachen zu zeigen hatte damals schon keinen Sinn mehr – er verstand die Art, in der ich damals komponierte, einfach nicht. Soweit das möglich war, ersetzte mir Shiljajew den Lehrer. In seinem Arbeitszimmer hing ein großes Bild von Tuchatschewski. Als Tuchatschewski erschossen worden war, nahm er dieses Bild nicht von der Wand. Ich weiß nicht, ob ich die Größe dieser Handlung deutlich machen kann.

Wie verhielten sich damals die Menschen? Sobald jemand mit dem unheilvollen Stempel »Volksfeind« versehen wurde, wandten sie sich von ihm ab, in panischer Angst vernichtete jeder alles, was mit diesem Menschen, diesem Volksfeind in Verbindung zu bringen war. Wenn ein Volksfeind ein Buch geschrieben hat, wirf es weg. Wenn du einen Brief von ihm besitzt, verbrenne ihn. Wie viele Briefe, Dokumente, Notizen, Bücher mit Widmungen die Menschen damals verbrannt haben, ist mit dem Verstand überhaupt nicht zu fassen. Kein Krieg ist imstande, private Archive in dieser Weise zu zerstören. Fotos flogen natürlich als erste ins Feuer. Es brauchte nur jemand anzuzeigen, daß du Fotos von einem Volksfeind hast – es konnte dich den Kopf kosten.

Shiljajew fürchtete sich nicht. Als die Häscher kamen, um ihn abzuholen, und das Bild an einem Ehrenplatz hängen sahen, staunten sie: »Was, das haben Sie nicht abgenommen?« Shiljajew antwortete: »Einmal wird die Zeit kommen, in der man ihm ein Denkmal errichtet.«

Allzu rasch wurde Shiljajew bei uns vergessen. Genauso rasch wurden auch andere vergessen. Sergej Popow kam um, ein sehr begabter Mann, ich lernte ihn bei Schebalin kennen. Er hat Tschaikowskis Oper »Der Wojewode« wiederhergestellt – jenes Werk, dessen Partitur Tschaikowski in einem Verzweiflungsanfall verbrannt hatte. Als sie Popow holten, wurde die Partitur ein zweites Mal verbrannt. Lamm hat sie später noch einmal wiederhergestellt. Oder nehmen wir Nikolaj Wygodski, den bedeutenden Organisten. Er ist genauso vergessen wie Przybyschewski, der Direktor des Moskauer Konservatoriums, Sohn des bekannten Schriftstellers. Auch an Dima Gatschew denkt keiner mehr.

Gatschew war ein sehr fähiger Musikwissenschaftler. Nach Fertigstellung einiger schwieriger Arbeiten reiste er in ein Erholungsheim. Wie damals üblich, waren mehrere Leute in einem Zimmer untergebracht. Einer fand eine alte französische Zeitung. Zu seinem Unglück konnte Gatschew Französisch. Er faltete die Zeitung auseinander und las sie vor. Nach wenigen Zeilen brach er ab: Da stand etwas Abträgliches über Stalin. »Meine Güte, so ein Blödsinn!« rief er aus, doch es war schon zu spät. Am andern Morgen wurde Gatschew verhaftet. Einer der Zimmergenossen hatten ihn denunziert, vielleicht auch alle zusammen.

Vor seiner Verhaftung hatte Gatschew mit Romain Rolland korrespondiert. Er hatte eine Arbeit über ihn publiziert, die Rolland sehr gefallen hatte. Rolland lobte Gatschew über die Maßen. Ob dieser große französische Humanist sich wohl dafür interessierte, was mit seinem Verehrer geschah – wohin dieser so plötzlich verschwunden war? Gatschew bekam fünf Jahre. Er war ein kräftiger Mensch, überstand die fünf Jahre Lager schlecht und recht. Er hoffte, wenn seine Straffrist um sei, werde man ihn freilassen. Doch wenige Tage vor Ablauf der Frist teilte man ihm mit, seine Frist sei verlängert worden – um weitere zehn Jahre. Das zerbrach ihn, kurz darauf starb er.

Viele Leute schrieben damals Denunziationen, die Komponisten sicher auf Notenpapier, die Musikwissenschaftler auf gewöhnlichem. Und soweit ich weiß, hat keiner der Denunzianten seine Tat je bereut.

Mitte der fünfziger Jahre kamen allmählich Lagerhäftlinge nach Hause zurück, die das Glück gehabt hatten, zu überleben. Einigen hatte man ihre Akten gezeigt, darin waren die Namen der Denunzianten vermerkt, die Denunziationen säuberlich dazugeheftet. Heute begegnen sich ehemalige Häftlinge und ihre Denunzianten in den Konzertsälen. Manche grüßen einander auch. Eines dieser Opfer erwies sich als nicht so großmütig. Er verpaßte dem Denunzianten öffentlich eine Ohrfeige. Der Denunziant war ein hochherziger Mensch, beschwerte sich nicht bei der Miliz. So konnte der ehemalige Häftling in der Freiheit sterben, seine Gesundheit hatte das Lager zerrüttet.

Der Denunziant aber lebt und erfreut sich bis heute bester Gesundheit. Er ist sozusagen mein Biograph, ein Schostakowitsch-Spezialist.[6] Damals hatte ich Glück, ich kam nicht ins Lager. Doch um dahin zu kommen, ist es nie zu spät. Alles hängt davon ab, wie der jeweilige friedliebende Führer und Lehrer deine Arbeit einschätzt – in meinem Fall meine Musik. Er ist schließlich Mäzen, Schirmherr aller Künste und der hehren Literatur. Das jedenfalls ist die allgemeine Meinung, die Stimme des Volkes. Gegen eine solche Stimme anzukämpfen ist schwierig.

Tyrannen lieben es, sich als Förderer der Künste auszugeben. Aber sie verstehen nichts von Kunst. Warum nicht? Weil Tyrannei eine Perversion und ein Tyrann pervers ist. Das hat vielerlei Ursachen. Der Tyrann, der zur Macht gelangen will, muß über Leichen gehen. Die Macht lockt, die Möglichkeit, andere Menschen zu unterdrücken und sie zu verhöhnen. Also ist der Drang zur

Macht auch eine Perversion? Wenn du konsequent bist, mußt du die Frage bejahen. Im selben Augenblick, in dem dich Machtgelüste überkommen, bist du verloren. Ich betrachte jeden Führerkandidaten mit Argwohn. Mir reichen die Illusionen meiner vernebelten Jugend.

Hat jemand seine perversen Gelüste befriedigt, ist er Tyrann geworden. Jetzt muß er seine Perversion fortsetzen, denn er hat seine Macht zu verteidigen. Vor solchen Verrückten wie du und ich muß er sie verteidigen. Und wenn es keine Feinde gibt, muß er sich welche einbilden. Er muß seine Muskeln trainieren, sonst kann er kein ganzes Volk unterdrücken und bis aufs Blut peinigen. Welches andere Vergnügen kann die Macht ihm denn sonst noch bieten?

Einer meiner Bekannten, mit dem ich eines Abends bis tief in die Nacht hinein soff, schüttete mir sein Herz aus. Er blieb bei mir über Nacht. Viel Schlaf gab es nicht. Also begann er zu beichten. Ihn plagte ein Trieb, beinahe ein Alptraum. Ich erfuhr, daß er von Kindheit an leidenschaftlich gern Beschreibungen der verschiedenen Folterarten und Strafmethoden gelesen hatte. Es war ihm zur Leidenschaft geworden. Er kannte die gesamte Literatur, die es zu diesem gräßlichen Gegenstand gab. Er zählte sie mir auf, diese Literatur. Es war eine lange Liste. Merkwürdig, dachte ich, wenn man in Rußland foltert, versucht man, keine Spuren davon zu hinterlassen. Ich meine nicht körperliche, die bleiben. (Allerdings wurde inzwischen eine ganze Wissenschaft entwickelt, die es ermöglicht zu foltern, ohne körperliche Spuren zu hinterlassen.) Ich meine schriftliche Spuren. Tatsächlich hat es zu diesem Thema auch in Rußland eine Literatur gegeben.

Dieser Bekannte berichtete mir in jener Nacht, sein Interesse an Beschreibungen von Folterstrafen überdecke lediglich einen andern, seinen eigentlichen Wunsch: sein Verlangen, andere zu quälen und zu foltern. Früher hatte ich diesen Bekannten für einen guten Musiker gehalten. Doch je weiter er in seiner Erzählung gelangte, desto weniger glaubte ich das. Und er erzählte alles, keuchend und zitternd. Mein Bekannter hat wahrscheinlich keiner

Fliege je etwas zuleide getan, aber – nach seinen Worten zu schließen – nicht aus Abscheu vor Strafe und Tod. Im Gegenteil: Blut und alles, was Blutvergießen hervorruft, erregte ihn, zog ihn an.

Er erzählte viel in jener Nacht. Zum Beispiel, wie der berüchtigte Helfer Iwans des Schrecklichen, Maljuta Skuratow[7], sich an seinen Opfern und ihren Frauen verging. Er setzte die Frauen rittlings auf ein dickes Schiffstau und befahl seinen Leuten, sie mit diesem Tau durchzusägen. Man zog sie an den Beinen hin und her, so lange, bis sie von dem Tau halbiert waren.

Ein anderes schreckliches Marterinstrument jener Zeit beschrieb er so: Die Opritschniki suchten zwei Bäume im freien Feld aus, die nicht weit voneinander entfernt standen. Die Opritschniki kletterten auf diese Bäume und neigten ihre Kronen einander zu, daß sie sich fast berührten. Dann banden sie einen Menschen an die Kronen, sozusagen als lebenden Knoten, ließen die Kronen los, die dann hochschnellten und das Opfer mitten durchrissen. In dieser Weise vergnügten sich die Opritschniki auch mit Pferden. Ein Mann wurde an zwei Pferde gebunden und die Pferde dann in verschiedene Richtungen auseinandergejagt.

Über diese sadistischen Experimente Skuratows hörte ich in dieser Nacht zum erstenmal, obwohl ich allerlei anderes über ihn schon gewußt hatte. Ich hörte auch zum erstenmal von Gerichtsprozessen gegen Tiere. Die Leute glaubten wohl, es sei nicht genug, bloß Menschen zu foltern. Gewiß, Tiere werden zu allen Zeiten gequält, von jedem, der Lust dazu hat. Doch dies ist eine besondere Barbarei: nicht einfach quälen, sondern quälen unter Wahrung von »Rechtsnormen«. Dem liegt wohl der Wunsch zugrunde, das Tier auf das Niveau des Menschen zu ziehen, um es wie einen Menschen foltern zu können, jedoch auf tierische, auf viehische Weise. Oder besser gesagt, man will Tiere wie Menschen behandeln und dabei Menschen in Tiere verwandeln.

Diese Foltermethoden gab es vor gar nicht so langer Zeit, erst vor ein paar hundert Jahren. Über Kühe und Pferde und Hunde wurde Gericht gehalten. Über Affen, Mäuse und Gänse. Sie alle hielt man für Teufel, für Volksfeinde. Tiere wurden gefoltert. Blut floß in Strömen. Kühe brüllten, Hunde winselten und stöhnten. Pferde wieherten. Sie wurden verhört, und Spezialisten übersetzten. Ich kann mir vorstellen, wie das vor sich ging: Bekennt der Volksfeind sich in der und der Angelegenheit für schuldig? Die Kuh schweigt. Sie stechen sie in die Seite. Die Kuh brüllt. Der Übersetzer interpretiert: »Sie bekennt sich schuldig, alle ihr zur Last gelegten Verbrechen gegen das Volk begangen zu haben.«

Schweigen ist Schuldbekenntnis. Muhen ist auch Schuldbekenntnis. Scheiterhaufen. Blut. Geile Henker. Zeit der Handlung? Sechzehntes Jahrhundert. Ort der Handlung? Rußland, Moskau. Oder war es erst gestern? Ich weiß es nicht. Wer ist hier das Tier? Wer ist der Mensch? Das weiß ich auch nicht. Alles in dieser Welt ist durcheinandergeraten.

Später habe ich öfter von diesen Dingen gehört. Über Prozesse gegen Tiere. Damals, in jener denkwürdigen Nacht, starrte ich entsetzt auf den Erzähler, meinen Gast. Er war förmlich außer sich. Sein Gesicht stand regelrecht in Flammen. Sonst war es immer ruhig und überlegt. Doch jetzt saß mir ein ganz anderer Mensch gegenüber. Ich begriff: Er ist von derselben Art wie die Henker. Er fuchtelt mit den Händen, seine Stimme zittert, reißt ab, aber nicht vor Entsetzen, sondern in Verzückung.

Dann wurde er ruhig, war plötzlich erschöpft. Ich sah ihn voll Ekel an. Ich hatte kein Mitleid mit ihm. Nein, Mitleid hatte ich nicht. Ich dachte: »Als Mensch bist du erledigt. Du bist machtgierig, du sehnst dich danach, Menschen zu quälen. Und du wirst nur deshalb kein Henker, weil du zu feige dazu bist.« Ich sagte es ihm ins Gesicht. Das ist meine Regel: Sprich es aus, sag alles auf einmal und Schluß. Er weinte und schwor. Von da an existierte er als Musiker nicht mehr für mich. Ich begriff, daß ich mich in ihm getäuscht hatte. Blutdurst ist eine Perversion. Und Perverse sind unfähig, Kunst zu verstehen, schon gar nicht Musik.

Man behauptet und hat es auch geschrieben: Die KZ-Lagerchefs hätten Bach und Mozart geliebt und verstanden usw., sie hätten über Schubert Tränen vergossen. Ich glaube das alles nicht.

Das ist Lüge, von Journalisten ausgeheckt. Ich bin noch keinem einzigen Henker begegnet, der wirkliches Verständnis für Kunst hatte. Wie kommt es, daß solche Geschichten sich so hartnäckig halten? Warum wollen die Leute, daß Tyrannen sich als Mäzene und Kunstliebhaber ausgeben? Ich glaube, dafür gibt es mehrere Gründe.

Erstens: Tyrannen sind von Grund auf schlechte Menschen, gerissen und aalglatt. Sie wissen, daß sie ihre schmutzigen Geschäfte viel besser tätigen können, wenn sie als gebildet und kultiviert gelten und nicht als Banausen und Flegel. Diejenigen, die in ihrem Auftrag die Drecksarbeit verrichten, dürfen ruhig Rüpel und Banausen sein. Sie sind einfaches Fußvolk, sollen sich ihrer Roheit auch noch rühmen dürfen. Der Generalissimus aber muß stets und für alle der große Weise sein. Für diesen Weisen arbeitet ein ungeheurer Apparat, schreibt seine Reden, seine Werke. Ein riesiger Stab von Referenten stellt Material über jedes beliebige Thema, über jedes beliebige Problem zusammen.

Will er Architekt sein? Er wird es. Er braucht nur zu befehlen, der geliebte Führer und Lehrer. Will er Graphiker sein? Aber gewiß doch, schon ist er es. Will er Fachmann auf dem Gebiet der Orchestrierung sein? Er ist auch das. Oder etwa auf dem Gebiet der Sprachwissenschaften? Selbstverständlich.

Und dieser KZ-Lagerchef, von dem behauptet wird, er habe für Mozart geschwärmt, hatte auch seinen ideologischen Gehilfen. Und dieser Gehilfe hatte einen anderen Gehilfen. Übrigens, suche dir ein Opfer, das tatsächlich als erster gesagt hat, Mozart war ein guter Komponist. Sofort wird der Henker auf den Plan treten. Er erdrosselt sein Opfer und sagt dessen Worte über Mozart, als seien sie seine eigenen, nimmt ihm das Leben und tritt sein Erbe an. Und die Umwelt staunt: »Wie kultiviert er ist, wie klug, wie sensibel!« Alle diese Lakaien, Schachfiguren, diese Schräubchen und sonstigen schäbigen Seelen wünschen nichts sehnlicher, als daß ihr Führer und Lehrer unstreitig und unbestreitbar als Titan des Gedankens und der Feder erscheine. Das ist der zweite Grund, warum diese dreckigen Lügen am Leben erhalten werden.

Die Sache ist genial einfach. Wenn der große Führer keine Bücher schreibt, sondern Köpfe abschneidet, was ist er dann? Die Antwort braucht man nicht im Lexikon zu suchen, man braucht auch nicht auf die nächste Nummer der Zeitschrift zu warten mit der Lösung des Kreuzworträtsels. Die Antwort ist schlicht: Ein Schlächter. Ein Raubmörder. Und seine Lakaien sind Gehilfen des Schlächters und Raubmörders. Wer möchte schon gern in eine solche Liste eingereiht werden? Alle möchten rein und fleckenlos dastehen, denn über der Welt ist ein strahlender neuer Morgen aufgegangen.

Alle Tyrannen behaupten, die lang erwartete neue Zeit sei nun endlich angebrochen. Und noch in finsterster Nacht spielen die Menschen die Komödie des beginnenden Tages. Viele spielen sie fast nach Stanislawskis Regeln. Und das beeindruckt die Laien ungeheuer. Ein völlig anderes Bild entsteht, wenn der Führer Beethoven spielt, nicht wahr? Das verändert mit einem Schlage die Landschaft. Ich kannte viele Musiker, die allen Ernstes behaupteten, Stalin liebe Beethoven.

»Natürlich, mit moderner Musik kann er nicht viel anfangen«, sagen sie, »das können sowieso nur die wenigsten. Nicht einmal Berufsmusiker verstehen sie. Sogar viele Komponisten, und nicht die schlechtesten, die in traditionellerem Stil schreiben, halten die Musik ihrer modernistischen Kollegen für Chaos und Kakophonie. In dieser komplizierten Frage sind sich auch die Fachleute nicht einig. Und schließlich hat Jossif Wissarionowitsch außer Musik noch viele andere Dinge im Kopf. Das wissen Sie doch selber. Aber er liebt klassische Musik. Zum Beispiel Beethoven. Er liebt alles Erhabene. Zum Beispiel die Berge. Beethoven ist auch etwas Erhabenes, also liebt er ihn.« Derartiges Geschwätz habe ich massenhaft gehört. Danke. Es quillt mir schon aus den Ohren. Man hat mich traktiert mit Beweisen der großen Stalinschen Liebe zur Klassik – von allen Seiten: von vorn und von hinten, von oben und von unten.

Ich will eine Geschichte erzählen: Zum Abschluß eines Parteitages sollte ein großes Galakonzert gegeben werden, damit die

Delegierten sich nach ihrer harten Arbeit erholen und ergötzen könnten. Das Programm wurde in bewährter Weise, wie es zu solchen Gelegenheiten paßte, zusammengestellt: Tanzensembles, gemischte Chöre von einem Umfang, daß bei ihrem Gebrüll die Fensterscheiben splittern. Dann eine ganze Kollektion von Schwänen: Erst tanzen die kleinen Schwäne, dann die großen, die sterbenden, die wiederauferstehenden. Tänze mit Schwänen, Lieder über Adler. Also ornithologische, zootechnische Thematik für das Programm.

Man brachte Stalin das Programm zur Genehmigung. Es war sein Hobby, verschiedene Programme und Listen zu genehmigen: das Parteiprogramm, Listen von Verurteilten. Und ganz besonders liebte er es, die kaukasische Weinliste zu genehmigen. Nun erhebt sich die Erzählung in überirdische Höhen. Ein Lakaienhöhenflug. Stalin mochte offenbar die dicke Fischsuppe und die kaukasischen Weine nicht mehr. Das Menü war ihm langweilig geworden. Sein Geschmack hatte sich verfeinert. Statt kaukasischer Weine wollte er kaukasische Berge. Schwäne und Adler strich er aus, an ihre Stelle setzte er die Neunte Symphonie von Beethoven. Seid umschlungen, Millionen. Er selbst schrieb das auf! Eigenhändig! Dem Lakaien stockte der Atem. Wie glücklich macht uns doch unser Wohltäter! Er macht uns glücklich! Er macht Beethoven glücklich! Ich glaube kein Wort davon. Alles ist erstunken und erlogen.

Erstens: Niemand konnte mir exakt sagen, welcher Parteitag mit Beethoven enden sollte. Jeder nannte einen anderen. Zweitens: Warum sollte nur an einem einzigen Parteitag Beethoven diese Generalsehre erwiesen werden? Warum tanzten und sangen sie an allen anderen? Nichts davon »Seid umschlungen, Millionen«. Sie besangen den Adler Stalin, wie es sich gehört. Zum Glück gab es immer genügend Lieder über dieses Thema, ewig frisch und ergreifend. Ich glaube, es waren 20000. Aber vielleicht waren es auch mehr. Es wäre nett, einmal zu erfahren, wieviel Geld unser Führer für all die Lieder über den Führer bezahlt hat. Aber auch wenn die fragwürdige Geschichte mit der Neunten

Symphonie stimmen sollte, beweist das noch gar nichts. Am allerwenigsten Stalins Liebe zu Beethoven. Nehmen wir die Aufführung der »Walküre« im Bolschoitheater auf Stalins direkten Befehl am Vorabend des Krieges. Beweist dies, daß Stalin Wagner liebte? Eher doch, daß er Hitler liebte.

Die Geschichte mit der »Walküre« ist so schmählich, daß ich sie erzählen will. Der Ribbentrop-Molotow-Pakt war schon in Kraft. Wir hatten nun also die Faschisten zu lieben. Es war eine späte, daher um so leidenschaftlichere Liebe. So wie eine Witwe in mittleren Jahren ihren jungen Nachbarn liebt. Aus allen mehr oder weniger bedeutenden Posten wurden die Juden davongejagt, damit sie die Augen der Deutschen nicht beleidigten. Litwinow zum Beispiel wurde als Volkskommissar des Äußeren entlassen. Doch das alles waren nur negative Aktionen, positive mußten folgen.

Man lieferte Hitler ein paar hundert deutsche Antifaschisten aus, darunter deutsche Juden, die in der Sowjetunion Zuflucht gesucht hatten. Die Auslieferung ging still und geräuschlos vor sich, ohne Fanfaren und Tamtam. Lediglich eine kleine Aufmerksamkeit unter Geschäftsfreunden. Aber Fanfaren wollte man außerdem. Wie ich schon sagte, leidenschaftliche kaukasische Liebe wollte man. Hohe Emotionen. Herrlichen Tee, herrliches Konfekt – wie der Dichter sagt. Und da erinnerte man sich an Wagner. Mit Wagner geschahen in Rußland die seltsamsten Dinge. Zuerst prügelten sich seinetwegen die russischen Musiker. Doch bald hörten sie damit auf und lernten viel von ihm. Das spielte sich natürlich innerhalb der Grenzen einer nicht eben großen Gruppe von Berufsmusikern ab.

Dann aber – vor dem Ersten Weltkrieg wurde Wagner über Nacht populär. Der Zar befahl nämlich, den »Ring des Nibelungen« im Kaiserlichen Marinski-Theater aufzuführen. Die gesamte Adelsbürokratie, das Offizierskorps, die ganze Beamtenschaft begeisterte sich für Wagner.

Und nun plötzlich Krieg! Es ist noch dazu der Vetter, der drauflosschlägt. Das ist beleidigend, so beleidigend, daß man heulen möchte. Die Wilden hauen in solchen Fällen ihre hölzernen Götzen. In Rußland haute man statt dessen Wagner. Hochkantig flog er aus dem Repertoire des Marinski-Theaters wieder heraus.

Nach der Revolution hatte man sich wieder an Wagner erinnert. Denn man brauchte ein Opernrepertoire, das der Epoche entsprach: Zaren und Bojaren konnten schließlich nicht mehr auf der Bühne erscheinen, auch keine schwärmerischen Dämchen, so nannte man damals Gestalten wie Tatjana in »Eugen Onegin«. Man nahm an, daß in westlichen Opern der revolutionäre Geist viel weiter entwickelt sei. Sie probierten »Wilhelm Tell«, »Finella«, den »Propheten«. Da gerieten sie an Wagners »Rienzi«.

Meyerhold begann, »Rienzi« einzustudieren. Er erzählte mir, aus rein theaterinternen Gründen – das Geld reichte nicht – habe er die Sache nicht zu Ende gebracht. Und das tue ihm noch immer leid. Seine Auffassung des »Rienzi« war hochinteressant. Zur Musik hatte er überhaupt keine Beziehung. Die Aufführung des »Rienzi« übernahm dann ein anderer Regisseur. Ich mag diese Oper nicht besonders. Sie erscheint mir pompös und aufgeblasen. Ihre Idee ist unselbständig, die Musik mittelmäßig. Nur das Sujet taugt wirklich als revolutionäres Stück. Für eine Oper gehört dies aber nicht zu den wichtigsten Kriterien.

Meine Einschätzung Wagners wechselte verschiedentlich. Er hat geniale Seiten, schrieb viel gute und viel mittelmäßige Musik. Er verstand es aber, seine Ware gut zu verkaufen. Dieser Typ des Komponisten als Reklametrommler ist mir fremd, er hat in der russischen Musik keine Tradition. Vielleicht ist deshalb die russische Musik im Westen weniger populär, als sie es verdient. Glinka, unser erster Berufsmusiker, sprach dies Meyerbeer gegenüber aus: »Ich verhökere meine eigenen Sachen nicht.« Und das tat er – anders als Meyerbeer – wirklich nicht. Und dann Mussorgski. Er schlug alle Einladungen Liszts, der für ihn die Reklametrommel rührte, aus. Mussorgski zog es vor, in Rußland zu bleiben und und zu komponieren. So ein unpraktischer Mensch.

Noch ein Beispiel: Rimski-Korssakow. Djagilew schleppte ihn zu einer seiner ersten Verkaufsausstellungen russischer Musik in

Paris. Eine Aufführung des »Sadko« war im Gespräch. Djagilew verlangte von Rimski-Korssakow Kürzungen, weil die Franzosen nicht fähig seien, von acht Uhr bis Mitternacht eine Oper anzuhören. Nicht einmal bei »Pelléas« hätten die Franzosen durchgehalten. Kurz nach elf Uhr seien sie in hellen Scharen aus dem Theater geflohen, das habe einen »mörderischen Eindruck« (Djagilews eigene Worte) gemacht.

Korssakow erwiderte Djagilew: »Der Geschmack der Franzosen ist mir absolut gleichgültig.« Und er fügte hinzu: »Wenn für das schwächliche französische, frackbekleidete Publikum, das der käuflichen Presse und den Claqueuren gehorcht, der vollständige ›Sadko‹ zu schwer ist, dann braucht es ihn überhaupt nicht zu hören.« Nicht schlecht gesagt.

Nach einigen listigen Manövern gelang es Djagilew jedoch, Rimski-Korssakow nach Paris zu locken. Korssakow teilte Djagilew seine Einwilligung auf einer Postkarte mit: »›Wenn gefahren werden soll, dann los‹, sagte der Papagei, als die Katze ihn am Schwanz die Treppe hinunterzog.«

Von den großen russischen Komponisten haben sich nur zwei gut verkauft: Strawinski und Prokofjew. Nicht zufällig sind sie beide Komponisten der neuen Zeit, und in einem gewissen Sinne sind sie – wenn auch adoptierte – Kinder der westlichen Kultur. Lust und Geschmack an Reklame – das ist es meiner Meinung nach, was Strawinski und Prokofjew hinderte, wirklich russische Komponisten zu sein. Hier ist irgendein seelischer Knick, wichtige moralische Positionen sind aufgegeben worden. Beide, Strawinski und Prokofjew, haben sich von den westlichen Lehren jene angeeignet, die zu beherzigen sich vielleicht nicht lohnt. Indem sie an Popularität gewannen, verloren sie etwas anderes, nicht minder Wichtiges.

Es fällt mir schwer, darüber zu sprechen. Man muß hier sehr vorsichtig sein, darf einen Menschen nicht unverdient kränken. Strawinski ist vielleicht der genialste Komponist des zwanzigsten Jahrhunderts. Aber er sprach immer nur für sich, ausschließlich für sich. Während Mussorgski sowohl für sich wie für sein Land

In Schostakowitschs Moskauer Wohnung (von links): Ehefrau Irina, Lieblingsschüler Boris Tischtschenko, Schostakowitsch, Solomon Wolkow, um 1970. An der Wand das Porträt des dreizehnjährigen Schostakowitsch, gemalt von Boris Kustodijew.

Mit Regisseur Wsewolod
Meyerhold in dessen
Moskauer Wohnung,
1928.

Alexander Glasunow,
Direktor des Lenin-
grader Konservatoriums
und einer der Lehrer
Schostakowitschs,
um 1925.

Mit dem Musikwissenschaftler
Iwan Sollertinski in den
dreißiger Jahren.

Der Schriftsteller Michail
Soschtschenko.

Stalin und Andrej Shdanow am Sarg des im Dezember 1934 ermordeten Leningrader Parteichefs Sergej Kirow.

Marschall Michail Tuchatschewski mit Frau Nina, um 1930.

Truppenbetreuung: Schostakowitsch (am Klavier) mit sowjetischen Kampffliegern, 1942.

Anläßlich des Weltfriedenskongresses 1949 in New York (von links): der sowjetische Delegationsführer Alexander Fadejew, Norman Mailer, Schostakowitsch, Arthur Miller, William Olaf Stapledon.

Mit der Mutter, 1951.

Mit seiner ersten Frau Nina Warsar, um 1942.

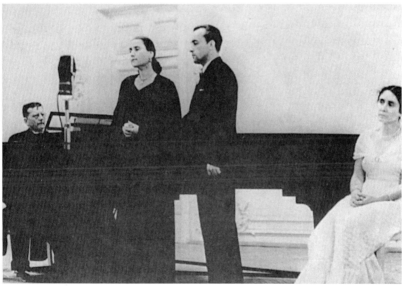

Mit Ehefrau Nina (Mitte) während der Uraufführung seines Oratoriums »Lied der Wälder« am 15. Dezember 1949 in Moskau. Rechts die Frau des Dirigenten Mrawinski.

Schostakowitsch begleitet die Aufführung seines Vokalzyklus »Aus jüdischer Volksdichtung«, Leningrad 1956.

Mit Sohn Maxim und Ehefrau Irina (im Hintergrund) nach einem Konzert, das Maxim dirigiert hat.

Mit seiner dritten Ehefrau Irina, Mitte der sechziger Jahre.

Mit Leonard Bernstein während des ersten Besuchs der New Yorker Philharmoniker in Moskau, 1959.

Mit Benjamin Britten, 1967.

Ehrenmitgliedschaft der American Academy, überreicht durch Aaron Cobland im Tschaikowski-Saal in Moskau, 1960.

Verlesung einer offiziellen Rede in Anwesenheit der Kulturministerin Jekaterina Furzewa (links).

Bei der Arbeit.

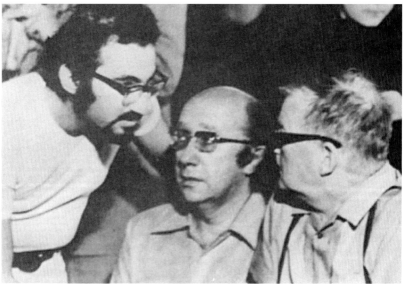

Bei der Aufführung seines letzten Quartetts, Leningrad 1974.

Mit Solomon Wolkow (links) und Dirigent Gennadi Roschdestwenski im Oktober 1975 während einer Neuinszenierung der Oper »Die Nase«, die seit 1931 nicht mehr hatte aufgeführt werden dürfen.

Mit dem Enkelsohn auf seiner Datscha bei Moskau.

Schostakowitschs Beisetzung auf dem Nowodjewitschi-Friedhof in Moskau am 14. August 1975. Über den Sarg gebeugt der Komponist Aram Chatschaturjan. Links Ehefrau Irina, rechts Sohn Maxim, der seine Schwester Galja und seinen Sohn umarmt.

sprach. Aber er hatte keinen guten Reklameapparat, keineswegs. Jetzt wird vielleicht klarer, weshalb ich Wagner gegenüber zwiespältige Empfindungen hege. Russische Komponisten haben von Wagner wohl das Orchestrieren neu gelernt, aber nicht, wie man sich gut verkauft oder erfolgreich intrigiert. Die Schwertschmiede-Szene im ersten Akt des »Siegfried« ist genial. Aber warum mußte Wagner eine ganze Armee seiner Anhänger gegen Brahms mobilisieren? Gegen einen Kollegen zu hetzen, das zeugt nicht nur von schlechtem Charakter. Das ist eine Eigenschaft der Seele. Eine häßliche Seele spiegelt sich unvermeidlich auch in der Musik. Wagner ist ein überzeugendes Beispiel dafür, wenn auch bei weitem nicht das einzige.

All die Jahre bis zum Krieg wurden Wagner-Opern bei uns aufgeführt, aber irgendwie welk, dürr und schwächlich. Das hatte ideologische Gründe. Man entdeckte in Wagners Werken Idealismus, Mystizismus, reaktionäre Romantik und kleinbürgerlichen Anarchismus, schrieb allerlei Beleidigendes über ihn.

Dann änderte sich die Situation wieder ganz plötzlich. Das Wort »plötzlich« kommt mir im Zusammenhang mit Wagner ständig auf die Lippen. Es ist wie bei einem schlechten Theaterstück: Ein Bote tritt auf und meldet: »Deine Liebste ist tot.« Oder: »Der Feind ist in die Stadt gedrungen.« Plötzlich. Das ist schlecht. Schlechte Dramatiker benutzten dieses Verfahren. Und ich bin ein schlechter Erzähler. »Plötzlich« geschieht überhaupt nichts. Stalin wollte bloß Hitler noch fester an die Brust drücken mit schmetternder Begleitmusik. Alles sollte sich – wie schon einmal – unter Verwandten abspielen. Wilhelm II. war mit der Zarenfamilie blutsverwandt. Stalin und Hitler waren Geistesverwandte.

Wagner erwies sich als der bestgeeignete Komponist, die russisch-germanische Freundschaft musikalisch zu untermalen. Eisenstein erhielt den Befehl, unverzüglich die »Walküre« im Bolschoitheater zu inszenieren. Warum ausgerechnet Eisenstein? Der Filmregisseur? Ein berühmter Name mußte her. Wagners Oper mußte mit Aplomb herausgebracht werden, so lautstark wie die Musik selber. Und das wichtigste: Der Regisseur durfte kein Jude sein. Eisensteins Vater war sogar Deutscher gewesen, ein getaufter Jude.

Eisenstein erkannte zunächst das Pikante dieser Einladung nicht. Er rief Alexander Tyschler an, einen jüdischen Maler, und bat ihn, die bühnenbildnerische Leitung zu übernehmen. Tyschler war ein weiser Mann. Er fragte Eisenstein: »Was fällt Ihnen ein? Sind Sie verrückt geworden? Wissen Sie denn nicht, was für eine Oper das ist? Man wird Ihnen nicht erlauben, meinen Namen mit auf die Plakate zu setzen. Die ganze Produktion soll doch judenfrei sein.« Eisenstein lachte. Er merkte noch immer nicht, was vorging. Vielleicht tat er auch nur so. Er erwiderte Tyschler: »Ich garantiere Ihnen die Mitarbeit an dieser Aufführung.« Ein paar Tage später rief er Tyschler wieder an. Dieses Mal lachte er nicht. Er entschuldigte sich: »Sie hatten recht.« Und hängte ein.

Warum trat Eisenstein von dem Auftrag nicht zurück, als er begriff, in welch schändliche Sache er hineingezogen wurde? Bei uns sagt man oft von einem Menschen: Er arbeitet nicht aus Angst, sondern aus Gewissensgründen. Nun, ein Gewissen besaß Eisenstein nicht, aber Angst hatte er. Große Angst. Den Auftrag abzulehnen bedeutete den Kopf zu riskieren. Mir wurde erzählt, er habe sich sehr gequält, habe gräßlich gelitten, sich aber schließlich mit dem Gedanken beruhigt, daß es interessant sei, am Bolschoi zu arbeiten, und daß »Die Walküre« trotz allem eine geniale Oper sei.

Kürzlich sprach ich mit einem Bekannten, einem Musikwissenschaftler. Wir kamen auf diese Wagner-Inszenierung. Der Musikwissenschaftler verteidigte Eisenstein: Dieser habe sich so lange sehnlichst gewünscht, eine Oper zu inszenieren, hätte soviel und so gründlich über eine Synthese der Künste nachgedacht und dann endlich die Möglichkeit bekommen, einige seiner Ideen, natürlich bei weitem nicht alle, auf der Bühne des Bolschoi zu realisieren.

Ich erinnerte den Musikwissenschaftler daran, daß Eisenstein die Möglichkeit, seine epochalen Ideen zu realisieren, auch bei einer anderen Oper gehabt hätte, auch in Moskau. Komponist dieser Oper war überdies sein guter Freund Prokofjew. Ich meine die Oper »Semjon Kotko«. Hier geht es um die Okkupation der Ukraine durch die Deutschen 1918, die als grausame Teufel dargestellt werden. Als Prokofjew die Oper schrieb, entsprach dies genau der damals gültigen politischen Linie. Überhaupt zeichnete sich die Oper durch eiserne ideologische Disziplin aus: Es gab Bolschewiki, es gab Kulaken-Schädlinge, den Schwur der roten Partisanen am Sarge des Kommissars, den Volksaufstand.

Meyerhold selbst hatte mit der Probenarbeit an »Semjon Kotko« im Stanislawski-Operntheater begonnen. Es war seine letzte Theaterarbeit. Er konnte sie nicht mehr zu Ende führen, wurde mitten aus der Arbeit heraus verhaftet. Er war nun nicht mehr Meyerhold, sondern bloß noch »Semjonitsch«. Das sollte sein Agenten-Deckname gewesen sein. Lächerlich! Wahrscheinlich hatte der Untersuchungsrichter, der diesen »Semjonitsch« erfand, in der Zeitung irgend etwas über »Semjon Kotko« gelesen.

Der Regisseur wurde verhaftet. Die Arbeit an der Oper ging weiter, als sei nichts geschehen. Dies gehörte zu den schrecklichsten Charakteristika der Epoche: Ein Mensch verschwindet. Alle übrigen tun, als wäre überhaupt nichts passiert. Jemand war mit einer Arbeit befaßt gewesen, die nur mit ihm, unter seiner Leitung Sinn hatte. Plötzlich gibt es ihn nicht mehr, er hat sich in Luft aufgelöst. Niemand verliert ein Wort darüber. Der Name Meyerhold verschwand augenblicklich aus sämtlichen Gesprächen. Das war alles.

Im ersten Augenblick zitterten alle. Jeder dachte: Ich bin der nächste. Und jeder betete – ich weiß nicht zu wem –, aber er betete, daß nicht er der nächste sein möge, jeder andere, nur nicht er. Es kam kein Befehl, die Proben einzustellen, also mußte man weitermachen. Offenbar hielt man diese Arbeit »oben« für nützlich. Und vielleicht gelang es, durch die Weiterarbeit das eigene Leben zu retten.

Prokofjew wandte sich an seinen Freund Eisenstein. Das Wort »Freund« ist hier, wo es sich um Leute wie Prokofjew und Eisenstein handelt, nur eine konventionelle Bezeichnung. Ich glaube kaum, daß *einer* von ihnen wirklich Freundschaft brauchte. Beide waren zu verschlossen und hochmütig. Aber jedenfalls achteten sie einander. Nebenbei: Eisenstein war Meyerholds Schüler gewesen. Und so bat Prokofjew den Filmregisseur, die Arbeit an »Semjon Kotko« zu Ende zu führen.

Eisenstein lehnte ab. Die außenpolitische Lage hatte sich nämlich inzwischen gewandelt. Angriffe auf die Deutschen, sei es auch nur in einer Oper, waren in jener wundervollen Periode bereits verboten, das Schicksal der Aufführung damit recht zweifelhaft geworden. Warum soll man sich in ein politisch fragwürdiges Unternehmen verwickeln lassen? Und Eisenstein sagte: »Ich habe leider keine Zeit.« Für »Die Walküre« dagegen hatte er Zeit. Die weiteren Geschicke der beiden Opern sind lehrreich.

Die Premiere der »Walküre« fand mit bombastischem Pomp statt. Sowohl unsere Partei- und Regierungsführer als auch das diplomatische Korps der faschistischen Botschaft lauschten den zauberischen Klängen. Die Zeitungen brachten überschwengliche Kritiken. Kurz gesagt: ein neuer Triumph an der Kunstfront.

Prokofjews Oper »Semjon Kotko« kam indes keineswegs komplikationslos zur Welt. Natürlich, die blutrünstigen Deutschen waren von der Bühne verschwunden. Es traten nur irgendwelche Okkupanten auf, ohne nähere Bestimmung ihrer Nationalität. Die Obrigkeit war trotzdem unzufrieden.

Stalin hatte panische Angst davor, die Deutschen zu verärgern. Auf jeder Probe des »Semjon Kotko« waren irgendwelche Beamte aus dem Volkskommissariat des Äußeren erschienen, hatten unzufrieden die Stirn gerunzelt und waren dann, ohne ein Wort zu verlieren, wieder verschwunden. Ein sehr schlechtes Vorzeichen. Schließlich war sogar Wyschinski[8] gekommen, Stalins rechte Hand, ein Lump und Henker sondergleichen. Anscheinend hatte der Führer und Lehrer ihn hergeschickt, um festzustellen, was für aufrührerische Ideen von der Bühne jenes Operntheaters verkündet würden, das den Namen eines von ihm sehr geschätzten Menschen trug. Ich meine Stanislawski.

Unter der weisen Leitung des Generalstaatsanwalts der UdSSR

Wyschinski wurde die Oper schließlich in die nötige Kondition gebracht. Wyschinski überzeugte sich, daß das Sujet im großen und ganzen annehmbar war, die Deutschen beziehungsweise die Okkupanten wurden auf ein Minimum reduziert. Statt ihrer waren nun die russischen Weißgardisten die Feinde. »Wo sind die Feinde?« sang der Chor in einer anderen Oper, nämlich im »Ein Leben für den Zaren«, die in unserer Epoche in »Iwan Sussanin« umbenannt wurde. Solange nur Feinde da sind, ist die Sache in Ordnung. Die Hauptsache: Es gibt Feinde, die zu bekämpfen und zu besiegen sind. Wer sie im einzelnen sind, braucht man gar nicht genau zu wissen. So wurde diese halbherzige Oper aufgeführt. Und niemand fand Gefallen daran. Wagner dagegen liebten alle. Denn alle wußten, daß der Führer und Lehrer Wagner liebte.

Und dann plötzlich aus heiterem Himmel wieder Krieg! Wieder flog der – jetzt faschistische – Wagner aus dem Repertoire. Wieder war er in schlechte Gesellschaft geraten. Alle anderen Professoren und Dozenten, auch unsere führenden und folgenden Musikkritiker begannen, Wagner »Mores« zu lehren, nach den Methoden, mit denen man minderjährige Kriminelle in den Arbeitserziehungskolonien umzieht. Wagner hatte die falschen Freunde gehabt, hatte an den falschen Orten verkehrt und hatte falsche Dinge getan. Von Liebe zu Wagner war keine Rede mehr.

Das also ist die traurige Geschichte in zwei Akten mit Prolog und Epilog. Die Geschichte, wie wir sehen, wiederholt sich eben doch. Ein und dieselbe Farce kann man zwei-, drei-, auch viermal im Leben sehen; vorausgesetzt, man hat etwas Glück und ist geschickt genug, in unserer stürmischen Zeit einige äußerst bedrohliche Hürden zu überspringen und älter als sechzig Jahre zu werden. Jeder Sprung kostet dich deine letzten Kräfte. Du bist überzeugt, daß es wirklich die allerletzten sind. Aber bald wird sich zeigen, daß dir doch noch einige Reserven geblieben sind. Du kannst dich ausruhen, dich erholen und bekommst nach einer Weile dieselbe abgedroschene Farce noch einmal zu sehen. Du kannst sie schon längst nicht mehr komisch finden. Und wenn neben dir trotzdem gelacht wird, dann sind die Lacher junge Leute. Für sie ist die Sache komisch, sie sehen das dreckige Stück zum erstenmal. Ihnen irgend etwas erklären zu wollen hat keinen Zweck, sie würden es nicht begreifen. Du suchst nach Zuschauern in deinem eigenen Alter, die Bescheid wissen, die verstehen, was vor sich geht. Mit denen man reden kann. Doch du findest niemanden. Sie sind gestorben. Und die Überlebenden sind hoffnungslos dumm. Nur deshalb konnten sie überleben. Oder sie haben sich dumm gestellt, auch das ist hilfreich.

Nie und nimmer glaube ich, daß es ringsum nur Dummköpfe gibt. Maskierung, Taktik sind im Spiel, wenigstens ein Minimum an Anständigkeit soll gewahrt werden. Heute sagen alle: »Wir haben nichts gewußt, haben nichts bemerkt. Wir haben Stalin geglaubt. Er hat uns betrogen. Ach, er hat uns fürchterlich betrogen!« Leute, die so reden, machen mich zornig. Wer hat nichts begriffen, wen hat man betrogen? Die unwissende Milchfrau? Den taubstummen Schuhputzer am Ligowski-Prospekt? Nein, es waren sogenannte Gebildete. Schriftsteller, Komponisten, Schauspieler. Es waren jene Leute, die meiner Fünften Symphonie applaudierten. Ich glaube nie und nimmer, daß jemand, der nichts begriffen hat, meine Fünfte Symphonie verstehen kann. Natürlich begriffen sie. Sie begriffen, was rings um sie geschah, und sie begriffen, was es mit der Fünften Symphonie auf sich hat.

Und das macht es mir noch schwerer, zu komponieren. Es klingt vielleicht absurd, wenn ich sage, daß es mir schwerfällt zu komponieren, weil die Hörer meine Musik verstehen. Normalerweise ist es doch leichter zu schreiben, wenn man verstanden wird. Aber hier war es umgekehrt. Je größer die Zuhörerschaft, desto mehr Denunzianten sind darunter. Und je besser die Hörer verstehen, worum es geht, desto größer die Wahrscheinlichkeit, daß sie dich denunzieren. Eine sehr schwierige, komplizierte Situation, die mit den Jahren immer schwieriger wurde. Es ist traurig, darüber zu sprechen, traurig und unangenehm, aber nötig, weil ich bei der Wahrheit bleiben will. Und die Wahrheit ist: Der Krieg hat mir geholfen. Der Krieg brachte unsagbares Leid und Elend. Das Leben wurde sehr, sehr schwer. Es gab unendlich viel

Kummer, unendlich viel Tränen. Doch vor dem Krieg war es noch schwerer, weil jeder mit seinem Leid allein war.

Schon vor dem Krieg gab es in Leningrad sicherlich kaum eine Familie ohne Verluste: der Vater, der Sohn, und wenn es kein Angehöriger war, dann ein naher Freund. Jeder hatte jemanden zu beweinen. Aber man mußte leise weinen, unter der Bettdecke. Niemand durfte es merken. Jeder fürchtete jeden. Der Kummer erdrückte, erstickte uns. Er würgte alle, auch mich. Ich mußte ihn in Musik umsetzen. Ich empfand das als meine Pflicht und Schuldigkeit. Ich mußte ein Requiem schreiben für alle Umgekommenen, für alle Gequälten. Ich mußte die furchtbare Vernichtungsmaschinerie schildern und den Protest gegen sie zum Ausdruck bringen.

Aber wie? Argwohn umgab mich, wo ich ging und stand. Die Kritiker rechneten aus, wie viele meiner Symphonien in Dur und wie viele in Moll geschrieben waren. Auch das war niederdrückend, lähmend.

Da kam der Krieg. Der heimliche, der isolierte Kummer wurde zum Kummer aller. Man durfte über ihn sprechen, man konnte offen weinen, offen die Toten beklagen. Die Menschen brauchten sich nicht mehr vor Tränen zu fürchten. Nach und nach gewöhnte man sich daran, seinen Kummer zu äußern. Wir hatten schließlich genug Zeit, uns daran zu gewöhnen – volle vier Jahre. Desto schwerer traf es uns, als sich dies nach dem Krieg sehr schnell wieder änderte. Damals legte ich eine Reihe großer Arbeiten in den Schreibtisch, dort blieben sie lange Jahre liegen.

Das Recht auf Kummer ist ein Privileg. Es wird nicht jedem und nicht ein für allemal erteilt. Ich habe das sehr nachdrücklich erfahren. Nicht nur ich verdankte dem Krieg die Möglichkeit, mich auszusprechen. Alle empfanden so. Das geistige Leben, das vor dem Krieg völlig verdorrt war, erblühte neu, voll und dicht. Alles gewann an Kontur, an Deutlichkeit, an Sinn.

Wahrscheinlich glaubten viele, ich sei nach meiner Fünften[9] wieder aufgelebt. Nein, erst mit der Siebten begann ich wieder zu leben. Sie entstand im Krieg, als man wieder miteinander sprechen konnte. Wir hatten es sehr schwer, dennoch atmeten wir leichter. In unserem Land waren die Kriegsjahre künstlerisch fruchtbare Jahre. Das war nicht überall so. In anderen Ländern hat der Krieg die Kunst wahrscheinlich eingeengt. Aber bei uns erlebte – aus tragischem Anlaß – die Kunst eine Blütezeit.

Die Siebte Symphonie ist wohl mein populärstes Werk geworden. Mich kränkt dabei nur, daß die Zuhörer sie nicht immer richtig verstehen, obwohl hier doch alles ganz klar ist. Anna Achmatowa schrieb ihren Gedichtzyklus »Requiem«. Die Siebte und die Achte sind mein »Requiem«.[10]

Ich will hier nicht das Hin und Her um diese beiden Symphonien schildern. Darüber ist schon genug geschrieben worden. Äußerlich betrachtet, ist die Zeit dieser beiden Werke der bestbekannte Abschnitt meines Lebens. Im Endeffekt hatte all dies Getöse fatale Folgen für mich. Das war zu erwarten gewesen, und ich hatte von Anfang an damit gerechnet. Zunächst schien die große Popularität der Symphonien für mich von Nutzen zu sein. Später mußte ich oft an Meyerhold und Tuchatschewski denken. Sie waren ungleich berühmter gewesen als ich. Doch ihre Berühmtheit hatte ihnen nichts genützt. Im Gegenteil.

Anfangs schien sich alles ganz gut zu entwickeln. Doch dann fiel mir auf: zu viele Zeitungsartikel, zuviel Lärm. Ich wurde zum Symbol hochstilisiert. »Schostakowitschs Symphonie« wurde landauf, landab an allen Ecken und Enden aufgeführt, wo es paßte und wo es nicht paßte. Und es wurde schrecklicher und schrecklicher, ganz besonders, als das Getöse dann auch im Westen losging. Ich bin überzeugt, dieser Klamauk diente einem ganz bestimmten politischen Ziel. In der Begeisterung für mich lag etwas Gekünsteltes, ein Anflug von Hysterie oder dergleichen.

Man sollte meinen, die Nachricht vom Erfolg meiner Musik hätte in mir helle Freude entfacht. Doch das war nicht der Fall. Natürlich freute ich mich, daß meine Musik im Westen gespielt wurde. Aber es wäre mir sehr viel lieber gewesen, wenn man dort mehr über Musik und weniger über die Dinge am Rande gesprochen hätte. Ich wußte nichts Genaues, hatte nur ein ungutes

Gefühl. Daß es nicht unbegründet war, zeigte sich später. Die Alliierten begeisterten sich so an meiner Musik, als wollten sie demonstrieren: Seht doch, wie sehr wir Schostakowitschs Symphonie vergöttern. Und da wollt ihr immer noch mehr von uns, irgendeine zweite Front?!

Stalin war in Rage: Wendell Willkie, der damals Präsidentschaftskandidat war, hatte Moskau einen Besuch abgestattet. Man hielt ihn für ein hohes Tier mit großem politischem Einfluß und fragte ihn nach der zweiten Front. Willkie antwortete: Schostakowitsch ist ein großer Komponist. Mister Willkie hielt sich zweifellos für einen geschickten Diplomaten. Hatte er sich denn nicht überaus elegant aus der Affäre gezogen? An die Folgen für mich, einen lebendigen Menschen, dachte er natürlich nicht.

Vielleicht war dieser Besuch das auslösende Moment. Es war unnötig, um meine Symphonien solch ein Tamtam zu machen. Aber die Alliierten taten es, und sie taten es, um unsere Aufmerksamkeit abzulenken. So jedenfalls wurde die Situation hier, in Rußland, aufgefaßt. Der Lärm wuchs und wuchs. Das mußte Stalin erbosen. Für ihn war es unerträglich, wenn über andere als ihn viel gesprochen wurde.

»Bei uns liebt man das nicht« – so drückte Anna Achmatowa es einmal aus. Einzig und allein Stalin sollte bejubelt werden. Nur er sollte auf allen Gebieten des Lebens, der Kunst und der Wissenschaft glänzen. Stalin stand im Zenit seiner Macht. Niemand konnte es mit ihm aufnehmen. Und immer noch war es ihm zuwenig, viel zuwenig.

Was ich hier sage, ist eine nüchterne Analyse, kein Temperamentsausbruch. Stalins Neid auf fremden Ruhm mag jedem verrückt vorkommen. Aber er existierte. Und dieser Neid wirkte sich tödlich aus auf Leben und Arbeit zahlloser Menschen. Manchmal genügte eine Bagatelle, um Stalin außer Rand und Band zu bringen. Irgendein unvorsichtiges Wort. Jemand hatte zu ausführlich gesprochen, oder jemand war nach Stalins Meinung allzu gebildet, oder er führte Stalins »Empfehlungen« zu korrekt aus. Das reichte, um vernichtet zu werden.

Stalin war eine Spinne, die jeden, der in die Nähe ihres Netzes geriet, umbrachte. Einige der Opfer braucht man nicht zu bedauern. Sie hatten es darauf angelegt, in Stalins Nähe zu kommen, hatten sich mit dem Blut Unschuldiger besudelt und wurden trotzdem vernichtet. Wenn jemand, der in irgendeiner Sache von Stalin zur Berichterstattung befohlen worden war, in Stalins Augen las: »Zu flink«, dann war er erledigt. Manchmal war alles, was so ein Übereifriger seinen Angehörigen noch mitteilen konnte: »Der Hausherr war unzufrieden.« Sie nannten ihn »Hausherr«.

Stalin haßte und fürchtete die Alliierten. Den Amerikanern konnte er nicht beikommen. Doch fast unmittelbar nach Kriegsende rächte er sich dafür an all seinen Untertanen, die mit den Alliierten in Verbindung gestanden hatten. An ihnen ließ er seine Angst und seinen Haß aus. Für Tausende und aber Tausende wurde dies zur Tragödie. Jemand erhielt einen Brief aus Amerika – er wurde erschossen. Und die naiven ehemaligen Verbündeten schrieben Brief um Brief. Jeder dieser Briefe war ein Todesurteil. Jedes Geschenk, jedes Souvenir brachte Tod und Verderben. Die allergetreuesten Bluthunde teilten Stalins Haß auf die Alliierten. Sie witterten den Geruch. Zwar durften sie nicht angreifen, nicht an die Gurgel springen. Sie knurrten nur. Das genügte schon. Chrennikow war ein solcher Bluthund. Eine Spürnase hatte der und einen Griff – er verstand immer genau, was der Hausherr wollte.

Ein Moskauer Musikwissenschaftler erzählte mir folgende Geschichte: Er hatte einen Vortrag über sowjetische Komponisten zu halten und lobte detailliert meine Achte. Nach dem Vortrag stürzte Chrennikow wutglühend zu ihm, schnauzte ihn an: »Wissen Sie denn überhaupt, wen Sie da gelobt haben? Wissen Sie das? Sowie wir die Alliierten los sind, dann zerquetschen wir Ihren Schostakowitsch mit dem Daumennagel wie eine Wanze! Mit dem Daumennagel!«

Aber noch war Krieg. Noch waren die Alliierten unsere »Waffenbrüder«. So hießen sie offiziell. Aber die Bluthunde hatten schon erschnüffelt, daß dies nichts zu bedeuten hatte. Und sie bereiteten sich auf den Tag der Abrechnung vor.

Chrennikow war ganz besonders eifrig. Er haßte mich. Lächerlich, heute davon zu sprechen. Vor langer Zeit stand neben anderen auch mein Bild auf seinem Schreibtisch. Das war, ehe ich seine Oper »Im Sturm« (1939) gehört hatte. Eine schlechte Oper. Ich hielt Chrennikow für begabt. Aber diese Oper war eine schwache Imitation von Dzierzynskis jämmerlicher Oper »Der stille Don«. Chrennikow hatte sich eindeutig auf den Weg der politischen Spekulation begeben. Alles in dieser Oper entsprach der Konjunktur – das Sujet, die Musik. Das Libretto war nach einem Roman geschrieben, den Stalin sehr schätzte. Und die Musik nach einer Oper, die Stalin gefallen hatte. Eine blasse, uninteressante Musik. Primitive Harmonie, schwache Orchestrierung. Chrennikow wollte sich beim Führer und Lehrer einschmeicheln. Über all das schrieb ich Chrennikow einen Brief. Ich schrieb ihm, er habe einen gefährlichen Weg betreten, ich wolle ihn warnen. Dann analysierte ich im einzelnen seine Oper. Der Brief wurde sehr lang.

Ehe ich den Brief abschickte, zeigte ich ihn einigen Bekannten. Ich wollte mich mit ihnen beraten. Möglicherweise war es falsch, einen solchen Brief zu schicken. Vielleicht sollte ich mich hier nicht einmischen. Aber alle hießen den Brief gut, meinten, solch ein Brief sei nötig und nützlich. Sie hätten von ihm profitiert. Um wieviel mehr würde Chrennikow davon profitieren.

Doch Chrennikow reagierte anders. Als er den Brief gelesen hatte, zerriß er ihn, trampelte, außer sich vor Wut, darauf herum, zerriß mein Foto. Er war maßlos wütend. Ich war davon ausgegangen, ganz im Geist unserer russischen Schule zu handeln. Immer haben russische Komponisten einander beraten, sich gegenseitig kritisiert. Niemals hatte das einer als Kränkung aufgefaßt.

Anders Chrennikow – er glaubte, ich wollte ihm den Weg zum Stalin-Preis verbauen, wollte ihn vom hellen Weg fortführen in die finsteren Winkel des Formalismus. Dabei ging es ihm gar nicht um Musik. Nicht um musikalische Ideen, sondern darum, daß Stalin ihn für Formalismus gewiß nicht loben würde, während auf dem hellen Weg des Primitivismus ihm die Wohlgeneigtheit des Führers und Lehrers zuteil werden würde mit allen dazugehörigen Wohltaten.

Für Chrennikow und seine Gesinnungsgenossen waren die Erfolge meiner Siebten und meiner Achten wie ein Messer an der Kehle. Sie glaubten, ich wollte sie in den Schatten drängen, allen Ruhm allein für mich zusammenraffen und nichts mehr für sie übriglassen. Blind vor Zorn glaubten sie, nicht leben zu können, ehe sie mich zu Fall gebracht hätten. Es wurde eine üble Geschichte daraus. Der Führer und Lehrer wollte mir eine Lektion verpassen. Und meine Komponistenkollegen wollten mich vernichten. Jede Nachricht von einer weiteren erfolgreichen Aufführung meiner Siebten oder meiner Achten bereitete mir Pein, war ein neuer Nagel zu meinem Sarge.

Die Rache wurde heimlich und von langer Hand geplant. Es begann schon bei der Siebten. Man behauptete, nur der erste Satz sei eindrucksvoll. In diesem Satz, so erläuterten die Kritiker, sei der Feind dargestellt. In den anderen Sätzen hätten Macht und Kraft der Roten Armee geschildert werden müssen. Aber für diese Aufgabe hätten Schostakowitschs Farben nicht gereicht. Man wollte etwas in der Art von Tschaikowskis Ouvertüre »1812« haben. In der Folge wurde der Vergleich meiner Musik mit dieser Ouvertüre zu einem populären Argument. Natürlich nicht zu meinen Gunsten.

Als die Achte aufgeführt wurde, nannte man sie schon offen konterrevolutionär und antisowjetisch. Es wurde die Frage gestellt: Warum schrieb Schostakowitsch zu Anfang des Krieges eine optimistische Symphonie, jetzt aber eine tragische? Zu Kriegsanfang waren wir in die Defensive gedrängt, jetzt sind wir aber in der Offensive, besiegen die Faschisten. Schostakowitsch macht eine Tragödie daraus. Das heißt: Er ist auf der Seite der Faschisten. Die Unzufriedenheit nahm zu. Man erwartete von mir einen Fanfarenstoß. Eine Ode wurde verlangt. Ich sollte eine majestätische neunte Symphonie schreiben.

Mit dieser Neunten wurde es ganz schlimm. Ich wußte natürlich, daß der Schlag unvermeidlich war. Aber vielleicht hätte er mich später getroffen, vielleicht wäre er nicht ganz so hart ausgefallen, wenn die Neunte nicht gewesen wäre. Stalin hat ganz gewiß nie an seiner Genialität und seiner Größe gezweifelt. Doch als der Krieg gegen Hitler gewonnen war, schnappte er vollends über. Er war wie der Frosch in der Fabel, der sich zur Größe des Stiers aufblies. Mit dem einen Unterschied, daß auch seine gesamte Umgebung den Frosch Stalin für einen Stier hielt und ihm die entsprechenden Ehren erwies. Alle Welt umjubelte Stalin, und nun wurde ich in diesen unheiligen Reigen mit einbezogen. Der Anlaß war sozusagen gegeben. Wir hatten den Krieg gewonnen. Um welchen Preis, das war unwichtig. Wichtig war nur der Sieg. Das Imperium hatte sich ausgedehnt. Von Schostakowitsch forderte man die große Apotheose: Chor und Solisten sollten den Führer besingen. Auch die Ziffer würde Stalin gefallen: die Neunte Symphonie! Stalin hörte sich immer genau an, was Experten und Spezialisten einer bestimmten Branche zu berichten wußten. Und in diesem Fall versicherten ihm die Experten, ich verstünde meine Sache. Daraus schloß Stalin, die Symphonie zu seinen Ehren werde von höchster Qualität sein. Man werde stolz sagen können: Hier ist sie, unsere vaterländische neunte Symphonie. Ich muß bekennen: Ich gab dem Führer und Lehrer Anlaß zu solchen Träumen, denn ich kündigte an, eine Apotheose schreiben zu wollen. Ich versuchte zu lügen, und das wandte sich gegen mich.

Als die Neunte uraufgeführt wurde, erzürnte sich Stalin ungeheuerlich. Er fühlte sich in seinen heiligsten Gefühlen verletzt. Es gab keinen Chor, es gab keine Solisten, und eine Apotheose gab es auch nicht – nicht die Spur einer Beweihräucherung des Größten. Es war einfach Musik, die Stalin nicht verstand und deren Gehalt daher dubios war.

Man wird mir vielleicht wenig Glauben schenken und sagen, der Erzähler sei hier nicht ganz korrekt. Der Führer und Lehrer werde in dieser schweren Nachkriegszeit anderes zu tun gehabt haben, als sich über Symphonien und fehlende Huldigungen zu ärgern. Aber so absurd es auch klingen mag, Stalin kümmerte sich um ihm vorenthaltene Huldigungen sehr viel mehr als um die Angelegenheiten des Landes. Das zeigte sich nicht nur in meinem Fall. Dowshenko erzählte mir eine recht ähnliche Geschichte.

Er hatte im Krieg einen Dokumentarfilm gedreht und dabei Stalin außer acht gelassen. Stalin schäumte. Er ließ Dowshenko kommen. Und in Stalins Anwesenheit brüllte Berija[11] ihn an: »Du konntest für den Führer nicht zehn Meter Filmspule erübrigen? Also wirst du nun leben wie ein Hund!« Wie durch ein Wunder blieben Dowshenko die Konsequenzen erspart.

Ich konnte keine Apotheose auf Stalin schreiben, konnte es einfach nicht. Mir war klar, worauf ich mich einließ, als ich die Neunte schrieb. Stalin habe ich später dennoch »in Musik gesetzt«, und zwar in meiner nächsten Symphonie, in der Zehnten. Ich komponierte sie unmittelbar nach Stalins Tod. Und niemand hat bis heute erraten, worum es in dieser Symphonie geht: um Stalin und die Stalin-Ära. Der zweite Satz, ein Scherzo, ist, grob gesagt, ein musikalisches Porträt von Stalin. Natürlich enthält der Satz auch noch sehr viel anderes. Aber er basiert auf diesem Porträt.

Ich muß schon sagen, es war eine schwere Arbeit, den Wohltäter der Menschheit symphonisch darzustellen, ihn mit musikalischen Mitteln zu bewerten. Beethoven war so etwas musikalisch geglückt, er irrte sich nur vom historischen Gesichtspunkt aus.

So betrachtet, ist meine Zwölfte nicht voll gelungen. Ich hatte mir eine bestimmte schöpferische Aufgabe gestellt – ein Porträt Lenins – und endete mit einem völlig anderen Ergebnis. Ich hatte meine Ideen nicht realisieren können. Das Material widersetzte sich. Es ist wirklich sehr schwer, mit den Mitteln der Musik das Bild des Führers und Lehrers nachzuzeichnen. Trotzdem erfüllte ich Stalin gegenüber meine Pflicht. Der Schuh paßte, wie man so sagt. Und niemand kann mir vorwerfen, dieses schändlichste Phänomen unserer Wirklichkeit übergangen zu haben. Indessen, als die Neunte aufgeführt wurde, stand der Tod des Führers durchaus noch nicht vor der Tür. Und ich hatte meine Widerspenstigkeit teuer zu bezahlen.

Warum jagte Stalin mich damals, 1945, nicht sofort zum Teufel? Die Antwort ist einfach: Er mußte erst die Alliierten anspukken, eine geeignete Gelegenheit dazu ergab sich bald. Unsere Bluthunde waren herangewachsen, begannen die Zähne zu fletschen. Im Kriege war ihnen manch guter Happen entgangen. Das Ausland fragte nicht nach Chrennikows Kompositionen, auch nicht nach Werken von Kowal oder Tschulako. Es bestellte Arbeiten anderer Komponisten. Gräßliche Ungerechtigkeit! Man hatte den Formalismus doch zerschmettert, und jetzt hob er auf einmal wieder sein abscheuliches Haupt.

Die Unzufriedenen überschütteten Stalin mit Denunziationen, die teils von einzelnen, teils von Kollektiven unterzeichnet waren. Ilf hatte einst gespottet: »Die Komponisten denunzieren einander auf Notenpapier.« Er hatte die Komponisten überschätzt: Sie benutzten ganz gewöhnliches Schreibpapier.

Zu den Unzufriedenen gehörte auch Muradeli. Eine Tatsache, die heute vergessen ist. Nach dem »historischen Beschluß«[12] über seine Oper »Große Freundschaft« schien Muradeli zu den Opfern zu gehören. In Wirklichkeit war Muradeli nie ein Opfer. Er verstand es, sich seine Hände gehörig an der »Großen Freundschaft« zu wärmen. Nicht genug damit, Muradeli wollte nicht nur eigenen Ruhm, er wollte den Formalismus mit allen Wurzeln aus der Musik herausreißen. Seine später verworfene Oper war 1947 von etwa zwei Dutzend Operntheatern zur Aufführung angenommen worden, und was das wichtigste war: Auch das Bolschoitheater bereitete die Inszenierung vor, und zwar als Festaufführung zu einem Jubiläum – dem 30. Jahrestag der Oktoberrevolution. Die Oper sollte am 7. November in Stalins Anwesenheit im Bolschoi uraufgeführt werden. Muradeli verkündete überall drohend: »Der Hausherr selbst wird mich in seine Loge einladen! Und dann werde ich ihm alles erzählen! Wie die Formalisten meinen Weg verbarrikadiert haben. Es muß endlich Ordnung geschaffen werden!«

Alles schien dazu angetan, Muradelis Oper einen großen Erfolg zu sichern: Das Sujet war ideologisch korrekt aus dem Leben der

Georgier und Osseten gegriffen. In der Oper trat der Georgier Ordshonikidse auf, der im Kaukasus Ordnung geschafft hatte. Der Komponist selber stammte aus dem Kaukasus. Was brauchte es mehr? Doch Muradeli hatte sich schlimm verrechnet. Stalin gefiel die Oper ganz und gar nicht.

Erstens: Stalin mißfiel das Sujet. Er sah darin einen schweren politischen Fehler. Ordshonikidse bringt die Georgier und Osseten dazu, ihren Widerstand gegen die Russen aufzugeben. Wie Sie wissen, war Stalin selbst Ossete (nicht Georgier, wie in der Regel behauptet wird). Und er fühlte sich für die Osseten gekränkt. Stalin hatte in bezug auf kaukasische Probleme seine eigenen Ansichten. Er mißtraute den Tschetschenen und Inguschen. Sie waren damals schon aus dem Kaukasus deportiert. In der Stalin-Ära ließ sich so etwas ganz einfach bewerkstelligen. In einer einzigen Nacht wurden zwei Völker auf Karren verladen und abtransportiert – zu des Teufels Großmutter.[13] Muradeli hätte alle üblen Taten den Tschetschenen und Inguschen aufhalsen müssen, aber soviel künstlerische Einbildungskraft besaß er wohl nicht.

Zweitens: Ordshonikidse. Auch hier erwies sich Muradeli als zu naiv. Er hatte geglaubt, Ordshonikidse in der Oper auftreten zu lassen sei eine hervorragende Bereicherung. Und er war nicht im entferntesten darauf gekommen, daß es nicht ratsam war, Stalin an Ordshonikidse zu erinnern. Seinerzeit hatte man bekanntgegeben, Ordshonikidse sei am Herzschlag gestorben. In Wirklichkeit hatte er sich erschossen. Faktisch hatte Stalin ihn dazu getrieben.

Aber das allerschlimmste war die Sache mit der Lesginka – dem kaukasischen Tanz. Die Oper spiegelte das Leben im Kaukasus, infolgedessen war sie mit Volksliedern und -tänzen vollgestopft. Stalin erwartete natürlich, die ihm vertrauten heimatlichen Klänge zu hören, statt dessen hörte er Muradelis eigene Lesginka, die dieser in einem Anfall von Selbstvergessenheit komponiert hatte. Diese Lesginka war es, die Stalin fürchterlich in Zorn versetzte.

Wolken kamen auf, ein Gewitter braute sich zusammen. Es bedurfte nur noch eines Auslösers: einer Eiche, in die der Blitz fahren konnte – es traf Muradeli. Alles in allem berührte ihn aber der »historische Beschluß« über die Oper »Große Freundschaft« nicht übermäßig schmerzhaft. Muradeli war so geschickt und wendig, daß er auch noch aus einem »historischen Beschluß« Kapital für sich herausschlug. Wir wissen, welch brennendes Interesse die werktätigen Massen an historischen Beschlüssen nehmen. Überall gab es Meetings und Versammlungen: in Fabriken, Betrieben, Kolchosen, Handwerkerkartells, Kantinen. Überall diskutierten die Werktätigen voller Enthusiasmus das historische Dokument. Denn dieses historische Dokument entsprach den geistigen Bedürfnissen und Forderungen von Millionen von Menschen. Diese Millionen verurteilten nun einmütig die antisowjetische Musik von Schostakowitsch und den übrigen Formalisten. Und Muradeli trug das Seine dazu bei, die geistigen Bedürfnisse der Werktätigen zu befriedigen. Für Geld, versteht sich.

Muradeli trat in zahllosen Organisationen und Betrieben auf. Er sprach zu den Leuten und bekannte seine Schuld: Ich war der-und-der, Formalist, Kosmopolit, schrieb eine falsche Lesginka. Doch die Partei hat mir noch beizeiten den richtigen Weg gezeigt. Und nun habe ich, der ehemalige Formalist und Kosmopolit, den hellen Weg fortschrittlichen realistischen Schaffens eingeschlagen. Ich habe mir fest vorgenommen, in Zukunft nur solche Lesginkas zu komponieren, die unserer großen Epoche würdig sind.

All dies brachte Muradeli mit dem ganzen emotionalen Elan seines kaukasischen Temperaments vor. Es fehlte bloß noch, daß er selber eine Lesginka vortanzte. Nach seiner reuevollen Rede setzte er sich ans Klavier und spielte Fragmente aus künftigen, unserer großen Epoche würdigen Werken. Es waren melodische und harmonische Fragmente, wie man sie als Übungsstücke in den Harmonielehrbüchern der Konservatorien findet. Alle waren zufrieden. Die Werktätigen hatten einen lebendigen Formalisten gesehen. Das war etwas, wovon sie Freunden und Bekannten erzählen konnten. Muradeli hatte prächtige Honorare eingestrichen und den Plan des Komponistenverbandes in Selbstkritik erfüllt.

Warum ich mich so ausführlich bei Muradeli aufhalte? Er war doch musikalisch eine ziemlich klägliche Figur und als Mensch von äußerst schlechter Qualität. Aus einem raschen Impuls heraus konnte Muradeli manchmal auch etwas Gutes tun. Doch das war Zufall. So kam ihm einmal die abstruse Idee, mich mit Prokofjew »zu versöhnen«. Er war überzeugt, wir brauchten bloß zusammen am Tisch zu sitzen, georgischen Wein zu trinken und Schaschlik zu essen, um sofort die dicksten Freunde zu werden. Anders konnte es doch auch gar nicht sein. Niemand kann georgischem Wein und Schaschlik widerstehen. Natürlich kam nichts bei der Sache heraus.

Im Formalismusstreit spielte Muradeli jedoch in gewisser Weise eine entscheidende, überaus beklagenswerte Rolle. Dies war die Situation: Da war Schostakowitsch, der in seine Schranken verwiesen werden mußte. Und da war Muradeli, dessen Oper Stalin mißfallen hatte. Aber es existierte noch nicht das gesamtstaatliche Problem des Formalismus in der Musik. Noch war das schreckerregende Bild der formalistischen Verschwörung nicht gemalt. Man konnte auf Schostakowitsch eindreschen, und man konnte Muradeli verprügeln und damit die Sache gut sein lassen. Stalin würde vielleicht doch nicht zum Schlag auf die gesamte sowjetische Musik ausholen.

Anlaß zu der breit angelegten Vernichtungskampagne gegen die gesamte sowjetische Musik gab erst Muradeli – er allein und niemand sonst. Unmittelbar nach der unglückseligen Aufführung der »Großen Freundschaft« wurde im Bolschoi eine Versammlung einberufen. Auf dieser Versammlung trat Muradeli auf, bekannte seine Schuld und erklärte dann: Er selber, Muradeli, liebe das Melodiöse, verstehe mit Melodie umzugehen. Von Herzen gern würde er ausschließlich durchgehende Melodien komponieren, auch melodische und harmonische Lesginkas. Aber er, Muradeli, werde gehindert, melodische Lesginkas zu schreiben. Überall säßen die Formalisten, diese Verschwörer – in den Konservatorien, in den Musikverlagen, in der Presse. Immer und überall. Den armen Muradeli hatten sie regelrecht gezwungen, eine formalistische Lesginka zu schreiben, statt einer melodiösen, harmonischen. Seine, Muradelis, Lesginka war das unmittelbare Resultat einer Verschwörung der Volksfeinde, der Formalisten und Katzbuckler vor dem Westen.

Diese Version ließ Stalin aufhorchen. An Verschwörungen war er immer interessiert, mit einem unguten Interesse, das ungute Folgen zeitigte. Auch diesmal ließen die Konsequenzen nicht auf sich warten. Ein Provokateur, nämlich Muradeli, hatte sich schon eingestellt. Einer war natürlich zuwenig. Man trommelte die Komponisten zusammen. Und die fingen an, sich gegenseitig einzuheizen. Ein jämmerliches Schauspiel. Ich möchte es am liebsten vergessen. Gewiß, mich kann kaum noch etwas in Staunen versetzen, trotzdem ekelt es mich, wenn ich mich an diese Sache erinnere. Stalin händigte Shdanow eine Liste der Hauptverbrecher aus. Shdanow ging dann vor wie ein erfahrener Folterknecht. Er hetzte einen Komponisten gegen den andern auf.

Shdanow brauchte sich nicht übermäßig anzustrengen. Die Komponisten bissen einander eifrig. Keiner wollte auf Shdanows Liste stehen. Schließlich war es keine Liste von Prämienanwärtern, sondern eine, auf die zu geraten den Untergang bedeuten konnte. Jede Kleinigkeit war bedeutungsvoll. Zum Beispiel, wo dein Name auf der Liste placiert war. An erster Stelle? Dann bist du schon verloren. An letzter Stelle? Dann besteht noch einige Hoffnung. Und die Bürger Komponisten gerbten sich gegenseitig das Fell, um selber aus dieser Verderben bringenden Liste gestrichen zu werden und statt dessen den Kollegen hineinzubringen[14]. Das ist regelrechte Kriminellen-Mentalität: Stirb du heute – ich erst morgen.

An dieser Liste wurde lange herumgebastelt. Manche Komponisten wurden mehrmals hineingeschrieben und wieder ausgestrichen. Nur zwei Namen blieben unumstößlich an der Spitze. Nummer eins war ich, Nummer zwei war Prokofjew.

Schließlich konnte die Sitzung des Zentralkomitees stattfinden, der »historische Beschluß« gefaßt werden. Und danach ... Eine Versammlung nach der andern, eine Sitzung nach der andern. Das ganze Land war wie im Fieber, von den Komponisten gar nicht zu reden. Es war wie ein Dammbruch. Ein Strom trüben, schmutzigen Wassers ergoß sich ins Land. Alle waren wie von Dämonen besessen. Jeder, dem danach war, redete über Musik.[15]

Shdanow hatte erklärt: »Das Zentralkomitee der Kommunistischen Partei verlangt von der Musik Schönheit und Eleganz.« Außerdem behauptete er, die Bestimmung der Musik sei, Entzükken zu spenden – unsere Musik aber sei roh und vulgär. Sie gefährde das richtige psychosomatische Gleichgewicht der Menschen – beispielsweise solcher Menschen wie Shdanow.

Stalin zählte damals schon nicht mehr zu den Menschen. Er war bereits Gott, und dies alles berührte ihn nicht. Er stand über allem. Der Führer und Lehrer hielt sich aus alldem heraus. Ich glaube, mit voller Überlegung. Er täuschte und verstellte sich. Das wurde mir erst später klar. Zum damaligen Zeitpunkt schien für mich alles aus zu sein. Schluß. Ende.

Meine gedruckten Noten wurden als Makulatur eingestampft. Wozu verbrennen? Das wäre Vergeudung. Besser, man verarbeitet all diese kakophonischen Machwerke wieder zu neuem Papier. Das ist wirtschaftlicher. Bei Radio Moskau wurden Tonbandaufzeichnungen formalistischer Werke gelöscht. Chrennikow äußerte: »Das ist endgültig. Ein für allemal. Die formalistische Schlange wird ihren Kopf nie wieder aufrichten.«

Die Zeitungen veröffentlichten beglückte Briefe der Werktätigen. In schöner Einmütigkeit dankten die Arbeiter der Partei dafür, daß sie sie von der Tortur befreit habe, Schostakowitschs Symphonien anhören zu müssen. Das Repertoirekomitee entsprach den Wünschen der Werktätigen und veröffentlichte eine schwarze Liste mit Werken, die nicht mehr aufgeführt werden durften. Sie enthielt unter anderem meine Symphonien. Nun brauchte ich Assafjew nicht länger zu beleidigen. Denn Assafjew, diese Koryphäe der Musikwissenschaft, hatte geklagt: »Die Neunte Symphonie empfinde ich als persönliche Beleidigung.«

Bis ans Ende aller Zeiten würde nur noch elegante, harmonische und melodiöse Musik geschrieben werden. Besondere Aufmerksamkeit sollte dem Gesang gewidmet werden, denn Lieder ohne Worte befriedigten lediglich den perversen Geschmack einiger weniger ästhetisierender Individualisten.

Dies alles wurde unter dem Schlagwort zusammengefaßt: Die Partei rettete die Musik vor der Liquidation. Schostakowitsch und Prokofjew hatten beabsichtigt, die Musik zu liquidieren. Doch Stalin und Shdanow haben es verhindert. Stalin konnte zufrieden sein. Das ganze Volk war zum Kampf gegen die formalistischen Komponisten angetreten, statt über sein verunstaltetes Leben nachzudenken. Übrigens, da ich noch weiter hierüber sprechen werde: Ich habe ein Musikstück zu diesem Thema geschrieben. Darin ist alles enthalten.[16]

Die Ereignisse nahmen ihren absehbaren Lauf: Stalin wurmte die Reaktion des Westens auf den »historischen Beschluß«. Aus irgendeinem Grunde hatte er wohl geglaubt, dort werde man die Mützen schwenken. Oder wenn nicht, dann wenigstens den Mund halten. Aber der Westen hielt nicht den Mund. Während des Krieges hatte man dort unsere Musik ein wenig besser kennengelernt und beurteilte daher den »historischen Beschluß« als einen Fieberwahn.

Natürlich gab Stalin keinen Pfifferling auf die Meinung des Westens im allgemeinen und der westlichen Intelligenz im besonderen. Gewöhnlich knurrte er nur: »Macht nichts, sie werden es schon fressen.« Aber der Westen existierte nun mal, deshalb mußte irgend etwas geschehen. Da dachten sie sich die Weltfriedensbewegung aus. Dazu wurden Leute gebraucht. Und Stalin erinnerte sich an mich. Das war haargenau sein Stil. Er liebte es ungemein, einen Menschen mit dem Tod zu bedrohen und ihn dann nach seiner Pfeife tanzen zu lassen.

Ich erhielt den Befehl, nach Amerika zu reisen, zu einem allamerikanischen Kongreß von Wissenschaftlern und Kulturschaffenden zur Verteidigung des Friedens. Eine gute Sache. Jedermann weiß: Frieden ist besser als Krieg. Für den Frieden zu kämpfen ist edel. Aber ich lehnte ab. An einem derartigen Spektakel teilzunehmen wäre für mich erniedrigend gewesen. Schließlich war ich ein Formalist – Repräsentant der volksfeindlichen Richtung in der Musik. Meine Musik aufzuführen war verboten. Und nun sollte ich auf Reisen gehen und so tun, als sei alles in schönster Ordnung?

Nein, sagte ich, ich fahre nicht. Ich bin krank. Ich vertrage das Fliegen nicht, werde luftkrank. Molotow[17] redete auf mich ein. Ich sagte trotzdem ab. Dann rief Stalin an. In seiner unerträglich quengeligen Art fing er an, mich auszufragen, warum ich nicht nach Amerika fliegen wolle. Ich antwortete ihm, daß ich nicht reisen könne. Die Musik meiner Kollegen werde bei uns nicht gespielt, auch meine nicht. In Amerika würde man mich nach den Gründen fragen. Was sollte ich antworten?

Stalin mimte den Erstaunten: »Was soll das heißen – wird nicht gespielt? Warum wird sie nicht gespielt? Aus welchem Grund?« Ich erwiderte ihm, es gebe schließlich das Repertoirekomitee und es gebe eine schwarze Liste. Stalin fragte: »Wer hat die Anordnung dazu erlassen?« Ich antwortete: »Wahrscheinlich einer der leitenden Genossen.«

Nun wurde es interessant. Stalin erklärte: »Nein. Wir haben nichts dergleichen angeordnet.« Er sprach von sich im Pluralis majestatis. Und er käute die alte Formel aus den dreißiger Jahren vom Übereifer einiger Genossen wieder, vom Über-das-Ziel-Hinausschießen. Das Repertoirekomitee war also zu weit vorgeprescht, hatte eine falsche Initiative ergriffen. Wir haben eine derartige Anordnung nicht gegeben. Wir werden die Genossen vom Repertoirekomitee zügeln müssen. Und so weiter. Nun sah die Sache anders aus. Dies war ein konkretes Zugeständnis. Und ich überlegte, ob es nicht vielleicht doch sinnvoll sei, nach Amerika zu fahren, wenn man daraufhin erlauben würde, die Musik von Prokofjew, Schebalin, Mjaskowski, Chatschaturjan, Popow und mir wieder zu spielen.

Von da an hörte Stalin auf, am Repertoirekomitee herumzumäkeln, und sagte: »Wir werden uns mit dieser Sache befassen, Genosse Schostakowitsch. Und was hat es mit Ihrer Gesundheit auf sich?« Ich sagte Stalin die schlichte Wahrheit: »Mir wird beim Fliegen übel.«

Stalin schwieg einen Augenblick nach dieser unerwarteten Erklärung und nörgelte dann: »Woher kommt das? Wovon wird Ihnen übel? Wieso? Wir werden Ihnen einen Arzt schicken. Der soll feststellen, wovon Ihnen übel wird.« Und so weiter. Ich willigte also schließlich ein und unternahm diese Reise, die mich sehr viel Kraft kostete. Ich hatte auf törichte Fragen zu antworten, ständig darauf bedacht, nur nichts Überflüssiges zu sagen. Auch daraus machten sie eine Sensation. Und ich hatte nur einen Gedanken: Wieviel Zeit zu leben habe ich noch?

Im Madison Square Garden hatten sich 30 000 Menschen eingefunden. Ich spielte das Klavierscherzo aus der Fünften. Es war schon Abend. Und ich dachte: Dies ist das letzte Mal, daß ich vor einem Publikum dieser Größenordnung spiele.

Heute denke ich manchmal darüber nach, wie es kam, daß ich überlebte. Ich glaube nicht, daß es mit der Amerikareise zusammenhing. Das war es nicht. Ich glaube, es hing mit den Filmen zusammen. Manchmal fragt man mich: »Wie konntest du dich bloß an Filmproduktionen wie ›Der Fall von Berlin‹ und ›Das unvergeßliche Jahr 1919‹ beteiligen und sogar Preise für derartig miese Sachen annehmen?«

Ich antwortete in solchen Fällen, daß ich die Liste scheußlicher Machwerke, in denen von mir komponierte Musik erklingt, noch verlängern könne. Zum Beispiel die Leningrader Music-Hall-Revue »Bedingt getötet«. Mit Liedern und Tänzen wird hier die Fliegerabwehr verherrlicht. Ich hatte dafür Romanzen, Foxtrotts und ähnliches komponiert.[18]

Tschechow sagte einmal, er schreibe alles, ausgenommen Denunziationen. Dem stimme ich zu. Ich habe nun mal eine sehr unaristokratische Kunstauffassung. Aber natürlich spielte bei den Filmen noch eine andere Kleinigkeit eine Rolle. Diese Kleinigkeit war für mich ziemlich bedeutsam. Bei uns, wie Sie wissen, ist der Film die wichtigste Kunstform. Das hat schon Lenin gesagt. Stalin hat diesen tiefen und wahren Gedanken sozusagen mit Leben gefüllt. Er persönlich leitete die Filmindustrie. Die Resultate sind bekannt. Es ist nicht meine Sache, mich damit auseinanderzusetzen. Meiner festen Überzeugung nach ist Film nicht Kunst, sondern Industrie. Und die Beteiligung an dieser staatswichtigen Industrie hat mich gerettet. Nicht nur einmal.

Stalin hatte den Ehrgeiz, daß unsere Filmindustrie nur Meisterstücke produzieren sollte, und zweifelte nicht daran, daß unter seiner genialen Leitung und persönlichen Überwachung dies auch der Fall sein werde. Aber vergessen Sie nicht: Die Kader entscheiden alles, hatte der große Führer gesagt. Also kümmerte sich der Führer und Lehrer auch um die Kader.

Unser großer Führer und Lehrer hatte seine eigenen konfusen Vorstellungen davon, wer was konnte. Er entschied: Schostakowitsch kann Filmmusik schreiben. Und diese Entscheidung hat er niemals rückgängig gemacht. In Anbetracht der Umstände wäre es schlicht verrückt gewesen, Aufträge für Filmmusiken abzulehnen.

Chrennikow, ermutigt durch den »historischen Beschluß«, hielt mein Liedchen für gesungen. Meine Opern wurden nicht aufgeführt. Die Ballette auch nicht. Die Symphonien und Kammermusikwerke wurden aus den Repertoires gestrichen. Ihm blieb nur noch, mich aus der Filmarbeit zu schubsen. Das wäre dann das endgültige Ende. Chrennikow und Genossen wurde aktiv, um dieses Ende in greifbare Nähe zu rücken. Ich würde das nicht mit solcher Bestimmtheit behaupten, wenn ich es nicht zufällig genau wüßte.

Ich mag keinen Klatsch. Und wenn jemand versucht, mir zu hinterbringen, wer etwas über mich gesagt hat, versuche ich, ihn daran zu hindern. Von den Schritten, die Chrennikow unternahm, um mich zu liquidieren, hatte man mir dennoch brühwarm berichtet. Ich maß dem keine Bedeutung bei. Doch dann wurde ich Zeuge eines recht bemerkenswerten Gesprächs. Das kam so: Chrennikow hatte mich in irgendeiner Angelegenheit in den Komponistenverband rufen lassen. Ich kam hin, und wir hatten ein zähflüssiges Gespräch. Da läutete das Telefon. Chrennikow schrie die Sekretärin an, sie wisse doch, daß er nicht gestört zu werden wünsche. Sie teilte ihm dann offenbar etwas mit, das unseren servilen Ladenschwengel zusammenzucken ließ. In höchster Erregung sprang er auf und erwartete stehend die Verbindung, den Hörer ehrerbietig am Ohr. Stalin war am Apparat. Ein derartiges Zusammentreffen gibt es nur einmal im Leben: Stalin rief nämlich meinetwegen an. Chrennikow war so verstört, daß er vergaß, mich aus dem Zimmer zu schicken. Und so hörte ich das ganze Gespräch mit an.

Taktvoll wandte ich mich ab und betrachtete eindringlich Tschaikowskis Porträt an der Wand. Und Tschaikowski seinerseits schaute mich aufmerksam an. Der Klassiker und ich studierten einander. Doch, um die Wahrheit zu sagen, nicht weniger konzentriert lauschte ich dem Gespräch Chrennikows.

Es ergab sich folgendes Bild. Chrennikow hatte erfahren, daß ich beauftragt worden war, die Musik zu einigen wichtigen Filmen zu schreiben, und daraufhin eine Beschwerde an das ZK der Partei gerichtet. Daß er sich bei Stalin über Stalin beklagte, war ihm nicht in den Sinn gekommen. Und nun gab Stalin ihm Zunder. Chrennikow japste nach Luft, versuchte irgendwas zu seiner Verteidigung anzubringen. Aber welche Art von Rechtfertigung hätte es hier denn geben können? Es blieb ihm nichts übrig, als sich rundherum schuldig zu bekennen und zu Kreuze zu kriechen. Seit diesem Tage weiß ich ganz genau, in welcher Façon Tschaikowskis Bart geschnitten ist.

Andererseits brachte die Filmarbeit ständig Ärger, angefangen bei meinem ersten Film »Das neue Babylon«. Von der sogenannten künstlerischen Seite spreche ich nicht. Das ist eine Sache für sich, noch dazu eine bittere Sache.

Die politischen Unannehmlichkeiten begannen schon mit dem »Neuen Babylon«. Daran wird sich heute niemand mehr erinnern. Der Film gehört zu unserer sowjetischen Klassik und wurde seinerzeit auch im Ausland gut aufgenommen. Doch als er in unseren Kinos anlief, mischte sich die KJM (Kommunistische Jugend-Internationale) ein. Sie fand, der Film sei konterrevolutionär. Die Sache hätte böse enden können, ich war damals erst Anfang Zwanzig.

So ging es weiter, und so blieb es. Der Film »Freundinnen« wurde eben gedreht, als die »Prawda« eine Namensliste von vierzehn Personen abdruckte, die den Mord an Kirow angezettelt haben sollten. Auf dieser Liste stand auch der Name von Raja Wassiljewa. Sie hatte das Drehbuch zu »Freundinnen« geschrieben. Man wird mir entgegenhalten: Na, und wennschon? Was hat denn der Filmkomponist mit dem Drehbuchautor zu tun? Und ich kann nur zurückfragen: Was hat Raja Wassiljewa mit dem Mord an Kirow zu tun? Gar nichts! Trotzdem wurde sie erschossen. Noch übler ging es beim Film »Freunde« zu. Er handelte von Betal Kalmykow, damals ein hochberühmter Mann. Über Nacht aber wurde er zum Volksfeind erklärt. Und wieder bibberten alle vor Angst.

Nein, das alles war nicht nach meinem Geschmack. Schon gar nicht, als ich dann auch noch mit Star-Regisseuren wie Michail Tschiaureli arbeiten mußte. Wenn Tschiaureli seinen Etat überzogen hatte, rief er ungeniert Berija an und erklärte ihm die Finanzsituation: »Weißt du, das Geld reicht nicht. Film – das ist eine ganz komplizierte Sache. Ankunft – Abfahrt, und schon ist eine Million ausgegeben. Wir brauchen mehr Geld.« Und Berija beschaffte das Geld. Er und Tschiaureli verstanden einander.

Auch Tschiaureli reiste nach Amerika, und die progressive amerikanische Öffentlichkeit bekam die Möglichkeit, diesen bedeutenden Kulturschaffenden kennenzulernen. Mir gaben seine erhabenen Schöpfungen die Möglichkeit, die schwersten Jahre zu überstehen. Nun ja, wer weiß, was noch kommt.

»Ich sehe ohne Furcht in die Zukunft«, hatte Puschkin in den wenig schönen Zeiten der Zarenherrschaft gesagt. Ich kann eine solche Erklärung nicht mit Überzeugung wiederholen. Manchmal bemerkt man mir gegenüber ein wenig spöttisch: »Aber erlauben Sie mal, der historische Beschluß über die Oper ›Die Große Freundschaft‹ ist doch schließlich wiederaufgehoben worden.«

Erstens kann man nicht nach Worten, sondern nur nach Taten urteilen. Und was die Taten angeht, so gibt es traurige Beispiele in Hülle und Fülle. Über andere Komponisten will ich hier nicht sprechen, sie können sich selber äußern. Aber das unglückselige Schicksal meiner Dreizehnten Symphonie spricht Bände.[19] Sie lag mir sehr am Herzen, und die Erinnerung an die häßlichen Versuche, sie mit Aufführungsverbot zu belegen, tut mir weh.

Chruschtschow kümmerte sich damals überhaupt nicht um Musik. Ihn hatten Jewtuschenkos Gedichte erzürnt. Aber einige Kämpfer an der musikalischen Front spitzten die Ohren: Da, sehen Sie, Schostakowitsch hat uns schon wieder betrogen. Nieder mit ihm! Und die Treibjagd begann.

Sie versuchten, alle Mitwirkenden einzuschüchtern. Und natürlich auch Jewtuschenko und mich. Wieviel Schwierigkeiten gab es allein mit dem Baß! Dem Solisten in der Dreizehnten. Einer nach dem anderen schied aus. Alle hatten Angst bekommen, sorgten sich um ihre Position, um ihren Ruf. Schmählich benahmen sie sich, schmählich. Sie hätten fast die Uraufführung zum Scheitern gebracht. Daß sie doch stattfinden konnte, war reiner Zufall. Und die Dreizehnte ist keine Ausnahme. Die gleiche Geschichte passierte mit »Die Exekution des Stepan Rasin« und mit der Vierzehnten. Ach, wozu aufzählen? Die Zahl ist nebensächlich, sagt nichts über den Kern der Sache.

Nun zweitens: Wenn man mir erzählt, der »historische Beschluß« sei aufgehoben worden, frage ich gern: »Wann wurde er aufgehoben?« Und bekomme gewöhnlich eine seltsame Antwort aufgetischt. Man behauptet, der »historische Beschluß« sei von einem anderen, nicht ganz so historischen Beschluß rückgängig gemacht worden. Zehn Jahre später: 1958.[20]

Bin ich blind oder taub? Es fällt mir schwer, mit der rechten Hand Klavier zu spielen und zu schreiben. Aber ich sehe und höre Gott sei Dank noch immer recht gut. Wieder und wieder habe ich den neuen »historischen Beschluß« gelesen. Dort steht schwarz auf weiß, der vorige »historische Beschluß« habe eine positive Rolle in der Entwicklung unserer Kunst gespielt. Ferner steht dort, daß der Formalismus zu Recht verurteilt worden sei. Hinzugefügt ist noch etwas über einen kleinen Kreis ästhetisierender Gourmands. Sogar der Stil ist der gleiche geblieben. Alles wie gehabt. Alles in Ordnung.

Warum wurde dann überhaupt ein neuer »historischer Beschluß« gefaßt? Sehr einfach. 1951 hatte Stalin Kornejtschuk im Visier wegen seines Librettos zur Oper »Bogdan Chmelnytzki«. Zusammen mit Kornejtschuk bekam auch der Komponist seinen Teil. Die Oper wurde in Grund und Boden verurteilt. Da ging Kornejtschuk zu seinem Freund: zu Chruschtschow. Und als Chruschtschow unser Führer wurde, korrigierte er die damalige schreiende Ungerechtigkeit. Er beschloß, den guten Namen Kornejtschuks wiederherzustellen, und fügte in einem Aufwaschen auch die Namen Prokofjew und Schostakowitsch hinzu. Das ist die ganze Geschichte.

Chrennikow war nach Stalins Anruf zunächst ein wenig verstört. Aber er erholte sich rasch. Es war immerhin noch nichts Schlimmes passiert. Für alle Fälle aber entließ er den Redakteur der Zeitschrift »Sowjetskaja musyka« wegen – Revisionismus.[21] Revisionismus wurde anstelle von Formalismus zum diffamierenden Schimpfwort. Revisionismus war es zum Beispiel, wenn eine Zeitschrift versuchte, in ein wenig respektvollerem Ton über Prokofjew und meine Arbeiten zu schreiben.

Chrennikow reorganisierte seine Streitkräfte ziemlich fix und ging zum Gegenangriff über. Die Partei bekräftigte aufs neue unanfechtbar, daß der »historische Beschluß« über die Oper »Die große Freundschaft« ... Und so weiter. In diesem Sinne. Alles wiederholte sich. Einst hatte Kowal in der »Sowjetskaja musyka« etwa so geschrieben: »Das ganze Volk umjubelt unseren genialen Führer, Genossen Stalin. Schostakowitsch dagegen ist ein häßlicher Zwerg. Auf wen zählte Schostakowitsch, als er in seiner Neunten Symphonie den leichtsinnigen Yankee darstellte, statt das Bild des siegreichen sowjetischen Menschen zu schaffen?«

Zehn Jahre später dachte man schon nicht mehr an unseren genialen Führer. Man schrieb schlichter und mit mehr Geschmack: Das Sowjetvolk drückte seine Unzufriedenheit mit der Neunten Symphonie aus und riet mir, bei den Genossen in der Chinesischen Volksrepublik zu lernen.

»Die Partei hat ein für allemal den Revisionisten den Boden unter den Füßen zerschlagen«, verkündete Chrennikow triumphierend. Wörtlich: unter den Füßen zerschlagen. Wir wollen nicht weiter über die Berichtigung von Fehlern sprechen. Das führt zu nichts. Wichtiger ist etwas anderes. Mir gefällt das Wort »Rehabilitierung«. Noch mehr beeindruckt mich das Wort »posthume Rehabilitierung«. Um eine Erfindung unserer Ära handelt es sich dabei allerdings nicht.

Bei Nikolaj I. beklagte sich einst ein General, daß irgendein Husar seine Tochter entführt, sie sogar geheiratet habe. Aber der General war dagegen. Der Imperator dachte eine Weile nach und erließ dann folgenden Beschluß: »Ich befehle, die Ehe zu annullieren. Das Mädchen ist als Jungfrau zu betrachten.« Trotzdem gelingt es mir nicht, mich als Jungfrau zu fühlen.

Musik als aktive Kraft

*Von der Leningrader Symphonie
zu »Babi Jar«*

Entsteht ein Konzept bewußt oder unbewußt? Schwer zu sagen. Ein Werk zu komponieren, ist ein langer und komplizierter Prozeß. Man beginnt zu schreiben, überdenkt das Geschriebene. Nicht immer entspricht es der ursprünglichen Intention. Gelingt das Vorhaben nicht, laß die Arbeit, wie sie ist, und bemühe dich, in der nächsten die vorigen Fehler zu vermeiden. Das ist mein eigener Standpunkt, meine Art zu arbeiten. Vielleicht entspricht sie dem Wunsch, soviel wie möglich zu schaffen? Wenn ich von einem Komponisten höre, daß er elf Varianten einer einzigen Symphonie geschrieben habe, fährt mir unwillkürlich durch den Kopf: Wie viele neue Werke hätte er in dieser Zeit schreiben können?!

Auch ich greife manchmal alte Arbeiten wieder auf. So habe ich zum Beispiel vieles in der Partitur meiner Oper »Katerina Ismaijlowa« korrigiert.

Meine Siebte, die Leningrader Symphonie, schrieb ich rasch. Ich mußte sie einfach schreiben. Ringsum war Krieg. Ich war mitten unter dem Volk, ich wollte das Bild unseres kämpfenden Landes in Musik festhalten. Schon in den ersten Kriegstagen setzte ich mich hin und fing an zu arbeiten. Ich schrieb über meine Zeitgenossen, die Kraft und Leben einsetzten für den Sieg über den Feind.

Über die Siebte und die Achte habe ich mehr dummes Zeug zu hören bekommen als über meine übrigen Arbeiten. Merkwürdig, wie langlebig solche Dummheiten sind. Manchmal verblüfft mich, wie denkfaul die Menschen sind. Alles, was über diese Symphonien in den ersten Tagen geschrieben worden ist, wird unverändert bis zum heutigen Tag wiederholt. Dabei gab es doch genügend Zeit zum Nachdenken. Der Krieg ist schließlich längst zu Ende, liegt fast dreißig Jahre hinter uns. Vor dreißig Jahren konnte man wohl sagen, daß es Kriegssymphonien seien, wenn auch Symphonien nur selten als Auftragsarbeiten geschrieben werden. Vorausgesetzt, daß es sich um Symphonien handelt, die diese Bezeichnung verdienen.

Ich komponiere verhältnismäßig schnell. Aber ich denke vorher auch verhältnismäßig lange über eine Arbeit nach. Und bevor sie sich nicht vollständig in meinem Kopf festgesetzt hat, beginne ich nicht zu schreiben. Sicher, manchmal irre ich mich auch. Sagen wir so: Ich plane ein Stück mit nur einem Satz. Und erst bei der Arbeit merke ich, daß sie fortgesetzt werden muß. So ging es mir mit der Siebten. Ebenso war es bei der Dreizehnten. Manchmal geht es umgekehrt. Ich habe vor, eine neue Symphonie zu schreiben, und erkenne, nachdem ich einen Satz komponiert habe, daß die Sache fertig ist. Ein Beispiel dafür ist »Die Exekution des Stepan Rasin«. Dieses Stück wird jetzt als symphonisches Poem aufgeführt.

Mit Gedanken an die Siebte beschäftigte ich mich schon vor dem Krieg. Sie war daher nicht das bloße Echo auf Hitlers Überfall. Das Thema »Invasion« hat nichts zu tun mit dem Angriff der Faschisten. Ich dachte an ganz andere Feinde der Menschheit, während ich dieses Thema komponierte. Natürlich ist mir Faschismus verhaßt. Aber nicht nur der deutsche, sondern jeder Faschismus.

Man betrachtet die Vorkriegszeit heute gern als Idylle. Alles war schön und gut, bis Hitler kam. Hitler war ein Verbrecher, nicht zu bezweifeln. Aber auch Stalin war ein Verbrecher.

Ich empfinde unstillbaren Schmerz um alle, die Hitler umgebracht hat. Aber nicht weniger Schmerz bereitet mir der Gedanke an die auf Stalins Befehl Ermordeten. Ich trauere um alle Gequälten, Gepeinigten, Erschossenen, Verhungerten. Es gab sie in unserem Lande schon zu Millionen, ehe der Krieg gegen Hitler begonnen hatte. Der Krieg gegen Hitler brachte unendlich viel neues Leid, neue Zerstörungen. Aber darüber habe ich die schrecklichen Vorkriegsjahre nicht vergessen. Davon zeugen alle meine Symphonien, angefangen mit der Vierten. Die Siebte und die Achte gehören auch dazu.

Ich habe nichts dagegen einzuwenden, daß man die Siebte die »Leningrader« Symphonie nennt. Aber in ihr geht es nicht um die Blockade. Es geht um Leningrad, das Stalin zugrunde gerichtet hat. Hitler setzte nur den Schlußpunkt.

Die meisten meiner Symphonien sind Grabdenkmäler. Zu viele unserer Landsleute kamen an unbekannten Orten um. Niemand weiß, wo sie begraben liegen, nicht einmal ihre Angehörigen. Wo soll man Meyerhold ein Denkmal setzen? Wo Tuchatschewski? Man kann es in der Musik. Ich würde gern für jeden Umgekommenen ein Stück schreiben. Doch das ist unmöglich. Darum widme ich ihnen allen meine gesamte Musik.

Ich denke ständig an diese Opfer. Und fast in allen meinen großen Arbeiten geht es mir darum, auch andere an sie zu erinnern. Die Kriegsjahre begünstigten diese Absicht. Damals krittelten unsere Obrigkeiten weniger an der Musik herum, achteten nicht darauf, ob sie am Ende zu düster sei. Später wurde alles Elend dem Krieg zugeschrieben. Als ob nur im Kriege Menschen gefoltert und getötet worden wären. So gelten die Siebte und die Achte bis heute als »Kriegssymphonien«.

Das ist eine hartnäckige Tradition. Als ich das Achte Quartett komponiert hatte, wurde es ebenfalls als »Entlarvung des Faschismus« angekündigt. Um das zu tun, muß man taub und blind sein; denn in diesem Quartett ist alles klar wie in einer Fibel. Ich zitiere hier »Lady Macbeth«, die Erste Symphonie, die Fünfte. Was haben diese Arbeiten mit Faschismus zu tun? Das Achte Quartett ist ein autobiographisches Quartett. Ich zitiere in ihm Lieder, die jeder kennt: »Gequält von schwerer Sklavenfron.«

In diesem Quartett wird auch das jüdische Thema aus dem Trio aufgegriffen. Ich glaube, wenn man von musikalischen Einflüssen spricht, so hat die jüdische Volksmusik mich am stärksten beeindruckt. Ich werde nicht müde, mich an ihr zu begeistern. Sie ist so facettenreich. Sie kann fröhlich erscheinen und in Wirklichkeit tief tragisch sein. Fast immer ist es ein Lachen durch Tränen. Diese Eigenschaft der jüdischen Volksmusik kommt meiner Vorstellung, wie Musik sein soll, sehr nahe. Die Musik muß immer zwei Schichten enthalten. Die Juden wurden so lange gequält, daß sie es gelernt haben, ihre Verzweiflung zu verbergen. Ihre Verzweiflung drücken sie in Tanzmusik aus. Jede echte Volksmusik ist schön, aber von der jüdischen muß ich sagen, sie ist einzigartig.

Viele Komponisten, auch russische, haben jüdischer Musik intensiv zugehört. Mussorgski zum Beispiel setzte sehr sorgsam jüdische Lieder in seinen Kompositionen um. Viele meiner Stücke spiegeln den Eindruck jüdischer Musik. Das ist keine rein musikalische Frage, es ist auch eine moralische. Oft prüfe ich einen Menschen an seiner Einstellung zu den Juden. Heutzutage kann kein Mensch, der den Anspruch auf Anständigkeit erhebt, Antisemit sein. Das scheint so augenfällig, daß man eigentlich darüber kein Wort zu verlieren braucht. In Wirklichkeit aber streite ich über diesen Punkt schon seit dreißig Jahren.

Einmal, nach dem Krieg, kam ich an einer Buchhandlung vorbei. Ich entdeckte ein Bändchen mit jüdischen Volksliedern. Ich war immer sehr begierig auf jüdische Folklore. Aber das Büchlein enthielt nur die Texte, nicht die Melodien. Da vertonte ich einige dieser Texte selbst, um damit vom jüdischen Schicksal zu erzählen. Mir schien das wichtig, denn ich sah, wie ringsum der Antisemitismus zunahm. Damals gelang es mir nicht, den Zyklus aufzuführen, sehr viel später wurde er zum erstenmal gespielt. Noch später orchestrierte ich ihn.

Meine Eltern hatten den Antisemitismus als ein barbarisches Vorurteil verabscheut und mich entsprechend erzogen. In meiner Jugend stieß ich hin und wieder bei meinen Mitschülern auf Antisemitismus. Sie behaupteten, man bevorzuge die Juden. Die Pogrome, die Gettos, die Ansiedlungszonen und die Prozentnormen[1] hatten sie vergessen. In jenen Jahren gehörte es zum guten Ton, über die Juden zu spötteln. Es war eine Art Auflehnung, Opposition gegenüber den Machthabern. Ich habe diesen Ton nie gemocht. Ich erzählte auch nie antisemitische Witze weiter. Sie waren damals ungemein populär. Aber ich war diesem unwürdigen Benehmen gegenüber nicht so unduldsam, wie ich es heute bin. Ich habe mittlerweile mit so manchem Freund gebrochen, der antisemitische Ansichten an den Tag legte.

Schon vor dem Krieg hatte sich die allgemeine Einstellung zu den Juden merklich gewandelt. Bis zur Bruderschaft der Völker war es noch weit. Die Juden wurden das am meisten gehetzte und schutzloseste Volk Europas. Das Mittelalter war wiedergekehrt.

Für mich wurden die Juden zum Symbol für die menschliche Schutzlosigkeit. Nach dem Krieg versuchte ich, dieses Empfinden in meinen Werken auszudrücken. Es war eine schlimme Zeit für die Juden. Übrigens hatten sie immer schlimme Zeiten.

Nachdem so viele Juden in den Lagern umgekommen waren, hörte man ringsum nur: »Die Juden haben in Taschkent gekämpft«.[2] Und sah man an einem Juden eine Kriegsauszeichnung, grölte man hinter ihm her: »Jud, wo hast du den Orden gekauft?« Damals komponierte ich mein Geigenkonzert, einen jüdischen Zyklus. Und später dann das Vierte Quartett.

Weder die eine noch die andere Arbeit konnte ich aufführen. Ich kann mich an diese Dinge immer noch nicht gewöhnen. Meine Vierte Symphonie wurde fünfundzwanzig Jahre nach ihrer Vollendung zum erstenmal aufgeführt. Eine ganze Reihe meiner Werke sind überhaupt noch nicht aufgeführt worden, und ich weiß nicht, wann die Menschen sie hören können.

Ich bin sehr froh darüber, daß meine Auffassung der jüdischen Frage in der jungen Generation ein Echo findet. Und ich sehe, daß die russische Intelligenz sich ebenfalls nicht mit dem Antisemitismus anfreundet. Jahrelange Versuche, den Antisemitismus von oben einzuführen, brachten also keine merklichen Resultate.

Das gilt auch für die einfache Bevölkerung. Kürzlich war ich in Repino, meinem Ferienort, und wollte mir eine Limonade kaufen. Es gibt dort einen kleinen Laden, der alles verkauft. In der Käuferschlange stand eine Dame mit eindeutig jüdischen Gesichtszügen und jüdischem Akzent. Sie äußerte unverblümt ihre

Mißstimmung über die Schlange und darüber, daß, wenn man eine Dose grüne Erbsen haben wollte, man noch alles mögliche Zeugs, das man gar nicht brauchte, dazunehmen mußte.

Der junge Verkäufer erwiderte ihr dem Sinne nach folgendes: »Wenn es Ihnen hier nicht behagt, Bürgerin, dann fahren Sie doch nach Israel. Dort gibt es keine Schlangen. Und wahrscheinlich werden Sie dort auch Erbsenkonserven ohne Auflage bekommen.«

Der junge Mann apostrophierte Israel positiv, als ein Land, in dem es keine Käuferschlangen gibt, das über genügend Erbsenkonserven zum freien Verkauf verfügt. Davon kann ein Sowjetbürger nur träumen. Und die Leute in der Schlange betrachteten interessiert jene Bürgerin, die in ein Land reisen kann, wo es keine Schlangen gibt, statt dessen Erbsenkonserven im Überfluß.

Als ich das letzte Mal in Amerika war, sah ich den Film »Anatevka«. Ich will Ihnen erzählen, was mich an diesem Film bewegte. Vor allem – das Heimweh. Es durchdringt alles: die Musik, die Tänze, die Farben. Mag die Heimat dich auch wie eine böse Stiefmutter behandelt haben, das Heimweh bleibt, spürbar. Mir scheint, es ist das wichtigste an diesem Film.

Es wäre gut, wenn russische Juden endlich unbehelligt und glücklich in Rußland, wo sie geboren sind, leben könnten. Unablässig muß man auf die Gefahren des Antisemitismus aufmerksam machen. Der Bazillus ist noch allzu lebenskräftig. Niemand weiß, ob er je absterben wird.

Darum war Jewtuschenkos Gedicht »Babi Jar«[3] so unendlich wichtig. Und ich war glücklich, daß ein junger Dichter dies schrieb. Das Gedicht hat mich erschüttert. Tausende hat es erschüttert. Viele wußten zwar von Babi Jar, aber es bedurfte dieses Gedichts, um Babi Jar ins Bewußtsein zu heben; denn die Erinnerung an Babi Jar hatte getilgt werden sollen.

Erst versuchten es die deutschen Okkupanten, später die ukrainischen Funktionäre. Doch Jewtuschenkos Gedicht hat bewiesen, daß Babi Jar unvergessen bleibt. Das hat die Kraft der Kunst vermocht. Man hatte auch vor dem Gedicht von dem Massaker in Babi Jar gewußt, aber geschwiegen. Erst nachdem die Menschen das Gedicht gelesen hatten, brach das Schweigen. Die Kunst ist der Zerstörer des Schweigens.

Ich weiß, viele werden mir nicht beipflichten, sie werden auf andere, der Kunst würdigere Ziele verweisen. Sie werden von Schönheit, Grazie und anderen hohen Qualitäten sprechen. Ich werde ihnen nicht auf den Leim gehen. Ich bin wie Sobakjewitsch: Man kann einen Frosch ringsum verzuckern, ich werde ihn doch nicht in den Mund stecken. Der große Musikspezialist Shdanow forderte mit Donnergepolter Schönheit und Grazie in der Musik. Wie die Wirklichkeit ringsum auch beschaffen sein mag, ihr habt erbauliche Kunst zu servieren, nichts sonst.

Es ist amüsant, festzustellen, wie Äußerungen über Musik von Leuten aus verschiedenen Lagern übereinstimmen. Nehmen wir diese Passage: »Wenn Musik plump, unschön, vulgär wird, hört sie auf, die Bedürfnisse zu befriedigen, um derentwillen sie existiert, sie hört auf, sie selbst zu sein.« Wird diese weisen Worte nicht jeder Ästhet unterschreiben, der für hohe Kunst streitet? Dabei ist es ein Ausspruch des berühmten Musikspezialisten Shdanow. Ihm paßte es ebensowenig wie den Ästheten, wenn die Kunst mit dem Leben zu tun hat; mit lebendigen Tragödien, mit Ermordeten und Gefolterten. Sie wollen nur schöne und anmutige Musik. Die Komponisten sollen lediglich über rein musikalische Fragen nachdenken, dann wird es friedlicher zugehen.

Ich habe gegen solche Auffassungen immer scharf protestiert und halte es in meiner Arbeit genau umgekehrt. Die Musik muß eine aktive Kraft sein. Das ist russische Tradition. Noch ein anderes bedeutsames Phänomen ist für Rußland charakteristisch. Es ist ein so bedeutsames Phänomen, daß ich etwas ausführlicher darauf eingehen möchte, damit man es verstehen kann. In einem Brief Rimski-Korssakows fand ich einen Satz, der mich immer wieder beschäftigt hat. Er zwingt zum Nachdenken: »Vieles veraltet vor unseren Augen, wird welk. Und vieles, was uns schon veraltet vorkam, erweist sich später als so frisch und stark und ewig gültig wie nur irgend etwas.«

Mich entzücken die Vernunft und die Nüchternheit im Urteil dieses Mannes. Natürlich haben wir alle bezüglich der Ewigkeit unsere Zweifel, soweit wir gesunden Menschenverstand besitzen. Ich sage offen, daß ich an diese Ewigkeit nicht glaube.

Eine Zeitlang verkaufte man sogenannte ewige Brenner für Primuskocher. Und Ilf spottete: »Wozu brauche ich ewige Brenner? Ich habe nicht vor, ewig zu leben. Und selbst, wenn ich das gerne möchte, wird denn der Primuskocher ewig leben? Das wäre sehr traurig.« So verhielt sich unser großer Humorist der Ewigkeit gegenüber. Und ich stimme mit ihm vollkommen überein.

Dachte Rimski-Korssakow an die Ewigkeit im Zusammenhang mit seiner eigenen Musik? Warum sollte seine Musik ewig leben? Oder irgendeine andere Musik? Jene, für die diese Musik geschrieben wurde, die Zeitgenossen, sie leben auch nicht ewig. Trostlos, sich vorzustellen, wie Generation nach Generation mit ein und derselben Musik lebt. Ich möchte darauf hinweisen, daß das, was »frisch und stark« bleibt, überhaupt nicht Musik zu sein braucht; auch nicht generell Kreativität, sondern etwas anderes. Etwas Unerwartetes und Prosaisches. Zum Beispiel die Aufmerksamkeit gegenüber Menschen, Anteilnahme an ihrem prosaischen Leben mit seinen unvorhersehbaren Widrigkeiten, seinen kleinen Angelegenheiten und Sorgen, seiner Unordentlichkeit.

Der menschliche Geist hat viele interessante Dinge erfunden – das Mikroskop, die Gillette-Rasierklinge, den Fotoapparat usw. usw. –, wie man aber jedem Menschen das Leben erträglich machen kann, das hat er bisher noch nicht ausgeknobelt. Gewiß, es wäre eine dankbare Aufgabe, die Weltprobleme durch das Komponieren von Oratorien, Balletten und Operetten zu lösen. Damit würde man sich allerdings nur an die Liebhaber des erbaulichen Genres wenden.

Doch auch die Bedürfnisse, sagen wir, der Durchschnittsmenschen wollen berücksichtigt sein; Menschen, deren Verstand sich mit ganz anderen Problemen als dem Bau des Wolga-Don-Kanals und der Verewigung dieses erhabenen Ereignisses in den oben erwähnten Kantaten und Oratorien beschäftigt. Diese schlichten Gemüter stört womöglich eine verstopfte Toilette, die der Hauswart nicht in Ordnung bringt. Oder es wurmt sie die Tatsache, daß ihr Sohn trotz guter Aufnahmeprüfungen nicht ins Institut aufgenommen wird, weil er eine unpassende Nationalität besitzt.[4] Man könnte noch eine ganze Reihe solcher keineswegs erhabenen Probleme anführen, die sich für Oratorien und Ballette nicht sonderlich eignen. Vielleicht liegt aber gerade in diesen Problemen die »Frische und Stärke«, von der Rimski-Korssakow schreibt.

Man wird mir entgegnen: Das alles sind müßige Redereien. Was sie bewirken, ist ein Nichts – Kinkerlitzchen. Aber ich habe das ziemlich sichere Gefühl, daß die Geschichte der russischen Musik hier auf meiner Seite ist.

Nehmen Sie Borodin. Im großen Ganzen achte ich seine Musik sehr hoch, wenn auch die ihr zugrunde liegende Ideologie durchaus nicht mit der meinen übereinstimmt. Aber darum geht es nicht. Borodin besaß eine ganz außerordentliche kompositorische Begabung. Jeder mit einer solchen Begabung begnadete westliche Komponist hätte sich hingesetzt, Symphonie nach Symphonie, Oper nach Oper geschrieben und ein höchst bequemes Leben gehabt.

Borodin aber? Die Geschichten über ihn ergeben ein Bild, das den Ausländer phantastisch anmuten muß. Für uns aber ist es völlig normal, in keiner Weise absonderlich. Nun gut, jeder weiß, daß Borodin nicht nur Musiker, sondern auch Chemiker war, daß er sich auf dem Gebiet der Katalysatoren einen Namen gemacht hat. Ich habe Chemiker kennengelernt, die mir die Bedeutung seiner Entdeckungen nachwiesen.

(Nebenbei, ein anderer Chemiker hat mir erzählt, das sei alles Humbug; er verzichte gern auf sämtliche chemischen Entdeckungen Borodins, wenn er noch einmal etwas so Wundervolles wie die »Polowjetzer Tänze« komponiert hätte. Da kam mir der Gedanke, am Ende sei es doch gut gewesen, daß Borodin zu sehr mit Chemie befaßt war, um weiter Polowjetzer Tänze schreiben zu können.) Aber außer der Chemie gab es für Borodin noch die Frauenbewegung.

Feminismus wie im Westen gibt es im heutigen Rußland nicht. Bei uns gibt es nur energische Frauen. Sie arbeiten, verdienen Geld. Für das Geld kaufen sie Lebensmittel. Mit den Lebensmitteln kochen sie das Essen für ihre Männer, danach spülen sie das Geschirr, waschen die Wäsche. Außerdem ziehen sie ihre Kinder groß. Es gibt also bei uns lauter tüchtige Frauen, jede für sich an ihrem Platz, aber keine Frauenbewegung. Gäbe es sie doch, hätte Borodin längst ein Denkmal mit der entsprechenden Inschrift.

Ich weiß noch aus meiner Kindheit, daß Frauenrechtlerinnen und Suffragetten der Männerwelt mit Abscheu begegneten. Aber um Borodin ein Denkmal zu setzen, hätten sie bestimmt Geld gespendet. Man hat schließlich auch Pawlows Hund wegen seiner Verdienste um die Menschheit ein Denkmal errichtet – der Hund wurde übrigens zum Nutzen der Menschheit umgebracht. So ein Denkmal hat auch Borodin verdient. Er setzte sich für die weibliche Bildung ein, er befaßte sich mit den Jahren so intensiv mit philanthropischen Dingen, ausschließlich zum Nutzen der Frauen, daß es ihn als Komponisten tötete.

Die Erinnerungen seiner Freunde geben ein aufschlußreiches Bild. Borodins Wohnung glich einer Bahnstation. Damen und junge Mädchen kamen zu jeder beliebigen Zeit, holten ihn vom Frühstück, vom Mittagessen, vom Abendbrot fort. Borodin stand auf, ohne seine Mahlzeit zu beenden, und kümmerte sich unverzüglich um all die Bitten und Klagen. Ein vertrautes Bild.

Schließlich war es kaum noch möglich, ihn zu Hause oder in seinem Labor anzutreffen. Entweder war er eben zu einer Sitzung gegangen, die sich mit Frauenrechten befaßte, oder er war von einer Sitzung noch nicht zurückgekehrt. Er hastete von einer Sitzung zur nächsten, kümmerte sich um Frauenfragen, mit denen sich auch ein weniger bedeutender Komponist hätte befassen können. Ehrlich gesagt, auch ein Mensch ohne jede musikalische Bildung hätte sich erfolgreich dieser Probleme annehmen können. Warum drängten die musikliebenden Damen Borodin in diese Aktivitäten? Warum ist das immer so? Wen oder was liebten diese Damen eigentlich? Die Musik, die gute Sache oder sich selbst?

In Borodins Wohnung ging es zu wie im Irrenhaus. Ich übertreibe nicht. Das ist keiner der in unserer Zeit so beliebten poetischen Vergleiche. In der Art: »Unsere Kommunalwohnung ist das reinste Irrenhaus.« Nein, Borodins Wohnung war ein Irrenhaus – ohne Vergleich oder Metapher. Ständig lebte bei ihm ein Heer Verwandter oder einfach armer Teufel, oder Besucher, die bei ihm krank und – auch das kam vor – verrückt wurden. Borodin nahm sich ihrer an, pflegte sie, brachte sie ins Krankenhaus, besuchte sie dort.

So lebte und arbeitete ein russischer Komponist. Borodin komponierte mit Unterbrechungen, denn natürlich schliefen in allen Zimmern auf Diwanen und auf dem Fußboden Besucher. Und Borodin wollte die Schlafenden nicht durch sein Klavierspiel stören. Einmal besuchte ihn Rimski-Korssakow, fragte: »Haben Sie was Neues geschrieben?« Borodin erwiderte: »Ja, hab ich.« Es war einer seiner üblichen Briefe in Frauenrechtsangelegenheiten.

Dieselbe Anekdote wurde über die Orchestrierung der fertigen Teile des »Fürst Igor« erzählt: »Haben Sie diesen Satz schon transponiert?« – »Ja, hab ich, vom Klavier auf den Schreibtisch.« Und dann wundert man sich noch, daß russische Komponisten so wenig komponieren.

Im Endergebnis war »Fürst Igor« mehr ein Werk von Glasunow und Rimski-Korssakow als von Borodin. Die beiden ersteren bemühten sich, dies abzustreiten, und erklärten, den einen und auch den anderen Teil habe Glasunow bloß »nach dem Gedächtnis« niedergeschrieben; die Ouvertüre zum »Igor« ebenfalls »nach dem Gedächtnis«, desgleichen fast den ganzen dritten Akt.

Aber wenn Glasunow betrunken war – das ging sehr rasch bei ihm – und die Kontrolle über sich verloren hatte, gab er zu, daß er schlicht und einfach für Borodin komponiert hatte. Das ist charakteristisch für Glasunow: ausgezeichnete Musik für jemand anderen zu komponieren und das – außer im Rausch – nicht zuzugeben. So was kommt meiner Meinung nach nur ganz selten vor. Häufiger finden wir das Gegenteil: Jemand stiehlt einem anderen Komponisten eine Idee oder eine ganze Passage und gibt sie schändlicherweise für seine eigene aus.

Glasunow ist ein bemerkenswertes Beispiel für ein rein russisches Phänomen: Als Musiker kann er mit Recht nicht nur eine hervorragende, sondern eine einmalige Position in der Geschichte der russischen Musik beanspruchen, und das nicht wegen seiner Kompositionen. Lieben wir Glasunow denn heute wegen seiner Musik? Sind denn seine Symphonien für uns im Sinne von Rimski-Korssakow »frisch und stark« geblieben? Oder seine Quartette?

Kürzlich hörte ich, ich weiß nicht zum wievielten Mal, die »Suite aus dem Mittelalter« – die nichts mit dem Mittelalter zu tun hat. Ausgepfiffen hätte man sie damals, denn jene Epoche besaß wahrlich größere Meister. Dennoch mag ich diese Suite lieber als viele andere Werke Glasunows. Von seinen Symphonien schätze ich wohl die Achte am meisten. Vor allem den langsamen Satz. Die andern sind schwach. Schlicht gesagt: langweilig. Wenn ich Glasunows Symphonien höre, langweile ich mich, denke: Wenn doch bald die Reprise käme … nein, immer noch die Entwicklung des Themas. Die Finales seiner Symphonien sind ihm meistens mißraten. Es fehlt an Energie, an Spannung. Das trifft übrigens für fast alle Kompositionen Glasunows zu.

Ich glaube, eine ganz entscheidende Rolle hat hier ein Unglück gespielt, das ihn in jungen Jahren ereilte. Eine Ballerina vom Kaiserlichen Marinski-Theater hatte ihn mit Syphilis infiziert. Glasunow war verzweifelt und reiste nach Aachen, damals ein berühmter Kurort – alle Syphilitiker fuhren dorthin, um sich kurieren zu lassen. Aus Aachen schrieb er die trostlosesten Briefe. Es heißt, seine Leiden spiegelten sich in seinem Vierten Quartett. Natürlich kenne ich das Vierte Quartett, kann aber nichts Entsprechendes heraushören. Das Fünfte gefällt mir viel besser, auch ohne syphilitische Leiden – einiges aus »Raymonda« mag ich auch sehr gern.

Nicht nur seine Musik, auch sein Privatleben wurde von der Krankheit überschattet. Er blieb unverheiratet, lebte mit seiner Mutter. Glasunow war schon weit über fünfzig, als seine Mutter, wenn sie Wäsche zum Waschen gab, immer noch sagte: »Gehen Sie sorgfältig mit der Unterwäsche des Kindes um.« Damals war Glasunow schon hochberühmt. Der »russische Brahms« war Direktor des führenden russischen Konservatoriums. Er war ein gutaussehender Mann, kräftig und massiv – jedenfalls vor den Hungerjahren der Revolution.

Noch eine andere Geschichte kursierte zu meiner Zeit am Konservatorium. Glasunow wollte eine Ausfahrt machen und rief eine Droschke. Die Mama ängstigte sich, fürchtete, die Pferde seien nicht friedlich genug, und wollte ihm deshalb nicht erlauben zu fahren. Da wurde selbst der gutmütige Glasunow böse und fragte: »Mamachen, wollen Sie etwa ein Geländer an der Droschke anbringen?«

Diese und ähnliche Geschichten hindern uns nicht daran, Glasunow tief zu verehren, ja regelrecht zu bewundern. Heute kommen uns seine Werke langweilig vor. Damals erklangen sie in allen Konservatorien, in allen Klassen, auf allen Schülerkonzerten, bei allen Examenskonzerten, bei denen Glasunow selbstverständlich immer zugegen war. Ich glaube, sogar die Examenskandidaten spielten Glasunows Werke nicht etwa, um ihm zu schmeicheln. Als großer Komponist zu gelten schmeichelte ihm nicht. Man mußte ihm sagen, er sei ein großer Dirigent. Gespielt wurden seine Werke, weil sie passend und effektvoll waren, zum Beispiel die Klaviervariationen in D-Dur, die Sonate b-Moll, das Konzert f-Moll. Sänger und Sängerinnen schwärmten geradezu für Glasunows Romanzen. Ninas Romanze aus Lermontows »Maskerade« war ein Schlager. Die Romanze ist auch heute noch populär, man hört sie oft. Mir gefällt sie nicht besonders.

Es ist bekannt, wie Glasunow anfing: Die Aufführung seiner Ersten Symphonie war ein großer Erfolg. Das Publikum rief nach dem Komponisten und war sehr erstaunt, als ein Schüler in Gymnasiastenuniform auf die Bühne kam. Glasunow war damals siebzehn. Er hält damit in der russischen Musik bis heute den Rekord, den auch ich nicht habe brechen können, obwohl ich auch ziemlich früh begonnen habe.

Übrigens beehrte man uns beide mit der gleichen Verdächtigung: Es sei für einen »so jungen Menschen« unmöglich, eine derartige Symphonie zu komponieren. Über Glasunow wurde gelästert, seine reichen Eltern hätten die Arbeit bestellt. Bei mir hieß es, es sei eine Kollektivarbeit gewesen. Beides trifft nicht zu, es waren unsere eigenen Arbeiten. Ich war sogar noch selbständiger. Glasunows Symphonie wurde später seitenweise von Balakirew neu orchestriert. Glasunow ließ es geschehen, wagte nicht, sich dagegen zu wehren, und rechtfertigte später sogar Balakirews Vorgehen. Meine Symphonie wiederum wollte Glasunow korrigieren. Zwar ging es hier nicht um ganze Seiten, sondern nur um einige Unschönheiten von Glasunows Standpunkt aus. Er bestand darauf, daß ich die Stellen ändern und seine Varianten übernehmen sollte.

Zunächst korrigierte ich brav einen Passus in der Einführung nach den ersten Phrasen der gedämpften Trompete. Ich wollte den Alten nicht kränken. Doch dann dachte ich: Nein, es ist meine Musik und nicht die Glasunows. Warum soll ich klein beigeben? Mir gefällt in seiner Musik auch vieles nicht, und ich rate ihm auch nicht, sie nach meinem Geschmack zu ändern.

Vor der ersten Aufführung der Symphonie stellte ich meine ursprüngliche Fassung wieder her. Glasunow wurde sehr böse, doch da war es zu spät. Ich war nicht so fügsam wie Glasunow seinerzeit. Allerdings war er auch um volle zwei Jahre jünger gewesen als ich. Nach dem glänzenden Debüt hatte er verdientermaßen eine wolkenlose Zukunft vor sich. Er lebte ruhig und behaglich – anders als ich. Er kannte auch keine finanziellen Schwierigkeiten, während ich mich immer mit Geldsorgen herumzuschlagen hatte.

Der reiche Mitrofan Beljajew[5] sah in Glasunow einen neuen musikalischen Messias. Er publizierte alles, was Glasunow komponierte. Publizierte es rasch und honorierte generös. Mäzene sind immer spendabler als der Staat. So scheint es mir wenigstens. Zudem brauchte Glasunow sich nur um sich selbst zu kümmern, um seine Musik und um seine seelischen Nöte. Daß dazu Anlaß bestand, erwähnte ich schon. Und so lebte er auch, still und ruhig. So friedlich wie keiner von uns je gelebt hat. Die sozialen Unruhen jener Zeit berührten ihn nicht im mindesten. Die Welt vermittelte sich ihm nur durch die Musik. Nicht nur durch seine eigene, auch durch die anderer Komponisten. Er war ein einziges ungeheures musikalisches Ohr.

Einmal unterhielten Michail Gnessin und ich uns über Glasunow. Gnessin, der ihn gut kannte, bemerkte scharfsinnig: Glasunows Grundemotion sei das Entzücken an einem künstlerisch exquisit konstruierten Universum. Ich habe ein derartiges Entzücken nie verspürt.

Gewiß, Glasunow hatte viele kindliche Züge: der Gehorsam gegenüber seiner Mutter, der verehrungswürdigen Jelena Pawlowna, noch zu einer Zeit, als ihm schon Hunderte von Menschen unterstellt waren; die leise Stimme – so leise wie das Scharren einer Küchenschabe; das riesige Aquarium in seiner Wohnung. Unendlich gern stand er neben diesem Aquarium und fütterte seine Fische. Und dann die völlig kindliche Liebe zum Dirigieren. Mir scheint, er betrachtete das Orchester als ein großes, wundervolles Spielzeug. Aber mit einem Orchester kann man nicht spielen. Ich habe es ein paarmal probiert und dann aufgegeben.

Dann geschah mit Glasunow ein Wunder – ein Wunder, wie es nur in Rußland möglich ist. Eine lehrreiche und zugleich mysteriöse Evolution. Das riesige, schon etwas bejahrte Kind verwandelte sich allmählich – wirklich, allmählich und nicht plötzlich unverhofft – in eine öffentliche Figur von immenser Bedeutung. Diese Wandlung begann in dem Augenblick, als er Direktor des Petersburger Konservatoriums wurde (1906). Am Ende dieser Entwicklung war aus ihm ein anderer Mensch geworden, auch wenn er weiterhin der alte blieb.

Den früheren Glasunow kannten wir aus Erzählungen. Wie ich schon sagte, gab es keinen scharfen, plötzlichen Bruch in seiner

Persönlichkeit. Daher konnte man auch in unserer Zeit noch den »früheren« Glasunow sehen und hören. Gleichzeitig war er der neue Glasunow – eine Figur von enormer öffentlicher Resonanz, eine historische Figur. Das ist keine Übertreibung. Zu unserer Zeit war Glasunow eine lebende Legende. In den mehr als zwanzig Jahren, in denen das Petersburger, später Leningrader Konservatorium seiner Leitung unterstand, absolvierten dort Tausende von Schülern ihr Studium. Und ich bin überzeugt, daß unter ihnen kaum einer ist, der Glasunow nicht irgend etwas zu verdanken hätte.

Mir leuchtet ein, daß dies heute schwer zu glauben ist. Aber es stimmt. Ich weiß mich in meinen Erinnerungen frei von Sentimentalität. Ich verabscheue Sentimentalität, ich ertrage sie nicht. Und ich erzähle meine Erinnerungen nicht, damit gefühlvolle Damen parfümierte Taschentücher an die Augen halten. Ich erzähle meine Erinnerungen, damit die Wahrheit festgehalten wird. Jene Wahrheit, die ich gesehen habe, an die ich mich erinnere, damit Phänomene unseres Kulturlebens, deren Zeuge ich war, nicht vergessen werden. Glasunow war eines dieser Phänomene.

Er war ein Grandseigneur, und er wurde ein Mensch, den die gesamte Musikerwelt des Landes wegen seiner Güte segnete. Er komponierte nur, wenn ihm selber danach zumute war, zu seiner eigenen Freude; er verschwendete keinen Gedanken an irgendeinen ideologischen »Sound«. Für das Konservatorium opferte er alles – Zeit und Ruhe und schließlich seine Schaffenskraft. Glasunow war immer beschäftigt. Wenn Freunde ihn einluden, ihn gern bei sich zu Hause gesehen hätten, antwortete er häufig, sie könnten ihn leider nur im Traum sehen. Und so war es auch.

Man sagt von ihm, er sei in seiner Jugend ein Phlegmatiker gewesen. Und natürlich war er zu meiner Zeit nicht zum Sanguiniker geworden. Aber er hatte die notwendige Festigkeit gewonnen – nicht nur seinen Studenten gegenüber. Festigkeit Untergebenen gegenüber kostet einen Vorgesetzten nichts. Diese berüchtigte, sattsam bekannte »Festigkeit« kann ich nicht ausstehen, sie bringt mich auf. Glasunow war fest und ruhig im Umgang mit hohen Tieren. Dazu gehört Tapferkeit.

Gnessin erzählte, daß Stolypin[6] während seiner Amtszeit als Premierminister eine Anfrage an das Petersburger Konservatorium richtete, um die Zahl der jüdischen Studenten zu ermitteln. Gnessin, selbst Jude, erinnerte sich mit großer Rührung an Glasunows Antwort: »Wir pflegen sie nicht zu zählen.«

Bedenken Sie, es waren die Jahre der schrecklichen Pogrome, als man in jedem Juden einen Unruhestifter sah und die Rechte der Juden drastisch eingeschränkt worden waren – als man ihnen die Zulassung zum Studium verwehrte. Eine derart souveräne, ja provozierende Antwort hätte Glasunow in erhebliche Schwierigkeiten bringen können. Doch er hatte keine Angst. Antisemitismus war seiner Natur absolut fremd, organisch fremd. In diesem Punkt folgte er der Tradition Rimski-Korssakows, dem Antisemitismus in der Seele zuwider war.

Voller Ekel erinnerte sich Rimski-Korssakow an den Antisemitismus Balakirews, dessen Idiosynkrasie gegen alles Jüdische in seinen letzten Lebensjahren zur Manie geworden war. Über Mussorgski will ich in diesem Zusammenhang nicht sprechen. Das ist eine sehr komplizierte Sache. In der »Korssakow-Schule« gab es keinen Platz für Antisemitismus.

Noch ein anderes typisches Ereignis. 1922 gab man in Moskau ein Jubiläumskonzert zu Ehren Glasunows. Er fuhr hin. Ein Galakonzert. Anschließend richtete der Volkskommissar für Volksbildung Lunatscharski eine Glückwunschadresse an Glasunow. Er führte aus, daß die Regierung beschlossen habe, Glasunow Lebensbedingungen zu gewähren, die es ihm ermöglichten, seine Schaffenskraft zu erhalten, und die seinen großen Verdiensten entsprächen.

Was hätte jeder andere Jubilar in diesem Fall getan? Er hätte sich glückselig und untertänigst bedankt. Schließlich lebten wir in harten, hungrigen Zeiten. Glasunow, ehedem eine voluminöse, stattliche Erscheinung, war erschreckend abgemagert. Sein alter Anzug umschlotterte ihn wie ein leerer Sack. Sein Gesicht war ausgemergelt und erschöpft. Wir wußten, daß er nicht einmal Notenpapier besaß, um seine Einfälle zu notieren. Doch Glasunow, im souveränen Bewußtsein seiner Würde und seiner Ehre, erwiderte schlicht, ihm mangele es an nichts, und er bitte darum, ihm keine anderen Lebensbedingungen als jedem Normalbürger zu verschaffen. Doch wenn die Regierung geneigt sei, ihre Aufmerksamkeit dem Musikleben zuzuwenden, dann bitte er darum, sie auf die Konservatorien zu richten. Sie seien am Ende. Es sei kein Holz da, um die Räume zu heizen. Es gab einen kleinen Skandal, aber das Konservatorium erhielt Holz.

Ich zeichne hier nicht das Porträt eines Engels. So etwas liegt mir nicht. Vieles an Glasunow fand ich ein bißchen komisch, manches war mir unverständlich. Und auch seine Musik liegt mir nicht. Aber ich möchte betonen: Der Mensch lebt nicht von Musik allein. Schon gar nicht, wenn es die Musik ist, der man selber verpflichtet ist – die eigene.

Ich muß noch einmal betonen: Glasunow übernahm die öffentlichen Funktionen nicht aus mangelnder kompositorischer Begabung. Er war hochbegabt, ein Meister seines Faches. Es ist eine – noch dazu fragwürdige – Errungenschaft unserer Ära, daß gerade diejenigen, denen es an Kreativität mangelt, auf Sitzungen herumhocken, Entscheidungen fällen und kommandieren. Haben diese Stümper erst mal ihre reichlich dotierten Posten inne, setzen sie all ihre Macht ein, um gute Musik abzuwürgen und ihre eigene nichtsnutzige Musik lauthals zu preisen. Bei Glasunow war es umgekehrt. Er suchte keine Vorteile für sich. Sein Gehalt als Direktor und Professor verteilte er an bedürftige Studenten. Seine berühmten Empfehlungsbriefe sind nicht zu zählen. Sie verhalfen vielen zu Arbeit und Brot. Manchen retteten sie das Leben.

Ich wünsche mir sehr, daß, wovon ich jetzt erzählen will, ernst genommen wird. Denn hier liegt ein kompliziertes psychologisches und ethisches Problem, über das nur wenige nachdenken. In seinen Empfehlungsschreiben schrieb Glasunow sehr häufig über einen Menschen das, was er wirklich von ihm dachte, und lobte ihn verdientermaßen. Aber noch häufiger half er Menschen aus purem Mitleid. Unendlich viele wandten sich an ihn. Oft waren es absolut mittelmäßige Musiker. Notleidende, vom Leben erdrückte Menschen wandten sich an ihn. Und sogleich übernahm er die Sorge für jeden dieser Notleidenden. Stundenlang hörte Glasunow ihre Klagen an, machte sich mit ihren Schwierigkeiten vertraut. Und er schrieb nicht nur Bittbriefe. Er antichambrierte selber bei den hohen Tieren und trug seine Bitten vor. Er war der Meinung, der heiligen Kunst geschähe kein Abbruch, wenn irgendeine Sängerin ohne Stimme, Mutter zweier Kinder und ohne Mann, eine Anstellung im Chor des Operettentheaters bekäme.

Jeder jüdische Musiker wußte, daß Glasunow für ihn die Erlaubnis erkämpfen würde, in Petersburg zu wohnen. Glasunow verlangte von einem armen Geiger dafür nicht erst, daß er ihm seine Fähigkeiten vorführte. Er vertrat unbeirrbar den Standpunkt, jeder Mensch müsse dort leben dürfen, wo er gerne leben möchte – die Kunst leide darunter bestimmt nicht. Glasunow stellte sich wegen dieser Frage nicht in Positur, mimte auch keinen heiligen Zorn. Kurz gesagt: Er stellte seine Prinzipien nicht zur Schau, wenn es um unbedeutende, unglückliche Leute ging. Das hob er sich für bedeutendere Personen und für wichtigere Fälle auf.

Man muß alles im Leben nach Wichtigkeit und Nichtwichtigkeit unterscheiden. Geht es um wichtige Dinge, muß man seine Prinzipien deutlich machen, dreht es sich um weniger wichtige, ist dies unnötig. Das ist vermutlich eine grundlegende Lebensweisheit.

Glasunow war manchmal kindisch und manchmal jedoch ein großer Weiser. Mich hat er sehr vieles gelehrt. Ich habe viel darüber nachgedacht: Vielleicht braucht man ein ganzes Leben, um zu begreifen, was wichtig ist und was nicht. Das ist tragisch, aber es ist so.

Ich las einmal, wo, habe ich vergessen, ein altes Gebet. Darin hieß es: »Herr, gib mir Kraft, das zu ändern, was zu ertragen ich nicht die Kraft habe. Herr, gib mir Kraft, das zu ertragen, was ich nicht ändern kann. Herr, gib mir Weisheit, das eine vom anderen zu unterscheiden.« Manchmal gefällt mir dieses Gebet. Manchmal hasse ich es. Mein Leben geht dem Ende entgegen, und ich besitze weder Kraft noch Weisheit.

Den guten Onkel um dies oder das zu bitten ist leicht. Aber bekommen wirst du es nicht. Du kannst anklopfen, dich tief verbeugen – so tief du willst. Du bekommst es nicht. Basta. Statt dessen kannst du Orden und Medaillen bekommen. Kürzlich erhielt ich ein schönes Diplom aus Amerika, aus Evanston. Ich fragte den Rektor, welche Privilegien mit diesem Diplom verbunden seien. Er antwortete geistreich: »Wenn Sie dieses Diplom nehmen und noch 25 Pennies bezahlen, können Sie mit der Straßenbahn fahren.« Ich liebe Ehrenurkunden. Sie sind ausgesprochen dekorativ und machen sich hübsch an der Wand. Für diese Urkunden wird sehr gutes Papier benutzt. Mir ist eine interessante Gesetzmäßigkeit aufgefallen: Je kleiner das Land, das dir so ein Ehrendiplom schickt, desto besser ist das Papier, desto größer die Urkunde. Manchmal, wenn ich mir all diese Urkunden ansehe, scheint mir, daß mir meine Portion an Weisheit schon zugeteilt worden ist.

Doch das kommt selten vor, meistens, wenn ich eine Arbeit fertig habe. Dann scheint mir, ich hätte alle Probleme gelöst, alle Fragen beantwortet. In Musik natürlich. Und das ist schon viel. Sehr viel. Nun sollen die Leute diese Musik auch hören, damit sie erkennen, was sie zu tun haben und wie das Wichtige vom Unwichtigen zu unterscheiden ist. Sehr viel öfter aber denke ich, daß bei all meinen Mühen nichts Gutes herausgekommen ist. Weder mit Bitten, noch ohne Bitten. Was ich mir wirklich wünsche, ist, friedlich zu leben, und glücklich.

Dabei denke ich wieder an den alten Glasunow. Dieses große, weise Kind. Immer hatte er geglaubt, Wichtiges von Unwichtigem unterscheiden zu können, eine vernünftige Weltauffassung zu besitzen. Und ganz am Ende seines Lebens begann er, daran zu zweifeln. Ihm schien, die Sache, der er alle seine Kräfte gewidmet hatte – die russische Musikkultur, das Konservatorium –, sei vernichtet.

Das war seine Tragödie. Alle Werte waren fragwürdig geworden, alle Kriterien hinfällig. Glasunow ging nach Paris. Hier achtete man ihn wohl, aber geliebt wurde er offenbar nicht. Er komponierte weiter, ohne recht zu wissen, für wen und wozu. Etwas Schrecklicheres kann ich mir nicht vorstellen. Es ist der absolute Bankrott. Glasunow hat nicht mehr erfahren, daß er sich in seinen Zweifeln irrte: Ihm war Weisheit zuteil geworden und das Vermögen, Wichtiges von Unwichtigem zu unterscheiden, sein Werk ist »frisch und stark« geblieben.

Als junger Bengel mokierte ich mich gern über Glasunow. Es war leicht, über ihn zu lachen. Mit meinen fünfzehn Jahren fühlte ich mich viel reifer als der ehrenwerte alte Mann! Die Zukunft gehörte mir, nicht ihm. Alles, was sich verändert hatte, hatte sich schließlich zu meinen und nicht zu seinen Gunsten verändert. Die Musik hatte sich verändert, der musikalische Geschmack. Das Leben hatte sich verändert. Glasunow blieb nichts mehr übrig, als gekränkt zu murren.

Heute sehe ich, wieviel komplizierter alles war. Heute ahne ich, daß in Glasunows Seele ein ewiger Konflikt herrschte – typisch für die russische Intelligenz, für uns alle. Es quälte Glasunow ständig, daß es ihm gutging, er empfand es als ungerecht. So viele Menschen kamen zu ihm, die das Leben schlecht behandelt hatte. Er half ihnen nach besten Kräften, und quasi als Antwort auf seine Hilfsbereitschaft kamen immer mehr Hilfsbedürftige. Glasunow konnte nicht allen helfen. Er war kein Wundertäter. Keiner von uns ist ein Wundertäter. Darin lag die ewige Quelle seelischer Qual. Darüber hinaus wurde er von einer Unzahl von Komponisten geplagt, die ihm von überallher ihre Arbeiten sandten. (Wenn man dir einfach Noten schickt, ist das noch nicht so schlimm. Ich weiß das aus eigener Erfahrung. Eine Partitur kann man rasch durchsehen. Besonders, wenn man auf den ersten Blick erkennt, daß sie hoffnungslos unbegabt ist.) Wenn man aber ein Musikstück wirklich prüfen will, muß man es genau in der Zeit lesen, die zu seiner Aufführung gebraucht wird. Doch diese Methode kann man nur bei guter Musik anwenden. Schlechte

Musik mit den Augen »zu hören«, ist eine Tortur. Man kann sie nur überfliegen. Und was soll man machen, wenn ein unbegabter Komponist kommt und sein Stück von Anfang bis zu Ende vorspielt?

Das allerschlimmste ist ein Komponist, der weder Scharlatan noch Schurke, aber talentlos, um Rat und Hilfe bittet. Man hört zu und überlegt: Was soll ich diesem anständigen Kerl bloß sagen? Er hat seine Musik so gewissenhaft komponiert, hat getan, was er kann. Nur, er kann eben nicht sehr viel. Man möchte fast sagen, er kann gar nichts. Er hat im Konservatorium gelernt, die Noten richtig zu setzen. Das ist alles. Oft sind diese Unbegabten so ungemein sympathische Menschen, meistens noch dazu in großer Not. Was soll man mit ihnen machen?

Soll man so einem sympathischen Kerl sagen, daß seine Arbeit nichts taugt? Er würde es überhaupt nicht verstehen. Denn alles ist doch ganz richtig, wie es sich gehört, geschrieben. Hier etwas erklären zu wollen wäre hoffnungslos. Und wenn man es dennoch versucht – lange, ausführlich und mühselig – und er versteht es, was dann? Er kann eben nicht besser. Niemand kann über seinen eigenen Schatten springen, sagt das Sprichwort. In solchen Fällen sage ich dem Gast: »Gewiß, man kann es so machen.«

Glasunow hatte, glaube ich, in so einer Situation die richtige Art gefunden. Leise und mit Maßen lobte er eine derartige Arbeit, wobei er nachdenklich in die Noten blickte. Manchmal fügte er mit seinem goldenen Bleistift auf der zweiten oder der fünfzehnten Seite ein fehlendes dis oder b ein, oder er machte ein paar minimale Änderungen. »Im ganzen ist die Sache in Ordnung, ist gut; aber vielleicht ist der Übergang vom $^3/_4$- zum $^4/_4$-Takt nicht ganz geglückt ...« So konnte der Komponist nicht denken, Glasunow habe dem Werk nicht genügend Aufmerksamkeit geschenkt.

Eine andere Form musikalischer Folter, die Glasunow durchzustehen hatte, war der Pflichtbesuch von Konzerten. Es war so etwas wie Dienst. Eine Folter, die ich sehr gut kenne; ich bin ihr selber häufig unterworfen gewesen. Das Problem ist nicht ganz so einfach, wie es auf den ersten Blick scheint. Man möchte mitleidig sagen: »Dieser arme, arme Mensch.« Und wirklich: Man konnte ihn bedauern. Notenpapier überschwemmte ihn tonnenweise, in Tausende von Konzerten schleppte er sich. Doch manchmal möchte ich geradezu schwören, daß Glasunow dies alles im Grunde genoß. Ja, ich habe mich selbst gelegentlich bei diesem merkwürdigen Gefühl ertappt.

Ein Komponist ruft an, bittet dich, seine neue Arbeit anzuhören und zu prüfen. Du willigst innerlich fluchend ein, wünschst insgeheim, es möchte diesen Menschen überhaupt nicht geben, denkst wie der Satiriker Sascha Tschorny über das pockennarbige Mädchen: »Warum hat sie nicht geheiratet? Warum – hol sie der Teufel – ist sie auf dem Weg zu mir nicht unter eine Straßenbahn geraten?« Dann ruft der Komponist plötzlich wieder an, sagt, er kann an dem vereinbarten Tag nicht kommen. Er muß nach Taschkent oder sonstwohin fliegen, oder sein Onkel ist erkrankt. Und, Ehrenwort, irgendwie tut es dir leid, daß das geplante Vorspielen nicht stattfindet.

Schließlich höre ich liebend gern Musik. Das ist nicht dasselbe wie Musik einfach zu lieben. Es ist lächerlich, zu sagen, daß ich Musik liebe, selbstverständlich liebe ich sie – von Bach bis Offenbach. Vor allem aber liebe ich gute Musik. Das heißt Musik, die ich im gegebenen Moment für gut halte. Aber ich höre jede Musik gern, sogar schlechte.

Das ist eine Art Berufskrankheit. Man wird zu einem Quartalsnotensäufer. Das Hirn findet Nahrung in jeder beliebigen Tonzusammensetzung. Es arbeitet unaufhörlich an verschiedenartigen kompositorischen Operationen. Wenn ich Orchestermusik höre, übertrage ich sie im Geist für Klavier. Ich höre zu, während meine Finger schon ausprobieren, wie es sich einrichten läßt. Höre ich Klaviermusik, überlege ich automatisch, wie sie im Orchester klingen würde. Es ist eine Art Krankheit, aber eine angenehme Krankheit. Es ist wie ein Kratzen, wenn es einen juckt.

Ich erzähle absichtlich so ausführlich über die Narrheiten russischer Komponisten. »Das Märchen ist eine Lüge, aber es gibt einen Schlüssel zu ihm«, wird im »Goldenen Hahn« von Rimski-

Korssakow gesungen. Es mag scheinen, als lebten diese Narren irgendwie verkehrt unter den Menschen, beschäftigten sich weiß der Teufel womit. Statt manierlich ihre Musik zu komponieren, ziehen sie es vor, ihren absonderlichen Weg zu gehen. Vielleicht haben sie dabei verloren, aber die Kunst hat gewonnen. Sie ist sauberer und reiner, moralischer geworden – nicht im scheinheiligen Sinn. Es fällt mir schwer, dies genau zu definieren. Ein sensibler Mensch wird verstehen, was ich meine. Jemand kann Syphilitiker und dennoch ein sittlicher Mensch sein. Er kann Alkoholiker sein. Ein Gesundheitsattest aus der Poliklinik bedeutet noch lange nicht, daß ein gesunder Mensch vor dir steht. Viele Komponisten können heute ein Attest vorzeigen, aus dem ersichtlich ist, daß sie niemals Syphilis gehabt haben. Und dennoch sind sie innerlich verfault. Ihre schäbigen Seelen stinken. Daher setze ich mich so für Rimski-Korssakows »frisch und stark« ein.

Ich vermisse diese Moral heute sehr. Vermisse sie schmerzlich. Wenn man heute auf einer Komponistenversammlung von der »Sittlichkeit des Komponisten« sprechen würde, gäbe es nur Gelächter. Sie haben vergessen, was das ist. So staune ich zum Beispiel über die Unverfrorenheit, mit der unsere Komponisten plagiieren. Wer hat diese Infektion eingeschleppt, diese scheußliche Niedertracht? Ich meine nicht Nachahmung, auch nicht unbewußte Entlehnungen. Einer meiner Kollegen hat vollkommen richtig gesagt: Es gibt keine Musik, die nur aus sich selber besteht. Musik ist nicht *aqua destillata,* sie kann auch stilistisch nicht kristallrein sein. Jede beliebige Musik ähnelt in gewisser Weise anderer Musik.

Ich spreche von etwas anderem, vom gewissenlosen, schändlichen Abschreiben. Eine Dame zum Beispiel, Mitglied des Komponistenverbands, nahm sich einfach Symphonien zeitgenössischer amerikanischer Komponisten vor und kopierte sie, von der ersten bis zur letzten Note, ohne auch nur einen Strich zu ändern. Und als man ihr rein zufällig draufkam, hatte sie die Stirn, steif und fest zu behaupten, sie habe nur einen Scherz machen wollen. Schöne Scherze! Es stellte sich heraus, daß schon die Druckerlaubnis für diese, unsere sozialistische Kunst bereichernden Werke erteilt worden war. Und das Dämchen war auch schon dafür bezahlt worden. Diese dreiste Person unterrichtete am Moskauer Konservatorium Kompositionslehre. Ich kann mir lebhaft vorstellen, was sie dort lehrte. Nicht schlecht klänge die Vorlesungsankündigung: »Kurs für Musikdiebstahl hält Soundso. Praktische Übungen montags und donnerstags.«

Man wird mir entgegenhalten: Das ist ein untypischer Einzelfall. Ich halte ihn dagegen für sehr typisch. An diesem schamlosen Diebstahl war nichts Zufälliges, ausgenommen, daß man die Diebin erwischte. Es war tatsächlich ein Zufall, daß unter den Komponisten, denen unsere kühne Dame ihre Symphonie im Komponistenverband vorführte, einer musikalisch gebildet genug war, um William Schumans Symphonie zu kennen und zufällig auch die Noten zu besitzen. Das ist durchaus nicht typisch, sondern reiner Zufall. Denn sehr viele unserer Komponisten vermeiden sorgfältig, ihre Gehirne mit ausländischer Musik zu beschmutzen. Eine Zeitlang war es verboten, sich mit westlicher Musik abzugeben. Und als es dann wieder erlaubt wurde, mochte man nicht mehr, man war zu faul geworden. Es ist viel bequemer abzuwinken: verfaulte Produkte des verrotteten Westens. Das bezieht sich auf die zeitgenössische westliche Musik. Aber auch die westliche klassische Musik kennen sie leider nur sehr mittelmäßig. Ich stolpere ständig über Komponisten, die Mahler und Bruckner nur gehört haben, aber noch nie eine Partitur von ihnen gelesen, nie überhaupt in die Noten geschaut haben. Von Wagner kennen sie nur ein paar Melodien. Von Brahms und Schumann haben sie – ausgenommen die Symphonien – nur eine vage Vorstellung. Natürlich kann man in einem privaten Gespräch einen Kollegen nicht regelrecht examinieren, das wäre unhöflich, man würde seine Gefühle verletzen, ihn kränken.

Aber ich war Vorsitzender der Staatlichen Prüfungskommission für die Komponistenklasse am Moskauer Konservatorium. Nach bestandenem Examen kann jeder sofort in den Komponistenverband eintreten. Der Absolvent besitzt dann schon ein imponierendes Gepäck an eigenen Werken – Opern, Symphonien. Aber Musik kennt keiner. Nicht nur die westliche, auch unsere eigene Musik kennt keiner. Doch das ist das Ergebnis eines gänzlich anderen Prozesses.

Westliche Musik wurde verteufelt, nach Möglichkeit unterschlagen. Wegen überflüssiger Bekanntschaft mit westlicher Musik wurden die Prüfungsnoten gesenkt. Mit russischer Musik dagegen wurden die Studenten bis zum Hals vollgepumpt. Man erzählte ihnen die blödsinnigsten Dinge, von der Art, wie ich sie vorhin schon erwähnte: Unsere ruhmreiche, vaterländische Musik habe sich völlig selbständig allein aus sich selbst heraus entwickelt. Sie sei von niemandem beeinflußt oder abhängig, stehe mit keiner anderen Musik in irgendwelcher Beziehung. Sie kennen ja diese Masche: »Rußland ist die Heimat der Elefanten«.[7]

Auf diese Weise wurde die russische Musikgeschichte, wie sie an unseren Musikhochschulen gelehrt wurde, zu einer absolut läppischen Farce. Man kann daher wohl verstehen, daß die Studenten sich nicht mit ihr befassen mochten, zu entschuldigen ist das jedoch nicht. Broschüren und Vorlesungen sind eine Sache. Reale Musik aber eine andere. Die ganz gewöhnliche Dichotomie zwischen Wort und Tat. Daß die Studenten diese Dichotomie nicht begriffen, sondern ihren musikhistorischen Analphabetismus als Opposition auffaßten, ist beschämend. Ich habe mich mit längst ausgewachsenen reifen Leuten unterhalten, die stolz darauf waren, daß sie Glinka weder kennen noch lieben.

Dieser musikalische Analphabetismus ist einer der Gründe, die das Plagiatentum blühen und gedeihen ließen. Nur einer, es gibt aber eine Menge weiterer Gründe dafür. Geldgier gehört dazu, aber auch die Gewißheit, daß man dich nicht ertappen wird. Du brauchst nicht zu befürchten, daß dich jemand am Schlafittchen packt und an den Pranger stellt.

Ganze Tragödien spielten sich im Flüsterton ab. Leben wurden ruiniert. Ich hatte einen Freund, der einmal, als er betrunken war, ausplauderte, er verdiene seinen Lebensunterhalt als Ghostwriter, indem er Lieder für einen sehr bekannten Komponisten schrieb. Er nannte mir auch dessen Namen. »Unser Volk liebt diese Lieder, stimmt's?« fragte er mit schiefem Lächeln. »Sie handeln von großen Taten, Tapferkeit, Edelmut und anderen schönen Dingen.« Er erzählte mir auch, wie das Geschäft abgewickelt wurde. Eine Dostojewskische Szene. Die beiden Ko-Komponisten trafen sich in einer öffentlichen Bedürfnisanstalt und tauschten ihre Ware; der eine händigte dem andern Geld ein, der andere gab ihm das fällige Lied über hehres Heldentum. Danach betätigten sie, um der Konspiration die nötige Authentizität zu geben, die Wasserspülung.

Unter so erhabenen und poetischen Umständen war dann ein neues wertvolles Werk entstanden, dazu ausersehen, das sittliche Niveau des Volkes zu heben. Ich sagte zu meinem Bekannten: »Ich werde dafür sorgen, daß dieses Schwein aus dem Komponistenverband ausgeschlossen wird.« Ich war damals Vorsitzender des Komponistenverbandes der RSFSR.[8] Augenblicklich war er wieder nüchtern und sagte sofort: »Versuch das bloß nicht! Dann werde ich sagen, daß du ihn verleumdest.«

»Wieso denn?« fragte ich verblüfft. »Du hast mir doch gerade eben erst die ganze widerliche Geschichte erzählt.« Zur Antwort bekam ich: »Ich werde alles abstreiten. Ich werde sagen, daß du lügst. Andernfalls verliere ich doch meinen Verdienst. Mein Kompagnon bezahlt mich gut und pünktlich. Mit einem andern müßte ich erst zäh verhandeln. Aber dieser gibt mir, was ich zum Leben brauche, ich bin ihm dankbar dafür. Aber dich werde ich als Verleumder anprangern. Versuch's also! Sag nur einen einzigen Ton: Du wirst als der Verleumder dastehen. Alle werden dich Lügner schimpfen!« Ich schwieg. Ließ es durchgehen. Ich hätte nicht schweigen dürfen. Natürlich nicht. Das weiß ich sehr gut. Aber warum ich schwieg, das weiß ich bis heute noch nicht genau. Wahrscheinlich schreckte mich die Vorstellung, als Lügner gebrandmarkt zu werden. Ein solcher Vorwurf an meine Adresse war mir zuwider. Es ist mein Ehrgeiz, als ein in jeder Beziehung ehrlicher Mensch dazustehen.

Bürger, wir schlagen eine neue Seite der Musikgeschichte auf.

Eine völlig neue, unerhörte Seite. Wir haben es nun nicht mehr schlicht mit Plagiaten zu tun. Um ein Plagiat handelt es sich, wenn jemand einem anderen sein geistiges Eigentum stiehlt und fürchtet, daß er dabei erwischt wird. Jetzt aber muß sich derjenige fürchten, der die Wahrheit kennt. Er sieht sich einem gut funktionierenden Mechanismus gegenüber, einer großen Maschine. Und wenn er, der Trottel, versucht, seine Hand ins Getriebe zu stecken, wird sie ihm selbstverständlich abgeschnitten.

Ich zuckte zurück. Einerseits hätte die Sache aufgedeckt, der Schweinehund davongejagt werden müssen. Andererseits hätte dann mein Bekannter seinen Verdienst verloren. Um den Mann tat es mir leid. Gewiß, was er produzierte, taugte nichts. Er hätte seine Fähigkeiten lieber an eine würdigere Sache wenden sollen.

Es kann durchaus sein, daß ich mich der Verantwortung entzog, weil es nutzlos ist, sich mit Plagiatoren und anderen Schurken einzulassen, solange sie an der Macht sind. Da kann die ganze Welt schreien: Das ist ein Lump, ein gemeiner Schuft. Er wird unangefochten mit all seinen Privilegien weiterleben, nicht ein Härchen aus seinem Schnurrbart, wenn er einen hat, wird man ihm ausreißen können.

Nehmen Sie die erschütternde Geschichte vom Aufstieg Muchtar Aschrafis, des nicht nur in seiner Heimat Usbekistan hochberühmten Komponisten. Zweimal erhielt er einen Stalinpreis, er war Professor, verdienter Künstler des Volkes, hatte den Leninorden. Ich weiß über seine Titel und Prämien so genau Bescheid, weil ich mich selber mit seiner Sache befassen mußte. Es kam nämlich heraus, daß er ein skrupelloser Plagiator und Dieb war. Ich war Vorsitzender der Kommission, die seine Schurkereien ans Tageslicht brachte. Wir wühlten im Dreck, »analysierten« seine Musik, hörten Zeugenaussagen an, drängten Aschrafi an die Wand. Eine scheußliche Beschäftigung. Und – wie sich später zeigte – gänzlich nutzlos.

Das heißt, zunächst gab es einige Resultate. Dieser Aschrafi wurde aus dem Komponistenverband hinausgeworfen. Kürzlich jedoch durchblätterte ich irgendeine Zeitschrift. Ich weiß nicht mehr, welche. Plötzlich sehe ich – ein bekannter Name – ein Interview mit Aschrafi. Er ist wieder obenauf, ist wieder ein berühmter Mann, spricht über seine schöpferischen Pläne. Sehr weitgespannte, umfassende Pläne, wissen Sie. Soll man da nicht resignieren und auf alles pfeifen?

Ich glaube, für einen Komponisten ist es das schlimmste, den Glauben zu verlieren. Musik, und ganz allgemein Kunst, kann nicht zynisch sein. Musik kann bitter sein, verzweifelt, aber zynisch kann sie nicht sein. Bei uns bringt man Zynismus und Verzweiflung gelegentlich durcheinander. Mich hat man beispielsweise mehrmals des Zynismus beschuldigt. Das taten nicht nur die Funktionäre, auch jeder Hinz und Kunz der vaterländischen Musikwissenschaft versah mich mit diesem Etikett.

Verzweiflung und Zynismus sind aber zwei durchaus verschiedene Dinge. Wie auch Trauer und Zynismus einander ausschließen. Solange ein Mensch verzweifelt ist, glaubt er noch an irgend etwas. Nur glatt und unverbindlich daherkommende Musik kann zynisch sein. Diese Musik können nur Komponisten schreiben, die auf alles spucken. Das ist dann Musike, aber eben keine Kunst. Musike hören wir ringsum. Davon zu sprechen macht traurig, denn Zynismus ist für die russische Kunst nicht charakteristisch, hat keine Tradition bei uns. Ich will hier nicht unnötig Staub aufwirbeln und meine Umgebung mit Appellen zu anständigem Bürgerverhalten anöden. Ich will nur die Ursachen des erstaunlichen Zynismus bloßlegen. Auf der Suche nach der Ursache vieler interessanter Phänomene muß man häufig bis zur Revolution zurückgehen. Die Revolution bewirkte im Bewußtsein vieler Menschen eine Veränderung, die in der sogenannten kultivierten Schicht besonders tiefgreifend war.

Die Lebensbedingungen dieser Schicht hatten sich radikal gewandelt, und diese einschneidenden Wandlungen trafen die meisten unverhofft. Sie waren in keiner Weise darauf vorbereitet. Sie hatten sich von Berufs wegen mit Literatur und Kunst befaßt. Das war ihre Arbeit, ihr Markt. Und mit einem Schlage hatte sich die gesamte Marktlage verändert.

Nie werde ich ein Ereignis vergessen, von dem Soschtschenko mir erzählte. Es hatte ihn so beeindruckt, daß er immer wieder darauf zurückkam. Soschtschenko kannte in Petersburg einen Dichter namens Tinjakow. Das war ein recht begabter Lyriker, der ausgesucht elegante Verse schrieb. Sie handelten von Liebesverrat, Rosen und Tränen. Nach der Revolution traf Soschtschenko wieder mit ihm zusammen. Der Dichter schenkte ihm sein neuestes Bändchen. In dieser Sammlung stand nichts mehr von Liebe, Blumen und ähnlichen schönen Dingen. Es waren gute Gedichte, Soschtschenko hielt sie sogar für genial. Und er war ein strenger Kritiker. Anna Achmatowa gab ihm ihre Prosa zur Prüfung und zitterte vor seinem Urteil.

In seinen neuen Gedichten sprach der Lyriker von seinem überdimensionalen Hunger. Der Hunger war das Hauptthema. Klipp und klar erklärte der Poet, er werde jedes, auch das scheußlichste Verbrechen begehen, wenn es ihm etwas zu essen einbrächte.

Das war eine anständige, ehrliche Erklärung. Und es blieb nicht nur bei den Worten. Alle wissen, daß die Worte der Dichter häufig nichts mit ihren Taten zu tun haben. Tinjakow wurde zu einer der seltenen Ausnahmen. Dieser Dichter, der damals noch keineswegs alt war und auch genau wie früher sehr gut aussah, fing an zu betteln. Er stellte sich an eine der belebtesten Kreuzungen in Leningrad. Auf der Brust trug er ein Pappschild mit der Aufschrift »Dichter«. Den Hut hatte er auf dem Kopf, nicht etwa in der Hand. Er bettelte nicht, er forderte. Und die erschrockenen Passanten gaben ihm.

Mit dieser Methode verdiente Tinjakow sehr viel. Er rühmte sich Soschtschenko gegenüber, daß er jetzt weit besser verdiene als früher. Es gefalle den Passanten, einem Dichter eine milde Gabe zu spenden. Nach seinem Arbeitstag begab Tinjakow sich in ein gutes Restaurant, aß und trank dort und erwartete sozusagen die Morgenröte. Dann begab er sich wieder an seinen Platz auf der Kreuzung. Tinjakow wurde zu einem glücklichen Menschen. Er brauchte nichts mehr vorzutäuschen. Er sagte, was er dachte, und tat, was er sagte. Er war zum Räuber geworden. Und er schämte sich dessen nicht.

Tinjakow ist ein extremer Fall, aber kein Einzelfall. Sehr viele Leute dachten wie Tinjakow. Nur sprachen sie es nicht so laut und deutlich aus, und sie verhielten sich nicht so extravagant und konsequent. Tinjakow versprach in einem seiner Gedichte, er werde für etwas Eßbares »dem Feind die Füße küssen«. So mancher Kulturschaffende hätte Tinjakows stolzen Ruf wiederholen können, zog es aber vor, zu schweigen und nur insgeheim anderen »die Füße zu küssen«.

Die Mentalität des neuen Intelligenzlers unterschied sich kraß von der des alten. Das Schicksal hatte ihn gezwungen, um seine Existenz zu kämpfen, und er kämpfte um sie mit der ganzen furiosen Hartnäckigkeit des alten Intelligenzlers. Nur war es ihm gleichgültig geworden, wen er glorifizierte und wen er verhöhnte. Solche Kleinigkeiten bedeuteten ihm nichts mehr. Das einzige, was zählte, war die Gier, ein Stückchen von des Lebens Süße zu ergattern, solange man noch am Leben war. Das ist schon nicht mehr die Mentalität eines Zynikers, sondern die eines Kriminellen. Ich habe viele Tinjakows gekannt. Unter ihnen waren hochbegabte und weniger begabte. Aber sie arbeiteten gemeinsam. Sie bemühten sich mit allen Kräften, unsere Kunst ihrem Zynismus zu opfern. Und sie hatten mit ihren Bemühungen Erfolg.

Staatskünstler der UdSSR

Kalter Krieg und politisches Tauwetter

Ich liebe Tschechow. Er gehört zu meinen Lieblingsschriftstellern. Nicht nur seine Erzählungen, Geschichten und Dramen lese ich immer wieder, auch seine Aufzeichnungen und Briefe. Ich bin kein Literaturwissenschaftler und kann keine sachkundige Würdigung seines Schaffens geben. Aber ich glaube, daß das Werk dieses großen russischen Schriftstellers noch längst nicht richtig erforscht und verstanden worden ist. Wenn ich eines schönen Tages eine Dissertation über irgendeinen Schriftsteller zu schreiben hätte, würde ich Tschechow wählen, so nahe fühle ich mich ihm innerlich. Wenn ich Tschechow lese, erkenne ich mich manchmal selbst. Ich spüre, jeder an Tschechows Stelle hätte in Konfrontationen mit dem Leben so reagieren müssen wie er.

Tschechows Leben ist ein Vorbild an Reinheit und Bescheidenheit, nicht zur Schau gestellter, sondern innerer Bescheidenheit. Deswegen bin ich wohl auch kein Freund von Gedenkausgaben. Ich bedaure auch sehr, daß Tschechows Briefwechsel mit seiner Frau Olga Knipper veröffentlicht worden ist. Er enthält soviel Privates, das niemals hätte gedruckt werden dürfen. Zudem verhielt Tschechow sich überaus streng seinem Werk gegenüber. Nie gab er eine Arbeit zum Druck frei, ehe sie seinen Ansprüchen an Form und Niveau völlig genügte.

Andererseits hilft die Lektüre von Tschechow-Briefen, seine Werke besser zu verstehen. Also schwanke ich in dieser Frage. Manchmal denke ich, es wäre Tschechow nicht angenehm, seine Briefe veröffentlicht zu wissen. Und dann meine ich wieder, es würde ihn nicht weiter berühren. Vielleicht bin ich hier auch befangen, weil ich mir alles von Tschechow Geschriebene so angeeignet habe, als wäre es meine eigene Sache. Dazu gehören auch die Briefe.

Tschechow hat gesagt, man muß unkompliziert schreiben. Einfach erzählen, wie Pjotr Semjonowitsch Marja Iwanowna geheiratet hat. Und er fügte noch hinzu: »Das ist alles.« Außerdem hat Tschechow gesagt, Rußland sei ein Land hungriger und träger Menschen, die schrecklich gern viel essen und trinken, tagsüber schlafen und dabei schnarchen. Geheiratet wird in Rußland, damit Ordnung ins Haus kommt, und für das gesellschaftliche Prestige unterhält man eine Geliebte. Russen haben die Mentalität von Hunden: Schlägt man sie, verkriechen sie sich winselnd in einen Winkel; krault man sie aber hinter dem Ohr, wälzen sie sich genüßlich auf den Rücken und fuchteln mit den Pfoten in der Luft herum.

Über erhabene Themen mochte Tschechow nicht sprechen, sie bereiteten ihm Brechreiz. Einmal klagte jemand: »Anton Pawlowitsch, was soll ich nur tun. Meine Depressionen bringen mich um.« Tschechows Antwort: »Trinken Sie weniger Wodka.« Diese Antwort behielt ich und benutzte sie später selber. Als Soschtschenko und ich uns häufig bei Samjatin trafen, erzählte er mir in allen Einzelheiten von seinen Depressionen, legte minuziös die Gründe dar, die seinen desolaten Zustand verursacht hatten. Zugleich berichtete er über die komplizierten Pläne, mit deren Hilfe er hoffte, seine Depressionen zu bewältigen. Da sagte ich auch zu ihm: »Sie sollten weniger Wodka trinken.«

Soschtschenko bedrängte mich oft mit der Behauptung, er könne mich von meiner Melancholie befreien. »Warum sind Sie so düster? Erlauben Sie, daß ich Ihnen alles erkläre. Dann wird Ihnen gleich leichter sein.« Auf diesen Vorschlag erwiderte ich ihm grob: »Lassen Sie uns lieber Poker spielen.«

Ich bin, das kann ich wohl mit Bestimmtheit sagen, geistig gesund, ich besitze eine Portion gesunder Skepsis. Aber Soschtschenko gab nicht nach: »Melancholie ist typisch für junge Leute. Man braucht aber nicht melancholisch zu sein.« Und er redete auf mich ein, ich solle mich in mich selber vertiefen, nach den Ursachen meiner Melancholie forschen und sie verjagen. Und so weiter. Er war aber nicht beleidigt, daß ich von alldem nichts wissen wollte, und nahm mir auch meine geistige Gesundheit nicht übel.

Soschtschenko war in vielem Tschechow ähnlich. Auch ihm war, anders als den meisten Menschen, *ein* Beruf zuwenig. Er war Schuster gewesen, auch Milizionär (ich komponierte ihm zu Ehren einen Marsch der Milizionäre). Aber Tschechow war außerdem noch Arzt und mißtraute daher der Medizin. Er sagte: »Was soll das bedeuten – nach den Regeln der Wissenschaft kurieren? Die Regeln sind zwar da, aber keine Wissenschaft.« Soschtschenko dagegen hatte große Hochachtung vor der medizinischen Wissenschaft. Das war unbesonnen. Die Ärzte sind überzeugt, alle Krankheiten entstünden durch Erkältungen. Auch Tschechow hat das gesagt.

Mich macht es froh, daß Tschechow jede Heuchelei fremd war. So schrieb er ungeniert, in puncto Mädchen sei er ein großer Spezialist. In einem anderen Brief schildert er, wie er und ein Professor aus Charkow beschlossen hatten, sich total zu betrinken. Sie tranken und tranken und gaben schließlich auf, denn es glückte einfach nicht. Am nächsten Morgen erwachten sie ohne Kater, als hätten sie nicht einen Tropfen getrunken. Tschechow konnte allein eine Flasche Champagner leeren und anschließend mehrere Cognacs zu sich nehmen, ohne auch nur angetrunken zu sein.

Ich lese Tschechow so gierig, weil ich weiß, daß ich immer sehr wichtige Dinge finden werde – über Anfang und Ende. Einmal stieß ich auf Tschechows Gedanken darüber, daß ein Russe nur bis zu seinem dreißigsten Jahr ein wirkliches, lebendiges Leben führe. In der Jugend haben wir es eilig. Alles liegt noch vor uns. Wir sind ungeduldig, stürzen uns auf alles. Stopfen unsere Seele voll mit allem, was wir nur greifen können. Aber nach dem dreißigsten Jahre ist in unserer Seele nur noch grauer Müll.

Auch über das Ende hat Tschechow viel Kluges gesagt. Er hielt Unsterblichkeit, Leben nach dem Tode in irgendeiner Form für dummes Zeug, für Aberglauben. Er forderte, man müsse klar und kühn denken lernen. Tschechow fürchtete den Tod nicht: »Wie ich im Leben allein war, werde ich auch in meinem Grab allein sein.«

Gogol starb aus Angst vor dem Tode. Davon hörte ich zum erstenmal von Soschtschenko. Später überzeugte ich mich davon, daß es stimmte. Wirklich, genau das war die Todesursache. Gogol setzte dem Tod keinen Widerstand entgegen, er tat vielmehr alles, um ihn zu beschleunigen. Das fiel auch seiner Umgebung auf. In vielen Erinnerungen an Gogol wird es erwähnt.

Angst vor dem Tod ist vielleicht das stärkste Gefühl, das ein Mensch haben kann. Ich denke manchmal, daß es ein tieferes, intensiveres Gefühl wohl nicht gibt. Die Ironie liegt darin, daß gerade unter dem Druck der Todesangst Menschen große Gedichte, Prosa, Musik schaffen. Sie versuchen, dadurch ihre Bindungen an die Lebenden zu festigen und ihren Einfluß auf sie zu verstärken. Auch mich haben diese unangenehmen Gedanken nicht verschont. Ich habe mir eingeredet, man brauche den Tod nicht zu fürchten, und folgte dabei Soschtschenkos Gedankengängen. Doch bald kamen mir seine Überlegungen naiv vor. Wie soll man denn auch den Tod nicht fürchten?

Für unsere Kunst ist der Tod kein Thema. Und über den Tod zu schreiben ist, als schneuze sich jemand in anständiger Gesellschaft in den Rockärmel. Aus dieser Einstellung entstanden Untertitel wie »Eine optimistische Tragödie«. Kompletter Unsinn. Eine Tragödie ist eine Tragödie. Optimismus kann es in ihr nicht geben. Wahrscheinlich stehe ich mit meinen Gedanken über den Tod nicht allein, ich glaube, daß auch andere Menschen dieses Thema beschäftigt, obwohl sie in der sozialistischen Gesellschaft leben, in der man eine Tragödie mit dem Adjektiv »optimistisch« versieht.

Ich habe eine Reihe von Werken geschrieben, die meine Auffassung in dieser Frage spiegeln. Optimistisch sind diese Arbeiten nicht. Für die wichtigste halte ich hier meine Vierzehnte Symphonie. Zu ihr habe ich eine besondere Beziehung. Ich glaube, die

Arbeit an diesen Werken hat sich positiv auf mich ausgewirkt. Die Angst vor dem Tod ließ nach. Richtiger: Ich gewöhnte mich an den Gedanken des unvermeidlichen Endes. Schließlich kann niemand sich einem Naturgesetz entziehen. Man muß zu einer rationalen Einstellung dem Tod gegenüber gelangen und muß mehr über ihn nachdenken. Man darf es nicht dahin kommen lassen, daß einen die Todesfurcht unverhofft packt. Man muß sich an sie gewöhnen. Ein Weg, sich mit ihr vertraut zu machen, ist, über sie zu schreiben.

Ich halte es nicht für ein Krankheitssymptom, über den Tod nachzudenken oder zu schreiben. Und ich halte es auch nicht für richtig, daß höchstens alte Leute darüber schreiben dürfen. Ich meine vielmehr, wenn die Menschen schon in jüngeren Jahren anfingen, über den Tod nachzudenken, würden sie weniger Dummheiten machen. Es gilt als ungehörig, daß junge Menschen über den Tod schreiben. Warum?

Über den Tod nachzudenken und seine Gedanken darüber niederzuschreiben bringt Gewinn. Erstens hat man Zeit, gründlich darüber nachzudenken, was es mit dem Tod auf sich hat, und man wird ihn dann weniger fürchten. Zweitens wird man versuchen, weniger Fehler zu begehen. Je deutlicher der Endpunkt ist, desto leichter findet man gerade Wege dorthin. Daher trifft mich auch die Kritik an meiner Vierzehnten nicht wirklich tief, obwohl sie mehr als meine anderen Werke verlästert wird.

Man kann fragen: »Wieso denn das? ›Lady Macbeth‹? Und die Achte? War das nichts?« Wahrscheinlich habe ich kein einziges Werk geschrieben, das nicht verrissen wurde. Doch das war eine Kritik anderer Art. Jetzt kritisieren mich Leute, die sich darauf berufen, meine Freunde zu sein. Das ist etwas ganz anderes. Solche Kritik schmerzt.

Sie hören aus meiner Vierzehnten den Gedanken heraus: Der Tod ist allmächtig. Und sie hätten gern ein tröstliches Finale. Sozusagen: Tod – das ist bloß der Anfang. Aber der Tod ist kein Anfang, er ist das absolute Ende. Es wird nichts weiter geben. Nichts. Man muß der Wahrheit direkt ins Gesicht sehen. Manchmal reicht den Komponisten dazu nicht der Mut – auch den großen nicht. Denken Sie an Tschaikowski und Verdi.

Nehmen wir »Pique-Dame«. Hermann stirbt, und dann folgt Musik, die der alte Zyniker Assafjew so beschreibt: »Das Bild der liebenden Lisa über den Leichnam gebeugt.« Was soll denn das? Der Leichnam liegt da, aber Lisa hat nichts mit ihm zu tun. Und der Leiche ist völlig egal, was für eine Gestalt sich über sie beugt. Tschaikowski gab einer tröstlichen Versuchung nach. Sozusagen: Alles geschah zum Besten in dieser besten aller Welten. Auch über deinen Leichnam wird sich jemand neigen. Lisas Bild oder eine Fahne. Keine tapfere Tat von Tschaikowski!

Nicht anders verhielt sich Verdi bei Othello. Richard Strauss nannte eine seiner symphonischen Dichtungen »Tod und Verklärung«. Selbst der redliche und mannhafte Mussorgski fürchtete sich, der Wahrheit ins Auge zu sehen. Im »Boris Godunow« haben wir nach dessen Tod dasselbe Bild in einem strahlenden Dur, wie es strahlender gar nicht geht.

Den Tod und seine Macht negieren, ist sinnlos. Ob du ihn negierst oder nicht, sterben mußt du doch. Das zu akzeptieren bedeutet nicht, sich vor ihm zu verneigen. Ich betreibe keinen Todeskult, verherrliche den Tod nicht. Auch Mussorgski hat ihn nicht verherrlicht. In seinem Zyklus stellt er ihn abschreckend dar. Und das ausschlaggebende: Er kommt früher, als er kommen sollte.

Gegen den Tod zu protestieren ist dumm. Es ist schlimm, daß in früheren Zeiten die Menschen an Seuchen und Hungersnot starben. Noch schlimmer ist es, wenn Menschen einander umbringen. Darüber habe ich nachgedacht, als ich Mussorgskis »Tänze und Lieder vom Tod« orchestrierte. Dieselben Gedanken fanden ihren Niederschlag in der Vierzehnten. In ihr protestiere ich nicht gegen den Tod, sondern gegen die Henker, die an Menschen die Todesstrafe vollziehen. Darum vertonte ich in der Vierzehnten Apollinaires Gedicht »Die Antwort der Saporoger an den türkischen Sultan«. Die Zuhörer denken dabei an Repins berühmtes Bild und schmunzeln vergnügt. Meine Musik ist aber Repins[1] Bild sehr unähnlich. Besäße ich Apollinaires Talent, hätte ich mich mit solchen Versen an Stalin gewandt. Ich tat es mit meiner Musik. Stalin gibt es nicht mehr. Aber Tyrannen gibt es noch überreichlich.

Oder ein anderes Gedicht von Apollinaire, das ich auch in der Vierzehnten vertont habe, »Im Gefängnis der Santé«. Ich dachte über die Gefängniszellen nach, die entsetzlichen Löcher, in denen Menschen lebendig begraben wurden. Sie warteten ständig darauf, geholt zu werden, horchten auf jedes Geräusch. Furchtbar ist das. Man kann vor Angst verrückt werden. Viele, die die andauernde Spannung nicht aushielten, verloren den Verstand. Ich kenne solche Fälle.

Warten auf die Exekution ist eines der Themen, die mich mein Leben hindurch gemartert haben. Viele Seiten meiner Musik sprechen davon. Manchmal möchte ich es den Interpreten erklären – in der Hoffnung, sie könnten das Werk dann besser verstehen. Doch dann hält mich der Gedanke zurück, daß man einem schlechten Interpreten sowieso nichts erklären kann, und ein guter wird es selber empfinden.

In den letzten Jahren konnte ich mich davon überzeugen, daß Worte den Menschen besser erreichen als Musik. Leider ist das so. Wenn ich Musik und Worte verbinde, wird es schwerer, meine Intention falsch zu verstehen.

Eines schönen Tages merkte ich zu meiner Verblüffung, daß ein Künstler, der sich für den besten Interpreten meiner Musik hält, sie nicht versteht.[2] Er meinte, in der Fünften und in der Siebten hätte ich ein jubelndes Finale schreiben wollen, aber es sei mir nicht gelungen. Es wollte dem Mann einfach nicht in den Kopf, daß ich mit jubelnden Finales überhaupt nichts im Sinn hatte. Es gab doch nichts zum Jubeln. Was in der Fünften vorgeht, sollte meiner Meinung nach jedermann klar sein. Der Jubel ist unter Drohungen erzwungen wie in »Boris Godunow«. So, als schlage man uns mit einem Knüppel und verlange dazu: »Jubeln sollt ihr, jubeln sollt ihr.« Und der geschlagene Mensch erhebt sich, kann sich kaum auf den Beinen halten. Geht, marschiert, murmelt vor sich: »Jubeln sollen wir, jubeln sollen wir.«

Das ist doch keine Apotheose. Man muß schon ein kompletter Trottel sein, um das nicht zu hören. Fadejew[3] hat es gehört. Er notierte in seinem privaten Tagebuch, das Finale der Fünften sei eine ausweglose Tragödie. Er spürte es also mit der Seele eines russischen Alkoholikers. Menschen, die frohgestimmt zu einer Aufführung der Fünften gekommen waren, weinten.

Von einem triumphalen Finale in der Siebten zu sprechen ist erst recht schwachsinnig, dazu besteht noch weniger Veranlassung. Trotzdem wurde das Finale so aufgefaßt.

Worte sind ein gewisser Schutz vor absoluter Stupidität. Worte kann jeder Dummkopf verstehen. Eine absolute Garantie bieten sie zwar nicht, doch macht der Text die Musik leichter verständlich. Das Beispiel der Siebten beweist es. Ich hatte sie, tief aufgewühlt von den Psalmen Davids, zu schreiben begonnen. Natürlich geht es in dieser Symphonie nicht allein um Davids Psalmen. Aber sie gaben mir den emotionalen Impuls, und ich begann mit der Arbeit. Bei David gibt es die wichtige Stelle über das Blut. Gott nimmt Rache für vergossenes Blut, er vergißt die Schreie der Opfer nicht. Immer wenn ich an die Psalmen Davids denke, gerate ich in Erregung. Wenn man vor jeder Aufführung der Siebten diesen Psalm lesen würde, gäbe es vielleicht weniger törichte Äußerungen über diese Symphonie. Es ist unerquicklich, daran zu denken. Aber es wird schon so sein: die Zuhörer können Musik nicht bis ins letzte verstehen, mit Worten geht es eher.

Das fand ich bei der Generalprobe der Vierzehnten bestätigt. Selbst so ein Einfaltspinsel wie Pawel Iwanowitsch Apostolow begriff, worum es in dieser Symphonie geht. Im Krieg war Genosse Apostolow Divisionskommandeur, und nach dem Krieg kommandierte er uns – die Komponisten. Alle wußten, daß in diesen Holzkopf nichts eindringen kann. Doch Apollinaire erwies sich als stärker: Genosse Apostolow starb während der Generalprobe. Ich fühle mich ihm gegenüber schuldig, ich hatte ihn wahrhaftig nicht umbringen wollen, wenn er auch durchaus keine harmlose Persönlichkeit gewesen war. Er sprengte auf weißem Roß in unsere Mitte und fegte die gesamte Musikwissenschaft davon.

Nach seinem Tod erfuhr ich zwei erstaunliche Tatsachen. Die erste: Genosse Apostolow (welch ein Name!) hatte in seiner Jugend nach Strawinski benannte Gesangkurse belegt. Armer Strawinski. Mir fällt dazu Ilfs Anekdote ein: »Iwanow wollte den König besuchen. Als dieser davon erfuhr, dankte er ab.« Die zweite Sache: Genosse Apostolow hatte sich auch als Komponist betätigt, hatte zehn Trauermärsche komponiert. Darunter »Sterne auf dem Obelisk«, »Schweigeminute«, »Unsterbliche Helden«. So hatte er sein Leben verbracht.

Mit dem Tode ist es im Grunde ganz einfach. Genauso wie Semljanik bei Gogol sagt: »Wenn ein Mensch stirbt, dann stirbt er. Wird er wieder gesund – dann wird er eben wieder gesund.« Hat man das begriffen, sieht man vieles einfacher und bekommt auf viele Fragen Antwort. Mich fragt man manchmal, warum ich dies und jenes getan, dies und jenes gesagt, diese und jene der Obrigkeit erwünschten Artikel unterzeichnet hätte. Ich antworte verschiedenen Menschen auf verschiedene Art. Die Menschen sind verschieden und verdienen daher auch verschiedene Antworten.

Solch eine Frage stellte mir Jewtuschenko einmal. An sie denke ich jetzt. Jewtuschenko halte ich für einen begabten Menschen. Wir haben viel zusammen gearbeitet, werden es möglicherweise auch in Zukunft tun. Meine Dreizehnte schrieb ich zu Gedichten von Jewtuschenko, auch das symphonische Poem »Die Exekution des Stepan Rasin«. Seinerzeit bewegten mich Jewtuschenkos Gedichte sehr, heute nicht mehr so stark. Aber darum geht es nicht. Jewtuschenko ist ein harter Arbeiter, ich glaube, er arbeitet sehr viel. Er hatte das Recht, mir Fragen zu stellen. Und ich beantwortete sie, so gut ich konnte.

Jewtuschenko hat viel für das Volk getan, für das lesende Volk. Seine Bücher kommen in großen Auflagen heraus. Zählt man allein die sowjetischen Ausgaben zusammen, kommt man sicher auf eine Million, wenn nicht auf mehr. Einige für uns alle sehr wichtige Jewtuschenko-Gedichte sind in Zeitungen veröffentlicht. So »Stalins Erben« in der »Prawda«. »Babi Jar« in der »Literaturnaja gaseta«. Diese Zeitungen erscheinen in Millionenauflage.

Die erwähnten Gedichte sind meiner Meinung nach ehrlich und überzeugend. Für jeden von uns ist es nützlich, sie zu lesen. Das muß ich ausdrücklich betonen. Diese bedeutenden, aufrichtigen Verse kann buchstäblich jeder Bürger unseres Landes lesen. Er kann sie in Buchform kaufen oder in der Zeitung lesen. Er kann in der Bibliothek oder im Lesesaal unbedenklich die Zeitung oder die Zeitschrift mit Jewtuschenkos Gedichten ausleihen. Es ist sehr wichtig, daß er das in aller Ruhe tun kann, ganz legal, ohne sich ängstlich umblicken und sich fürchten zu müssen.

Gedichte werden wenig gelesen. Die Menschen hören Radio, lesen die Zeitung. Aber Gedichte – nein, nicht übermäßig viel. Und nun stehen in der Zeitung Gedichte – klar, daß man sie liest. Noch dazu, wenn es überzeugende Gedichte sind. Sie üben große Wirkung auf das Volk aus. Es ist wichtig, daß man so ein Gedicht mehrmals lesen, daß man immer wieder zu ihm zurückkehren, darüber nachdenken kann, friedlich, ungestört. Man braucht es nicht im Radio zu hören, liest es mit eigenen Augen. Sowieso ist im Radio der Empfang oft schlecht. Auch kann die Zeit unpassend sein – spätabends oder frühmorgens.[4] Da läßt sich nicht gut nachdenken. Mit einem Kunstwerk kann man nicht nur so obenhin bekannt werden, dann gelangt es nicht in deine Seele, wirkt nicht auf dich ein. Und wem ist dann so ein Werk nütze? Der Eigenliebe des Künstlers? Will er eine strahlende, leuchtende Figur auf dunklem Hintergrund werden?

Nein, so fasse ich das nicht auf. Wenn ein Gedicht nicht für das eigene Volk geschaffen wurde, für wen denn sonst? Ein Sprichwort sagt: Liebe uns, wenn wir schwarz sind, die Weißen lieben alle. Nun, man kann über diese Forderung streiten. Doch wenn ich an das ganze Volk denke, an alle Menschen … Warum an alle? Das ist nicht nötig. Stell dir zwei oder drei reale Menschenleben vor. Nur zwei oder drei. Natürlich nicht die Biographie hoher Tiere oder berühmter Schauspieler, sondern einfacher, ehrlich arbeitender Menschen. Es gibt Hunderte von Berufen, die man gewöhnlich kaum beachtet, Nachtwächter etwa oder Zugschaffner oder Dachdecker.

Nimm einen von ihnen. Wird seine Biographie strahlend hell und lupenrein sein? Ich bezweifle es. Muß man ihn deshalb verachten? Nein, gewiß nicht. Er ist aber der potentielle Leser, Hörer, Betrachter von Kunstwerken, von großer wie von weniger großer Kunst. Man darf aus ihm weder eine Ikone machen, noch darf man ihn verachten.

Ein einzelner Mensch kann nicht alle anderen lehren oder umerziehen. Das ist noch keinem gelungen, nicht einmal Jesus Christus kann das von sich sagen. Nirgendwo ist so ein Weltrekord aufgestellt worden, erst recht nicht in unserer unruhigen und ziemlich hektischen Zeit. Experimente, die Menschheit im ganzen und auf einmal zu retten, sind heute sehr zweifelhaft geworden.

In meinem nicht übermäßig langen Leben bin ich mehrmals kranken Menschen begegnet, die sich berufen fühlten, die Menschheit auf den richtigen Weg zu bringen. Und wenn nicht die ganze Menschheit auf einmal, dann doch mindestens das eigene Volk. Ich weiß nicht, vielleicht bin ich fein heraus, weil ich zweimal – nicht weniger – mit eigenen Augen Menschheitsretter gesehen habe, zwei Menschen dieser Gattung. Es waren sozusagen »patentierte« Retter. Retter-Kandidaten habe ich wahrscheinlich fünf gesehen, vielleicht auch nur vier. Im Augenblick kann ich mich nicht genau erinnern. Vielleicht zähle ich sie ein andermal zusammen.

Lassen wir die Kandidaten beiseite und betrachten wir nur die »patentierten« Retter. Sie hatten eine ganze Menge gemeinsam. Beide duldeten keinen Widerspruch, beide – wenn sie auf einen Menschen wütend waren – beschimpften sie ihn mit den unflätigsten Ausdrücken. Und das wichtigste: Beide verachteten zutiefst das Volk, das sie zu retten sich anschickten.

Diese Verachtung ist ein sehr merkwürdiger Zug. Worin liegt er begründet, ihr großen Gärtner, weisen Lehrer aller Wissenschaften, Führer und strahlenden Helden? Gut, ihr verachtet alle gewöhnlichen, unbedeutenden Leute, über die nichts Außerordentliches zu vermelden ist, die mehr schwarz als weiß sind. Aber warum spielt ihr euch dann zu ihren Propheten und Rettern auf? Das ist sehr verwunderlich.

Ich vergaß noch einen gemeinsamen Zug der beiden Retter, deren Namen ich nicht genannt habe: ihre Art von Religiosität. Ich verstehe, hier werden sich manche wundern. Gut, werden sie sagen, der eine Retter plakatiert sich an jeder Straßenecke als großen Gläubigen und wirft allen übrigen Unglauben vor.[5] Und der andere? Der andere ist doch Atheist, oder?

Der andere, das wird klargeworden sein, ist Stalin. Er hielt sich für einen Marxisten, Kommunisten und alles übrige, stand an der Spitze eines atheistischen Staates, unterdrückte und verfolgte rigoros die Gläubigen jeder Konfession. Doch das sind Äußerlichkeiten. Wer wird heute noch in allem Ernst behaupten, Stalin habe irgendeine durchdachte Theorie für ein staatliches Ordnungssystem gehabt oder irgendeine Ideologie. Stalin besaß nicht die Spur einer Ideologie, keine Ideen, keine Theorien und keine Prinzipien. Er benutzte von Fall zu Fall die vorhandenen Möglichkeiten, um seine Untertanen optimal zu tyrannisieren, in Furcht und Schrecken zu halten. Heute sagt der Führer und Lehrer dies, morgen etwas völlig anderes. Ihm ist gleichgültig, was er sagt, wenn er nur die Macht behält.

Das krasseste Beispiel dafür ist Stalins Beziehung zu Hitler. Stalin war es absolut einerlei, welche Ideologie dieser Hitler vertrat. Er versöhnte sich unverzüglich mit ihm, als er sah, Hitler könnte ihm behilflich sein, seine Herrschaftsgebiete zu sichern und zu erweitern. Tyrannen und Henker haben keine Ideologie, sie sind nur von fanatischer Machtliebe besessen. Und gerade dieser Fanatismus kann die Menschen verwirren.

Stalin betrachtete die Kirche als politischen Feind, als starken Gegner. Nur aus diesem Grunde wollte er mit ihr abrechnen. Natürlich, Stalin einen Gläubigen zu nennen ist schwierig, denn er glaubte an nichts und niemanden. Aber gab es nicht Leute, die genau wie er nichts und niemandem glaubten, grausame, machthungrige Leute, die sich für tiefgläubig erklärten und sich selbst für gläubig hielten? Damit komme ich zum Aberglauben. Ganz bestimmt war Stalin abergläubisch.

Es gibt verschiedene Arten von Aberglauben. Ich kenne Menschen, die sich vor schwarzen Katzen oder der Zahl 13 fürchten, andere fürchten womöglich den Montag. Es gibt auch religiösen Aberglauben, dafür könnte ich ebenfalls Beispiele anführen. Manch einer hält sich für gläubig und ist bloß abergläubisch. Mich berührt das nicht weiter, ich finde es ein bißchen lächerlich, manchmal auch ein wenig traurig.

So machte es mich immer traurig, wenn ich mit Maria Judina zusammentraf. Sie war eine so großartige Musikerin. Aber wir sind nie Freunde geworden, konnten es nicht werden. Maria Judina war ein hochanständiger, guter Mensch. Aber ihre Güte hatte einen hysterischen Zug. Sie war mit religiöser Hysterie geschlagen. Peinlich, davon zu sprechen, aber es ist die Wahrheit. Bei jeder Gelegenheit konnte die Judina auf die Knie fallen oder jemandem die Hände küssen. Ich erzählte schon, daß wir seinerzeit zusammen bei Nikolajew studierten. Manchmal war es einfach unerquicklich. Wenn Nikolajew ihr eine kritische Bemerkung machte, sank sie in die Knie. Auch ihre Kleidung gefiel mir nicht, all diese Nonnenkutten. Schließlich war sie Pianistin und keine Nonne, wozu dann so ein Habit? Ich fand das unbescheiden.

Judina sagte bei jeder Gelegenheit zu mir: »Sie sind Gott zu fern. Sie brauchen unbedingt Gottesnähe.« Sie benahm sich oft recht merkwürdig. Folgende Geschichte: Karajan kam nach Moskau. Es gab eine regelrechte Belagerung des Konzertsaals, die Eintrittskarten waren längst ausverkauft. Am Saaleingang: Miliz zu Pferde und zu Fuß. Maria Judina setzte sich vor dem Eingang auf den Bürgersteig, breitete ihre Kutte um sich aus. Natürlich erschien sofort ein Milizionär: »Sie stören die öffentliche Ordnung, Bürgerin. Was soll das?« Judina antwortete: »Ich stehe erst auf, wenn man mir eine Eintrittskarte gibt.« Kann ein frommer Christ sich so verhalten?

In Leningrad rezitierte Judina bei einem Konzert plötzlich Gedichte von Pasternak und anderen Lyrikern. Es gab einen Skandal, und sie erhielt in Leningrad Auftrittsverbot. Warum leistete sie sich diesen törichten Affront? War sie Rezitator? Nein, sie war Pianistin, noch dazu eine ganz hervorragende. Sie hatte also Klavier zu spielen, den Menschen Freude und Trost zu bringen.

Einmal traf ich sie auf einem Friedhof in tief gebeugter, demütiger Haltung. Sie sagte zu mir: »Sie sind Gott zu fern. Sie brauchen Gottesnähe.« Ich winkte ab und machte, daß ich fortkam. Ist so etwas echter Glaube? Nein, es ist Aberglaube mit gewissen Berührungspunkten zur Religion.

Stalins Aberglaube hatte auch gewisse Berührungspunkte mit der Religion. Das zeigen mehrere Fakten: So weiß ich zum Beispiel, daß Stalin eine Vorliebe für Personen geistlichen Standes hatte. Der Grund dafür ist, glaube ich, einleuchtend: Der Führer und Lehrer war selber Seminarist gewesen. Das darf man nicht vergessen. Er hatte eine geistliche Schule besucht und absolviert, danach war er in ein orthodoxes Priesterseminar aufgenommen worden. Zwar steht in Stalins »Kurzer Biographie«[6] zu lesen, in diesem Seminar habe er sich in erster Linie und hauptsächlich mit Marxismus beschäftigt. Doch wage ich dies zu bezweifeln. Es war sicherlich ein Seminar wie jedes andere. Infolgedessen wurde Stalin in seiner Jugend, in der eindrucksfähigsten Lebensphase, von seinen nicht eben sehr gebildeten Lehrern alles für einen Seminaristen nötige Wissen eingepaukt. Der künftige Führer und Lehrer fürchtete diese seine Lehrer und zollte ihnen Achtung, wie es sich für einen Priesterschüler gehört. Furcht und Hochachtung vor dem geistlichen Stand haben Stalin sein ganzes Leben hindurch nicht verlassen.

Stalin schätzte Alexander Woronski hoch. Woronski war ein glänzender Literaturkritiker, sensibler Kunstkenner und -interpret. Er hatte die Zeitschrift »Krasnaja now« gegründet und sie zum besten kulturpolitisch-literarischen Journal der zwanziger Jahre gemacht. Vergleichbar dem Forum, das Twardowski mit »Nowy mir« für die Nach-Stalin-Ära schuf, nur noch lebhafter und anregender. Auch Soschtschenko publizierte in der »Krasnaja now«.

Woronski war der Sohn eines Geistlichen, hatte selber ein Priesterseminar besucht. Stalin nahm ihn immer mit, wenn er ins Theater oder in die Oper fuhr. Er rief dann Woronski an: »Wir wollen uns ›Boris Godunow‹ ansehen.« Stalin horchte genau auf das, was Woronski zu sagen hatte. Woronski war Trotzkist. Nicht einmal das störte Stalin. Der Seminarist respektierte den Popensohn. Aber Woronski wollte sich Stalin nicht unterordnen, also sah Stalin sich genötigt, ihn in die Verbannung zu schicken, nach Lipzek. Doch – präzedenzloser Vorfall – nach einiger Zeit rief er ihn nach Moskau zurück.

»Na, siehst du jetzt ein, daß man den Sozialismus in einem Lande aufbauen kann? Siehst du nun, daß ich den Sozialismus in Rußland aufgebaut habe?« Woronski hätte nur zu nicken brauchen und wäre von neuem Stalins Berater geworden.

Aber Woronski antwortete dem Führer und Lehrer: »Ja, ich sehe, bei dir im Kreml hast du für dich den Sozialismus aufgebaut.« Stalin befahl: »Bringt ihn wieder dorthin, woher ihr ihn geholt habt.«

Noch mehrere Male versuchte Stalin, Woronski umzustimmen, umsonst. Woronski lag schwer krank im Gefängniskrankenhaus. Stalin fuhr zu ihm, wollte ihn dazu bewegen, im Angesicht des Todes seiner Überzeugung abzuschwören. Woronski ächzte mit letzter Kraft: »Verschwinde, Pope.« Er wollte damit ausdrücken, er werde vor Stalin kein Sündenbekenntnis ablegen. Er starb, ungebrochen, im Gefängnis. Einen Mann wie ihn kann man zweifellos hochachten.

Doch manchmal denke ich, vielleicht wäre es besser gewesen, wenn Woronski in bezug auf den Aufbau des Sozialismus Stalin nicht widersprochen hätte. Denn im Grunde war es doch ein ziemlich scholastisches Problem. Stalin wollte doch nichts weiter, als daß man ihm recht gab. Dem Sozialismus in Rußland wurde dadurch weder etwas hinzugefügt noch etwas weggenommen. Und wenn der Führer und Lehrer wie bisher auf Woronskis Meinung in Fragen der Kunst und der Musik gehört hätte? Das Leben vieler von uns hätte sich möglicherweise anders gestaltet.

Allerdings, Prognosen darf man hier nicht wagen. Unser Führer und Lehrer besaß die Mentalität eines orientalischen Potentaten: »Wenn ich Lust dazu habe, köpfe ich dich – wenn ich Lust dazu habe, verleihe ich dir Ämter und Ehren.« Hinzu kam noch eine gehörige Portion Wahnsinn.

Von Musik verstand er natürlich keinen Deut. Aber Wohlklang schätzte er, auch dies ein Relikt aus seiner Seminaristenzeit. »Chaos statt Musik« irritierte ihn. In meiner Musik vermißte er den Wohlklang, das machte ihn mißtrauisch. Natürlich liebte der Führer und Lehrer Gesang- und Tanzensembles ungemein, vor allem das Ensemble der Roten Armee, aber auch andere. Dies war ein weiterer Punkt, in dem Stalins und mein musikalischer Geschmack entschieden auseinandergingen.

Ich möchte noch etwas über Stalins Beziehung zu den geistlichen Vätern sagen. Mein Freund, der Schriftsteller Jewgeni Schwarz, hat mir da etwas erzählt: Jeder weiß, man kann im Rundfunk nicht sprechen, wenn der Text nicht vorher überprüft worden ist. Nicht ein Zensor, mindestens zehn müssen mit ihrer Unterschrift beglaubigen, daß die Sache, die du vortragen willst, in jeder Hinsicht lupenrein ist. Solange dein Manuskript nicht abgezeichnet ist, wird dich niemand auch nur in die Nähe eines Mikrophons lassen. Wer kann denn ahnen, was da dem Lande mitgeteilt werden würde?

Da wurde eines Tages dem Metropoliten gestattet, im Radio zu sprechen. Die Genehmigung wurde im Zusammenhang mit dem Weltfriedenskampf erteilt. Der Metropolit sollte das Wort an die Gläubigen richten, eine Predigt halten, an sie appellieren, sich dem Kampf für den Frieden anzuschließen. Der große Gärtner hielt dies für nützlich. Der Metropolit erschien, schritt gemessen auf das Mikrophon zu. Sofort packte man ihn am Ärmel, zog ihn vom Mikrophon fort und fragte: »Wo ist, bitte sehr, der Text Ihres Vortrages, Hochwürden?« Leicht verwundert fragte der Metropolit: »Was für einen Vortrag meinen Sie?« Man fing also an, ihm zu erklären, ihm auseinanderzusetzen, daß, sozusagen, was er, nun vielleicht nicht Vortrag, aber eben doch, was er zu sagen wünsche ... kurz gesagt, wo denn der überprüfte und unterschriebene Text sei, den der Metropolit jetzt gleich verlesen wollte? Der Metropolit war empört. Niemals, so erklärte er, lese er seine Predigten von einem Stück Papier ab. Skandal! Was tun? Man bat den Metropoliten, einen Augenblick zu warten. Jemand rannte los, um mit den Vorgesetzten zu telefonieren. Keiner der hohen Herren wollte die Verantwortung übernehmen. Derartige Probleme kann nur Stalin persönlich lösen. Und Stalin entschied: »Der Metropolit soll sagen, was er will.« Da ließen sie den Metropoliten ans Mikrophon. Lächerlich? Nein, traurig.

Und die Geschichte mit dem Leningrader »Iwan Sussanin«? Alle wissen, daß Glinkas Oper »Ein Leben für den Zaren« heißt. Unter diesem Titel wird sie bis heute in der ganzen Welt aufgeführt. Es ist ein durch und durch zarentreues, monarchistisch gesinntes Werk. Vor der Revolution gab man es im kaiserlichen Marien-Theater stets zu den sogenannten Zarentagen. In den dreißiger Jahren wurde mit Hilfe des mediokren Dichters und großen Lumpen Sergej Gorodetzki der Text der Glinka-Oper revidiert. Strawinski hatte seinerzeit zwei Gedichte von Gorodetzki sehr hübsch vertont. Er sagte, Gorodetzki sei ein aufrichtiger Freund seiner Frau gewesen.

Nachdem »Ein Leben für den Zaren« mit Gorodetzkis Hilfe in »Iwan Sussanin« verwandelt worden war, ging man daran, die Musik zu redigieren. Die Oper wurde gleichzeitig in Moskau und in Leningrad inszeniert. In Moskau strich man das gemeinsame Gebet im Epilog. Der musikalische Leiter der Leningrader Aufführung, der standhafte Ari Pasowski, strich es nicht. Er bestand darauf, daß dieses Gebet in die Oper hineingehöre. Man informierte Shdanow. Der hätte ohne weiteres befehlen können: Raus mit dem Gebet! Und Schluß. Aber er kannte Stalins Schwäche, von der ich sprach, und zog es daher vor, eine Anordnung von Stalin zu erbitten. Und der Führer und Lehrer befahl: »Sollen sie beten. Die Oper büßt dadurch nichts von ihrem Patriotismus ein.« So wurde also in Pasowskis Inszenierung gebetet, obwohl er selber nicht einmal getauft war.

Manchmal kommt es mir so vor, als habe Gogol alle diese – oberflächlich betrachtet – komischen, in Wirklichkeit aber schrecklichen Geschichten verfaßt. Ob in der Oper gebetet wird oder nicht, ob der Metropolit seine Predigt von einem Stück Papier ablesen wird oder nicht, derartige für den Staat lebenswichtige Fragen entscheidet, an seiner Pfeife saugend, der Führer und Lehrer. »Stalin denkt für uns«, heißt es in einem populären Poem. Nachts wandert er in seinem Arbeitszimmer im Kreml auf und ab und »denkt«. Hauptsächlich über solchen Kleinkram.

Ich muß es noch einmal sagen: Stalin war krankhaft eifersüchtig. Alle ungebetenen Väter der Völker und Retter der Menschheit leiden an dieser Krankheit, das ist unvermeidlich. Daher hegen sie eine Art – man kann schon sagen – Hochachtung und sogar etwas wie Furcht vor Gottesnarren. Manche Leute glauben, daß es Gottesnarren, die es wagten, den Zaren die Wahrheit zu sagen, nicht mehr gibt, daß sie nur noch ein Stück Literatur sind. Sie wissen doch, »Boris Godunow« und so weiter: »Bete für mich, Gesegneter.« Diese Stelle ist Mussorgski einfach wunderbar gelungen. Hier zeigt er sich als ganz großer Operndramatiker. Er setzt alle Mittel für den dramatischen Effekt ein, so wirksam, daß dem Publikum die Tränen kommen.

Gottesnarren sind aber nicht ausgestorben. Tyrannen fürchten sie nach wie vor. Ich will Ihnen ein Beispiel aus unseren Tagen erzählen. Natürlich war Stalin nur halb bei Verstand. Daran ist nichts besonders Verwunderliches. Es gab schließlich eine Menge wahnsinniger Herrscher. Auch in Rußland hatten wir genügend davon. Nehmen Sie Iwan den Schrecklichen oder den Zaren Paul. Nero war wahrscheinlich auch wahnsinnig, ebenso heißt es von einem dieser britischen Georgs, er sei nicht recht bei Trost gewesen. Die Sache selbst ist also nicht weiter erstaunlich. Erstaunlich ist etwas anderes.

Iwan der Schreckliche starb in seinem Bett im Vollbesitz seiner Zarenmacht. Es hatte ein paar Unannehmlichkeiten gegeben, unter anderem mit dem Fürsten Kurbski.[7] Doch Iwan hatte mit Hilfe von Maljuta Skuratow alle Gegner beseitigt. Aber schon der nächste Verrückte auf dem Zarenthron kam nicht so glimpflich davon. Zar Paul wurde von seinen Ministern erdrosselt.[8] Sie hatten ihn einfach satt. Darin kann man einen Fortschritt sehen. Aufgeklärte Menschen können hier eine progressive Bewegung in der Geschichte, speziell der russischen Geschichte feststellen.

Man konnte hoffen, in Zukunft werde alles noch glatter verlaufen. Den nächsten Verrückten auf dem Zarenthron würde man einfach in ein Nervensanatorium stecken, damit er sich von den Amtsgeschäften erholen könnte. Diese rosenrot-optimistischen Träume der Gebildeten realisierten sich nicht. Gewiß, da war so eine undurchsichtige Geschichte beim Regierungsantritt von Nikolaj I.[9] Aber der wahnsinnigste, der grausamste aller Tyrannen herrschte völlig unangefochten, niemand wandte sich gegen ihn.

Stalin starb im Bett oder unter seinem Bett, das weiß ich nicht. Aber daß er Entsetzlicheres angerichtet hat als alle geistesgestörten Könige und Zaren aller Zeiten zusammen, dessen bin ich gewiß. Und niemand hat gewagt, auch nur anzudeuten, daß Stalin wahnsinnig war.

Bechterew, unser bester Psychiater – eng befreundet mit einem Freund unserer Familie, dem Chirurgen Grekow –, hatte zu erklären gewagt, daß Stalin nicht normal sei. Bechterew, eine Weltkapazität, war damals, 70 Jahre alt, in den Kreml befohlen worden und hatte sorgfältig Stalins Geisteszustand untersucht. Bald darauf starb Bechterew. Grekow war überzeugt, er sei vergiftet worden.

Aber da ist noch ein anderer makabrer Witz aus der berühmten Serie der Irrenwitze. Ein Irrer vergiftet seinen Arzt. Warum? Ein schlauer Mensch antwortet: »Die Sache ist die: Dem einen Verrückten erlaubt man und dem anderen verwehrt man, ein verrücktes Zarentum zu errichten.« Das ist alles.

In seinen letzten Lebensjahren verhielt Stalin sich mehr und mehr wie ein Geisteskranker. Auch sein Aberglaube nahm zu. Der Führer und Lehrer saß hinter verschlossenen Türen auf einer seiner zahlreichen Datschen und vergnügte sich auf groteske Weise. Es wird behauptet, er habe Bilder und Fotos aus alten Zeitschriften ausgeschnitten, sie auf festes Papier geklebt und aufgehängt.

Ein Freund von mir, ein Musikwissenschaftler übrigens, hatte die zweifelhafte Ehre, einen Leibwächter Stalins zum Wohnungsnachbarn zu haben. Der Mann packte nicht sofort aus, war anfangs sehr zugeknöpft. Doch bei einer handfesten Zecherei mit meinem Freund begann er zu erzählen. Die Arbeit war gut bezahlt und vor allem – jedenfalls faßte der Leibwächter sie so auf – sehr ehrenvoll und verantwortlich. Mit seinen zahlreichen Kollegen hatte er Stalins Datscha bei Moskau zu bewachen. Im Winter auf Skiern, im Sommer per Fahrrad. Ununterbrochen, Tag und Nacht umkreisten sie die Datscha. Der Leibwächter klagte, manchmal drehe sich ihm alles im Kopf.

Der Führer und Lehrer verließ das Datschengrundstück beinah nie. Tat er es doch einmal, dann sah er sich wie ein Paranoiker ständig argwöhnisch nach allen Seiten um. Begeistert erzählte der Leibwächter: »Er schaut nach Feinden aus. Ein Blick – und er sieht alles.«

Ganze Tage verbrachte Stalin allein, empfing niemanden. Er hörte viel Radio. Einmal rief er im Radiokomitee an – unserer Rundfunkleitung – und fragte, ob sie eine Platte von Mozarts Klavierkonzert Nr. 23 hätten, das er am Vortag im Radio gehört habe, gespielt von Maria Judina, fügte er hinzu. Man rapportierte Stalin, selbstverständlich sei eine Platte vorhanden. Das war gelogen. Es gab keine Platte, man hatte das Konzert als Live-Sendung aus dem Studio gebracht. Stalin die Wahrheit zu sagen wagte keiner. Alle hatten Todesangst vor den unvorhersehbaren Folgen eines »Nein«. Ihm bedeutete ein Menschenleben weniger als nichts. Man konnte nur »ja« sagen, untertänigst beipflichten, sich dem Irren unterwerfen.

Stalin befahl, ihm die Platte mit dem Mozartkonzert in der Interpretation der Judina auf die Datscha zu schicken. Das Radiokomitee geriet in Panik. Irgendwie mußte die Situation gemeistert werden. Sie riefen die Judina, versammelten das Orchester und produzierten nachts in höchster Eile die Platte. Alle bebten und zitterten vor Angst, ausgenommen Judina. Sie war ein Sonderfall, ihr reichte der Ozean höchstens bis an die Knie.

Maria Judina erzählte mir später, sie hätten den Dirigenten nach Hause schicken müssen – er war vor schlotternder Angst unfähig zu dirigieren – und hätten einen anderen geholt. Auch der schlotterte und machte das Orchester konfus. Erst der dritte Dirigent brachte die Sache irgendwie unter Dach und Fach. In der Geschichte der Schallplattenproduktion ist dies wohl ein einzigartiger Fall: dreimaliger Wechsel des Dirigenten bei einer einzigen Einspielung. Immerhin, früh am nächsten Morgen wurde eine einzige Platte von dieser Aufzeichnung in historischer Rekordzeit gepreßt und an Stalin geschickt, ein Rekord auch an Speichelleckerei.

Kurz danach erhielt Maria Judina auf persönlichen Befehl Stalins ein Couvert mit 20 000 Rubeln. Daraufhin schrieb sie ihm einen Brief. Von diesem Brief hat sie mir selber erzählt. Ich weiß, die Geschichte klingt unwahrscheinlich. Aber bei all ihren Exzentrizitäten – sie log nicht. Ich bin überzeugt, daß sie die pure Wahrheit sagte.

Sie hatte dem Sinne nach folgendes geschrieben: Ich danke Ihnen, Jossif Wissarionowitsch, für Ihre Hilfe. Ich werde Tag und Nacht für Sie beten und Gott bitten, Ihnen Ihre schweren Sünden vor Volk und Land zu verzeihen. Der Herr ist gnädig, er wird verzeihen. Das Geld stifte ich für die Renovierung der Kirche, in die ich gehe.

Diesen selbstmörderischen Brief schickte Maria Judina an Stalin. Dieser las den Brief und sagte kein Wort. Man wartete nur auf eine Bewegung seiner Brauen, um Judina zu verhaften. Der Haftbefehl war schon vorbereitet. Die kleinste Geste hätte genügt – und von ihr wäre nichts mehr übriggeblieben. Doch Stalin schwieg. Schweigend legte er den Brief beiseite. Das Brauenzukken unterblieb.

Maria Judina geschah nichts. Man behauptet, die Platte mit dem von ihr gespielten Mozartkonzert habe auf seinem Plattenspieler gelegen, als man ihn tot in seiner Datscha fand – das letzte, was er gehört hatte.

Ich erzähle diese Geschichte mit einer bestimmten Absicht. Ich bin kein militanter Atheist und meine, daß niemand in seinem Glauben behindert werden darf. Wenn ein Mensch in besonderer Weise abergläubisch ist, spricht dies noch nicht zu seinen Gunsten. Wenn ein Mensch gläubig ist, wird er dadurch noch nicht automatisch ein besserer Mensch. Stalin war abergläubisch, nichts weiter. Tyrannen und Gottesnarren sind zu allen Zeiten die gleichen. Lesen Sie Puschkin und Shakespeare. Lesen Sie Gogol und Tschechow. Hören Sie Mussorgski.

Maria Judina las mir gern aus dem Evangelium vor. Ich hörte mit Interesse zu, aber ohne besondere innere Bewegung. Sie las mir aus dem Evangelium vor, ich ihr aus Tschechow: »Alles aus der Bibel erklären zu wollen ist genauso willkürlich, wie Häftlinge in Fünferreihen antreten zu lassen.« Und Tschechow fuhr etwa so fort: »Warum in Fünferreihen und nicht zu zehn? Warum aus der Bibel und nicht aus dem Koran?« Gegen diese verständigen Überlegungen Tschechows hat noch kein Anhänger des Evangeliums überzeugende Argumente vorbringen können. Warum also der Versuch, jemanden zu bekehren? Warum soviel Pathos?

Ich habe kein gemeinsames Thema mit derartigen Eiferern und erkenne die Forderungen, die sie mir stellen, nicht an. Diese erleuchteten Persönlichkeiten waren bereit, sich mit mir zusammenzutun unter einer Bedingung: Ich sollte mich bedingungslos und ohne selber nachzudenken ihren Anschauungen unterwerfen. Ich habe aber meine eigenen Ansichten über das, was gut und was schlecht ist, und fühle mich nicht verpflichtet, mit jedermann darüber zu diskutieren.

Gerade dieses Ansinnen aber stellt man mir häufig, und ich würde dann am liebsten die Gegenfrage stellen: »Wie kommen Sie dazu? Wer sind Sie denn?« Aber ich halte mich zurück, alle kann man sowieso nicht fragen, das würde zuviel Zeit verschlingen, und sie würden es auch nicht verstehen. Ich möchte dies alles aber ein für allemal klären und bestehe darauf, daß ich ein ernsthaftes, zum Kern dringendes Gespräch wohl nur mit einem arbeitenden

Menschen führen kann. Das heißt mit einem Menschen, der in seinem Leben viel gearbeitet und viel fertiggebracht hat.

Ich befasse mich nicht mit diesen Bürgern – lockig oder glatzköpfig, bartlos oder bärtig –, die keinen wirklichen Beruf, aber die Ambitionen eines Staatsanwalts haben. Man darf nicht vergessen, daß Arbeit durchaus verschieden sein kann und daß nicht jede Arbeit einem das Recht gibt, sich die Allüren eines Staatsanwalts anzumaßen.

Wenn zum Beispiel jemand sein Leben damit zugebracht hat, die Wasserstoffbombe zu entwickeln, hat er kaum Anlaß, stolz darauf zu sein. Ich würde sagen, er hat ein ziemlich schmutziges Arbeitsbuch. Ziemlich schmutzig. Er sollte sich logischerweise nicht als Staatsanwalt aufspielen, denn mit einem Eichenknüppel kann man nur einen einzelnen totschlagen, mit einer Wasserstoffbombe aber Millionen.[10]

Vor der Beteiligung an diesem erstaunlichen Fortschritt auf dem Gebiet des Mordens sollten anständige Menschen zurückschrecken. Aber sie schrecken nicht zurück, verbreiten und popularisieren ihn mit einer gewissen Koketterie. Das zeigt einmal mehr, daß es mit unseren Kriterien für Anstand und Ehrenhaftigkeit nicht zum besten steht. Auf diesem Gebiet ist durchaus nicht alles in Ordnung. Schlicht gesagt: Das Ganze ist ein Irrenhaus.

Ich lehne es ab, mit Verrückten ernsthaft zu sprechen. Ich lehne es ab, mit ihnen über mich oder über andere zu sprechen, ich lehne es ab, die Frage zu erörtern, ob mein Verhalten korrekt oder nicht ist. Ich komponiere, und meine Musik wird aufgeführt. Man kann sie hören. Wer hören will, hört. In meiner Musik habe ich alles ausgesprochen. Sie verlangt weder historische noch hysterische Kommentare. Worte über Musik sind im Endergebnis weniger wichtig als die Musik selbst. Wer anders denkt, mit dem lohnt es nicht, überhaupt zu reden.

Mit Widerwillen betrachte ich Leute, denen Kommentare zu Symphonien wichtiger sind als die Symphonien selbst. Für sie sind viele kühne Worte die Hauptsache, die Musik kann dann ruhig erbärmlich sein. Dabei handelt es sich um eine regelrechte

Perversion. Ich brauche keine kühnen Worte, sondern kühne Musik, in der der Komponist aufrichtig seine Gedanken ausdrückt. Und zwar so, daß die größtmögliche Zahl anständiger Menschen im eigenen Land und in anderen Ländern diese Musik verstehen und akzeptieren kann und dadurch Land und Volk versteht. Darin besteht für mich der Sinn des Komponierens.

Mit tauben Menschen kann man nicht sprechen. Ich wende mich nur an jene, die hören können, denn nur mit ihnen kann ich ein Gespräch führen. Nur mit jenen, denen Musik wichtiger ist, als Worte es sind. Man sagt, Musik brauche keine Übersetzung. Ich möchte das gern glauben, doch ich sehe, daß die Musik einstweilen noch viele Erläuterungen braucht, um in einem anderen Lande verstanden zu werden. Mir hat man auf meinen Auslandsreisen ständig ganz dumme Fragen gestellt. Hauptsächlich deswegen reise ich so ungern ins Ausland. Vielleicht ist es sogar der Hauptgrund. Jeder bornierte Banause kann loswerden, was ihm in den Kopf kommt, kann dich fragen, was er will. Noch gestern hat er nicht einmal von deiner Existenz gewußt, und heute spielt er sich als Experte auf, weil er damit seinen Lebensunterhalt verdienen muß. Womit du dich beschäftigst, weiß er nicht, es ist ihm auch vollkommen egal. Natürlich, es gibt außer Journalisten auch noch andere Menschen auf der Welt. Aber zeig mir, welche Zeitung du in der Hand hast, und ich werde dir sagen, was du im Gehirn hast.

Der typische westliche Journalist ist ungebildet, rüpelhaft und durch und durch zynisch. Er will nichts weiter, als Geld verdienen – auf alles andere spuckt er. Jeder dieser Frechlinge will, daß ich »kühn« seine dämlichen Fragen beantworte. Und sie sind sehr gekränkt, diese Herren, wenn sie nicht das zu hören bekommen, was sie erwarteten. Warum soll ich ihnen antworten? Wer sind sie überhaupt? Warum soll ich ihretwegen mein Leben riskieren? Es aufs Spiel setzen, um die nichtsnutzige Neugier eines Menschen zu befriedigen, dem ich völlig gleichgültig bin? Gestern hat er noch nichts von mir gewußt, und morgen wird er meinen Namen schon wieder vergessen haben. Welches Recht hat er auf meine

Offenheit, auf mein Vertrauen? Ich weiß nichts über ihn. Aber ich werde ihm nicht mit Fragen zusetzen. Auch wenn er meine Fragen ohne Risiko für sich beantworten könnte.

All das ist verwirrend und kränkend. Und das schlimmste: Derartige Perversionen sind eine alltägliche Sache geworden. Niemandem fällt auf, wie unsinnig das alles ist. Mich beurteilt man danach, was ich zu Mr. Smith oder Mr. Jones gesagt habe. Ist das nicht blödsinnig? Zeitungsartikel sollen die Meinung ihrer Autoren wiedergeben. Nach ihnen kann man Mr. Jones und Mr. Smith beurteilen. Ich habe aber doch Musik geschrieben, ziemlich viel sogar. Man soll mich doch nach meiner Musik beurteilen. Ich habe nicht die Absicht, sie zu kommentieren, und ich will auch nicht erzählen, wie, wo und unter welchen Umständen mich die »schweißige Woge der Inspiration überschwemmte«. Sollen doch die Dichter ein gutgläubiges Publikum mit solchen Erinnerungen ergötzen. Sie lügen sowieso. Und ich bin außerdem kein Dichter.

Ich mag überhaupt nicht gern über Inspiration sprechen. Das Wort klingt mir verdächtig. Nur einmal geriet ich in eine Situation, die mich nötigte, von Inspiration zu sprechen. Es war ein Gespräch mit Stalin.

Ich versuchte, Stalin zu erklären, wie der Prozeß des Komponierens verläuft, in welchem Tempo. Ich sah, Stalin verstand mich nicht. Also mußte ich die Inspiration ins Spiel bringen: »Das ist«, sagte ich, »Inspiration. Von der Inspiration hängt ab, in welcher Geschwindigkeit man komponiert.« Und ähnliches Zeug. Mit der Inspiration habe ich ihn matt gesetzt. Von der Inspiration zu sprechen ist nur dann nicht beschämend, wenn man zum Heucheln gezwungen wird. Sonst aber sollte man das Wort nicht in den Mund nehmen.

Ich kommentiere auch meine Partituren nicht. Strawinski tat es in seinen Memoiren. Es wurde nicht sehr interessant. Wenn ich nun erklärte, daß im vierten Satz meiner Achten Symphonie in der vierten Variation das Thema vom vierten bis zum sechsten Takt in einer Reihe aus sieben absteigenden Moll-Dreiklängen begleitet wird, was hat der Leser davon? Muß man denn beweisen, daß man sich in seinem eigenen Werk auskennt? Die Analyse der eigenen Werke soll man doch lieber den Musikwissenschaftlern überlassen. Ich hätte es viel schöner gefunden, wenn Strawinski mehr von den Menschen erzählt hätte, denen er begegnet ist, und mehr von seiner Kindheit.

Was er über seine Kindheit erzählt, ist hochinteressant, ich halte diese Kapitel für die besten in seinen Memoiren. Gewöhnlich ist es greulich, Kindheitserinnerungen zu lesen. Da steht dann meistens: »In unserer Familie war Frau Musica zu Hause. Papa spielte Ziehharmonika, und Mama hatte ständig ein frisches Lied auf den Lippen.« Und so weiter – trostlos.

Strawinski war stets sehr begierig, Journalisten Rede und Antwort zu stehen, nicht anders als ein Kosak, der mit Begeisterung seine Reiterkunststücke vorführt. Aber erstens sagte Strawinski nicht die Wahrheit. Alles war viel zu effektvoll, um wahr zu sein. Die Wahrheit ist nie so unterhaltsam. (Sollertinski sagte einmal, auf »Prawda – Wahrheit« gebe es in russischer Sprache keinen Reim. Ich weiß nicht, ob er recht hat, ich bin ja kein Lyriker. Immerhin, Wahrheit und Reklame haben sehr wenig miteinander gemein.) Zweitens sind Strawinski und ich sehr verschieden voneinander. Es kostete mich sogar Mühe, mit ihm zu sprechen. Wir waren wie von zwei verschiedenen Planeten.

Noch heute erinnere ich mich mit Grauen an meine erste Amerikareise. Um nichts in der Welt hätte ich sie unternommen, wäre da nicht dieser massive Druck von seiten der Funktionäre bis hinauf zu Stalin gewesen. Manche meinen, es müsse doch eine ungeheuer interessante Reise gewesen sein. Man brauche sich auch nur die Fotos anzusehen, fortwährend hätte ich gelächelt. Es war aber das Grinsen eines Toten. Denn ich fühlte mich wie ein Toter und beantwortete wie im Schlaf die dümmsten Fragen. Dachte nur eins: Sowie ich wieder zu Hause bin, wird man mit mir Schluß machen.

Stalin liebte es über die Maßen, die Amerikaner an der Nase herumzuführen, ihnen einen lebendigen Menschen zu zeigen: Seht her, da ist er – lebendig und gesund – und ihn dann schwuppdiwupp zu beseitigen. »Nasführen« – ist das nicht ein zu starkes Wort? Er hat schließlich nur die getäuscht, die getäuscht werden wollten. Wir sind den Amerikanern doch absolut gleichgültig. Um gut leben und ruhig schlafen zu können, glauben sie, was du ihnen aufschwatzt.

Damals, 1949, wurde auf Stalins Befehl der Dichter Itzig Feffer verhaftet. Paul Robeson war wenig später in Moskau. Zwischen all den Banketts und Festgelagen fiel ihm plötzlich sein Freund Itzig ein, und er fragte nach ihm. »Wirst deinen Itzig haben«, entschied Stalin und spielte seinen üblichen schändlichen Trick aus. Itzig Feffer lud also Paul Robeson zum Abendessen in eines der renommiertesten Moskauer Restaurants ein. Robeson kam, wurde in ein Séparée geleitet. Dort war ein üppiger Tisch gedeckt – allerlei Getränke und Vorspeisen. Itzig war schon da, mit ihm ein paar andere Leute, die Robeson nicht kannte. Feffer war mager, sehr blaß, sprach wenig. Aber Robeson aß und trank tüchtig, freute sich, seinen alten Freund wiederzusehen. Nach diesem festlichen Abend begleiteten die Robeson unbekannten Männer Feffer nach Hause – ins Gefängnis, wo er bald darauf starb. Robeson aber konnte, nach Amerika heimgekehrt, guten Gewissens überall erklären, die Gerüchte über Feffers Verhaftung und Tod seien nichts als böswilliges Geschwätz und üble Verleumdung. Er selbst hatte doch kürzlich erst einen sehr fröhlichen Abend mit Feffer verbracht.

So zu leben ist wahrhaftig sehr angenehm: im guten Bewußtsein, daß dein Freund ein freier und durchaus wohlhabender Mensch ist – schließlich hat er dir ein exzellentes Diner vorgesetzt. Der Gedanke, dein Freund könnte im Gefängnis sein, ist dagegen äußerst unerquicklich. Da hätte man womöglich irgend etwas unternehmen müssen: Briefe schreiben, protestieren. Aber wer protestiert, wird sicher nicht wieder eingeladen. Das schädigt den Ruf. Rundfunk und Zeitungen werden dich mit Schmutz begeifern, werden dich zum Reaktionär stempeln.

Nein, viel einfacher ist, wenn du glaubst, was du siehst. Und du siehst immer nur das, was du sehen willst. Hühner-Psychologie.

Das Huhn sieht nur ein einziges Korn, das will es aufpicken, und sieht nichts anderes. Und so pickt es ein Korn nach dem anderen auf, so lange, bis der Bauer ihm den Hals umdreht. Mit dieser Hühner-Psychologie war Stalin von Grund auf vertraut. Er wußte, wie man mit Hühnern umgehen muß. Und sie fraßen ihm alle aus der Hand. Diese spezielle Begabung Stalins übersieht man im Westen gern, schließlich ist man dort immer im Recht. Der Westen besitzt die großen Humanisten, die Verteidiger der Wahrheit in Literatur und Kunst. Wir dagegen sind immer im Unrecht.

Mich hat man gefragt: »Warum haben Sie das und das unterzeichnet?« Aber niemand hat André Malraux gefragt, warum er den Bau des Weißmeerkanals[11] glorifiziert hat, bei dem Tausende und Abertausende ums Leben kamen. Nein, niemand hat ihn danach gefragt. Das ist sehr schade. Man sollte mehr fragen. Man sollte diese Herren fragen, denen niemand die Antwort verwehren kann. Ihr Leben war weder damals bedroht, noch ist es heute in Gefahr.

Und Lion Feuchtwanger, der große Humanist? Voller Ekel habe ich seinerzeit sein Buch »Moskau 1937« gelesen. Es war kaum erschienen, als Stalin schon befahl, es ins Russische zu übersetzen und in einer Riesenauflage zu verbreiten. Ich las es. Das Herz krampfte sich mir zusammen in Bitterkeit und Verachtung für den berühmten Humanisten.

Feuchtwanger schrieb, Stalin sei ein schlichter Mensch, freundlich und voller Güte. Zuerst glaubte ich, auch Feuchtwanger habe man über den Löffel balbiert, er habe nichts bemerkt. Dann las ich das Buch noch einmal und entdeckte: Der berühmte Humanist hat ganz einfach gelogen. Er schrieb: »Ich habe etwas ganz Wundervolles begriffen.« Was er begriffen hatte, war, daß die Moskauer Schauprozesse unvermeidlich gewesen waren. Und darum wundervoll: Er hatte »begriffen«, daß die Schauprozesse die Demokratisierung förderten! Wer so etwas schreiben kann, ist kein Dummkopf, sondern ein Schuft. Und natürlich ein berühmter Humanist.

Und wie steht es mit dem nicht weniger berühmten Humanisten Bernard Shaw? Was hatte der gesagt? »Sie erschrecken mich nicht mit dem Wort ›Diktator‹!« Natürlich, warum sollte ihn das Wort auch erschrecken? In England gibt es keine Diktatoren. Ihr letzter Diktator war Cromwell. Shaw fuhr bloß auf Besuch zu einem Diktator. Und Shaw war es auch, der nach seiner Rückkehr aus der Sowjetunion schrieb: »Hunger in Rußland? Dummes Geschwätz. Nirgendwo habe ich so gut gespeist wie in Rußland.« Zur gleichen Zeit hungerten in unserem Land Millionen, und ein paar Millionen Bauern sind verhungert.[12]

Trotzdem war alle Welt von Shaw entzückt – von seinem Scharfsinn, seinem Mut. Ich bin da anderer Meinung, obwohl ich gezwungen war, ihm seinerzeit die Partitur meiner Siebten zu senden, ihm, dem berühmten Humanisten. Und der noch berühmtere Humanist Romain Rolland? An ihn zu denken verursacht mir Brechreiz. Besonders widerlich ist mir, daß einige dieser Humanisten meine Musik loben, Shaw beispielsweise und eben auch Romain Rolland. Ihm hatte »Lady Macbeth« gefallen. Mit diesem hochberühmten Humanisten aus der Plejade der Liebhaber echter Literatur und nicht weniger echter Musik sollte ich zusammentreffen, aber ich sagte ab und behauptete, ich sei krank.

Früher quälte mich die Frage nach dem Warum? Warum belügen diese Leute die ganze Welt? Warum spucken hochberühmte Humanisten auf uns? Auf unser Leben, auf unsere Ehre und Würde? Doch dann wurde ich mit einem Schlage ruhig und gleichgültig. Sollen sie doch spucken, soll sie der Teufel holen. Ihnen geht ihr behagliches Leben als berühmte Humanisten über alles. Das heißt: Man braucht sie überhaupt nicht ernst zu nehmen, sie zählen gar nicht. Sie kamen mir auf einmal wie Kinder vor, allerdings wie garstige Kinder – ein höllischer Unterschied, wie Puschkin sagte. Von diesen garstigen Kindern gab es in Petrograd viele. Du gehst den Newski-Prospekt hinunter, dir entgegen kommt ein dreizehnjähriger Bengel mit einer Zigarre im Mund. Er hat schadhafte Zähne, Ringe an den Fingern, auf dem Kopf ein englisches Käppi, einen Schlagring in der Tasche. Alle Nutten in der Stadt hat er schon ausprobiert. Er ist mit Kokain übersättigt, hat keine

Freude am Leben. So einem Burschen zu begegnen ist gefährlicher, als an irgendeinen Banditen zu geraten. So ein junges Engelchen kann dich bloß so zum Spaß totschlagen, man kann nie wissen, was einem Kind in den Kopf kommt. Die gleiche Furcht überkommt mich, wenn ich an die berühmten Humanisten unserer Zeit denke. Die haben auch schlechte Zähne, und ich brauche ihre Freundschaft nicht. Ich nehme meine Beine in die Hand und mache, daß ich möglichst weit wegkomme.

Einmal besuchte mich eine junge Amerikanerin. Alles verlief liebenswürdig und manierlich. Wir sprachen über Musik, über die Natur und andere erbauliche Dinge. Sehr lieb und nett. Auf einmal erschrak die Amerikanerin, wurde nervös. Ihr Gesicht bedeckte sich mit roten Flecken. Sie fuchtelte mit den Armen herum, wäre beinahe auf den Tisch gesprungen und schrie: »Fly, fly!« Eine Fliege war ins Zimmer gekommen und hatte meinen hochgebildeten Gast zu Tode erschreckt. Ich war außerstande, die Fliege zu verjagen. So verabschiedete sich mein reizender amerikanischer Besuch.

Für solche Leute sind Fliegen abstruse Lebewesen aus einer anderen Welt, und mich betrachten sie, als sei ich ein ausgegrabener Dinosaurier. Meinetwegen – bin ich eben ein Dinosaurier. Wie kommen dann aber Sie, meine verehrten Herrschaften, dazu, über Dinosaurier zu diskutieren? Über ihre Probleme, Rechte und Pflichten? Ach so, das tun Sie gar nicht? Dann diskutieren Sie gefälligst auch nicht über mich, denn von meinen Rechten und Pflichten verstehen Sie noch weniger als von denen der Dinosaurier.

Während des Krieges zeigte man bei uns den Hollywood-Film »Mission to Moscow«. Die Autoren hielten ihn für ein Drama. Auf uns wirkte er wie eine Komödie. Selten habe ich im Krieg so gelacht wie über diesen Film. Fly, fly!

Nemirowitsch-Dantschenko erzählte mir einmal, als er guter Laune war, von dem Hollywood-Film »Anna Karenina«[13]. Ich glaube, er wurde gerade gedreht, als Nemirowitsch in Amerika war, mindestens hat er das Drehbuch gelesen. Darin hatte Wronski sein Vergnügen mit Anna in irgendeiner Kneipe. Er nutzte die Tatsache aus, daß sein Pyjama und seine Hausschuhe in Annas Zimmer gefunden worden waren. Der Film hatte ein Happy-End (Greta Garbo spielte die Anna): Karenin stirbt, Wronski und Anna heiraten. Ist das keine Fliege? Natürlich eine Fliege.

Das alles ist lächerlich, einfach lächerlich. Große Sache: Fliegen, Mücken, Küchenschaben. Die Leute wollen einfach ihr Gehirn nicht anstrengen. Das ist alles, und man braucht sie nicht ernst zu nehmen, sie schwirren herum, eben: Fliegen. Na schön, laß sie herumflattern. Aber ein Wesen, das zum Kriechen geboren ist, kann nicht fliegen, wie Gorki, der große Verehrer der Revolution, richtig feststellte, ganz im Gegenteil. Aber wenn du einmal gelernt hast, herumzuflattern, magst du nicht mehr auf unsere sündige Erde zurückkommen. Von oben sieht alles wundervoll und prächtig aus. Selbst der Weißmeerkanal.

Wer hat von André Malraux verlangt, von der Rednertribüne herunterzuschreien: »Ihr habt Mördern und Schädlingen Vertrauen geschenkt und dadurch viele gerettet!« Wer hat ihm das in den Mund gelegt? Ich weiß natürlich, daß eine ganze Brigade hochgeachteter, vaterländischer »Stumpfböcke« ein gemeinsames Buch geschrieben hat, das den Bau des Weißmeerkanals verherrlicht. Wenn es dafür überhaupt eine Entschuldigung gibt, dann nur eine einzige: Sie wurden zwar als freie Leute dorthin expediert, aber jeder von ihnen konnte jederzeit in einen Sträfling verwandelt werden, dazu verdammt, den Weißmeerkanal zu graben.

Ilf und Petrow lieferten keinen Beitrag zu dem Sammelband der Schriftstellerbrigade, sie konnten sich damit herausreden, sie wüßten »zuwenig« vom Leben der Häftlinge. Sie hatten das Glück, niemals von diesem Leben soviel zu erfahren wie Hunderte von anderen Schriftstellern. Dafür brachten sie von der »Erholungs- und Informationsreise« einen Witz mit. Die Schriftsteller und Poeten waren von einem aus Häftlingen zusammengestellten Blasorchester empfangen worden. Wie die Schriftsteller und Poeten sagten, waren es Kriminelle, wegen Verbrechen aus Eifersucht verurteilt. Ilf betrachtete die eifrigen Bläser, erinnerte sich an die berühmten russischen Blasorchester und murmelte: »Ein Hörner tragendes Orchester, ein Hahnrei-Orchester.«

Ist das komisch? Ich weiß nicht recht. Es kam nur ein verlegenes Lachen auf. Die Leute fühlten ihre Hilflosigkeit, und so lachten sie auch, hilflos. Aber keineswegs komisch ist es, wenn man erfährt, daß Henry Wallace gerührt war über die Musikliebe des Chefs der Lager von Kolyma. Ein solcher Mann wollte Präsident der Vereinigten Staaten werden.

Komisch ist es auch nicht, wie die ausländischen Besucher Anna Achmatowa und Soschtschenko im Stich ließen. Anna Achmatowa hat Furchtbares erlebt. Ihr erster Mann, Nikolaj Gumiljow, wurde erschossen. Ihr einziger Sohn verbrachte viele Jahre im Lager. Punin, ihr zweiter Mann, kam ebenfalls im Lager um.[14] Jahrzehntelang wurden ihre Gedichte nicht gedruckt. Und was heute in Buchform vorliegt, ist allenfalls ein Drittel ihres Gesamtwerks.

Der erste der »Shdanowschen Schläge« traf Achmatowa und Soschtschenko.[15] Die Folgen brauche ich nicht zu erläutern. Und dann befahl man den beiden Gemaßregelten, auf einem Empfang für ausländische Besucher zu erscheinen. Es war eine Delegation irgendwelcher Anhänger irgendeiner Sache, oder besser irgendwelcher Kämpfer gegen irgendeine Sache. Ich habe eine Menge solcher Delegationen zu Gesicht bekommen. Sie hatten nur eins im Sinn, so schnell wie möglich an die üppig gedeckten Tische zu kommen und sich die Bäuche vollzuschlagen. Jewtuschenko schrieb ein Gedicht auf derartige Freundschaftsdelegationen, darin heißt es: »Mit Essenscoupons in der Hand rennen Freunde herbei aus jedem Land.«

Zum Empfang so einer Delegation waren Achmatowa und Soschtschenko herbeizitiert. Das alte Verfahren: Den Besuchern wurde demonstriert, daß beide leben und wohlauf sind, der Partei und der Regierung in unendlicher Dankbarkeit ergeben. Und den »Freunden« mit den Essenscoupons in der Hand fiel nichts Klügeres ein, als Achmatowa und Soschtschenko zu fragen, was sie von dem »historischen Beschluß« des Zentralkomitees und der

Rede des Genossen Shdanow hielten. Es war diese berühmt-berüchtigte Rede Shdanows, in der er Soschtschenko einen prinzipienlosen, gewissenlosen Literaturstrolch tituliert hatte, dessen gesellschaftspolitische und literarische Physiognomie durch und durch verfault sei, und in der er Anna Achmatowa vorgeworfen hatte, der dekadente, wie Aas stinkende Geist ihrer Poesie vergifte das Bewußtsein der sowjetischen Jugend.

Was hätten sie denn wohl empfinden können bei einer solchen Rede und bei dem »historischen Beschluß«? Ist es nicht Sadismus, sie danach auch noch zu fragen? Fragt man denn einen Menschen, dem irgendein Halunke eben ins Gesicht gespuckt hat: »Wie fühlst du dich? Hat es dir gefallen?« Damit nicht genug. Die Frage wurde in Anwesenheit jenes Halunken gestellt, der sie angespuckt hatte. Die Fragesteller würden wieder abfahren, nach Hause, aber die Opfer blieben hier, in Reichweite des Halunken. Anna Achmatowa stand auf und erklärte, sie hatte die Rede des Genossen Shdanow und den »historischen Beschluß« des Zentralkomitees für vollkommen richtig und gerechtfertigt. Sie tat damit genau das Richtige. Es war die einzig mögliche Antwort an diese fremden taktlosen und herzlosen Menschen.

Was hätte sie ihnen sonst sagen können? Daß sie sich in diesem Land wie in einem Irrenhaus fühlte? Daß sie Shdanow und Stalin verabscheute und haßte? Ja, Anna Achmatowa hätte dies sagen können, und kein Mensch hätte sie jemals wiedergesehen.

Die »Freunde« natürlich hätten bei sich zu Hause, im engsten Kreise, über eine fabelhafte Sensation berichten können, hätten vielleicht sogar einen Bericht darüber in der Presse veröffentlicht. Wir aber wären noch ärmer geworden. Wir hätten ohne Achmatowa leben müssen. Ihre großen, späten Gedichte wären nicht mehr geschrieben worden. Unser Land hätte seinen Genius verloren.

Aber Soschtschenko, dieser liebe, naive Mensch, glaubte, diese Leute bemühten sich wirklich darum, etwas zu begreifen. Natürlich konnte auch er nicht alles, was er dachte, offen aussprechen. Das wäre selbstmörderisch gewesen. Aber er versuchte, einiges zu erklären. Er führte aus, anfänglich habe er weder die Rede des Genossen Shdanow noch den »historischen Beschluß« verstanden. Beides sei ihm ungerecht erschienen. Und er habe deswegen Stalin einen Brief geschrieben. Doch dann habe er begonnen nachzudenken, und es sei ihm klargeworden, daß viele der gegen ihn vorgebrachten Anschuldigungen gerecht seien. Armer Soschtschenko, seine noble Haltung wurde ihm böse vergolten. Er hatte geglaubt, es mit integren Menschen zu tun zu haben. Diese »integren Menschen« applaudierten ihm (Achmatowa hatte offenbar keinen Applaus verdient) und fuhren wieder nach Hause. Der schwerkranke Soschtschenko aber wurde zum Hungertod verurteilt. Die Beine schwollen ihm an. Keine Zeile mehr wurde von ihm veröffentlicht. Seinen Lebensunterhalt versuchte er als Flickschuster zu verdienen.

Die Moral ist klar. Es kann keinerlei Freundschaft mit hochberühmten Humanisten geben. Sie und ich – das sind Gegenpole. Ich traue keinem von ihnen. Keiner von ihnen hat mir je etwas Gutes getan. Ich streite ihnen das Recht ab, mir Fragen zu stellen. Sie haben kein moralisches Recht dazu. Und mir Strafpredigten zu halten, wagen sie nicht. Nie habe ich ihre Fragen beantwortet, und ich werde es auch niemals tun. Ihre Belehrungen habe ich nie ernst genommen, und ich werde sie auch nie ernst nehmen.

Ich trage schwer an den bitteren Erfahrungen meines grauen und unglücklichen Lebens. Es macht mir durchaus keine Freude, daß meine Schüler an diesen Erfahrungen beteiligt sind und daher meinen Argwohn teilen. Auch sie vertrauen den hochberühmten Humanisten nicht. Und sie haben recht. Das ist schlecht, und ich wäre sehr froh, wenn sie einen hochberühmten Humanisten fänden, dem sie vertrauen können. Mit dem sie bei Gelegenheit sprechen können, über friedliche Dinge: über Blumen, über Freiheit, Gleichheit, Brüderlichkeit, Europa-Fußballmeisterschaft und ähnliches.

Aber solch ein Humanist ist noch nicht geboren. Drecksberle dagegen gibt es genug. Aber mit denen mag ich nicht reden: Sie verkaufen dich für ein paar Groschen in harter Valuta oder für eine Dose schwarzen Kaviar. Darum liegt für mich eine traurige Befriedigung darin, daß meine besten Schüler, mein Beispiel vor Augen, sich der Freundschaft mit Humanisten enthalten. Und damit sie nicht unter Einsamkeit leiden, empfehle ich ihnen, sich einen Hund zu halten.

Glaubt den Humanisten nicht, Bürger. Glaubt den Propheten nicht. Glaubt der lichten Führergestalt nicht. Sie alle verraten euch für einen lumpigen Groschen. Tut gewissenhaft eure eigene Arbeit. Kränkt andere Menschen nicht, versucht, ihnen zu helfen. Man muß nicht die ganze Menschheit auf einmal retten wollen. Versucht, wenigstens einmal einem einzigen Menschen zu helfen, ihn zu retten. Das ist sehr viel schwieriger.

Einem Menschen zu helfen, ohne dabei einem anderen zu schaden, das ist ungeheuer schwierig. Von daher kommt die Versuchung, allen Menschen gleichzeitig helfen zu wollen. Und dann ergibt sich unausweichlich, daß für das Glück der ganzen Menschheit bloß ein paar Millionen einzelner geopfert werden müssen. Eine Kleinigkeit.

Auf der Welt wird lauter Unfug gemacht, sagte Gogol einmal. Diesen Unfug versuche ich, nach Maßgabe meiner Kräfte, darzustellen. Die Weltprobleme packen den Menschen beim Kragen. Er hat sowieso schon den Kopf voll mit eigenen Sorgen, und nun kommen auch noch Weltprobleme dazu. Darüber kann man schon den Kopf verlieren – oder die Nase.

Man hat mich oft gefragt, warum ich die Oper »Die Nase« geschrieben habe. Nun, zunächst einmal liebe ich Gogol, kann – ohne Übertreibung – ganze Seiten von ihm auswendig. Aber mit der »Nase« verbindet sich mir ein ganz starker Kindheitseindruck. Wer heute über die »Nase« schreibt, vertritt stets die Meinung, Meyerhold habe mich dazu inspiriert, seine Inszenierung des »Revisor« habe mich so begeistert, daß ich mir daraufhin »Die Nase« vorgenommen hätte. Das ist nicht korrekt. Als ich nach Moskau kam und dann bei Meyerholds wohnte, hatte ich schon längst mit der Arbeit begonnen. Es war alles durchdacht, und zwar durchaus nicht von Meyerhold, sondern von einer wunderbaren Dreier-Kumpanei: Alexander Preiss, Georgi Ionin und ich. Es war eine großartige, eine wunderbare Zeit. Wir setzten uns schon morgens an die Arbeit, sehr früh am Morgen. Nachts arbeiteten wir nicht. Erstens, weil uns der Bohemien-Arbeitsstil zuwider war. Arbeiten soll man morgens oder tagsüber, wenn der Kopf klar und nicht in nächtlichen blauen Dunst gehüllt ist.

Zweitens, weil Sasja (Alexander) nachts keine Zeit hatte. Er war beschäftigt, arbeitete. Sein Amtstitel klang imponierend: »Agent für die Erhaltung nichtliquidierten Eigentums«. In die Umgangssprache übersetzt: Er war Nachtwächter. Er bewachte die ehemalige Bonbonfabrik Landrin. Der Besitzer, Georg Landrin, war mit seinem Sohn auf und davon ins Ausland. Seine Habe hatte er natürlich nicht mitnehmen können. Also mußte man sie bewachen, damit sie nicht gestohlen wurde. Wir hatten unendlich viel Spaß. Zunächst gingen wir zu Samjatin mit der Bitte, er, der große Meister, möge doch unsere Arbeit leiten. Doch der große Meister vermochte nicht, unseren Spaß zu teilen, geschweige denn, ihm noch etwas hinzuzufügen.

Wir brauchten einen Monolog, für den Major Kowaljow. Keiner von uns dreien traute sich das zu. Samjatin sagte: »Warum nicht? Das läßt sich machen.« Setzte sich hin und schrieb einen Monolog. Leider wurde es ein schlechter Monolog. Das war der einzige Beitrag des großen Meisters der russischen Prosa zum Libretto der »Nase«. Zwar gelangte Samjatins Name mehr zufällig auf die Plakate, doch im Grunde hat er uns nicht helfen können, wir mußten selber zu Rande kommen. Soviel zur Frage des Einflusses großer Meister.

Preiss und Ionin waren sehr fähige Männer. Preiss schrieb das Libretto zu Gogols Komödie »Wladimir dritter Klasse«. Gogol hatte diese Komödie nicht beendet und nur ein Fragment hinterlassen. Sasja Preiss vollendete das Stück. Dabei ging er nicht nach seinem eigenen Kopf vor. Er baute das Stück aus Gogols eigenen Worten zusammen, fügte nichts Eigenes hinzu, nahm alles aus Gogols Werken. Es war unglaublich, mit welch peinlicher Genauigkeit Preiss arbeitete. Ich las das Manuskript. Bei jeder Replik steht die Anmerkung, aus welcher Arbeit Gogols der Satz stammt. Zum Beispiel »Das Essen ist aufgetragen«. Dahinter die Anmerkung: Gogol, soundso, Seite soundso. Ehrenwort. Das Stück wurde in Leningrad aufgeführt, und der Autor las mir eine Rezension vor, die Überschrift: »Friß, solange es heiß ist«.

Später war Preiss mir eine große Hilfe bei dem Libretto für »Lady Macbeth«. Er hatte sich ein wichtiges Sujet speziell für mich ausgedacht: das Leben von Frauen, die sich emanzipieren wollen. Es hätte eine sehr ernsthafte Oper werden können. Aber es wurde nichts daraus. Nichts. Alexander Hermanowitsch Preiss starb. Er starb sehr jung. Man hat ihn umgebracht.

Georgi Ionin war in seiner Art auch eine hervorragende Persönlichkeit. Er war »Besprisorny« gewesen, ein jugendlicher Krimineller, und wurde in der »Dostojewski-Reformkolonie für defekte Jugendliche« aufgezogen.[16] Ionin war ein Experte in russischer Literatur. Woher er seine Kenntnisse hatte, ahne ich nicht. Literaturlehrer hielten sich in der Kolonie nicht lange. Ionin machte ihnen Beine. Einmal rezitierte eine Lehrerin mit Betonung Krylows Fabel von der Grille und der Ameise. Ionin sagte: »Das kennen wir doch alles. Sie sollten uns in den neuesten Strömungen der russischen Literatur unterrichten.« Die Lehrerin wies ihn zurecht: »Gib gefälligst keine Widerworte. Was soll das schon sein – Strömungen?«

Auch Ionin starb früh. Er hatte Regisseur werden wollen. Infizierte sich mit Typhus und starb. Zwei seiner Freunde schrieben ein Buch, in dem Ionin eine der Hauptgestalten ist. Sie nennen ihn dort Japs, obwohl er Jude war, aber von kleinem Wuchs und mit leicht schrägstehenden Augen. Das Buch wurde sehr populär, man kann sogar sagen, berühmt. Vor kurzem wurde sogar ein Film danach gedreht, zu pädagogischen Zwecken.

Mich umgeben wunderliche Sujets. Vielleicht deshalb, weil ich von so vielen erstaunlichen, wenn auch nicht berühmten Menschen umgeben bin. Diese Menschen haben mir mehr geholfen als alle Berühmtheiten. Berühmtheiten haben wohl auch zuwenig Zeit dazu. Nehmen wir Meyerhold und seinen »Revisor«. Natürlich gefällt mir das Stück sehr, aber meine Beziehung dazu ist eigentlich rückwirkend. Das Stück gefiel mir, weil ich schon an der »Nase« arbeitete, und ich sah, daß Meyerhold vieles ähnlich auffaßte wie ich. Und nicht umgekehrt.

Die Musik zum »Revisor« gefiel mir überhaupt nicht. Ich meine nicht Gnessins musikalische Nummern. Sie sind hervorragend und genau am richtigen Platz. Aber Meyerhold stopfte noch allerlei andere Musik in das Stück, und das war nicht immer geglückt. Bis heute leuchtete mir nicht ein, warum Meyerhold, um den Ossip zu charakterisieren, echte Volkslieder, und zwar aus dem Gebiet um Kaluga, verwendete. Meyerhold ging davon aus, daß Ossip das positive Element im »Revisor« sei. Ich glaube, das war ein Irrtum.

Ich kann auch nicht verstehen, warum er Glinkas Romanze »Das Feuer des Verlangens brennt mir im Blut« singen ließ. In dieser Romanze ist nichts Lüsternes. Aber Meyerhold wollte gerade mit ihr Anna Andrejewnas Lüsternheit zum Ausdruck bringen. Sinaida Reich spielte die Anna. Ich saß auf der Bühne am Klavier, als sei ich einer der Gäste. Sinaida Reich sang Glinkas Romanze, bewegte kokett ihre majestätischen Schultern und warf verheißungsvolle Blicke auf Chlestakow. Im »Revisor« spielte Sinaida Reich sich selbst: die unverschämte Vorgesetztengattin. Gott wird es ihr verziehen haben. Sie starb eines gräßlichen, qualvollen Todes.

Ich bin mir nicht sicher, aber möglicherweise hat Meyerholds Inszenierung des »Revisor« Smolitsch beeinflußt, als er das Stück im Kleinen Theater aufführte. Das ist eine Sache für sich, damit hat der Komponist nichts zu tun. Doch was »Die Nase« und mich betrifft, hatte die Aufführung der Gogol-»Nase« im berühmten »Zerrspiegel« auf mich den entscheidenden Einfluß.

Das war noch vor der Revolution. Im Krieg. Ich war noch ein Kind. Das Stück begeisterte mich hellauf. Es war delikat inszeniert. Als ich sehr viel später nach einem Opernsujet suchte, fiel mir plötzlich diese Inszenierung ein, und ich meinte, ich könne selber ohne besondere Mühe ein Libretto für »Die Nase« schreiben. Im großen ganzen gelang es auch. Den Plan, der auf meiner Erinnerung basierte, entwarf ich selbst, die Ausführung machten wir dann gemeinsam. Sasja Preiss gab das Tempo an. Etwas übernächtigt kam er aus seiner Fabrik und gab dennoch die Initialzündung, an der wir uns orientierten. Und dann arbeiteten wir drei, als seien wir bloß ein einziger Mensch, fröhlich und freundschaftlich.

Ich wollte keine satirische Oper schreiben. Ich weiß nicht einmal genau, was das ist: eine satirische Oper. Manchmal sagt man, Prokofjews Oper »Liebe zu den drei Orangen« sei eine satirische Oper. Ich muß gestehen, mir ist sie einfach langweilig. Ständig spürt man das Bemühen des Komponisten, komisch zu sein. Trotzdem ist nichts Komisches an der ganzen Sache.

In der »Nase« fand man Satirisches und Groteskes, dabei schrieb ich eine völlig ernste Musik. Da gibt es keinerlei Parodie, keine Verulkung. In Musik witzig zu sein ist sehr schwer. Allzuleicht kommt dann so etwas dabei heraus wie bei den »Drei Orangen«. Ich wollte mit der »Nase« keinen Witz machen. Und ich glaube, das ist mir auch gelungen. Und, Hand aufs Herz, was ist denn eigentlich komisch an einem Menschen, dem die Nase abhanden gekommen ist? Darf man denn über so einen armen Krüppel lachen? Er kann niemals heiraten, kann niemals ein öffentliches Amt bekleiden. Ich möchte einmal irgendeinen Bekannten von mir erleben, der seine Nase verliert. Weinen würde er wie ein kleines Kind, das muß man bedenken, wenn man darangeht, »Die Nase« aufzuführen. Man kann die Geschichte als Witz lesen, aber man kann sie nicht als Witz aufführen, sie ist zu grausam. Und die Hauptsache: Es entspräche nicht der Musik.

»Die Nase« ist eine schreckliche, keine komische Geschichte. Wie kann denn auch Polizeidruck komisch sein? Wohin man sich wendet, überall Polizei. Keinen Schritt kann man unbeobachtet tun, kein Stück Papier unbemerkt wegwerfen, und die Volksmenge in der »Nase« ist auch nicht komisch. Der einzelne ist nicht besonders schlecht, aber zusammen sind sie ein Mob, der nach Blut lechzt. Die Figur der Nase selbst hat schon gar nichts Komisches. Ohne Nase bist du kein Mensch, aber die Nase kann ohne dich zu einem Menschen werden, noch dazu zu einem hohen Vorgesetzten. Darin liegt keinerlei Übertreibung, die Geschichte ist durchaus glaubwürdig. Hätte Gogol in unserer Zeit gelebt, er hätte noch sehr viel seltsamere Dinge gesehen. Heute spazieren so viele Nasen herum, daß man sich nur wundern kann. Und das, was bei uns beispielsweise in den Republiken in dieser Beziehung vorgeht, ist auch nicht komisch.

Mir erzählte ein Komponist eine Geschichte – eine ungewöhnliche und zugleich ganz gewöhnliche. Gewöhnlich, weil sie wahr ist. Ungewöhnlich, weil es sich hier um geradezu epochale Gaunerei handelt, der Feder eines Gogol oder E. T. A. Hoffmann würdig. Dieser Komponist arbeitete jahrzehntelang in Kasachstan. Er war ein guter Musiker, hatte seine Ausbildung am Leningrader Konservatorium erhalten, in Steinbergs Klasse, aber später als ich. In Kasachstan machte er eine sehr gute Karriere, war so etwas wie ein »Hofkomponist«. Daher wußte er allerlei, was vor normalen Sterblichen verheimlicht wird.

Jeder kennt bei uns den Namen Dshambul Dshabajew. Mein Sohn lernte in der Schule seine Gedichte auswendig, meine Enkel ebenfalls, in der aus dem Kasachischen ins Russische übersetzten Fassung. Sie klingen sehr rührend, die Gedichtchen. Sie können sich vorstellen, wie das während des Krieges war. »Leningrader, meine Kinder...« Und der hundertjährige Weise im Hirtenmantel. Ausländische Gäste fanden es entzückend, sich mit ihm fotografieren zu lassen. Die Fotos waren so wundervoll exotisch: ein Volkssänger, dem die Weisheit von Jahrhunderten aus den Augen strahlte. Auch ich fiel tatsächlich auf ihn herein, vertonte einige Verse von Dshambul.

Dann stellte sich alles als ein großer Bluff heraus. Dshambul Dshabajew existierte zwar als Person, russische Übersetzungen seiner Gedichte gab es auch, nur – es gab keine Originale. Denn Dshambul Dshabajew war vielleicht ein guter Mensch, aber ein Dichter war er nicht. Das heißt, vielleicht war er es sogar. Aber das interessierte niemanden. Denn die sogenannten Übersetzungen seiner nicht existierenden Gedichte hatten russische Poeten verfaßt, ohne unseren großen Volksbarden überhaupt um Erlaubnis zu fragen, ob sie seinen Namen verwenden dürften. Selbst wenn sie ihn hätten um Erlaubnis bitten wollen, hätten sie es gar nicht gekonnt. Denn diese »Übersetzer aus dem Kasachischen« kannten nicht ein kasachisches Wort, und Dshambul verstand kein Wort Russisch. Nein, ich lüge. Ein russisches Wort hatte man ihn gelehrt: »Honorar«. Man hatte ihm beigebracht, jedesmal, wenn er etwas unterschrieben hatte (daß er Analphabet war, brauche ich nicht erst zu betonen. Er malte seinen Namenszug, wie man es ihm vorgezeichnet hatte), das Zauberwort »Honorar« zu sagen. Daraufhin erhielt er Geld und konnte dafür viele neue Hammel und Kamele kaufen. Und in der Tat, jedesmal, wenn Dshambul seine Kringel unter einen neuen Vertrag gemalt hatte, bekam er ein Honorar. Der Volksbarde wurde reicher und reicher. Das machte ihm ungeheures Vergnügen.

Einmal allerdings wurde die Sache kritisch. Man hatte Dshambul nach Moskau gebracht. Es gab eine Menge der üblichen Empfänge, Banketts und »Begegnungen«. Unter anderem auch eine Begegnung mit Jungen Pionieren. Die Kinder umringten Dshambul und baten um Autogramme. Ihm wurde erklärt, er habe seine Zauberkringel zu malen. Er malte sie und sagte nach jedem: Honorar. Er glaubte doch, man zahle ihm für diese Kringel, von »seinen« Gedichten wußte er nichts. Als man ihm auseinandersetzte, daß er dieses Mal kein Honorar bekäme, wurde er sehr ärgerlich. Wie schade, daß Gogol ihn nicht beschreiben konnte, diesen großen Dichter, den das ganze Land kannte und der nicht existierte.

Aber jede Groteske hat ihre Kehrseite – die tragische. Es kann doch sein, daß dieser Dshambul wirklich ein großer Dichter war, der seine Lieder sang und dazu die Dombra spielte. Doch das interessierte niemanden.

Gebraucht wurden prächtige Oden auf Stalin, Verherrlichungen in orientalischer Manier. Und das zu jeder beliebigen Gelegenheit: zum Geburtstag des Führers und Lehrers, zur Verkündung der Stalinschen Verfassung, zu den Wahlen zum Obersten

Sowjet. Zum Spanischen Bürgerkrieg, und so weiter. Für Panegyriken gab es Dutzende von Anlässen, die der alte Mann gar nicht kennen konnte. Wie hätte er von den »asturischen Bergarbeitern« erfahren sollen? Und was hätten sie ihm bedeuten können? Darum arbeitete eine ganze Brigade russischer Lyriker für ihn, darunter auch sehr berühmte: zum Beispiel Konstantin Simonow. Sie kannten die politische Situation gut genug. Und sie schrieben, was dem Führer und Lehrer gefiel, hauptsächlich über ihn – Stalin. Aber auch seine Helfer wurden nicht vergessen, zum Beispiel Jeshow[17]. Das Lied über Jeshow, ich weiß es noch gut, wurde seinerzeit sehr gelobt. Im Pseudovolkslied-Stil wurden hier die Staatssicherheitsorgane und ihr ruhmreicher Führer gepriesen und der Wunsch ausgesprochen:

> Mögst du die Welt durchfliegen,
> Mein Lied vom hellstrahlenden Ruhm
> Des tapferen Kämpfers.

Jeshow gelangte tatsächlich zu weltweitem Ruhm, einem ziemlich andersgearteten, als die Verseschmiede es uns suggerieren wollten. Sie schrieben emsig, schrieben viel. Wenn einem der »Übersetzer« nichts mehr einfiel, wurde er schleunigst durch einen anderen, noch ganz frischen ersetzt. So stand die Produktion nie still. Erst mit Dshambuls Tod mußte die Fabrik geschlossen werden.

Bestimmt wird man mir auch hier entgegenhalten: Das ist nicht typisch. Und ich gebe zurück: Es ist sogar sehr typisch. Hier geschah nichts Regelwidriges. Im Gegenteil, alles verlief genau nach den Spielregeln, ganz wie es sich gehört. Der große Führer aller Völker brauchte begeisterte Sänger aus allen Völkern, und es war Sache der Funktionäre, sie aufzuspüren. Wenn sie keine fanden, mußten sie sie schaffen. Und so schufen sie Dshambul.

Auch die Entstehungsgeschichte dieses neuen großen Volksdichters ist, meiner Ansicht nach, typisch und lehrreich. Ein russischer Lyriker und Journalist, der in den dreißiger Jahren an der kasachischen Parteizeitung (sie erschien in russischer Sprache) arbeitete, brachte ein paar Gedichte in die Redaktion. Er sagte, er habe sie nach dem mündlichen Vortrag eines kasachischen Volkssängers notiert und ins Russische übersetzt. Die Gedichte gefielen. Sie wurden gedruckt. Alle waren zufrieden.

Wenig später wurde ein großes Festival vorbereitet: eine Leistungsschau der kasachischen Kunst in Moskau. Der kasachische Parteivorsitzende hatte die Gedichte des »unbekannten Poeten« in der Zeitung gelesen, gab den Befehl: »Aufspüren! Soll unverzüglich das Lied der Lieder auf Stalin schreiben!« Man rannte zu dem Journalisten: Wo ist dein Dichter? Er druckste herum. Alle sehen, der Bengel hat gelogen. Irgendwie muß aber ein Ausweg gefunden werden, Stalin braucht das Jubellied.

Irgendeiner erinnerte sich, einmal einen malerischen Greis gesehen zu haben, der die Dombra spielte und dazu sang. Auf Fotos würde der sich vorzüglich ausnehmen. Russisch konnte er nicht, also konnte es auch keinerlei Peinlichkeiten geben. Nun kam es nur noch darauf an, einen geschickten »Übersetzer« zu finden. So also wurde Dshambul entdeckt. Eilig wurde unter seinem Namen eine Hymne auf Stalin fabriziert und nach Moskau geschickt. Stalin gefiel die Hymne, das war schließlich das wichtigste. Nun begann das neue und unerhörte Leben des Dshambul Dshabajew.

Ist an dieser Geschichte irgend etwas Untypisches, etwas Außergewöhnliches? Meiner Meinung nach im Gegenteil. Alles verlief korrekt nach den Spielregeln, entwickelte sich reibungslos, plangemäß. Die Geschichte war sogar so typisch, daß sie literarisch schon vorhergesehen worden und im Druck erschienen war: Mein guter Freund Juri Tynjanow schrieb die großartige Erzählung »Secondelieutenant Sjedoch« unter dem Vorwand, sie beruhe auf historischem Material aus der Zeit Zar Pauls. Ob sie sich zur Regierungszeit dieses Zaren hätte abspielen können, weiß ich nicht. Aber für unsere Zeit wurde sie geradezu aktuell. Juri Tynjanow erzählt, wie ein nicht existierender Mensch zu einem existierenden wird, und der existierende zum nichtexistierenden. Und niemand wundert sich, denn die Sache ist typisch und ganz normal, sie kann jedem passieren.

»Secondelieutenant Sjedoch« lasen wir alle mit Lachen und mit Schaudern. Heute gehört sie zur Schulpflichtlektüre: Durch eine ganz geringfügige orthographische Ungenauigkeit beim Abschreiben einer Namenliste entsteht eine nichtexistierende Figur. In Tynjanows Erzählung erblickt durch so einen Schreibfehler der Secondelieutenant Sjedoch das Licht der Welt und durchläuft eine lange Karriere: Er heiratet, fällt irgendwann einmal beim Zaren in Ungnade, wird später zum »Liebling des Imperators« und stirbt im Range eines Generals.

Die Fiktion triumphiert, weil ein Mensch in einem totalitären Staat keinerlei Bedeutung hat. Wichtig ist nur, daß die Staatsmaschine reibungslos arbeitet. Damit der Mechanismus funktioniert, braucht man nichts weiter als Schräubchen. Stalin persönlich hat uns alle so genannt. Diese Schräubchen unterscheiden sich durch nichts voneinander, sie lassen sich beliebig austauschen. Man kann ohne weiteres ein solches Schräubchen nehmen und ihm sagen: Von heute an bist du ein geniales Schräubchen. Und alle werden übereinstimmend das ausgewählte Schräubchen als ein geniales betrachten. Dabei ist es vollkommen unwichtig, ob du genial bist oder nicht. Jeder ist genial, dem der Führer es befiehlt. Diese Geisteshaltung wurde eifrig propagiert. Wir haben sogar ein Lied, das jeden Tag viele Male im Radio zu hören ist, und jedesmal wird betont: »Zum Helden kann in unserem Land ein jeder werden.«

Majakowski, der »Beste« und »Begabteste«, veröffentlichte viel in der »Komsomolskaja Prawda«. Einmal rief ein Leser in der Redaktion an und fragte, warum in der heutigen Nummer kein Gedicht von Majakowski stehe. Er bekam zur Antwort, Majakowski befinde sich auf Reisen. Der Anrufer fragt zurück: »Na gut, meinetwegen, aber wer vertritt ihn denn?« Ich liebe Majakowski nicht, aber darauf kommt es hier nicht an. Aufschlußreich ist die Überzeugung, daß jeder Künstler einen Stellvertreter haben muß und der Stellvertreter wiederum einen Stellvertreter. Und jeder dieser Stellvertreter muß bereit sein, in jedem beliebigen Augenblick den »Besten und Begabtesten« zu ersetzen. Nach dem Motto: Gestern warst du der »Beste und Begabteste« – heute bist du ein Niemand, ein Nichts, ein Dreck.

Jeder von uns kennt dieses Gefühl, daß hinter ihm zahllose namenlose »Stellvertreter« stehen, die in Null Komma nichts, auf einen Pfiff hin, sich an deinen Tisch setzen, für dich deinen Roman, deine Symphonie, dein Gedicht schreiben. Einmütig werden in den Zeitschriften unbegabte Komponisten als »rote Beethoven« apostrophiert. Ich vergleiche mich nicht mit Beethoven. Aber es ist unmöglich, dieses Gefühl zu vergessen, daß jeden Augenblick ein »roter Schostakowitsch« erscheinen kann und ich selber verschwinde.

Solche Gedanken suchten mich besonders oft im Zusammenhang mit meiner Vierten heim. Fünfundzwanzig Jahre lang hat sie so gut wie niemand gehört, nur ich besaß das Manuskript. Wenn man mich also verschwinden ließe, würde das Manuskript einem »verdienten Genossen« geschenkt werden – ich wüßte sogar wem –, und es würde statt der Vierten Symphonie eine Zweite geben, nur von einem anderen Komponisten.

Diese Atmosphäre war der Fabrikation von Genies im Massenausmaß überaus günstig, ebenso natürlich dem massenhaften Verschwinden von Genies. Meyerhold, mit dem ich zusammengearbeitet habe und den ich meinen Freund nennen darf, ist ein Beispiel dafür.

Heute kann man sich kaum noch vorstellen, wie ungeheuer groß Meyerholds Popularität war. Alle kannten ihn, selbst die, die sich für Theater und generell für Kunst gar nicht interessierten. Sogar im Zirkus sangen die Clowns regelmäßig Couplets über Meyerhold. Im Zirkus ist es wichtig, daß das Publikum den Witz sofort versteht und darüber lachen kann, nie würden Leute aufs Korn genommen werden, die das Publikum nicht sofort erkennt. – Es waren sogar Kämme à la Meyerhold im Handel.

Und dann war dieser Mensch verschwunden. Schlicht verschwunden, als hätte es ihn nie gegeben. Jahrzehntelang wurde Meyerhold nirgendwo erwähnt. Ein schreckliches Schweigen, Grabesstille. Ich lernte durchaus gebildete Leute kennen, die nie in ihrem Leben von Meyerhold gehört hatten. Er war ausgetilgt wie ein kleiner Tintenklecks von einem großen Tintenradiergummi.

Dies geschah in Moskau, der Kapitale einer europäischen Großmacht. Und es geschah Menschen, die internationalen Ruhm genossen hatten. Wie mußte es erst in den Provinzen, etwa in den mittelasiatischen, zugehen? In den Provinzen war diese Austauschbarkeit – die Verwandlung eines Menschen in eine Null, ein Nichts und umgekehrt die eines Nichts in einen großen Mann – eine ganz gewöhnliche, normale, alltägliche Sache. Und dieser Geist herrscht auch heute noch in den Provinzen.

Daraus ergaben sich für die Musik trostlose Konsequenzen. Unendlich viele Opern, Symphonien, Oratorien, Ballette und andere Musikwerke, die in Mittelasien entstanden – in Taschkent, Duschanbe, Alma-Ata, Frunse –, wurden keineswegs von den ortsansässigen Komponisten geschrieben, obwohl ihre Namen stolz auf den Umschlägen der gedruckten Partituren und auf den Konzertprogrammen prangten.

Die wirklichen Komponisten dieser Werke werden dem großen Publikum für immer unbekannt bleiben. Und niemanden interessiert, wer diese »musikalischen Fronsklaven« sind. Ich kenne viele von ihnen. Es sind sehr unterschiedliche Leute, mit sehr verschiedenen Schicksalen. Es gibt inzwischen schon mehrere Generationen dieser Komponisten-Ghostwriter. Die ältere Generation stirbt allmählich aus. Ihre Repräsentanten findet man in sehr, sehr abgelegenen Gebieten – entweder, weil sie irgendwann einmal dorthin verbannt wurden, oder weil sie sich freiwillig dorthin abgesetzt hatten, um ihrer Verhaftung in Moskau oder Leningrad zu entgehen. Manch einer entging durch die Flucht ins Unbekannte der Verhaftung. Ein Mensch war unter seiner bisherigen Adresse nicht mehr anzutreffen – sehr gut, damit ersparte er den Sicherheitsorganen, »Maßnahmen zu ergreifen«. Vorausgesetzt, es war keine unionsweite Fahndung angeordnet, konnte man ihn laufenlassen und vergessen. Ich kenne eine Reihe solcher Fälle.

Diese Komponisten lebten sich nach und nach in den fernen

Republiken ein. Es war die Zeit, als man mit großem Pomp die nationale Kunst und Kultur der nationalen, also der nichtrussischen Sowjetrepubliken in Moskau bejubelte. Dieser Propagandacoup war so gerissen und so abscheulich, daß es aufschlußreich ist, ein wenig mehr von ihm zu erzählen; zumal auch heute noch die Ansicht vorherrscht, diese »Kultur-Feste« der dreißiger Jahre seien nicht nur notwendig, sondern auch sehr nützlich gewesen.

In der Tat, die erste Assoziation, die jedem nüchternen – und nicht übermäßig dummen – Beobachter bei diesen gewaltigen Folklore-Veranstaltungen kommt, ist die zum alten Rom. Wenn ein römischer Imperator irgendeine neue Provinz eroberte oder eine unruhige, schon ältere Provinz befriedet hatte, ließ er die unterworfenen Eingeborenen in die Kapitale bringen, damit sie, die neuen Sklaven, ihre kulturellen Errungenschaften den Bewohnern der Hauptstadt vorführten.

Also, wie jeder sieht, die Idee ist nicht eben neu. Und wir können uns davon überzeugen, daß Stalin nicht nur seinen heißgeliebten architektonischen Stil dem alten Rom entlehnte, sondern auch – in gewissem Grade – den Stil des kulturellen Lebens. Mit einem Wort: den imperatorischen Stil. (Ich möchte bezweifeln, daß er gebildet genug war, um dies zu erkennen. Er imitierte einfach Mussolini, der ihm imponierte.)

Kürzer gesagt: Die Unterworfenen, zu Sklaven Gemachten, sangen und tanzten, komponierten Oden zu Ehren des großen Führers. Mit ihrer eigenen nationalen Kultur hatte dieses Spektakel selbstverständlich nichts gemein. Kunst war ja auch gar nicht gefragt. Verlangt wurde nichts weiter als frisch gebackene Hymnen an den Größten und Weisesten. Traditionelle nationale Kunst, die traditionelle – sehr bemerkenswerte – Musik paßte überhaupt nicht dazu, und das gleich aus mehreren Gründen. Erstens war diese Kunst viel zu zart, viel zu differenziert, zu ungewohnt, als daß Stalin sie hätte schätzen können. Stalin brauchte es simpel, deutlich, schnell. Geradeso, wie die fliegenden Pastetenhändler ihre Ware anpreisen: »Heiß sind sie bestimmt, für den Geschmack kann ich nicht garantieren.« Zweitens: Die echte nationale Volkskunst galt als konterrevolutionär. Wie das? Ganz einfach: Wie jede alte Volkskunst war sie religiös, war kultischen Ursprungs. Religiöse Wurzeln aber galt es auszurotten.

Ich hoffe sehr, daß eines Tages die Geschichte davon geschrieben wird, wie in den zwanziger und dreißiger Jahren unseres Jahrhunderts eine große Volkskunst vernichtet wurde, ein für allemal und für immer vernichtet, denn diese Kunst war nur mündlich tradiert worden, besaß keinen schriftlichen Niederschlag.

Als die Volksbarden, die das Land durchwandernden Märchenerzähler, erschossen wurden, brachte man zusammen mit ihnen Hunderte von bedeutenden musikalischen Werken um, Werke, die niemals und von niemandem aufgezeichnet worden waren. Sie sind vernichtet, unwiderruflich. Denn jeder Sänger hatte seine Lieder, nur seine; ein anderer wußte andere. Ich bin kein Geschichtsschreiber, aber ich könnte viele tragische Geschichten erzählen, viele Beispiele anführen. Doch das werde ich nicht tun. Ich will nur von einem Fall berichten, nur von einem. Es ist eine furchtbare Geschichte. Jedesmal, wenn sie mir einfällt, überkommt mich Entsetzen. Ich möchte sie am liebsten vergessen.

Seit undenklichen Zeiten durchwandern Volkssänger die Ukraine. Man nennt sie dort »Lyrniki« oder »Banduraspieler«. Sie sind fast immer blind. Warum – das ist eine Frage, auf die ich hier nicht eingehen will, das ist nun mal Tradition. Halten wir fest: Es waren blinde und hilflose Menschen, aber niemand hätte ihnen je etwas zuleide getan, sie gekränkt. Einen Blinden kränken – gibt es etwas Schändlicheres?

Mitte der dreißiger Jahre wurde der erste All-Ukrainische Kongreß der Lyrniki und Banduraspieler anberaumt. Alle Volkssänger sollten zusammenkommen und darüber beraten, was sie in Zukunft tun würden, damit – wie Stalin sagte – »das Leben leichter und fröhlicher« werde. Und die Blinden vertrauten den schönen Worten. Aus der ganzen Ukraine, aus den hintersten, vergessensten Dörfern strömten sie zusammen zu ihrem ersten Kongreß – viele hundert. Es war ein lebendes Museum, die lebende Geschichte des Landes, alle seine Lieder, seine gesamte Dichtung und

Musik. Und sie wurden fast alle erschossen – fast alle dieser unglücklichen blinden alten Männer.

Warum? Warum dieser Sadismus, blinde Menschen zu ermorden? Ganz einfach, um sie aus dem Wege zu schaffen. Dort gingen große Dinge vor: die restlose Kollektivierung der Landwirtschaft, die Liquidierung der Kulaken als Klasse. Und da krauchten ein paar überflüssige Blinde herum! Sie sangen ihre Lieder, deren Inhalt ziemlich dubios ist. Mündlich vorgetragene Lieder lassen sich schwer zensieren. Außerdem: Wieso Zensur bei einem Blinden? Du kannst ihm keinen korrigierten und überprüften Text vorlegen. Er kann ihn nicht lesen. Du kannst ihm auch keinen schriftlichen Befehl erteilen. Mit einem Blinden kann man sich nur mündlich verständigen. Mündliche Erklärungen dauern viel zu lange. Die Zeit reichte ganz einfach nicht aus. Wir hatten mit der Kollektivierung, mit der Mechanisierung zu tun. Die Blinden waren im Wege, das einfachste war, sie zu erschießen. Und so wurden sie eben erschossen.

Dies ist nur eine grauenhafte Geschichte von unendlich vielen. Aber ich sagte schon, ich bin kein Historiker. Ich erzähle nur von Geschehnissen, die ich genau kenne, allzu genau. Ich bin sicher, wenn erst die notwendigen Forschungsarbeiten und Recherchen durchgeführt sind, die notwendigen Faktensammlungen vorliegen, alles dokumentarisch belegt ist, dann werden die für diese Schandtaten Verantwortlichen Rechenschaft ablegen müssen. Sei es auch vor ihren Nachkommen. Wenn ich nicht felsenfest daran glaubte, wäre das Leben nicht mehr lebenswert.

Ich komme zu meinem Ausgangspunkt zurück – den Komponisten, die aus Moskau und Leningrad in die entferntesten Winkel des Landes flohen. Sie ließen sich in gottverdammten Nestern nieder, ständig in Angst, ständig in der Erwartung, daß man bei ihnen eines Nachts an die Tür klopfen und sie fortbringen würde – auf immer, genau wie ihre Freunde und Verwandten.

Und eines Tages, plötzlich wie aus heiterem Himmel, stellte sich heraus, daß man auch frei von Furcht und Zittern würde leben können: Für irgendwelche Jubiläumsfestlichkeiten in Moskau wurden kurzfristig fröhliche Lieder und Tänze gebraucht, außerdem musikalische Verurteilung der alten Zeit und Glorifizierung der neuen. Verlangt wurde eine Volksmusik, in der von echter Volksmusik nur noch ein paar Motive und Melodiefetzen übrigblieben, etwa wie im georgischen »Suliko«, dem Lieblingslied des großen Führers und Lehrers. Wirkliche Volkssänger gab es kaum mehr. Nur ein paar Einzelexemplare waren noch vorhanden. Wenn man die nun auch schonte, so hätten sie doch nicht mit der nötigen Fixigkeit umerzogen werden können. Sich im Handumdrehen umzuwandeln, das ist erst eine professionelle Errungenschaft unserer Zeit. Eine spezifische Qualität unserer Intelligenz.

»Befehlen, Euer Exzellenz, und ich rüste noch in dieser Sekunde um«, sagt eine Figur in Majakowskis »Schwitzbad« (ich bin überzeugt, das hat Majakowskis über sich selbst geschrieben). Gefordert wurde »außerordentliche Leichtigkeit des Denkens« und eine entsprechende Einstellung der regionalen Volkskultur gegenüber. Die Komponisten aber, von denen ich spreche, waren Fremde und Berufsmusiker, zudem hatte Furcht sie zerfressen. Auf diese Weise waren die richtigen Voraussetzungen geschaffen für ein »machtvolles Erblühen« — wie man es damals zum erstenmal nannte – der nationalen Kunst, einer völlig neuen, sozialistischen nationalen Kunst.

Die Leute saßen an der Arbeit. Ein mächtiger Strom von nationalen Opern, Balletten, Kantaten entquoll ihren Schreibfedern. Mit Symphonien sah die Sache allerdings etwas dürftiger aus. Es bestand keine große Nachfrage nach Symphonien, auch nicht nach Orchester- und Kammermusik. Man braucht zündende Worte, ein leichtverständliches Sujet. Das fand man in der finsteren Vergangenheit, in der Regel konnte irgendein Aufstand dazu herhalten. Allerdings ergaben sich dann ziemlich stereotype Konflikte, man mußte sie mit einer schicksalsschweren Liebe »vertiefen«. Ein paar Tränen vergoß das Publikum nur allzugern.

Zentralfigur war, das versteht sich von selbst, der strahlende Held ohne Furcht und Tadel. Dann mußte es einen Verräter geben, ohne den ging es nicht. Die Gestalt des Verräters gemahnte an erhöhte Wachsamkeit. Auch das war damals sehr aktuell. Vom rein professionellen Standpunkt aus wurde das alles äußerst klangvoll zusammengebaut, in den besten Traditionen Rimski-Korssakows. Sehr ärgerlich, das zuzugestehen. Aber es war nun einmal so.

Sie suchten regionale Volksmelodien aus (und zwar solche, die dem europäischen Auffassungsvermögen am nächsten kamen) und bearbeiteten sie in europäischer Manier. Alles – vom Gesichtspunkt des Bearbeiters – Überflüssige wurde gnadenlos eliminiert. Das Ergebnis entsprach dann genau dem Witz: »Was für ein Stock ist das? Ein gut redigierter Weihnachtsbaum.«

Alles war harmonisch und melodiös. Doch wenn die letzte Note der Partitur geschrieben, die Tinte getrocknet war, begann der sehr viel schwierigere Teil der Arbeit: Man mußte einen Autor für diesen Schund finden. Den Namen eines Komponisten, der mindestens ebenso wohlklingend war wie die Musik, aber in umgekehrter Richtung sozusagen. Wenn die Musik so europäisch wie möglich war, so mußte der Name des Komponisten so »national« wie möglich sein. Auf das europäische Produkt klebte man ein exotisches Etikett.

Im allgemeinen wurde auch dieses Problem gemeistert. Es fanden sich irgendwelche flinkzüngige junge oder auch weniger junge ehrgeizige »Nazmin«[18]. Solch ein Nazmin setzte ohne Skrupel seinen Namen auf den Umschlag des nicht von ihm verfaßten Opus. Die Transaktion war gelungen. Die Welt war um einen Hochstapler reicher geworden.

Unsere »Professionellen« gingen dabei in der Regel nicht leer aus. Ihre Namen standen manchmal auf den Titelblättern der Partitur oder in den Programmankündigungen, wenn auch nur als Ko-Autoren. Doch schon das war für sie, die Heimatlosen, eine große Ehre. Aber auch wenn ihre Namen nicht genannt wurden, erhielten sie ihren zusätzlichen Lohn, und das sogar recht großzügig. Sie wurden mit Titeln und Orden ausgezeichnet, bekamen reichlich bemessene Honorare, speisten üppig, schliefen auf weichen Daunen, wohnten in eigenen Häusern. Und dann – das war vielleicht sogar das wichtigste –, brauchten sie sich nicht mehr ganz so sehr zu fürchten. Natürlich – die Angst verließ sie nie völlig. Sie steckte ihnen für immer im Blut. Aber sie konnten ein wenig leichter atmen, und dafür waren sie auf ewig den nationalen Republiken dankbar, in denen sie sich niedergelassen hatten.

Ich habe unter diesen Professionellen ein paar gute Bekannte und kann sagen, daß sie jahrzehntelang mit der so geschaffenen Situation durchaus zufrieden waren. Mich hat das stets gewundert, denn ich weiß, wie beispielsweise unsere Lyriker litten, die durch Not und schwierige Lebensumstände, u. a. ebenfalls Angst, dazu gezwungen wurden, unter die Übersetzer zu gehen. Über künstlerische Nachdichtungen im Zusammenhang mit dem Thema »machtvolles Erblühen der nationalen Kulturen« muß an anderem Ort gesprochen werden, das ist nicht meine Sache. Ich sage nur, daß wir in der Literatur die gleiche Situation vorfinden.

Dem Dichter wird eine sogenannte Interlinearübersetzung eines Gedichts auf den Tisch gelegt, das es in der Originalsprache gar nicht gibt. Das heißt, es ist eine schlechte Prosaversion eines Poems, das der »nationale Autor« geschrieben haben würde, wenn es ihn gegeben hätte und wenn er hätte schreiben können. Manchmal schafft der Nachdichter aus so einer Interlinearübersetzung ein wirklich wunderbares Gedicht, macht Pralinés aus Scheiße, verzeihen Sie den ordinären Ausdruck.

Für Pasternak und Anna Achmatowa war diese Arbeit eine Qual. Sie empfanden es – und zwar ganz zu Recht – als ein doppeltes Vergehen. Erstens, weil sie das wahre Bild fälschten, indem sie aus Geldnot und aus Angst etwas nachschufen, das es im Original nicht gab. Zweitens vergingen sie sich an ihrem eigenen Talent. Durch diese Übersetzertätigkeit verrieten sie ihr Talent.

Gut, man kann nicht immer große Werke komponieren. Aber ich bin absolut dagegen, daß man dann herumflaniert, den Kopf gen Himmel gewandt, auf eine Inspiration wartet. Tschaikowski und Rimski-Korssakow mochten einander nicht und hatten wenig miteinander gemein. Aber in diesem Punkt waren sie sich einig: Man muß ständig schreiben. Wenn es zu einer großen Arbeit nicht reicht, schreibe kleine Sachen. Und wenn auch das nicht gelingt, orchestriere irgend etwas. Auch Strawinski dachte und handelte so. Das ist ganz allgemein die Einstellung der russischen Komponisten, eine professionelle Einstellung, die sich von der Vorstellung des Westens über uns stark unterscheidet. Dort glaubt man bis heute, Russen komponierten in den Intervallen zwischen zwei Saufgelagen und netzten ihre Federn mit Wodka. Eine wackere Zuneigung zum Alkohol schließt meiner Meinung nach Professionalismus nicht aus. Und hier, wage ich zu hoffen, bin ich keine Ausnahme in der russischen Komponistenschule.

Wie auch immer, man muß sich in seinem Handwerk ständig üben. Es ist nichts einzuwenden gegen Übersetzungen und Bearbeitungen. Aber man muß mit Material arbeiten, das einem liegt, das der Übersetzung wirklich bedarf. Ich weiß, man kann nicht im voraus sagen: »Das ist gut, das liegt mir.« Aber man spürt es doch. Wenn auf dem Lande ein Hund krank wird, dann läuft er schließlich vom Hof fort und sucht sich mit sicherem Instinkt die richtigen Blätter und Gräser, frißt sie und wird gesund. So hat mich ein paarmal die Arbeit »mit« Mussorgski gesund gemacht, und ich könnte noch andere Gelegenheiten nennen, bei denen mich die Beschäftigung mit dem Werk eines anderen sehr erfrischt und beruhigt hat.

Einmal habe ich das Erste Violoncello-Konzert des unerhört begabten jungen Boris Tischtschenko neu orchestriert und die Partitur dem Komponisten zum Geburtstag geschenkt. Ich glaube, er war nicht übermäßig begeistert davon. Aber mir hat diese Arbeit nur Freude und Vergnügen bereitet.

Als Pasternak »Hamlet« und »Faust« übersetzte, haben diese Arbeiten ganz gewiß auch ihn selbst bereichert, ebenso die Nachdichtung bedeutender georgischer Lyrik. Aber er hat auch Drittrangiges übersetzt und ganz Unbedeutendes. Nicht anders Anna Achmatowa. Beide sprachen oft von dieser Fron.

Die mir bekannten Komponisten aber waren immer durchaus glücklich und zufrieden. Ihr Geschäft blühte. Niemand tat ihnen etwas zuleide. Sie fürchteten sich weniger und weniger. Es sah aus, als sei ihre Prosperität für ewige Zeiten gesichert. Doch, o weh, nichts währt ewig auf Erden. Dieses merkwürdige Glück geriet bedrohlich ins Wanken.

Eine neue Generation nationaler Komponisten war herangewachsen. Die jungen Leute erhielten ihre Ausbildung in unseren besten Konservatorien. Begabung und Ehrgeiz waren ihre vorrangigen Eigenschaften – Elemente, die eine sehr rasche chemische Reaktion zeitigen. Diese jungen Leute wollten ihren eigenen Weg gehen; hochgeehrte, mit Orden und Medaillen behängte Vorbilder – unantastbar wie heilige Eichenbäume – waren ihnen nur hinderlich. Zwischen ihnen und diesen Patriarchen konnte es keine Liebe geben. Zu groß waren die Kontraste in der musikalischen Ausbildung und Auffassung. Zunächst spiegelte sich in den Arbeiten der jungen Komponisten aus den nationalen Republiken der Einfluß von Prokofjew, Chatschaturjan und mir, später der von Bartók und Strawinski. Sie studierten emsig alle ihnen erreichbaren Partituren westlicher Werke; nicht übermäßig avantgardistischer – aber immerhin. Und sie kamen zu dem Ergebnis: Man muß seinen eigenen Weg suchen. Und da erinnerten sie sich an ihre eigene Volksmusik. Nicht an jene Lieder, die ständig in Funk und Fernsehen ertönen, sondern an echte, noch nicht bearbeitete und verfälschte Volksmusik. Bis dahin waren nur Volksliedersammlungen benutzt worden, die Zugereiste vor dreißig, vierzig oder gar fünfzig Jahren aufgezeichnet und zusammengestellt hatten. Man hielt sie für die besten und genauesten Aufzeichnungen. Vielleicht waren sie das zu ihrer Zeit auch. Doch nun begannen die Jungen daran zu zweifeln. Sie fingen an, nach echten Volkssängern zu suchen. Es gab nur noch sehr wenige. Und – welch Wunder – diese wenigen hatten Schüler gefunden, auch unter der Jugend.

Wahrscheinlich stimmt es sogar, daß Volkskunst nicht ganz und gar sterben kann, daß sie unter der sichtbaren Oberfläche weiterlebt, wie ein schwaches Flämmchen unter der Asche glimmt und darauf wartet, wieder angefacht zu werden. Den jungen

Komponisten bot sich ein verblüffendes Bild: Was als »volksecht« und »national« ausgegeben worden war, erwies sich als Fälschung. Sie versuchten, die Sache an die große Glocke zu hängen, es gab Skandale, sogar Prügeleien. Das Ergebnis war nur ein Teilerfolg. Die »heiligen Eichen« rauschten, die heiligen Felsbrocken rührten sich, und das taten auch unsere alten Bekannten, die Berufsmusiker aus der Leningrader oder Moskauer Schule, die bis jetzt so gemütlich in ihren schönen Häusern gelebt hatten und das auch weiterhin bis ans Ende ihrer Tage zu tun beabsichtigten. Denn das Leben in frischer Luft, am Stadtrand, fern von Lärm, Hast, Gestank der Hauptstadt war ihnen sehr gut bekommen. Sie verfügten über eine bemerkenswert gute Gesundheit und über eine bemerkenswerte Arbeitsfähigkeit. Sie hörten nicht auf, immer neue und neue »nationale« Opern, Kantaten und Ballette für alle möglichen Festtage, Feierstunden und Jubiläen zu schreiben. Die Zahl wuchs und wuchs.

Alles war vortrefflich. Man würde sogar in die Musikgeschichte eingehen – nicht in die internationale, aber in die regionale. Und wenn nicht als Komponist, so doch als Ko-Autor. Und nun war ihre Position, ihre ruhmreiche historische Vergangenheit und ihre nicht minder ruhmreiche Zukunft bedroht. Was für eine Ungerechtigkeit. Damals traf ich meine Bekannten zum erstenmal seit langer Zeit in düsterer Stimmung an. Sie waren sehr philosophisch gestimmt, seufzten und sprachen von der menschlichen Undankbarkeit. Sie sagten auch, die Barbaren wären auf ewig Barbaren geblieben, wenn sie, die Zugereisten, ihnen nicht Hilfe und Unterstützung gewährt hätten. Und sie sagten auch, die Ortsgewaltigen äßen noch heutigentags ihren Hammel mit den Händen und wischten sich die Finger an ihren Kitteln ab, und überhaupt seien sie alle Halunken und betrieben Vielweiberei.

Diese Periode reiner und ungetrübter Reflexion währte nicht lange. Die Positionen meiner Bekannten krachten an allen Fronten. Vielleicht krachten sie auch gar nicht, vielleicht bildeten sie es sich nur ein. Jedenfalls verbündeten sich die Zöglinge der Rimski-Korssakow-Schule mit den »heiligen Eichen« und gingen zum Gegenangriff über. Die »Eichen«, versteht sich, wurden vorausgeschickt, sie marschierten mit klirrenden Medaillen. Das muß ein überwältigendes Schauspiel gewesen sein. In den Händen trugen sie Denunziationen und Beschwerden, geschrieben von ihren Ko-Autoren. Auch auf diesem Gebiet erwiesen sie sich als Professionals. Rimski-Korssakow würde sich im Grabe umdrehen vor Scham.

In diesen Denunziationen stand geschrieben, unserem Staat drohe eine schwere Gefahr. Und diese schwere Gefahr drohe ausgerechnet von den jungen »Nazmins«. Unter ihnen gebe es Verschwörer, deren Interesse an Volksmusik nur Tarnung sei. In Wirklichkeit handele es sich hier um den Versuch, zum bürgerlichen Nationalismus zurückzukehren. Unter dem Vorwand, sich der Volkskunst zu widmen, strebten diese jungen Leute die Abspaltung von unserem großen und mächtigen Vaterland an. Derartige feindliche Aktivitäten müßten unverzüglich unterbunden und die Aufrührer streng bestraft werden.

Diese Denunziationen sandten sie an alle möglichen Instanzen, vom örtlichen Komponistenverband an aufwärts. Was in den an die höchsten Stellen gesandten Denunziationen stand, weiß ich nicht genau. Aber einige dieser Anklagebriefe, die in die Leitung des Komponistenverbands kamen, habe ich gelesen. Natürlich bat mich niemand um Rat, aber ich tat alles mir mögliche, um den jungen Leuten zu helfen. Und natürlich wurde meine Meinung nicht beachtet. Aber im großen ganzen ging die Sache einigermaßen glimpflich ab: Niemand wurde erschossen, niemand wurde verhaftet, niemand verlor seinen Arbeitsplatz, soweit mir bekannt ist. Vielleicht irre ich mich in bezug auf den letzten Punkt. Ich spreche wieder nur von den Komponisten. Über Schriftsteller und Drehbuchautoren müssen andere schreiben.

Die Beschlüsse, die in all diesen Fällen gefaßt wurden, waren von unbeschreiblicher, übermenschlicher Weisheit. Dem bürgerlichen Nationalismus war, versteht sich, ein entscheidender Schlag versetzt worden. In den entsprechenden Gremien wurden die entsprechenden Verurteilungen und »Diskussionen« durchgeführt. Alles verlief nach dem sattsam bekannten Schema: »In Erwiderung auf ... verurteilen wir einstimmig ...« Den jungen Komponisten wurde strikt verboten, »die Heiligtümer anzutasten«. Die »heiligen Eichen« konnten ungefährdet weiterwachsen. Der Sumpf blieb still. Nichts drang an seine Oberfläche. Kein guter Ruf wurde erschüttert, kein schmutziges Geheimnis enthüllt.

Ein wenig hatte sich die Situation aber doch gewandelt. Jede nationale Kultur in der Sowjetunion war nun in zwei Lager gespalten. Im einen war fast alles falsch, aufgeblasen – die Namen, die Listen der Werke, die Reputationen. Im andern war alles – was man auch dagegen einwenden mag – authentisch. Das konnte gute, mittelmäßige oder auch schlechte Musik sein – aber sie war ohne Falsch, sie wurde von Leuten komponiert, deren Namen auch auf den Partituren standen. Und nach der Aufführung verbeugte sich der wirkliche Komponist vor dem Publikum, kein Strohmann. Ein gewisser Fortschritt ist also doch zu verzeichnen.

Die verfälschte Kultur hat natürlich keineswegs resigniert. Ich werde ziemlich oft in diese oder jene Republik eingeladen: zu Galavorführungen musikalischer Leistungen, zu Ausstellungen, Kulturtagen, Plenarsitzungen usw. Und ich nehme derartige Einladungen auch ziemlich oft an, fahre hin. Komme mir vor wie ein Hochzeitsgast und lobe alles oder doch fast alles, durchschaue alles, und meine Gastgeber sehen genau, daß ich sehe. Beide Seiten tun so, als sei alles in schönster Ordnung. Diese Musikfeste werden in der Regel mit Werken berühmter Komponisten eröffnet: Schaumschlägerei. Im Opernhaus gibt man unweigerlich die Uraufführung einer Oper oder eines Ballettes. Das Sujet wie immer: ein Volksaufstand in alter Zeit. Auch das ist Schaumschlägerei.

Ich ergötze mich im stillen, wenn ich sehe, daß Symphonien verschiedener Komponisten von ein und derselben Hand stammen, zumindest aber orchestriert sind (das ist für mich ein und dasselbe). Und es ist für mich eine Art Sport, zu erraten, wer nun tatsächlich der Autor all dieser Werke ist. Meistens kriege ich es heraus. Denn der wirkliche Autor – in der Regel ein Moskauer oder Leningrader – führt bei so einer Leistungsschau fast immer auch ein Werk unter eigenem Namen vor. Ich unterscheide leicht den individuellen Stil in der Orchestrierung, selbst wenn dieser Stil nur gutes Handwerk ist. Und ich irre mich fast nie.

Manchmal mache ich mir bittere Vorwürfe, weil ich schweige. Richtiger, nicht weil ich schweige, sondern weil ich spreche. Und weil ich nicht nur spreche, sondern auch noch Artikel über diese aufgedonnerten Musikfeste schreibe. Aber was soll ich machen? Kann ich irgend etwas daran ändern? In früheren Zeiten war es zweifellos eine Tragödie. Heutzutage ist es zu einer Farce geworden. Es hat sich also etwas geändert – aber ohne mein Zutun. Ich kann hier auch gar nichts tun. Das Schlimmste haben wir hinter uns. Man kann die Geschichte nicht zurückdrehen. Gut, daß die Dinge sich nur allmählich bessern. Wer würde mir zuhören? Alle, oder fast alle, wollen doch nur, daß die jetzige Situation nicht aufs Spiel gesetzt wird.

Ich weiß genau: Jeder Versuch, die Lage radikal zu ändern, würde scheitern. Ein paar junge kasachische Dichter wollten den Mythos Dshambul Dshabajew entlarven. Und was geschah? Ihnen allen wurde befohlen zu schweigen. Unmittelbar danach wurde eine Jubiläumsveranstaltung für den längst verewigten Dshambul durchgeführt, mit dem größtmöglichen Prunk, mit Festversammlungen, feierlichen Reden und Strömen von Wodka und Wein.

Als der Ruf erklang: »Wir brauchen mehr Gogols und mehr Schtschedrins«, dachten die Rufer wahrscheinlich an derartige Geschichten. Sie sind eines Gogol würdig, und sie sind Sujets für künftige Komponisten, von denen vielleicht einmal einer eine bedeutende Oper schreiben wird mit dem Titel »Dshambuls Nase«. Ich werde es nicht tun. Nein, ich nicht. Ich bin nicht traurig darum. Dieses Sujet ist schon nicht mehr meins. Ich verstehe Puschkin sehr gut, der Gogol die Idee zum »Revisor« und zu den »Toten Seelen« schenkte. Er wußte: Das waren nicht mehr seine Sujets. Jedes Ding ist nur zu seiner eigenen Zeit gut.

Es gibt von mir eine unvollendete Oper: »Die Spieler«. Ich begann während des Krieges mit der Arbeit, als ich die Siebte beendet hatte. Allein dieses Faktum spricht für sich. Ich schrieb sehr viel, die Partitur war schon fertig. Da beschloß ich, kein einziges Wort von Gogol auszulassen. Ich verzichtete auf das Libretto. Gogol ist der beste Librettist. Ich legte das Buch vor mich hin und begann zu schreiben, dabei Seite für Seite umblätternd. Es ging sehr gut.

Aber nach zehn Seiten stockte ich. Worauf hatte ich mich da eingelassen? Was würde dabei herauskommen? Diese Oper würde einen unerhörten Umfang haben. Doch das war nicht einmal das ausschlaggebende. Ausschlaggebend war die Frage: Wer würde so etwas inszenieren? Es war kein heroisches und kein patriotisches Sujet. Gogol war natürlich ein Klassiker. Trotzdem führten sie seine Werke nicht auf. Und ich war für die Kulturfunktionäre ein feuchter Kehricht. Sie hätten gesagt, dieser Schostakowitsch mokiert sich über uns. Man kann doch keine Oper über Kartenspieler schreiben. Wo bleibt da die Moral? Kartenspieler sind doch finstere Gesellen, die einander nach Kräften betrügen. Niemand würde begreifen, daß Humor an und für sich eine große Sache ist und keinerlei zusätzliche Moral braucht. Humor ist ein göttliches Phänomen. Doch wem hätte ich das erklären können? In den Opernhäusern hätte niemand derart ernsthafte Dinge verstanden, und schon gar nicht in den Institutionen, die unsere Kultur regulieren.

Darum ließ ich »Die Spieler« liegen. Heute drängt man mich manchmal, »Die Spieler« zu vollenden.[19] Trotzdem: Ich kann nicht. Niemand steigt zweimal in denselben Fluß. Mich bewegt augenblicklich ein anderes Opernthema und ein anderer Schriftsteller: Tschechow. Andere Zeiten – andere Lieder. Ich bin tatsächlich drauf und dran, die Oper »Der schwarze Mönch« zu schreiben. Sie beschäftigt mich sehr viel mehr als »Die Spieler«.

Tschechow war ein sehr musikalischer Schriftsteller. Nicht in der Weise, daß er sich um Alliterationen bemühte: »*Tsch*ushdy *Tsch*aram *tsch*orny *tsch*joln«.[20] Das ist bloß ein schlechter Vers, hat nichts mit musikalischer Dichtung gemein. Tschechow war in einem tieferen Sinne musikalisch. Er baute seine Erzählungen, wie man Musikstücke baut. Natürlich tat er das nicht absichtlich. Die Komposition musikalischer Werke unterliegt strengeren Formgesetzen als die künstlerische Prosa, und Tschechow beherrschte intuitiv diese Gesetze. So schrieb er meiner Meinung nach den »Schwarzen Mönch« in Sonatenform. Die Erzählung hat eine Introduktion, Haupt- und Nebenthemen, Durchführung usw. Ein Literaturwissenschaftler, dem ich meine Theorie auseinandersetzte, schrieb sogar eine gelehrte Abhandlung zu diesem Thema und brachte natürlich alles durcheinander. Das tun Literaturwissenschaftler immer, wenn sie versuchen, sich über Musik zu äußern. Die Abhandlung wurde trotzdem in einem wissenschaftlichen Sammelband publiziert.

Literaten, die über Musik schreiben, sollten Alexej Tolstois Beispiel folgen; der schrieb zwei große Aufsätze über meine Symphonien – über die Fünfte und über die Siebte. Beide wurden in seine Gesammelten Werke aufgenommen. Und kaum einer weiß, daß er sich diese Aufsätze von Musikwissenschaftlern schreiben ließ. Er beorderte sie auf seine Datscha. Und sie halfen ihm, sich in all den Geigen, Fagotten und anderen unverständlichen Dingen zurechtzufinden, die dem Begriffsvermögen des Grafen Tolstoi nicht zugänglich waren.

Im »Schwarzen Mönch« spielt die Serenade »Gebet einer Jungfrau« eine besondere Rolle. Sie war eine Zeitlang sehr beliebt. Heute ist diese Art von Musik vollkommen vergessen. Ich werde sie aber bestimmt in der Oper verwenden, besitze sogar schon eine Schallplatte davon, junge Musiker haben sie für mich eingespielt. Wenn ich die Platte höre, habe ich schon eine klare Vorstellung von der künftigen Oper. Und ich überlege, ob diese Serenade nun eigentlich gute oder schlechte Musik ist. Ich weiß es nicht, ich kann es nicht mit Bestimmtheit sagen. Nach allen musikalischen Regeln ist es schlechte, minderwertige Musik. Doch jedesmal, wenn ich sie höre, kommen mir die Tränen.

Auch Tschechow hat dieses »Gebet einer Jungfrau« offenbar

gerührt, sonst hätte er nicht so eindringlich darüber geschrieben. Wahrscheinlich ist es weder gute noch schlechte Musik. Es gibt Musik, die bewegt, und es gibt Musik, die einen gleichgültig läßt. Das ist alles. Nebenbei, mich macht das traurig. Mein Vater liebte Zigeunerromanzen, sang sie. Auch mir gefiel diese Musik. Doch dann wurden diese Lieder in Grund und Boden kritisiert, als geschmacklose NEP-Zeit-Musik verurteilt.[21] Ich weiß noch, wie schockiert Prokofjew war, als ich ihm erzählte, daß mir Zigeunermusik gefalle. Er nahm jede Gelegenheit wahr, um zu demonstrieren, wie erhaben er sich über derartige Musik fühlte.

Und das Ergebnis? Die Verurteilung der Zigeunerromanzen blieb ohne Resultat. Sie blühen und gedeihen. Das Publikum ist ganz wild danach. Das möchte ich, ungeachtet der Mißbilligung der fortgeschrittenen musikalischen Öffentlichkeit, doch festhalten. Hier ein Gegenbeispiel: das Werk Hindemiths. Es wird publiziert, es gibt Schallplatten, aber zuzuhören ist nicht sehr interessant. Es gab allerdings eine Zeit, in der Hindemiths Musik einen sehr starken Eindruck auf mich machte. Hindemith ist ein echter, ernsthafter Musiker und ein angenehmer Mensch. Ich habe ihn ein wenig kennengelernt, als er als Mitglied eines Quartetts Leningrad besuchte. Er machte einen sehr sympathischen Eindruck. Seine Musik war wie er selbst: alles am rechten Fleck, fest gefügt. Das war nicht nur handwerklich gekonnt, es hatte Stimmung, Sinn und Gehalt. Aber es anzuhören war eine Strapaze. In dieser Musik springt kein Funke über, nein, es sprüht nichts. Aber in den Zigeunerromanzen – der Teufel soll sie holen –, da sprüht es. Wieso? Das soll mal jemand rausbringen!

Ich wünsche mir sehr, noch so lange zu leben, daß ich diese Oper nach Tschechows Erzählung schreiben kann, denn ich liebe den Dichter sehr. Immer wieder lese ich auch seine Erzählung »Krankensaal Nr. 6«. Mir gefällt einfach alles an Tschechow, auch die früheren Geschichten. Und es betrübt mich, daß ich nicht mehr über Tschechow gearbeitet habe.

Mein Schüler Benjamin Fleischman schrieb nach Tschechows Erzählung »Rothschilds Geige« eine Oper. Ich hatte ihm dazu geraten. Fleischman war äußerst sensibel, verstand Tschechow genau, aber die Arbeit wurde ihm schwer. Er neigte mehr zu trauriger als zu fröhlicher Musik und bezog dafür die gehörige Schelte.

Als Fleischman den Entwurf der Oper fertig hatte, ging er als Kriegsfreiwilliger an die Front und fiel. Er hatte der Freiwilligen Volkswehr angehört. Das war eine kaum ausgebildete, schlecht bewaffnete Truppe, die an die gefährlichsten Abschnitte geschickt wurde. Die Angehörigen der Volkswehr waren Todeskandidaten. Ein regulärer Soldat kann immer die Hoffnung haben, zu überleben, ein Volkswehrmann nicht. Die Volkswehr des Rayons Kujbyschew, zu der Fleischman gehörte, kam fast bis auf den letzten Mann um. Requiescat in pace.

Ich bin sehr froh, daß es mir gelang, »Rothschilds Geige« für Fleischman zu vollenden und zu orchestrieren. Es ist eine wundervolle Oper, zart und traurig, ohne jeden groben Effekt, weise und Tschechow sehr verwandt. Es ist unendlich schade, daß unsere Theater Fleischmans Oper nicht beachten. An der Musik kann es jedenfalls nicht liegen.

Ich möchte gern mehr Musik über Tschechow-Sujets schreiben. Die meisten Komponisten übergehen ihn leider. Meine Fünfzehnte Symphonie schrieb ich nach Motiven von Tschechow, nicht als Entwurf zum »Schwarzen Mönch«, es sind Variationen des Themas. Die Fünfzehnte ist eng mit dem »Schwarzen Mönch« verbunden, obwohl sie ein ganz selbständiges Werk ist.

Tschechows wichtigsten Grundsatz zu übernehmen, habe ich noch nicht gelernt: Für ihn sind alle Menschen gleich. Er zeigt sie, und der Leser muß selber erkennen, was gut und was schlecht ist. Tschechow blieb irgendwie unparteiisch. Aber mir blutet das Herz, wenn ich »Rothschilds Geige« lese. Wer hat hier recht, wer ist schuldig? Wer hat es so eingerichtet, daß das Leben aus ständigen Verlusten besteht? Das schmerzt mich zutiefst.

Bearbeitungen und Orchestrierungen
Die Opern Modest Mussorgskis

Zwischen Mussorgski und mir bestehen »besondere Beziehungen«. Er bedeutet mir eine ganze Akademie – eine menschliche, politische und künstlerische Akademie. Nicht nur mit Augen und Ohren habe ich bei ihm gelernt; für einen Komponisten, noch dazu einen professionellen Komponisten genügt das nicht. Das gilt übrigens auch für andere Künste. Wie viele große Maler haben Jahre und Jahre auf ihren Schemeln gehockt und die alten Meister kopiert, ohne sich dessen zu schämen.

Ich schaue zu Mussorgski auf, denn ich halte ihn für den größten russischen Komponisten. Fast zur gleichen Zeit, in der ich mein Klavierquintett schrieb, arbeitete ich an einer neuen Redaktion von Mussorgskis Oper »Boris Godunow«. Ich hatte die Partitur durchzusehen, einige Holprigkeiten der Harmonisierung zu glätten, ein paar mißglückte Schnörkel in der Orchestrierung, ein paar harmonische Läufe zu korrigieren. In die Orchestrierung wurden einige Instrumente aufgenommen, die weder von Mussorgski benutzt worden waren noch von Rimski-Korssakow, der »Boris Godunow« ediert hatte.

Mussorgski hatte auf den Rat von Stassow, Rimski-Korssakow und anderen vieles im »Boris Godunow« geändert, vieles hatte auch Rimski-Korssakow beim Redigieren der Oper von sich aus geändert. Seine Edition des »Boris Godunow« spiegelt den Geist und das Können des vorigen Jahrhunderts, und man kann dieser gewaltigen Arbeit Korssakows den Respekt nicht versagen. Aber ich wollte die Oper nach einem anderen Plan redigieren, strebte eine stärker symphonische Entwicklung der Oper an. Das Orchester sollte nicht lediglich Begleiter der Sänger sein.

Rimski-Korssakow war ein Despot, er wollte der Partitur seinen Stempel aufdrücken. Daher schrieb er vieles um, fügte eigenes hinzu. Ich änderte nur ein paar Takte und schrieb ganz wenig um. Einiges mußte tatsächlich geändert werden. Die Szene bei Kromy mußte einen würdigeren Platz bekommen. Mussorgski hatte sie so orchestriert wie ein Schüler, der fürchtet, beim Zwischenexamen in Orchestrierung durchzufallen. So schüchtern. So unbedarft. Das überarbeitete ich.

Mit der Arbeit hielt ich es so: Ich legte Mussorgskis Klavierauszug vor mich hin, daneben die Orchestrierung Mussorgskis und die Rimski-Korssakows. Ich schaute nicht in die Partituren und nur selten in den Klavierauszug. Ich orchestrierte die Oper nach dem Gedächtnis, Akt für Akt. Dann verglich ich meine Orchestrierung mit den beiden anderen. Wenn ich sah, daß einer von beiden es besser gemacht hatte als ich, übernahm ich die bessere Variante. Ich arbeitete ehrlich und mit Hingabe.

Es gibt bei Mussorgski herrlich orchestrierte Stellen, aber ich sehe in meiner Arbeit keine Sünde. Das, was in Mussorgskis Orchestrierung gelungen war, habe ich nicht angetastet. Aber vieles war ganz einfach schwach, denn Mussorgski fehlte die handwerkliche Sicherheit, die man nur erlangt, wenn man mit Ausdauer auf dem Hintern sitzt – auf gar keine andere Weise. Nehmen wir die Polonaise im »polnischen Akt«, sie ist jämmerlich orchestriert. Dabei ist es ein wichtiger Moment. Oder die Krönung des Boris und den Glockenruf. Was ist das für ein Glockenruf? Eine erbärmliche Parodie. Diese wichtigen Szenen darf man nicht durch mißglückte Orchestrierung verderben.

Für Mussorgskis Inkompetenz auf dem Gebiet der Orchestrierung fand eine bedeutende Persönlichkeit eine theoretische Basis, und diese bedeutende Persönlichkeit war Boris Assafjew. Er war dafür berühmt, daß er für jede beliebige Sache eine theoretische Basis fand; dabei drehte er sich wie eine Wetterfahne. Assafjew bewies also, daß alle eben von mir erwähnten Szenen von Mussorgski einfach prachtvoll orchestriert seien, ganz genau seinem Plan entsprechend. Angeblich habe Mussorgski die Krönung mit voller Absicht so unansehnlich orchestriert: Er wollte darstellen, daß das Volk die Krönung nicht billigte – also eine Art Volksprotest mittels unbeholfener Orchestrierung. Und im »polnischen Akt« habe Mussorgski die verrottete Schljachta entlarven wollen, indem er die Polen nach einer schlechten Orchestrierung tanzen ließ. Auf diese Weise bestrafte – nach Assafjews Meinung – Mussorgski die Polen.

Das alles ist ausgemachter Blödsinn. Glasunow erzählte mir, wie Mussorgski diese Szenen selbst auf dem Klavier spielte, auch den Glockenruf und die Krönung. Und Glasunow bezeugte, sie hätten brillant und majestätisch geklungen. So hatte Mussorgski auch komponiert, denn er war ein genialer Dramatiker, bei dem man unendlich viel lernen konnte. Ich spreche jetzt nicht mehr von Orchestrierung, sondern von etwas anderem.

Wer Komponist werden will, bekommt keinen roten Teppich ausgerollt. Er muß überall selbst Hand anlegen. Nur zuhören, in Verzückung geraten – »Ach, wie genial« –, das genügt nicht und ist Selbstverzärtelung, Traumschwelgerei. Unsere Arbeit war und ist Handarbeit. Keine Maschine, kein technisches Hilfsmittel kann sie ersetzen – vorausgesetzt, man arbeitet ehrlich, ohne Ideen zu stehlen.

Natürlich kann man etwas auf Tonband aufnehmen und andere mit dem Arrangement und der Orchestrierung beauftragen. Ich kenne einen sogenannten begabten Menschen, der in dieser häßlichen Weise arbeitet – aus Faulheit, nehme ich an. Im Kirow-Theater wurde ein vollständiges Ballett aufgeführt, das auf diese Weise komponiert worden war. Dabei ging es recht mysteriös zu: Die Proben waren schon im Gange, man ließ aber den Komponisten nicht in den Saal, hatte verboten, ihn hereinzulassen. Und als der erboste »begabte« Komponist hartnäckig Einlaß verlangte, zerrissen ihm die Türsteher das Jackett. Diese Türsteher waren bärenstarke Kerle, schließlich war das Theater eine staatliche Institution. Das komischste an der Geschichte war, daß dieses Ballett nach einem Stück unseres »besten und begabtesten« Majakowski geschrieben worden war, nach der »Wanze«. (Die Choreographie von Jakobson war allerdings ausgezeichnet.) »Die Wanze« auf der

Bühne des ehemaligen Marinski-Theaters ist an und für sich schon eine Groteske, eines Mussorgski würdig. An dieser »Wanze« kam niemand vorbei. Auch ich nicht.

Komposition per Tonband ist ein Vergnügen eigener Art, so etwas wie Stiefellecken. Ich schätze nicht nur derartige Perversionen nicht, ich mag nicht einmal am Klavier komponieren. Heute könnte ich es auch gar nicht mehr, ich trainiere, mit der linken Hand zu schreiben, für den Fall, daß die rechte den Dienst völlig versagt – Gymnastik für Tattergreise.

Doch auch früher war für mich das Komponieren am Klavier etwas Zweitrangiges, etwas für Taube oder Komponisten, die kein gutes Sensorium fürs Orchester haben und eine Klangunterstützung bei der Arbeit brauchen. Doch es gibt auch »große Meister«, die einen ganzen Stab von Hilfskräften zur Orchestrierung ihrer epochemachenden Werke beschäftigen. Ich habe eine derartige »Rationalisierung« nie verstanden und werde so etwas auch nie verstehen.

In der Regel höre ich die Partitur beim Niederschreiben. Ich schreibe gleich ins reine, ohne Vorstudien und Kladde. Das erzähle ich nicht, um mich zu rühmen. Schließlich komponiert jeder so, wie es ihm am meisten liegt. Doch meinen Schülern rate ich immer ernsthaft ab, Motive auf dem Klavier zu suchen. Diese Krankheit, der Juckreiz der Improvisation, hatte mich in meiner Jugend gefährlich gepackt.

Ich saß Stunden und Stunden am Klavier, hielt mich für einen Magier und Zauberer und erholte mich dabei von der Plackerei als Kino-Klavierspieler. Ich spreche wahrscheinlich sehr geringschätzig über diese Arbeit. Aber was soll ich tun? Sie war so sinnlos, so stumpfsinnig, noch dazu sehr anstrengend. Aber sie hat mich schließlich ein für allemal vom Improvisieren kuriert.

Mussorgski ist ein tragisches Beispiel für die Gefahren des Komponierens am Klavier. Er spielte und spielte. Unendlich viel geniale Musik wurde nie aufgeschrieben. Von all den Werken, über die wir nur aus Erzählungen wissen, vermisse ich »Biron«[1] am schmerzlichsten. Welch ein Stück russischer Geschichte! Intrigen und Schurkereien und dann dieser ausländische Kommißstiefel! Mussorgski zeigte seinen Freunden einige Teile, spielte sie ihnen vor. Und die Freunde setzten ihm zu, er solle endlich mit dem Aufschreiben beginnen. Er erwiderte bloß: »Ich habe alles im Kopf.« Was man im Kopf hat, sollte man niederschreiben, der Kopf ist ein ziemlich zerbrechliches Gefäß.

Man wird mich schelten: »Was soll das? Willst du Lümmel den großen Mussorgski maßregeln? Das hat gerade noch gefehlt, daß jemand unseren Klassiker belehren will.« Für mich ist Mussorgski glücklicherweise kein Klassiker (übrigens attackierte er in einem brillanten musikalischen Pamphlet mit dem Titel »Klassiker« die Musikkritiker), sondern ein lebendiger Mensch. Seltsam zu sagen, aber wahr.

Ich hätte wahrscheinlich einige freundschaftliche kritische Bemerkungen gemacht, ohne Furcht, ausgelacht zu werden. Nicht von oben herab wie der General der »Mächtigen Fünf«[2] (ich meine natürlich Cui – einen durchaus mittelmäßigen und sehr von sich eingenommenen Komponisten), auch nicht von oben herab wie seine Zechgenossen in der Weinstube »Klein Jaroslaw«. Meine kritischen Bemerkungen wären die eines Professionellen an einen Professionellen gewesen. Hätte ich eine andere Einstellung Mussorgski gegenüber gehabt, würde ich mich nie darangemacht haben, sein Werk zu orchestrieren.

Die Orchestrierung des »Boris Godunow« war für mich wie ein Pflaster auf eine offene Wunde. Wir durchlebten eine schwere, schlimme Zeit. Über die Maßen schwer und schlimm: Es war die Zeit des Vertrags mit unserem »Erz-Freund« Hitlerdeutschland. Europa war ein Trümmerhaufen. Und all unsere Hoffnungen hatten doch Europa gegolten. Jeder Tag brachte neue schlimme Nachrichten. Ich war so deprimiert, fühlte mich so verlassen, daß ich das Bedürfnis hatte, mich irgendwie abzulenken, ein Tête-à-tête mit einem musikalisch Gleichgesinnten zu haben.

Die Sechste Symphonie war fertig, und ich wußte schon genau, wovon die Siebte handeln würde. Und nun hatte ich den von Mussorgski angefertigten kompletten Klavierauszug des »Boris

Godunow« vor mir, den Lamm ediert hatte. Er enthielt auch die Szene »Bei Wassili dem Gesegneten« und »Bei Kromy«. Der Klavierauszug lag lange unberührt. Ich blickte kaum einmal hinein. Trotzdem kenne ich diese Musik nicht schlecht, wahrscheinlich sogar gut.

Ich möchte hier die Rolle Lamms erwähnen und die riesige Arbeit, die er geleistet hat. Dort, wo er allein, ohne Assafjews Einmischung, gearbeitet hatte, war die Sache richtig und schön. Man kann sagen, durch und durch solide nach der Petersburger akademischen Methode. Wo sich aber Assafjew eingemischt hatte, war ein unglaublicher Teufelswirrwarr zustande gekommen. Nehmen wir die sogenannte Partitur des Komponisten, die Assafjew zusammen mit Lamm Ende der zwanziger Jahre publiziert hatte. Mit ziemlicher Sicherheit kann ich sagen: Hier ging es um klingende Münze, um die Autorenrechte, Assafjew wollte sie für sich ergattern. Und dann wurde die Inszenierung zusammengeschustert, eine regelrechte Schandtat.

Aus der guten Idee, einen echten »Boris Godunow« aufzuführen, machten sie wer weiß was, ein Raubunternehmen, marxistisch unterlegt. Um Rimski-Korssakows Edition aus dem Felde zu schlagen, beschuldigten unsere Bilderstürmer ihn aller nur möglichen ideologischen Todsünden. Und Glasunow, der für Rimski-Korssakow eintrat – teils aus Prinzip, teils aus Überzeugung – wurde von Assafjew öffentlich angegeifert mit Phrasen wie »imperialistischer Haifisch« oder »der letzte imperialistische Lakai«, genau weiß ich die Schimpfworte nicht mehr. Aber Glasunow fühlte sich verletzt. Ich glaube, es war der letzte Tropfen Bitterkeit, das Maß war voll. Sein Geduldskelch war groß gewesen, nun quoll er über. Wenig später reiste Glasunow »zur Erholung« in den Westen.

Dies alles kam mir wieder in den Sinn, als ich »Boris Godunow« orchestrierte. Ich geriet in einen offenen Konflikt mit Assafjew. Ich glaube, das war es in erster Linie, was er mir später heimzahlte. Mussorgskis Musik ist lebendig (man könnte sagen: nur zu lebendig). Daher liegt eine Auseinandersetzung, bei der

Bürger sich gegenseitig die Jacketts vom Leibe reißen, immer in greifbarer Nähe. Schon Meyerhold sagte mir das seinerzeit, und ich bin allmählich soweit, ihm zu glauben.

Das Werk eines verehrten Komponisten zu orchestrieren weckt Empfindungen, die sich nicht schildern lassen. Diese Arbeit ermöglicht es, ihn wirklich kennenzulernen. Ich empfehle allen jungen Musikern, Varianten zu den Partituren jener Meister zu erarbeiten, von denen sie lernen wollen. Wahrscheinlich kann man über Mussorgskis eigene Orchestrierung lange diskutieren. Festzuhalten aber ist auf jeden Fall, daß seine Orchestrierungsabsichten richtig waren, nur war er eben nicht fähig, sie zu realisieren.

Er wollte ein feinfühliges, schmiegsames Orchester. Ich vermute, ihm schwebte etwas Ähnliches vor wie ein begleitender Vokalpart, so wie im russischen Lied Nebenstimmen die Melodie umgeben. Doch seine handwerklichen Fähigkeiten reichten dazu nicht aus. Sehr schade. Seine gesamte Musik strebte »nach neuen Ufern« – in der musikalischen Dramaturgie, in der musikalischen Operndynamik, in Sprache und Bildlichkeit. Nur die Orchestrierungstechnik blieb zurück, blieb »auf dem alten Ufer«.

Daher mußte die Leningrader Aufführung von 1928 durchfallen. Die späteren Versuche, sich streng an Mussorgskis eigene Partitur zu halten, scheiterten ebenfalls kläglich. Komisch und traurig zugleich: Heute kämpfen manchmal Bässe, die nur einen geringen Stimmumfang haben, verbissen für Mussorgskis Orchestrierung, weil sie sich hier weniger anstrengen müssen. Das Publikum aber ficht das nicht an. Es hört »Boris Godunow« lieber in Rimski-Korssakows Bearbeitung oder in meiner.

Ich dachte: Vielleicht kann ich Mussorgski einen guten Dienst erweisen und die Oper den Hörern näherbringen. Sollen sie hingehen und lernen, sie werden allerlei entdecken. Es gibt so viele deutlich sichtbare Parallelen, daß sie gar nicht umhinkönnen, sie zu bemerken.

Rimski-Korssakow hatte das ewige russische Problem ein wenig verharmlost: Der Zar weit weg und hoch da droben, das Volk hilflos und unterdrückt. Mussorgskis Konzeption dagegen war demokratisch. Das Volk, die Basis von allem, steht allein, der Herrscher steht ebenfalls allein, seine Macht, die das Volk bedrückt, ist unmoralisch und volksfeindlich. Edle Absichten einzelner Persönlichkeiten zählen nicht und führen zu nichts. Das ist Mussorgskis Position und auch die meine.

Ich war sehr angetan von Mussorgskis Überzeugung, daß der Widerspruch zwischen der Macht und dem unterdrückten Volk unlösbar sei, daß sich die Macht aber, im Bestreben, sich selbst zu erhalten, zersetzen würde. Es würde zum Chaos und schließlich zur Katastrophe kommen. Dies prophezeien die beiden letzten Bilder der Oper. Und das erwartete ich 1939.

Die ethische Grundlage des »Boris Godunow« habe ich immer als meine eigene empfunden. Kompromißlos verurteilt der Komponist die amoralische volksfeindliche Macht. Eine solche Macht ist verbrecherisch. Ich würde sogar sagen unabwendbar verbrecherisch. Sie ist im Innersten verfault. Und sie ist ganz besonders ekelhaft, wenn sie im Namen des Volkes auftritt.

Ich hoffe immer, daß der einfache Zuhörer im Saal aufmerken wird bei Boris' Worten: »Nicht ich ... das Volk ... der Wille des Volkes.« Was für eine bekannte Phraseologie. Der Stil, böse Taten zu rechtfertigen, hat sich in Rußland nicht gewandelt. Der böse Geist lebt fort. Wir hören die gleichen Beschwörungen der »Gesetzmäßigkeit«, die heuchlerische Entrüstung Boris': »Den Zaren verhören, den gesetzmäßigen, vom Volk ausgerufenen und gewählten, vom Patriarchen gekrönten Zaren!« Mich schaudert jedesmal, wenn ich die Stelle höre. Der Geist des Bösen ist sehr langlebig.

Seltsam – und vielleicht ist das ein Berufslaster –, von alldem höre ich bei Puschkin nichts. Das heißt, ich nehme es mit dem Verstand wahr, aber ich kann es nicht empfinden. Bei Puschkin ist alles glänzend gesagt, aber es bleibt abstrakt. Musik trifft den Menschen stärker. Auch dort, wo es um die Frage geht, ob der Verbrecher ein Mensch ist oder nicht. Auf diese Ausdrucksmöglichkeiten der Musik war ich immer besonders stolz.

Musik durchleuchtet einen Menschen ganz und gar. Und sie ist für ihn die letzte Hoffnung und die letzte Zuflucht. Selbst der halbwahnsinnige Stalin, der viehische Henker, hatte ein instinktives Gefühl dafür. Darum haßte und fürchtete er die Musik. Man hat mir erzählt, daß er trotzdem keine Aufführung des »Boris Godunow« im Bolschoitheater versäumte. Von Musik verstand er nichts – entgegen der tiefeingewurzelten gegenteiligen Meinung. Zur Zeit beobachte ich eine Renaissance der Legende, daß Stalin irgend etwas zu den schönsten Künsten beigetragen habe. Eine Lakaien-Legende. Es würde mich auch gar nicht wundern, wenn sich plötzlich herausstellte, daß seine »genialen Werke« von jemand anderem geschrieben wurden. Er war so etwas wie E. T. A. Hoffmanns »Klein Zaches«, aber millionenfach bösartiger und schrecklicher.

Was im »Boris Godunow« zog Stalin an? Daß das Blut der Unschuldigen sich früher oder später erheben wird? Das ist die tragende ethische Idee der Oper. Die Verbrechen der Machthaber kann man nicht im Namen des Volkes rechtfertigen, nicht verstecken hinter des Henkers »Gesetzmäßigkeit«. Sie sind durch nichts zu rechtfertigen, und du wirst dich eines Tages dafür zu verantworten haben.

Allerdings unterscheidet sich Zar Boris wohltuend vom Führer der Völker. Er, wie Puschkin und Mussorgski es auffassen, kümmerte sich um das Wohlergehen seiner Völker, und er war nicht gänzlich ohne Güte und Gerechtigkeit. Man denke an die Szene mit dem Gottesnarren Wassili, dem Gesegneten. Schließlich war er, anders als Stalin, ein liebender, zärtlicher Vater. Und wie stand es um sein Gewissen? Ist das etwa eine Kleinigkeit? Natürlich ist es leicht, eine begangene Scheußlichkeit zu bereuen. Dieser typisch russische Zug ist mir ziemlich zuwider. Bei uns ist es sehr beliebt, eine Schweinerei zu begehen und sich hinterher reuevoll an die Brust zu schlagen und Tränen übers Gesicht laufen zu lassen. Sie heulen und heulen, aber was nützt denn das Heulen? Knechtsseelen reagieren so. Dennoch, manchmal ist ein Mensch, der bereut, glaubhaft. Und hier haben wir einen reuigen Zaren, eine sehr große Seltenheit. Trotzdem haßte ihn das Volk, weil er es mit Gewalt an die Scholle gebunden hatte und weil er einen Mord begangen hatte.³

Noch ein Gedanke bedrängte mich damals im Zusammenhang mit dem »Boris«. Jedem war klar, daß es Krieg geben würde. Vielleicht stand er noch nicht unmittelbar bevor, aber er war unvermeidlich. Und ich nahm an, alles werde dem Sujet des »Boris« entsprechend verlaufen.

Zwischen der Macht und dem Volk bestand eine Kluft. Diese Kluft war die Ursache für die Niederlage der zaristischen Truppen in den Kriegen gegen den falschen Dmitri. Sie war auch der Grund für die folgende Staatskatastrophe.

Uns stand ebenfalls eine »Zeit der Wirren«⁴ bevor. »Dunkelste, undurchdringlichste Dunkelheit.« Und weiter: »Leid, Leid für Rußland, weine, weine, russisches Volk! Hungerndes Volk!« Das alles klang damals wie eine Zeitungsmeldung. Keine offizielle, schamlose Lüge, die auf der ersten Seite prangt, aber eine von den unscheinbaren Meldungen, die zwischen den Zeilen stehen.

Meine Partitur des »Boris« enthält einige nicht schlechte, sympathische Stellen. Ich finde sie wirklich nicht schlecht. Das kann ich beurteilen, denn es ist nicht meine eigene Musik, sondern Mussorgskis. Ich habe sie nur ein bißchen illustriert. Allerdings hat diese Arbeit mich zeitweise so mit Beschlag belegt, daß ich die Musik für meine eigene zu halten begann. Um so mehr, als sie von innen kam, wie die selbst komponierte. Mechanische Arbeit war diese Orchestrierung nicht. Es gibt für mich keine »unbedeutenden« Details, keine »unwesentlichen« Episoden oder neutralen Phänomene. Zum Beispiel die große Klosterglocke in der Zellenszene. Bei Mussorgski und bei Rimski-Korssakow ist es ein Gong. Ein wenig primitiv, zu einfach, zu flach. Ich hielt den Klang der Glocke für sehr wichtig. Die Atmosphäre der Klosterabgeschiedenheit mußte spürbar werden. Man mußte Pimen von der übrigen Welt absondern. Der Klang der Glocke muß daran gemahnen, daß es mächtigere Kräfte gibt, als Menschen sie besitzen, daß niemand dem Gericht der Geschichte entkommt. Diesen Gedanken muß der Klang der Glocke befördern. Ich gab den Glockenpart sieben zugleich spielenden Instrumenten.

Rimski-Korssakows Fassung ist farbiger als meine. Er geht sehr viel üppiger mit strahlendem Timbre und melodischen Linien um. Ich unterstreiche die szenischen »Ausbrüche« schärfer. Rimski-Korssakows Orchester klingt ruhiger und ausgeglichener. Ich meine, daß diese Ausgeglichenheit schlecht zu »Boris« paßt. Man muß den Stimmungsschwankungen der Person flexibler folgen. Außerdem meine ich, der gedankliche Inhalt der Chöre würde klarer, wenn man einen Grundchor abteilt. Bei Rimski-Korssakow gehen meistens der Grundchor und die Nebenstimmen ineinander über, das nivelliert den Bedeutungsgehalt ein wenig.

Bedeutungsgehalt in der Musik, das wird viele seltsam anmuten, besonders im Westen. Bei uns ist man gewohnt, die Frage zu stellen: »Was wollte der Komponist mit diesem Musikstück sagen? Was wollte er erklären?« Solche Fragen sind natürlich naiv. Doch trotz ihrer Naivität und Unreife haben sie ihre Berechtigung. Ich würde ihnen noch andere, neue hinzufügen. Zum Beispiel: Kann Musik gegen das Böse kämpfen? Kann sie Menschen veranlassen nachzudenken? Kann ihr Schrei die Aufmerksamkeit der Menschen auf Verbrechen lenken, an die sie gewöhnt sind und die sie nicht mehr beachten?

Alle diese Fragen stellten sich mir zum erstenmal bei der Beschäftigung mit Mussorgski. Dazu muß ich noch einen anderen Namen nennen, der, trotz aller ihm geschuldeten Achtung, ziemlich unbekannt geblieben ist: Dargomyshski mit seinen satirischen Liedern »Der Wurm«, »Der Titularrat« und mit seiner Ballade vom »Alten Korporal«. Außerdem halte ich Dargomyhskis Oper »Der steinerne Gast« für die beste Vertonung der Don-Juan-Legende. Natürlich hat Dargomyshski als Komponist nicht Mussorgskis Spannweite. Aber beide Komponisten führten gekrümmte Rücken und zerstörte Leben in die Musik ein. Und darum sind sie mir teurer als die Mehrzahl anderer genialer Tonsetzer.

Mein Leben lang hat man mir Pessimismus, Nihilismus und

andere sozial gefährliche Eigenschaften vorgeworfen. Einmal stieß ich auf einen bemerkenswerten Brief Nekrassows, in dem er auf den ihm gemachten Vorwurf allzu großer Bitterkeit antwortete. An den genauen Wortlaut kann ich mich nicht erinnern, jedenfalls hatte man von ihm gefordert, er müsse eine »gesunde« Einstellung zur Realität an den Tag legen. (Wieder ein Anlaß, darauf hinzuweisen, daß sich an der ästhetischen Terminologie in Rußland seit Generationen nichts geändert hat.) Nekrassow antwortete auf diese Forderung, eine gesunde realistische Einstellung könne man nur zu einer gesunden Wirklichkeit haben. Er werde vor jedem Russen in die Knie sinken, der endlich vor Zorn berste. Dazu gebe es in Rußland mehr als genug Anlässe. Ich finde, das ist gut gesagt. Und Nekrassow endete: »Wenn wir anfangen, zorniger zu werden, dann werden wir fähig werden, mehr und besser zu lieben – nicht uns, aber unsere Heimat.« Diese Worte möchte ich unterschreiben. »Plötzlich kannst du ganz weit sehen, bis ans Ende der Welt«, wie es in Gogols »Schreckliche Rache« heißt.

Es ist Mode geworden, bei einem oder mehreren Gläsern über Mussorgski zu sprechen. Ich muß bekennen, daß auch ich mich in feuchter Runde an derartigen tiefsinnigen Gesprächen beteiligt habe. Aber ich habe möglicherweise zwei Entschuldigungen dafür.

Erstens: Meine Gefühle für Mussorgski waren immer dieselben, wurden nicht von Moden und »zentralen Überzeugungen« tangiert, nicht von Überlegungen beeinflußt, was »oben« oder in Paris gerade gefiel, auch nicht davon, ob die »Helden des Tages« zu den Dissidenten gehören, zum »fortschrittlichen Element« oder nicht. Zweitens: Ich tat allerlei für die konkrete Propagierung seiner Musik, wenn es auch keinen glänzenden Erfolg brachte und nichts ist, dessen ich mich besonders rühmen könnte. Tatsache ist, daß ich gegen Rimski-Korssakow verloren habe, seine Fassung steht nach wie vor an der Spitze. Auch meine Orchesterversion der »Tänze und Lieder vom Tod« wird nicht allzuoft aufgeführt.

Wir Musiker sprechen sehr gern über Mussorgski. Er ist das

zweitliebste Thema, gleich nach den Sonderbarkeiten in Tschaikowskis Privatleben. In Mussorgskis Leben wie in seinem Musikschaffen ist vieles unklar und wirr. Vieles in seiner Biographie gefällt mir außerordentlich, vor allem ihre »Dunkelheit«. Ganze Schichten seines Lebens sind uns gänzlich unbekannt. Von vielen seiner Freunde kennen wir nur die Namen, und diese Namen sind wahrscheinlich verballhornt. Unbekannte Menschen, unbekannte Verbindungen: Listig entzog er sich den Detektiven der Geschichte. Das gefällt mir sehr.

Mussorgski war wahrscheinlich der heiligste aller Gottesnarren unter den russischen und nicht nur unter den russischen Komponisten. Der Stil vieler seiner Briefe ist fürchterlich, einfach fürchterlich, und doch sind in diesen Briefen erschütternd wahre und neue Ideen ausgesprochen, wenn auch in bizarrer, unnatürlicher, ermüdender Sprache. Ziemlich prätentiös. Man muß sich einen Pfad durch diese Briefe hauen, um die in ihnen ausgesprochenen Gedanken wahrzunehmen. Einige sind wie Gemmen: »... Der Himmel hatte graublaue Gendarmenhosen übergezogen« (eine wirklich typische Petersburger Himmelsfärbung). Mir gefällt auch, wenn er ärgerlich knurrt: »Die Welt der Töne ist unbegrenzt. Bloß diese Gehirne sind begrenzt!« Oder die Charakterisierung »Ein gut gehauener Kopf«. Ähnlich scharfsinnige Bemerkungen muß man mühselig aus den pathetischen Tiraden herausklauben.

Im täglichen Leben war er keineswegs ein Krakeeler und Sprücheklopfer. Soweit ich weiß, äußerte er sich in der Öffentlichkeit fast nie zu seinen Werken, nahm weder beleidigten Anstoß an Kritik, noch kämpfte er für seine Arbeiten. Wenn man ihn kritisierte, blieb er gelassen und nickte zustimmend mit dem Kopf. Doch die Zustimmung währte nicht länger als bis zur Türschwelle. Kaum draußen, nahm er seine Arbeit in der bisherigen Weise auf – wie ein Stehaufmännchen. Diese Haltung verstehe ich sehr gut, schätze sie hoch.

Jeder, der Lust hatte, nörgelte an ihm herum, bespöttelte und kritisierte ihn. Die Kollegen nannten ihn »Teig« oder gar »Idiot«.[5]

Balakirew sagte noch gröber: »Weiche Birne.« Stassow: »Er ist innen hohl.« Nun, und Cui bewegte sich natürlich auf derselben Linie: »Selbstverständlich glaube ich nicht an sein Werk.« Heute können wir darüber lachen: Beunruhigt euch nicht, liebe Genossen, niemand hat niemanden gekränkt; die Kunst lebt weiter.

Und wie war Mussorgski zumute? Das kann ich mir sehr gut vorstellen aufgrund meiner eigenen Erfahrungen. Man ist großherzig, hat für alles Verständnis – und dann liest man irgendeine mediokre Zeitung, und die Stimmung sinkt auf Null.

Wenn um Musik nicht gestritten wird – und das kommt vor –, ist sie enttäuschend und fast immer trostlos fade. Sicher, Krach an und für sich beweist noch gar nichts. Krach kann auch ein reiner Reklametrick sein. Zum Beispiel lockten mich in meiner Jugend die Wanderzirkusse durch ihren gewaltigen Spektakel an. Ging man aber in so einen Wanderzirkus hinein, erwartete einen vollkommene Enttäuschung. Dennoch: Schweigen oder einmütige, brechreizerregende Elogen fürchte ich viel mehr als scharfen Meinungsstreit, mag er sich auch bis zum Krach steigern.

In den letzten Jahren werden meine Werke öfter bei uns gelobt als im Ausland. Früher war es umgekehrt. Aber wie ich damals meinen bösartigen Kritikern nicht glaubte, so glaube ich heute den beamteten Lobhudlern nicht. Es sind häufig dieselben Leute. Speichellecker mit ehernen Fressen. Was wollen sie von meiner Musik? Schwer zu erraten. Vielleicht gefällt ihnen, daß sie versöhnlich geworden ist, zahnlos? Sanft wehend wie ein süßer Traum? Ich glaube, sie verstehen meine Musik nicht immer richtig. Sie geraten sozusagen – soweit das in ihren Kräften steht – auf Irrpfade.

Ich frage meine Freunde nach ihrer Meinung, streite mit ihnen, wenn sie Dummheiten sagen. Aber mehr als alles andere plagt mich das Verlangen zu erfahren, was die Zuhörer denken. Aus den gedruckten Quellen erfährt man es nicht, einerlei, ob es sich um unsere oder um ausländische handelt. Für das Publikum bin ich eine wandelnde Mumie, eine Art auferstandener Pharao. Der Gedanke, daß man mich nur wegen meiner frühen Werke schätzt, beunruhigt mich, quält mich aber nicht. Mich quält etwas anderes.

Ich gestehe, am allerschwersten ist für mich, vor Menschen erscheinen zu müssen und in Konzerte, ins Theater zu gehen. Dabei liebe ich das Theater, bin von Natur ein passionierter Zuschauer. Ich liebe auch ungeplante, überraschende Begegnungen. Meine absolut unintellektuelle Leidenschaft für Fußball kennt keine Grenzen. Vergleicht man ein Fußballspiel im Fernsehen mit dem herrlichen Eindruck, den man im Stadion hat, kann man nur sagen: Der Unterschied ist so groß wie der zwischen destilliertem Wasser und allerbestem Export-Wodka.

Dies und vieles andere mußte ich aufgeben. Die Ärzte sprechen von körperlicher Krankheit. Sie beobachten, befühlen und martern meinen Körper. Aber wahrscheinlich habe ich eine psychische Krankheit. Und das ist es, was mich quält. Mir kommt es vor, als starrten alle mich an, flüsterten über mich, schauten hinter mir her. Und die Hauptsache: Mir ist, als warteten alle darauf, daß ich hinfalle oder stolpere. Daher habe ich das beängstigende Gefühl, jeden Augenblick zu stolpern.

Wenn im Saal die Lichter ausgehen, das Stück oder die Musik beginnt, fühle ich mich fast glücklich, vorausgesetzt, das Stück oder die Musik sind kein Dreck. Doch sowie das Licht angeht, bin ich wieder unglücklich. Denn wieder bin ich jedem beliebigen Blick ausgesetzt. Dabei zieht es mich sehr zu den Menschen. Ohne sie »könnte ich keinen Tag überstehen«[6]. Wenn ich doch nur unsichtbar werden könnte, das wäre eine andere Sache! Ich glaube, erst in den letzten Jahren ist das so. Früher hatte ich großes Vergnügen daran, vor den Menschen zu erscheinen. Oder irre ich mich?

Mich hat es immer getroffen, wenn ich irgend etwas Abträgliches über mich las oder hörte. Das war schon in meiner Jugend und in meinen Mannesjahren so: Das Herz schlug verstört, den Kopf durchzuckten alle möglichen Gedanken. Und so ist es auch heute, wenn ich das durchzumachen habe, was Soschtschenko »die völlige Abwertung des Organismus« nannte. Wo die Leber sich befindet, wo die Blase, ich vermöchte es nicht zu sagen. Kritik bringt mich völlig durcheinander, obwohl ich die meisten der zur Zeit amtierenden Kritiker als solche überhaupt nicht anerkenne.

Beweisen zu wollen, man sei kein Idiot, ist töricht. Beweisen zu wollen, daß Mussorgski kein Idiot war, ist noch törichter. Es geht auch nicht nur darum, daß Mussorgski sich um Kritik nicht kümmerte, sondern auf seine eigene innere Stimme hörte. Daran tat er recht. Für mich waren die Bemerkungen seiner Freunde über seinen Plan zu einer zweiten Gogol-Oper sehr wichtig. Ähnliche Einwände bekam ich über meine »Nase« zu hören. Darum war für mich Mussorgskis Reaktion so interessant.

Mussorgski war ein sehr wißbegieriger und hochgebildeter Mann. Er befaßte sich mit Geschichte, las naturwissenschaftliche und astronomische Bücher, gar nicht zu reden von künstlerischer Literatur, russischer und ausländischer. Wenn ich so Zug um Zug Mussorgskis Charakter nachgehe, staune ich, wie ähnlich unsere Naturen sind, trotz des deutlichen, ins Auge springenden Unterschieds. Natürlich, es ist unschicklich, über sich selbst allerlei Gutes zu sagen (wissend, daß dies alles eines Tages gedruckt werden wird), und einige Spießbürger können mir das vorwerfen. Aber mir ist es nun einmal interessant, Parallelen zu ziehen, und in diesem Fall, ich verheimliche es nicht, ist es auch angenehm. Im Grunde geht es um professionelle Dinge und nur am Rande um einige menschlich-alltägliche Züge.

Da ist zunächst das musikalische Gedächtnis. Ich kann mich über meines nicht beklagen, und Mussorgski behielt nach einmaligem Hören ganze Wagneropern im Gedächtnis, obwohl das für ihn eine ganz ungewohnt neue und sehr komplizierte Musik war. Er spielte, nachdem er zum erstenmal den »Siegfried« gehört hatte, die Wotan-Szene auswendig. Man vergißt gelegentlich, ein wie bedeutender Pianist er war. Gerade das ist meiner Meinung nach für einen Komponisten unbedingt notwendig und widerspricht nicht meiner Überzeugung, daß man nicht am Klavier, sondern am Schreibtisch komponieren soll. Ich glaube, es leuchtet ein, warum. Ich habe meinen Schülern immer gesagt, daß nur die Beherrschung des Klaviers die Möglichkeit gewährt, sich gehörig mit der internationalen Musikliteratur vertraut zu machen. Heute ist dies vielleicht nicht mehr so unbedingt nötig. Inzwischen kann sich fast jeder Schallplatten und Tonbänder beschaffen. Nichtsdestoweniger muß ein Komponist auch ein Instrument beherrschen: Klavier oder Geige, Viola, Flöte oder Posaune, meinetwegen auch Triangel.

Als Pianist hat man Mussorgski mit Rubinstein verglichen. Besonders oft erwähnt man seine Piano-Glocken. Selbst seine Feinde geben seine außerordentliche Meisterschaft als Begleiter zu. Er war kein Purist auf diesem Gebiet, betätigte sich in seiner Jugend als Klavierspieler nicht aus Not wie ich, sondern einfach »zur Gesellschaft«. Als Erwachsener improvisierte er gern auf dem Klavier humoristische Szenen, etwa wie die junge Künstlerin gefühlvoll auf einem verstimmten Klavier »Das Gebet einer Jungfrau« spielt.

Noch manches andere gefiel mir sehr: Mussorgskis Verständnis für Kinder beispielsweise. Er betrachtete sie als »Menschen mit eigener Welt, nicht als belustigendes Spielzeug«, das sind seine eigenen Worte. Dann sein Naturgefühl, seine Beziehung zu Tieren und überhaupt zu allem Lebendigen. Unerträglich war ihm, Fische mit dem Angelhaken zu fangen, und er litt, wenn irgendeinem Lebewesen Schmerz zugefügt wurde.

Und schließlich ist da die unsere sowjetischen Musikwissenschaftler peinlich berührende Frage nach dem Alkohol. Diese Schattenseite im Leben des genialen Komponisten wird taktvoll kaschiert, um das Andenken an das berühmte Genie nicht zu beschmutzen. Ich gestatte mir hier eine ketzerische Hypothese. Wenn die Mussorgski umgebenden Kollegen und Musiker den Wein mehr respektiert hätten, würde der Komponist weniger getrunken haben oder jedenfalls mit größerem Genuß. Sie alle waren natürlich, wie man bei uns sagt, trinkende Bürger, verachteten aber Wein, nannten ihn »Limonade«. Das traf besonders auf Balakirew zu, der versuchte, »unseren Idioten zurechtzuweisen«.

Das verstimmte Mussorgski natürlich erst recht, und er trank bis zum Umfallen.

Übrigens ist in bestimmten Situationen das Trinken keineswegs hinderlich. Ich weiß es von mir selbst. In einer bestimmten Periode meines Lebens wirkte es auf mich befreiend, meine Kenntnisse auf diesem verlockenden Gebiet zu erweitern. Es löste Verkrampfungen und Beklemmungen, die in meinen Jünglingsjahren einen krankhaften Charakter angenommen hatten. Das merkte mein bester Freund, der selber auch kein Glas verschmähte. Ich galt damals als Ästhet, blasiert vor lauter Bildung. In Wirklichkeit war ich außerordentlich scheu vor Fremden, wahrscheinlich hauptsächlich aus Stolz.

Nun begann mein Freund, mich unaufdringlich zu befreien, denn auch er selbst fand Vergnügen an einem fröhlichen und befreiten Leben, obwohl er zugleich ein harter Arbeiter war. Über eine ziemlich lange Zeitspanne waren unsere Gelage zur täglichen Gewohnheit geworden. Schließlich heißt es, die staatliche Schnapsindustrie selbst habe den Künstlern befohlen zu trinken. Besonders angenehm ist es vor dem Mittagessen. Ich glaube, es hat weder mich noch meinen Freund, noch Mussorgski in der Arbeit behindert.

Schlimm war etwas anderes. Schlimm war, daß Mussorgski daran starb. Er war im Krankenhaus, und es ging ihm schon besser. Daraus schließe ich, daß er einen bewundernswerten Organismus besaß. Den Krankenpflegern war es aufs strengste untersagt, ihm Wein zu geben. Aber Mussorgski bestach mit einer riesigen Summe einen Pfleger. Der Wein verursachte einen Schlaganfall. Er schrie noch zweimal laut auf, dann war alles zu Ende.

Dieser Tod berührt mich auch deshalb so sehr, weil seine Umstände sehr ähnlich denen sind, unter denen mein bester Freund starb. Die Sache ist so traurig, daß ich sie nicht mit Schweigen übergehen kann.

Über all diese und viele anderen Parallelen habe ich, ehrlich gesagt, erst in letzter Zeit nachzudenken begonnen. Wahrscheinlich ist das eines der Anzeichen beginnender Senilität. Man fällt in die Kindheit zurück: Kinder vergleichen sich gern mit großen Menschen. In der Kindheit und im Alter ist der Mensch unglücklich, weil er nicht sein eigenes Leben lebt, sondern fremde. Glücklich ist man nur, wenn man sein eigenes Leben lebt. Mein Unglück besteht jetzt darin, daß ich öfter und öfter in fremden Leben lebe, in irgendwelchen phantastischen Welten existiere, unser reales Leben vergesse, als sei es mir nicht mehr erträglich.

Außer »Boris Godunow« und der »Chowanschtschina« habe ich die »Lieder und Tänze des Todes« orchestriert, wohl ein Zeichen für meine Eifersucht auf Rimski-Korssakow, ich wollte ihn in bezug auf Mussorgski übertrumpfen. Natürlich begann ich mit »Boris«, die »Chowanschtschina« kam später. In meiner Jugend gefiel mir »Boris« am besten, später zog ich die »Chowanschtschina« vor. Dann wurden die »Lieder und Tänze des Todes« mir besonders lieb. In diesem Zyklus stimmt manches mit der Oper überein, die ich nach Tschechows »Schwarzem Mönch« schreiben möchte.

Jedesmal, wenn ich an Mussorgskis Kompositionen arbeitete, klärte sich Wichtiges für meine eigenen Kompositionen. Die Arbeit am »Boris« gab mir viel für die Siebte und Achte, in der Elften findet sich dann noch einmal ein Echo davon. Eine Zeitlang betrachtete ich die Elfte als mein am meisten »Mussorgskisches« Werk. Von der »Chowanschtschina« ging ich zu meiner Dreizehnten über und zur »Exekution des Stepan Rasin«. Über die Beziehung zwischen »Lieder und Tänze des Todes« und meiner Vierzehnten habe ich sogar etwas geschrieben und publiziert.

Die Liste der Parallelen ist noch längst nicht erschöpft. Liebhaber von Parallelen können sie, wenn sie Zeit und Lust dazu haben, beliebig verlängern. Allerdings müßten sie sich dazu eindringlich mit meinen Arbeiten beschäftigen, mit den veröffentlichten ebenso wie mit den einstweilen vor den Blicken der offiziellen Musikkritiker verborgenen. Für echte Musikwissenschaftler mit musikalischer Bildung und musikalischen Zielen wird das vielleicht keine nutzlose Arbeit sein. Zwar wird es Mühe und Anstrengung kosten. Nun gut, sollen sie sich ruhig anstrengen.

Bei der »Chowanschtschina« konnte Assafjew sich gleichfalls nicht beherrschen, auch er mußte sie orchestrieren. Das war in den frühen dreißiger Jahren, als man damit rechnen konnte, daß alles, was mit Mussorgski geschah, gutgeheißen und schön honoriert wurde. Doch die Dinge entwickelten sich rasch und zielstrebig in eine andere Richtung – auf die »guten Zaren« zu. Schon schimmerte am Horizont »Ein Leben für den Zaren« auf, eilig umbenannt in »Iwan Sussanin«.

Ich liebe Glinka sehr, und es ist mir kein bißchen peinlich, daß auch Stalin ihn »liebte«. Denn ich nehme an, höchstens der Titel hatte des Führers und Lehrers Aufmerksamkeit geweckt: »Ein Leben für den Zaren«, und das Sujet – ein russischer Mushik opfert sein Leben für den Zaren. Stalin kostete schon den Vorgeschmack davon, wie Menschen für ihn ihr Leben hingeben würden.

Es wurde also eilig am Libretto herumredigiert, ein bißchen verschönt, ein bißchen geglättet, aufgefrischt und aktualisiert. Auf diese Weise paßte Glinkas Oper in unsere Tagesordnung, anders als die doch ziemlich fragwürdigen Werke Mussorgskis. In der zurechtgestutzten Glinka-Oper wird dem einfachen Mann klar und deutlich alles erklärt; wird ihm gezeigt, wie er sich in kritischen Situationen verhalten muß. Und diese Instruktionen werden noch dazu mit der hübschesten Musik umrahmt.

Auch zwei andere Opern wurden in jener Periode aktualisiert: »Fürst Igor« von Borodin und »Das Mädchen aus Pskow« von Rimski-Korssakow. Im »Mädchen aus Pskow« gefiel den Chefs der Schlußchor ganz besonders. Hier vereinen sich in rührender Harmonie die Stimmen der Opritschniki mit denen der gequälten, terrorisierten Bürger von Pskow. Einmütig preisen alle die Alleinherrschaft von Iwan dem Schrecklichen.[7] Wie der freiheitsliebende Rimski-Korssakow dazu kam, so etwas zu schreiben, geht über meinen Horizont. Mit Assafjews Worten: »Hier zeigt sich die alles heilende Gewißheit von der endgültigen Richtigkeit der geschaffenen Realität.« Das schrieb er Wort für Wort, ich habe es erst kürzlich nachgeprüft. Es ist ein verblüffendes Sätzchen. Ich kenne kaum ein besseres Beispiel für seinen exaltierten, sich prostituierenden Stil. Assafjews Lakaienseele präsentiert sich hier wie auf einem Tablett. Was für ein Wortgeklingel: »Die endgültige Richtigkeit der Realität«. Und was ist »die alles heilende Gewißheit«? Soll man auch dem Terror gegenüber, den Säuberungen, den Prozessen, den Folterungen mit der »alles heilenden Gewißheit« begegnen? Nein, ich weigere mich, »endgültige Richtigkeit« Bösewichtern zuzugestehen, auch dann noch, wenn sie nicht real, sondern surreal sind. In diesem Punkt befand ich mich mit Mussorgski im selben Lager, Assafjew in einem gänzlich anderen. Er hielt es mit den Folterknechten und Unterdrückern. Und er machte sich daran, Formfehler in »Fürst Igor« zu finden, manches sei nicht gründlich durchdacht und entspreche nicht dem patriotischen Konzept.

In unseren Tagen ist das Opernorchester kein fünftes Rad am Wagen, sondern ein wichtiger Partner. Man darf den Sängern nicht auf Kosten einer ausdrucksvollen Musik das Leben erleichtern. Sie sollen sich ruhig anstrengen, sollen in ihrer eigenen Haut fühlen, daß Musik Opfer verlangt. Ich bin den Sängern nicht feindlich gesinnt, und jede editorische Änderung in Mussorgskis Text ist ein Problem für mich. Doch hin und wieder, so auch in »Lieder und Tänze des Todes«, änderte ich etwas, um es den Sängern zu erleichtern. In der »Berceuse« hob ich eine Frage der Mutter an den Tod um eine ganze Oktave, denn es ist sehr schwer, in der ursprünglichen Mittellage ausdrucksvoll zu singen. Auf diese Weise machte ich es den Sängern leichter. Galina Wischnewskaja, die den geänderten Part als erste sang, war mit der Korrektur sehr einverstanden. Ich bekämpfe also die Sänger nicht.

Aber ich lasse mich auch nicht von ihnen schurigeln. In den europäischen Opernhtheatern nimmt man zuviel Rücksicht auf die Sänger, und die Komponisten haben sich dem angepaßt. In der russischen Oper verlief die Entwicklung anders. Den russischen Komponisten geht es vor allem um die Ausdruckskraft der Musik insgesamt, die Interessen der Sänger sind für sie zweitrangig. Ich bin hier keine Ausnahme in der russischen Komponistenschule.

Eher war Mussorgski – der russischste aller russischen Komponisten – hier eine Ausnahme. Wundervoll orchestrierte er einzelne Arien, wundervoll orchestrierte er leise Musik, wußte ein Solotimbre einzuschätzen. Doch die lauten Passagen, die Tutti, die Kulminationen gelangen ihm nicht. Es gibt bei Mussorgski interessante Passagen rein orchestraler Musik. So auch ein Bruchstück in der sechsten Szene des dritten Aktes der »Chowanschtschina«. Hier hat er die Partie der Schlaginstrumente detailliert ausgearbeitet. Das bringt einen sehr farbigen, interessanten Effekt. Hier war Mussorgski seiner Zeit voraus ins zwanzigste Jahrhundert geeilt. Und selbstverständlich behielt ich in dieser Episode des Autors Kolorit bei.

Da ich kein Purist bin, hielt ich es auch für möglich, in der »Chowanschtschina« Instrumente zu verwenden, die bei Mussorgski fehlen, zum Beispiel die Celesta. Darüber mokierten sich manche, meinten, Mussorgski würde sich im Grabe umdrehen. Ich fürchte, eine genaue Information darüber werden wir niemals bekommen.

Ich wollte das Publikum nicht bedrückt aus dem Theater entlassen und schrieb daher einen Epilog zu der Oper, stelle ihn ad libitum zur Verfügung. Ich habe diesen Epilog aus der Einführungsmusik zum fünften Akt, dem Chor: »O Heimatland, Mütterchen Rußland« aus dem ersten Akt und, natürlich, dem Thema »Tagesanbruch« zusammengebaut. »Tagesanbruch« hat weder mit den Altgläubigen zu tun noch mit den Repräsentanten der petrinischen Reformen. Das Thema steht für Rußland, das eines Tages frei atmen können wird. Ich hoffe, Mussorgski würde gegen diese Interpretation nichts einzuwenden haben.

Assafjew etikettierte Borodin als Optimisten, Mussorgski als Pessimisten. Denn Assafjew tummelte sich auch in der Literatur herum. In einem seiner selbstgemachten Theaterstückchen läßt er Mussorgski zu Borodin sagen: »Sie lenkt das Leben, mich lenkt der Tod.« Was soll so ein Geschwätz? Solange wir leben, regiert uns alle ausnahmslos das Leben. Und wenn wir sterben, sind wir wieder ausnahmslos dem Tode untertan. Und das hängt nicht von der optimistischen oder pessimistischen Grundhaltung unserer Werke ab. Leider oder vielleicht zum Glück – ich weiß es nicht.

Ich habe nie ganz verstanden, was es für einen schöpferischen Menschen ausmachen soll, ob er optimistisch oder pessimistisch ist. Bin beispielsweise ich ein Optimist oder ein Pessimist? Darauf zu antworten bringt mich in Verlegenheit. Im Verhältnis zu meinem Nachbarn, der ein paar Stockwerke über mir wohnt, bin ich vielleicht ein Optimist, in der Einstellung zu meinem Leben vielleicht Pessimist. Manchmal, wenn mir akute Melancholie oder Abscheu vor den Menschen zusetzt, kommt es vor, daß ich mich völlig am Ende fühle; manchmal geschieht genau das Gegenteil. Ein gültiges Urteil kann ich hier nicht fällen, ich weigere mich, es in eigener Sache abzugeben.

Bei uns attackiert man mit Vergnügen den hilflosen Künstler, knallt ihm als quasi gerichtliche Anklage »schwärzesten Pessimismus« um die Ohren. Sascha Tschorny drückte es so aus: »Der Mann hat Talent, aber er ist ein hoffnungsloser Pessimist.« Mich hat man in dieser Weise oft angegriffen. Aber es kränkt mich nicht einmal. Alle, die ich liebe, tragen dasselbe Brandmal: Gogol, Saltykow-Schtschedrin, Leskow, Tschechow, Soschtschenko.

Verletzt wurde ich durch dieses Brandmal nur einmal, und zwar im Zusammenhang mit meiner Vierzehnten. Viele meiner Arbeiten stehen als »pessimistische Werke« auf der schwarzen Liste, werden von Leuten, die nicht viel von Kunst verstehen, als pessimistische Arbeiten kommentiert. Ein anderer Kommentar wäre auch höchst befremdlich. Diese Leute sind schließlich im Dienst. Aber die Vierzehnte wurde von meinen Bekannten, man kann sogar sagen, von meinen Freunden rigoros verrissen. »Die Allmacht des Todes« empörte sie, das sei eine Verleumdung der Menschheit. Sie fanden viele erbauliche Worte: Schönheit, Erhabenheit und natürlich Göttlichkeit.

Vor allem war es eine erlauchte Persönlichkeit, die den Finger auf die schreienden Mängel dieses Werks legte. Ich schwieg dazu und lud sogar die erlauchte Persönlichkeit ein, mich in meiner

Wohnung zu einer Tasse Tee zu beehren.⁸ Doch dieser unduldsame Genius wies meine Einladung entrüstet zurück, es sei ihm unmöglich, mit einem so unaufgeklärten Pessimisten Tee zu trinken; ein weniger abgehärteter Mensch wäre wegen dieser Absage tödlich verwundet gewesen. Ich überlebte. Sie sehen also, was für ein robuster und zäher Kerl ich bin, fast schon ein Sträflingstyp. Außerdem verstehe ich den Grund für dieses ganze Trara nicht recht. In den Seelen meiner Kritiker blühen offenbar Rosen und klassische Klarheit. Daher betrachten sie meine Vierzehnte Symphonie als eine grobe und häßliche Verleumdung der Weltordnung. Aber ich kann ihnen nicht zustimmen. Vielleicht meinen sie, heutzutage sei ein Mensch nicht mehr so leicht umzubringen. Mir scheint aber, gerade dafür ist heute besonders gut vorgesorgt. Gar zu viele Leute verwenden ihre nicht alltäglichen Gaben zu dem einzigen Ziel und Zweck, Menschen umzubringen. Einige große Geister und künftige berühmte Humanisten verhalten sich in dieser Frage, gelinde gesagt, äußerst leichtfertig. Erst erfinden sie todbringende Waffen, liefern sie direkt den Tyrannen in die Hände. Dann schreiben sie wehleidige Broschüren.⁹ Das eine gleicht das andere nicht aus. Wasserstoffbomben sind stärker als alle Broschüren.

Ich meine, es ist der Gipfel des Zynismus, sich erst mit schmutzigen Dingen zu befassen und dann hehre Worte von sich zu geben. Ich halte es für besser, schmutzige Worte zu sagen, aber keine schmutzigen Taten zu begehen. Die Schuld des potentiellen millionenfachen Mörders ist so groß, daß sie durch nichts aufgewogen werden kann. So jemanden zu verherrlichen, besteht auch nicht der geringste Anlaß.

In unserer Umgebung, sagte Mussorgski, gibt es nur allzu viele Leute, die ständig die Frage nach Leben und Tod mit gestelzter Feierlichkeit stellen. Dabei sind es politisch bewußte Bürger. Sie denken ernsthaft nach über das Leben, über das Schicksal, über Geld und über Kunst. Ihnen wird von dieser Ernsthaftigkeit vielleicht leichter, mir jedoch nicht. Im menschlichen Körper vollziehen sich permanent unangenehme Dinge, denen gegenüber die

Medizin machtlos ist. Infolgedessen ist der Organismus vergänglich. Ein Leben nach dem Tode gibt es nicht.

Mussorgski wird von unseren offiziellen »Neo-Slawophilen« für tief religiös gehalten. Mir scheint aber, wenn man seinen Briefen glauben darf – und andere Quellen haben wir nicht –, daß er kein religiöser Mensch war. Zu Mussorgskis Lebzeiten beherrschte die Geheimpolizei die Kunst, eine Privatkorrespondenz zu lesen, noch nicht so perfekt wie unsere »Organe« heute. Auch war der Kreis der »postalisch Überwachten« erheblich kleiner. In einem Brief an Stassow äußert sich Mussorgski über den Tod Hartmans und führt einen Vers an: »Toter, schlaf friedlich im Grabe; das Leben nutze der Mensch!« Dem Vers fügte er die Bemerkung hinzu: »Scheußlich, aber wahr.« Er trauerte tief um Hartman und gab sich nicht verlockenden Trostvorstellungen hin: »Nein, es kann keine Beruhigung geben, keinen Trost – das wäre Schwäche.«

Mit allen Fasern spüre ich, daß es so ist, aber mein Verstand sucht nach einer logischen Hintertür, spinnt an verschiedenen Gedanken und Träumen. Mein Verstand klammert sich eigensinnig an die Vorstellung: Was ein Mensch geschaffen hat, überdauert seinen Tod. Und sofort widerspricht mir wieder dieser unerträgliche Mussorgski: »Schon wieder so ein Fleischbällchen menschlicher Eigenliebe – mit Meerrettich, damit einem auch die Tränen kommen.«

Mussorgski hat diesen traurigen Prozeß des Sterbens akzeptiert, er gestattete sich keine Beschönigung, keine Verzierung, keine Drapierung. Er hat sich selber das Wort abgeschnitten, um nicht zuviel zu sagen. »Manche Dinge bleiben besser unausgesprochen.« Also werde auch ich dazu schweigen.

Filmmusik und Staatshymne

Depression und Lebensende

In früher Jugend zog mich Majakowskis Dichtung an. Ich besaß ein Büchlein mit dem Titel »Sämtliche Werke von Wladimir Majakowski«. Es war 1919 erschienen und auf sehr schlechtem Papier gedruckt. Dieses Bändchen hatte mich begeistert. Ich war erst wenig über dreizehn Jahre alt, hatte aber ältere Freunde – junge Literaten, die Majakowski verehrten und mir die schwierigsten Stellen des Buches bereitwillig erklärten.

In den folgenden Jahren ließ ich nach Möglichkeit keinen einzigen Auftritt Majakowskis in Leningrad aus. Ich rannte zu den Abenden, die er bei meinen Freunden, den Literaten, verbrachte, und wir alle lauschten ihm begeistert. Mein Lieblingsgedicht war »Gutes Verhältnis zu Pferden«. Ich liebe es noch heute und halte es für eine der besten Arbeiten Majakowskis. Einen starken Eindruck hat seinerzeit auch das Poem »Wolke in Hosen« auf mich gemacht. »Die Wirbelsäulenflöte« gefiel mir ebenfalls sehr und noch viele andere seiner Gedichte.

Ich versuchte, Gedichte von Majakowski zu vertonen. Das war schwierig, es wollte irgendwie nicht gelingen. Es ist überdies sehr schwer, Majakowskis Vers in Musik zu setzen, ganz besonders für mich, da mir noch heute Majakowskis Rezitationen in den Ohren klingen, und ich wollte in der Musik Majakowskis Intonation wiedergeben.

Als Meyerhold 1929 daranging, Majakowskis »Wanze« zu inszenieren, forderte er mich auf, die Musik zu dem Stück zu schreiben. Ich nahm den Auftrag mit Vergnügen an und setzte mich an die Arbeit. Naiv, wie ich war, glaubte ich, Majakowski im alltäglichen Leben und in seinen Gedichten, das sei ein und dasselbe. Natürlich erwartete ich ihn nicht in dem berühmten gelben Kittel mit der Karotte im Knopfloch, glaubte auch nicht, er laufe mit einem auf die Wange gemalten Blümchen herum. Diese Narreteien aus der vorrevolutionären Zeit hätte die neue Ära ihm sowieso nicht gestattet. Aber einen Menschen zu sehen, der zu jeder Probe der »Wanze« mit einer anderen funkelnagelneuen Krawatte erschien, war auch verwunderlich. Damals galten Krawatten als das Hauptmerkmal bürgerlicher Rückständigkeit.

Offensichtlich lag Majakowski viel daran, gut und aufwendig zu leben, er kleidete sich in beste Importware; hatte Maßanzüge aus Deutschland, amerikanische Krawatten, französische Schuhe und Oberhemden und prahlte gern mit diesen Dingen.

Gleichzeitig machte er Reklameverse für die heimische Produktion, und dies so lautstark, daß die Leute sagen: »Nirgends anders als im Mosselprom findet man solchen Schund.« Selber hätte er die Dinge, für die er so stimmgewaltig Reklame machte, nie angezogen. Davon konnte ich mich während einer Probe zur »Wanze« überzeugen. Als Iljinski, der den Prissypkin zu spielen hatte, einen schäbigen Anzug brauchte, sagte Majakowski zu ihm: »Gehen Sie ins ›Moskwoschwej‹, und kaufen Sie den ersten besten Anzug, den Sie sehen. Er wird genau das Richtige sein.« Diese schäbigen Anzüge aber pries Majakowski in seinen Reklameversen über den grünen Klee. Ein Beispiel mehr von der tragischen Kluft zwischen poetischen Träumen und Wirklichkeit. Das poetische Ideal – in diesem Fall der Anzug – ist eine Sache. Die Wirklichkeit – in diesem Fall die Produktion von »Moskwoschwej« – eine andere. Nach der Subtraktion der anderen von der einen bleibt unterm Strich das Honorar des Poeten.

Wie man hierzulande sagt: Nicht in der Krawatte liegt das Glück. Auch charakterliche Integrität offenbart sich nicht in der Krawatte. Aber als Majakowski und ich während der Proben zur »Wanze« miteinander bekannt gemacht wurden, reichte er mir zwei Finger. Ich, nicht faul, streckte ihm einen Finger entgegen, und so kollidierten unsere Finger. Majakowski war ein bißchen verdutzt. Er war es gewohnt, daß man sich seine Unverschämtheiten gefallen ließ, und da gab ihm plötzlich irgend so ein Däumling Widerpart.

An diese Episode erinnere ich mich so genau, daß ich nicht

darauf eingehe, wenn man mich überzeugen will, sie habe sich bestimmt nicht ereignet – nach dem alten Prinzip, daß nicht sein kann, was nicht sein darf. »Unser Bester und Begabtester« – ein Grobian? Unmöglich!

Einmal wurde ich eingeladen, bei einer Fernsehsendung über den »Besten und Begabtesten« mitzuwirken. Ich sollte meine Erinnerungen an den taktvollen, gütigen und wohlerzogenen Majakowski zum besten geben. Ich erzählte den Fernsehleuten, wie Majakowski und ich uns kennengelernt hatten. Sie wiegelten ab: »Das ist nicht typisch.« Ich fragte zurück: »Wieso nicht typisch? Im Gegenteil, die Episode ist absolut typisch.«

Wäre Meyerhold nicht gewesen, hätte ich die Musik zur »Wanze« nicht geschrieben. Denn es kam zu einem Zusammenstoß zwischen Majakowski und mir. Er fragte mich, welche Art von Musik ich schriebe, ich antwortete ihm: Symphonien, Opern, Ballette. Dann fragte er mich, ob ich Feuerwehrkapellen schätze. Ich antwortete: Manchmal ja, manchmal nein. Nun sagte Majakowski: »Mir gehen Feuerwehrkapellen über alles. Ich will für ›Die Wanze‹ genau die Musik, wie sie Feuerwehrkapellen spielen. Symphonien kann ich nicht brauchen.« Daraufhin schlug ich ihm vor, eine Feuerwehrkapelle zu engagieren und mich von dem Kompositionsauftrag zu entbinden. Meyerhold verhinderte einen Krach. Kurz danach war ich trotzdem drauf und dran, meine Mitarbeit an der Inszenierung der »Wanze« aufzukündigen. Ich hörte nämlich, welch ungeheuerliche Forderung Majakowski einer Schauspielerin stellte. Die »Wanze« war ein ziemlich kümmerliches Stück. Verständlich, daß Majakowski um den Erfolg besorgt war; er fürchtete, die Zuschauer würden, obwohl es doch eine Komödie sein sollte, nicht lachen. So beschloß er, durch ein ziemlich niederträchtiges Verfahren für das nötige Gelächter zu sorgen. Er verlangte von der Schauspielerin, die eine Schwarzhändlerin zu spielen hatte, mit stark jüdischem Akzent zu sprechen. Das werde das Publikum bestimmt zum Lachen bringen. Meyerhold versuchte, Majakowski von diesem schäbigen Trick abzubringen, doch der ließ nicht mit sich reden.

Daraufhin griff Meyerhold zu einer List. Er sagte der Schauspielerin, sie solle auf den Proben so sprechen, wie Majakowski es von ihr verlange, bei der Aufführung aber ganz normal, ohne jüdischen Akzent. Vor lauter Lampenfieber werde Majakowski es gar nicht bemerken. Und tatsächlich, Majakowski sagte hinterher kein Wort.

Das Theater Meyerholds war arm, befand sich ständig in Geldschwierigkeiten. Majakowski ließ auf die Programmzettel der »Wanze« drucken: »Komödie in sechs Akten«. Er hätte ebensogut »in vier Akten« schreiben können. Er nahm aber die Aufteilung in sechs Akte vor, weil ihm das mehr Tantiemen einbrachte. Ich finde das nicht schön. Schließlich war Meyerhold sein Freund. Meyerhold klagte hilflos: »Wie kann man denn einen Autor dazu bringen, die Aktzahl zu vermindern?«

Zusammenfassend kann ich wohl sagen, daß sich in Majakowski lauter Charakterzüge konzentrieren, die ich verabscheue: Wichtigtuerei, Selbstinszenierung, Selbstreklame, Luxusgier und vor allem Verachtung der Schwachen und Liebedienerei vor den Mächtigen. Macht galt für Majakowski als oberstes moralisches Gesetz. Er hatte ein für allemal eine Krylow-Zeile beherzigt: »Vor dem Starken ist der Schwache immer schuldig.« Krylow hatte dies allerdings ironisch und als Verurteilung des Starken verstanden. Majakowski aber nahm den Satz wörtlich und handelte danach.

Er war es, der als erster den Wunsch äußerte, Stalin möge auch auf Versammlungen der Lyriker das Wort ergreifen. Damit wurde Majakowski zum ersten Barden des Personenkults. Stalin vergaß dies nicht. Er belohnte Majakowski postum mit dem Titel des »Besten und Begabtesten«. Wie Sie wissen, fühlte Majakowski sich Puschkin ebenbürtig. Und heute stellen ihn viele in vollem Ernst auf eine Stufe mit Puschkin. Ich glaube, diese Leute irren sich. Ich meine nicht das Talent. Darüber kann man streiten. Ich meine die Position.

Puschkin schrieb von sich, er habe in einem grausamen Jahrhundert die Freiheit besungen und um Gnade für die Gestrauchelten gefleht. Majakowski rief zu etwas ganz anderem auf. Er appellierte an die Jugend, sich den Genossen Dzierżynski[1] zum Vorbild zu nehmen. Das ist genau dasselbe, als wenn Puschkin seine Zeitgenossen dazu aufgerufen hätte, sich Benckendorff oder Dubelt[2] zu Leitbildern zu nehmen.

Ich halte es mit Nekrassow:

> Ein Dichter brauchst du nicht zu sein,
> Ein Bürger aber unbedingt ...

Ein Bürger im Sinne Nekrassows war Majakowski nicht. Er war ein Lakai, der seinem Herrn untertänigst diente, indem er sein Scherflein zur Verherrlichung des unsterblichen Führers und Lehrers beitrug. Und er war nicht der einzige, sondern nur einer aus einer glorreichen Kohorte, die ihre Schaffensimpulse der Persönlichkeit des Führers und Lehrers verdankten und sein Wirken bejubelten. Eisenstein wäre hier vorrangig zu nennen mit seinem Film »Iwan der Schreckliche«, zu dem Prokofjew die Musik schrieb.

Aus Gründen, die ich nicht kenne, werde auch ich in die Linie Majakowski-Eisenstein als Repräsentant der Komponistenbruderschaft eingereiht. Aber ich selbst zähle mich nicht dazu und weise diese Ehre mit aller Entschiedenheit zurück. Man muß sich da schon einen anderen Kandidaten auswählen.

Mir ist es gleichgültig, auf wen die Wahl fällt – auf Prokofjew, auf den »roten Beethoven« Dawidenko oder auf Chrennikow. Sie werden schon unter sich ausmachen, wer von ihnen das schönste Jubellied auf unseren großen Freund und Führer schrieb.

Viele, allzu viele zog es in die Nähe des »großen Gärtners«, der »Koryphäe der Wissenschaft«. Es gingen Legenden um über die magische Anziehungskraft Stalins. Ich hörte einige davon – erbärmliche Geschichten. Und das erbärmlichste ist, daß die Leute, die dieser »magischen Anziehungskraft« erlagen, sich nicht schämten, davon zu erzählen. Vom Fall eines Filmregisseurs will ich berichten. Seinen Namen werde ich nicht nennen. Er ist kein schlechter Mensch. Ich habe ihm viele Arbeitsaufträge zu verdanken:

Stalin sah sich gern Filme an, konnte einen Film, der ihm gefiel, immer wieder ansehen. So hat er sich zum Beispiel den »Großen Walzer« über Johann Strauß mindestens ein dutzendmal angeschaut. (Nebenbei, diese Tatsache tat meiner Liebe zu Johann Strauß keinen Abbruch. Ein Walzer hat wenig mit einer Lesginka zu tun. So konnte auch der Regisseur des »Großen Walzer« Stalins Zorn nicht erregen.)

Auch Tarzan-Filme mochte Stalin sehr, und dann natürlich die sowjetischen Filme. Es kostete Stalin nicht viel Zeit, alle sowjetischen Filme zu sehen. In seinen letzten Lebensjahren wurden nur sehr wenige produziert, jährlich nur ein paar. Stalin hatte nämlich folgende Kunsttheorie ersonnen: Von allen produzierten Filmen sind nur wenige gut, und noch weniger sind wirklich Meisterwerke, weil nur wenige Menschen fähig sind, Meisterwerke zu schaffen. Und Stalin setzte selber fest, wer ein Meisterwerk schaffen konnte und wer nicht, und er bestimmte: Schlechte Filme brauchen wir nicht, gute auch nicht. Wir brauchen nur Meisterwerke. Wenn die Produktion von Autos und Flugzeugen geplant werden kann, kann auch die Produktion von künstlerischen Meisterwerken geplant werden, noch dazu, wenn es sich um Filme handelt. Die Filmproduktion ist schließlich auch eine Industrie.

Der Dichter kann seine Gedichte für sich selbst schreiben. Er kann sogar darauf verzichten, sie aufzuschreiben, und sie im Kopf behalten. Um dichten zu können, braucht der Dichter kein Geld. Es hat sich herausgestellt, daß selbst in Straflagern Gedichte geschrieben werden können. In der Tat, es ist sehr schwierig, die Produktion von Gedichten zu kontrollieren. Auch die Komponisten lassen sich nur schwer überwachen, vor allem, wenn sie ihre Opern und Ballette nicht niederschreiben. Jemand schreibt vielleicht ein Quartett und spielt es dann nur zu Hause mit ein paar Freunden.

Allerdings läßt sich Musik nicht so leicht vor dem Auge der Obrigkeit verstecken wie Gedichte. Man braucht Notenpapier, und für die Orchestrierung braucht man spezielles Partiturenpapier. Partiturenpapier ist aber bei uns Mangelware, es wird nur an Mitglieder des Komponistenverbands abgegeben. Gewiß, man kann sich Partiturenpapier notfalls selber zurechtmachen und seine Symphonie niederschreiben ohne Genehmigung der Kontrollorgane.

Was aber kann ein Filmregisseur machen? Es ist schon ein seltsamer Beruf, er hat gewisse Ähnlichkeiten mit dem Dirigentenberuf. Auf den ersten Blick gewinnt man den Eindruck, daß der Regisseur – genau wie der Dirigent – die Leute daran hindert, ihre Arbeit zu tun. Der zweite Blick bestätigt diesen Eindruck.

Um einen Film zu produzieren, braucht man einen Haufen Leute und einen Haufen Geld. Stalin konnte über beides uneingeschränkt verfügen. Befiehlt er, einen Film zu drehen, dann wird er gedreht. Befiehlt er, die Dreharbeiten einzustellen, werden sie eingestellt. Viele Male wurde auf Stalins Befehl ein schon fertiger Film wieder vernichtet. Auch Eisensteins »Frühlingswiese« mußte vernichtet werden. In diesem Fall, muß ich gestehen, tat es mir nicht leid. Denn ich kann mir nicht vorstellen, wie aus folgendem Sujet ein Kunstwerk hätte entstehen können: Ein zwölfjähriger Junge zeigt seinen Vater wegen Schädlingstätigkeit an. Der Film glorifizierte natürlich dieses Wunderkind. Der große Führer und Lehrer beschloß also, die Produktion von Filmkunstwerken nach Plan zu organisieren. Er folgte dabei dem Rezept von Ilf und Petrow.

In einem ihrer Feuilletons kommt ein Hochstapler in einen Verlag und fragt, ob hier auch ein gewisser Prozentsatz schlechter Bücher publiziert werde. Ihm wird geantwortet: Ja, das ist der Fall. Daraufhin schlägt der Hochstapler vor, diesen Prozentsatz schlechter Bücher ausschließlich ihm in Auftrag zu geben.

Stalin nutzte diese Idee. Er beschloß: Wenn im Jahr nur einige Filmmeisterwerke entstehen können, brauchen auch nur einige Filme gedreht zu werden, und jedes ist ein Meisterstück. Die Garantie dafür bieten Regisseure, die auch früher schon Meisterwerke nach Stalins Geschmack geschaffen haben. Eine ebenso einfache wie weise Idee.

So wurde es gemacht. In »Mosfilm«, dem wichtigsten Studio des Landes, drehten sie nur drei Filme: »Admiral Uschakow«, »Glinka« und »Das unvergeßliche Jahr 1919«. Diese drei Filme wurden drei Regisseuren anvertraut, von denen Stalin absolut sicher wußte: Sie schaffen ein Meisterwerk. Versteht sich, mit seiner Hilfe und exakt nach seinen »Empfehlungen«. Die drei auserwählten Regisseure waren Michail Romm, Grigori Alexandrow und Michail Tschiaureli, einer der gerissensten mir bekannten Halunken und Schurken. Er war ein großer Verehrer meiner Musik, von der er absolut nichts verstand. Er konnte eine Klarinette nicht von einem Fagott unterscheiden, ein Klavier nicht von einem Klosett.

Die Dreharbeiten zu den geplanten Meisterwerken begannen. Und da wollte es das Unglück, daß alle drei patentierten Schöpfer von Filmkunstwerken unversehens ausfielen: Romm brach sich ein Bein, Alexandrow hatte Kreislaufstörungen, Tschiaureli hatte auf irgendeiner Hochzeit zuviel zu trinken bekommen. Eine Katastrophe: Die sowjetische Filmproduktion stand still.

Alle Studios von Mosfilm waren geschlossen. Fledermäuse nisteten sich ein. Der einzige Raum, in dem Licht brannte, war das Arbeitszimmer des Direktors, der nachts aufblieb, um Stalins Telefonanruf zu erwarten, denn Stalin telefonierte am liebsten nachts. Das Telefon läutete. Der angstschlotternde Direktor referierte dem Führer und Lehrer über den Gesundheitszustand der Schöpfer der geplanten Kunstwerke. Man hätte meinen können, nicht der Direktor eines Filmstudios, sondern der Chefarzt eines Krankenhauses erstatte Bericht. Stalin wurde böse: Die Realisierung seiner erhabenen Theorie der Kunstwerkproduktion wird behindert. So etwas mochte Stalin gar nicht leiden.

Von Romms Bein hing nicht nur das Schicksal des Direktors ab, sondern auch das des gesamten Mosfilm. Stalin hätte es nicht das geringste ausgemacht, Mosfilm zu schließen und in allen Kinos der UdSSR seine geliebten Tarzan-Filme vorführen zu lassen, dazu dann vielleicht noch die Wochenschau. Die armen Regisseure. Jeden von ihnen hatte Stalin im Visier. Und sie erstarrten unter seinem Blick wie Kaninchen vor der Schlange. Und darauf waren sie auch noch stolz!

Im Kreml gab es einen besonderen Filmvorführraum für Stalin. Auch nachts ließ er sich Filme vorführen. Für ihn war das Arbeit, und wie alle Verbrecher arbeitete er nachts. Sich allein einen Film anzusehen paßte ihm nicht. Alle Politbüromitglieder mußten ihm Gesellschaft leisten, sozusagen die gesamte Führung des Landes mußte anwesend sein. Stalin saß hinten, allein in einer Reihe. Er duldete niemanden neben sich.

Diese Details wurden mir mehr als einmal genau beschrieben. Einmal, wie mir ein Regisseur erzählte, überkam den Führer und Lehrer bei so einer Vorführung eine geniale Idee. Es war anläßlich eines sowjetischen Films. Als der Film zu Ende war, fragte Stalin: »Und wo ist der Regisseur? Warum ist der Regisseur nicht da? Warum haben wir den Regisseur nicht eingeladen? Wir werden in Zukunft den Regisseur einladen. Mir scheint, Genossen, das wird nützlich sein. Wenn der Regisseur des Streifens anwesend ist, können wir ihm danken, und wenn nötig, können wir ihm die erforderlichen kritischen Bemerkungen machen und ihm unsere Wünsche darlegen. Wir bitten die Regisseure, in Zukunft bei unseren Filmvorführungen zugegen zu sein. Das wird ihnen und der Sache nützlich sein.«

Der erste Regisseur, dem diese große Ehre zuteil wurde, war mein Bekannter, ein sehr gebildeter, aber nicht sehr tapferer Mensch mit einer etwas zu hohen, leicht quieksenden Stimme. Kurz gesagt: kein Krieger und Ritter – weder des Wortes noch des Geistes –, aber ein kultivierter Mensch, den die Filmarbeit bedrückte. Manchmal inszenierte er ein Schauspiel im Dramatischen Theater. Das war eine Erholung für ihn, den seelisch und körperlich so gar nicht Reckenhaften, denn Stalin beobachtete das Theater bei weitem nicht so aufmerksam wie den Film. Bei einer Theaterinszenierung konnte mein Freund Luft holen, freier atmen.

Der Regisseur wurde also in den Kreml befohlen. Auf dem Weg zum Vorführsaal wurde er fünfzehnmal durchsucht. Dort placierte man ihn in die erste Reihe neben den Minister für Kinematographie, Bolschakow. Die Filmindustrie, die nur drei Filme im Jahr produzierte, hatte dennoch einen eigenen Minister. Unter uns, ich hätte diesem Minister sogar täglich als Gefahrenzulage eine Flasche Milch genehmigt, so gesundheitsschädlich war seine Tätigkeit, so nervenaufreibend. Ich hörte, dieser Minister Bolschakow habe seine Memoiren geschrieben. Wie hat er sie wohl tituliert? »Schuld und Sühne«?

Die Vorführung beginnt, Stalin sitzt, wie immer, hinten. Der Regisseur, versteht sich, ist gar nicht in der Verfassung, seinen Film wahrzunehmen und meine Musik zu seinem Film zu hören. Er spannt seine Ohren aufs äußerste an, um aufzufangen, was in den hinteren Reihen gesprochen wird. Er hat sich in einen riesigen Empfänger verwandelt. Jedes Knirschen oder Knarren, das von Stalins Sessel her zu ihm herüberdringt, kommt ihm schicksalhaft vor, jedes Husten dröhnt in seinen Ohren als endgültige Verurteilung. So jedenfalls hat mein Bekannter mir seine Empfindungen bei der Vorführung geschildert. Die Filmvorführung konnte ihn zu den ungeahnten Höhen führen, die er so sehnlichst erstrebte, sie konnte ihn aber auch ein für allemal dem Orkus überantworten.

Die Dramaturgie war perfekt und entwickelte sich nach folgendem Schema: Im Laufe der Vorführung kam Poskrjobyschew in den Saal, Stalins langjähriger Sekretär – ein in tumber Treue erprobtes Arbeitspferd. Poskrjobyschew übergab Stalin irgendwelche Papiere. Der Regisseur saß mit dem Rücken zu Stalin, wagte natürlich nicht, sich umzudrehen, und konnte daher nicht sehen, was vorging. Aber hören konnte er. Stalins mißvergnügte Stimme äußerte laut: »Was soll dieser geschwätzige Blödsinn?« Im Saal war es dunkel. Trotzdem wurde meinem Bekannten noch schwärzer vor Augen. Es erhob sich ein Tumult: Der Regisseur war vom Stuhl gefallen. Sicherheitsbeamte sprangen herbei und trugen ihn hinaus.

Als der Regisseur das Bewußtsein wiedererlangte, klärte man ihn über seinen Irrtum auf. Man berichtete ihm, nach der Vorführung habe der große Führer und Lehrer geäußert: »Der Film ist gar nicht schlecht. Er hat uns gefallen. Aber in Zukunft werden wir keine Regisseure mehr zur Vorführung einladen, sie haben zu schwache Nerven.«

So blieben meinem Bekannten die ersehnten unerdenklichen Höhen unerreichbar. Nicht einmal die verdorbenen Hosen wurden ihm ersetzt. Warum auch? Tschorny sagte zutreffend: »Bring deine Seele nicht für ein Paar Hosen ins Pfandhaus, laß die Seele lieber ohne Hosen rumlaufen.«

Ich möchte noch eine andere Geschichte erzählen. Hier kann ich auch den Namen des Helden nennen, denn auch er hat mich verschiedentlich in Reden und Aufsätzen namentlich erwähnt, von den zahlreichen »Berichten« über mich an die Obrigkeiten gar nicht zu reden.

In den Schaufenstern unserer Kaufhäuser hängen aufmunternde Plakate, auf denen zu lesen steht: »Käufer und Verkäufer! Seid höflich zueinander!« Zur Raison gebracht, gefaßt durch diese bemerkenswerten Plakate, werde ich höflich sein: Ich bin der Käufer. Der Held meiner Geschichte ist der Verkäufer. Der Verkäufer ist in dieser Geschichte Tichon Chrennikow, der Vorsitzende des Komponistenverbands. Als solcher ist er mein Chef. Wieso bin ich dann der Käufer und er der Verkäufer? Ganz einfach: Bei uns ist der Verkäufer eine sehr viel gewichtigere Persönlichkeit als der Käufer. Vom Verkäufer, der die Käufermengen in Schach halten muß, hört man ständig: »Ihr seid viele, ich bin bloß einer.« Stimmt genau: Wir Komponisten waren viele, aber er war nur einer, einzig in seiner Art. Solche wie ihn muß man suchen.

Chrennikows Vater war Handlungsgehilfe und bei einem reichen Kaufmann angestellt gewesen. Daher trug er in jeden Fragebogen ein: »Sohn eines Verkäufers«. Ich glaube, dieser Umstand trug viel dazu bei, daß Stalin ausgerechnet ihn zum Leiter des Komponistenverbandes machte. Man hat mir erzählt, Stalin habe zunächst die Fragebogen aller Kandidaten für diesen verantwortlichen Posten eingehend studiert, sich dann die Fotos vorlegen lassen. Er breitete sie vor sich auf dem Tisch aus, überlegte ein bißchen, tippte dann mit dem Finger auf Chrennikows Bild und sagte: »Der.« Es war kein Mißgriff. Stalin hatte einen untrüglichen Instinkt für geeignete Leute. »Ein Fischer erkennt einen Fischer von weitem«, wie ein weises russisches Sprichwort sagt.

Einmal las ich einen feinen Ausspruch Stalins. Ich notierte ihn mir sofort. Er trifft genau auf Chrennikow zu, und ich hatte damals den Eindruck, als habe Stalin ihn im Hinblick auf Chrennikow geschrieben. Ich möchte ihn hier zitieren: »In den Reihen eines Teiles der Kommunisten herrscht noch immer Verachtung gegenüber dem Handel allgemein und dem sowjetischen Handel im besonderen. Diese, mit Verlaub, Kommunisten betrachten den sowjetischen Handel als etwas Zweitrangiges, Nebensächliches und die im Handel Beschäftigten als minderwertige Menschen ... Sie begreifen nicht, daß der sowjetische Handel unsere ureigene Sache ist, und daß die im Handel Beschäftigten, auch die Verkäufer, wenn sie gewissenhaft arbeiten, Wegweiser unserer revolutionären bolschewistischen Sache sind.« So ein Wegweiser »unserer« Sache war auch »unser« Nachkomme eines Verkäufers.

Chrennikows Geschichte ist bezeichnend. Als Leiter des Komponistenverbands hatte er Stalin eine Namenliste jener Komponisten vorzulegen, die als Kandidaten für die jährlichen Stalinpreise in Frage kamen. Die Auswahl traf Stalin. Der Führer und Lehrer saß an seinem Schreibtisch und arbeitete oder tat, als arbeite er. Jedenfalls schrieb er. Chrennikow las in optimistischem Ton die Namen von seiner Liste ab. Stalin, ohne den Kopf zu heben, schrieb weiter. Chrennikow hatte zu Ende gelesen. Schweigen. Und plötzlich hob Stalin den Kopf, starrte Chrennikow durchdringend an. Wie es im Volksmund heißt: »Er richtete sein Auge auf ihn.« Diese Pose hatte er gut einstudiert.

Der Nachkomme eines Verkäufers jedenfalls fühlte etwas Warmes in seiner Hose, erschrak noch mehr, hastete rückwärts zur Tür, wobei er irgend etwas murmelte, und rannte hinaus. Im Vorzimmer erbarmten sich seiner zwei kräftige Krankenpfleger, speziell für solche Fälle trainiert. Sie wußten, was sie zu tun hatten, man brauchte es ihnen nicht erst zu sagen. Sie schleppten Chrennikow in den dafür vorgesehenen Raum, zogen ihn aus und wuschen ihn. Dann betteten sie ihn auf eine Couch, damit er sich etwas erholen könne. Währenddessen säuberten sie seine Hose – er war immerhin ein Chef. Das Ganze war eine völlig alltägliche Prozedur. Stalins Entscheidung über die Preiskandidaten wurde Chrennikow später mitgeteilt.

In beiden Geschichten gaben die Helden keine gute Figur ab, beide machten sich in die Hose, dabei waren sie doch schon erwachsen. Und beide erzählten noch dazu begeistert von ihrer Schande. Sich im Angesicht des großen Führers und Lehrers die Hosen vollzumachen, das ist nicht jedem vergönnt. Das ist eine besondere Ehre. Eine Art höheres Entzücken und sozusagen das Nonplusultra der Huldigung.

In diesen Geschichten erscheint Stalin als Übermensch. Und ich glaube, beide »Helden« wünschten sehnlichst, daß sie dem Führer und Lehrer kolportiert würden, auf daß er ihren Lakaieneifer würdige, ihre Furcht und ihre tiefe Ergebenheit. Stalin war es angenehm, derartige Geschichten über sich zu hören. Es freute ihn, daß er seiner »Intelligenzija«, seinen Künstlern solche Furcht einflößte, all diesen Regisseuren, Schriftstellern, Komponisten, den Erbauern einer neuen Welt, den Schöpfern des neuen Menschen, den »Ingenieuren der Seele«, wie Stalin sie nannte.

Man kann mir vorhalten: Wie kommst du dazu, über anständige Leute dreckige Geschichten zu erzählen? Wie hättest du dich denn vor Stalin verhalten? Hättest dich sicher auch vollgemacht. Darauf kann ich erwidern: Ich habe Stalin gesehen, habe mit ihm gesprochen. Meine Hosen blieben trocken, magische Kräfte konnte ich an ihm nicht bemerken. Er war ein ganz gewöhnlicher, unansehnlicher Mensch: klein, fett, mit rötlichen Haaren, das Gesicht voller Pockennarben. Die rechte Hand war merklich kleiner als die linke, daher verbarg er sie tunlichst. Mit seinen zahllosen Porträts hatte er keinerlei Ähnlichkeit.

Stalin war sehr auf sein Äußeres bedacht. Gar zu gern hätte er gut ausgesehen. Den Film »Das unvergeßliche Jahr 1919« liebte er besonders. Hier war er auf dem Trittbrett eines Panzerzuges zu sehen, den gezogenen Säbel in der Hand. Diese fabelhafte Szene hat natürlich nichts mit der Wirklichkeit zu tun. Aber Stalin betrachtete sie immer wieder voll Entzücken: »Wie war Stalin damals noch jung, wie schön! Ach, wie schön war Stalin damals!« Er sprach von sich in der dritten Person, gab sein Urteil über seine Erscheinung ab, ein positives.

Stalin verhielt sich sehr mäkelig zu seinen Bildern. Ich will eine hübsche Parabel erzählen: Ein Khan befahl einem Maler, sein Porträt zu malen. Keine schwierige Sache. Nur war ein Haken dabei: Der Khan hatte ein Hinkebein und schielte auf einem Auge. Der Künstler malte das Porträt wirklichkeitsgetreu und wurde daraufhin sofort getötet. »Verleumder kann ich nicht brauchen«, sagte der Khan. Man brachte einen anderen Maler. Der wollte klüger sein. Er malte den Khan, als habe er keinerlei körperliche Mängel – mit Adleraugen und gesunden Beinen. Auch der zweite Maler wurde unverzüglich hingerichtet. »Ich brauche keine Schmeichler«, sagte der Khan. Der dritte Maler war ein weiser Mann. Er malte den Khan auf der Jagd, stellte ihn dar, wie er mit Pfeil und Bogen einen Hirsch erlegt – das schielende Auge zugekniffen, das kürzere Bein auf einen großen Stein gestützt. Der dritte Maler erhielt eine Prämie.

Ich argwöhnte, daß diese Parabel nicht aus dem Orient stammt, sondern sehr viel mehr in unserer Nähe entstanden ist. Denn dieser Khan reagierte genau wie Stalin. Im »Unvergessenen Jahr 1919« spielte der Schauspieler Gelowani die Rolle Stalins. Dieser Schauspieler hatte einen eigenen Maskenbildner, der auf Stalins Maske spezialisiert war und auf nichts sonst. Und Stalins berühmter Feldrock, den Gelowani bei den Aufnahmen zu tragen hatte, wurde in einem speziellen Safe bei Mosfilm aufbewahrt, damit nur ja kein Stäubchen drankäme. Wenn, was Gott verhüten möge, jemand Stalin hinterbrachte, sein Feldrock sei beschmutzt worden – die Folgen wären fürchterlich. Den Feldrock zu beschmutzen war beinah dasselbe, wie Stalin persönlich zu besudeln.

Stalin hat mehrere Maler erschießen lassen. Er befahl sie in den

Kreml, damit sie den Führer und Lehrer verewigten. Und dann gefielen dem Führer und Lehrer die Bilder nicht. Stalin wollte groß sein, mit mächtigen Händen – und natürlich sollten die Hände gleich groß sein.

Als der Allerschlaueste erwies sich Nalbandjan. Auf seinem Bild geht Stalin, die Hände über der Bauchgegend zusammengelegt, direkt auf den Betrachter zu. Auf diese Weise ist die Sicht von unten nach oben. In dieser Perspektive wirkt auch ein Liliputaner wie ein Riese. Nalbandjan hatte Majakowskis Rat befolgt: Der Maler muß auf sein Modell schauen wie die Ente zum Balkon hinauf. Von der Enten-Position aus hatte er Stalins Porträt gemalt. Der Führer und Lehrer war sehr zufrieden. Reproduktionen des Gemäldes wurden in allen öffentlichen Gebäuden aufgehängt. Sie hingen sogar beim Friseur und in den Badehäusern.

Für das Honorar ließ sich Nalbandjan eine unvorstellbar luxuriöse Datscha bei Moskau bauen. Ein riesiges Ding mit Kuppeln wie eine Bahnhofshalle, das zugleich der Basiliuskathedrale ähnlich sah. Einer meiner Schüler nannte sie »Erlöser-auf-dem-Schnauzbart«. Gemeint war Stalins Schnurrbart, den Ossip Mandelstam »Küchenschabenbart« genannt hatte.

Meine Begegnung mit Stalin fand während des Krieges statt. Es war beschlossen worden, die Internationale tauge nicht mehr als sowjetische Nationalhymne. Die Worte seien unpassend. In der Tat, was sind das auch für Worte: »Es rettet uns kein höh'res Wesen, kein Gott, kein Kaiser noch Tribun.« Gott und Kaiser war schließlich Stalin. Solche Worte zu benutzen war ideologisch schädlich. Man fand eine neue Zeile: »Stalin zog uns auf«. Er war doch ein »genialer Gärtner«.

Dann kam man drauf, daß die Internationale ein ausländisches Lied ist, ein französisches. Was denn – braucht Rußland etwa eine französische Hymne? Können wir keine eigene Hymne schaffen? Natürlich können wir das.

Man schusterte die Worte zusammen, den fertigen Text gab man verschiedenen Komponisten: »Schreibt eine neue Nationalhymne.« Ob du willst oder nicht, an dem Wettbewerb mußt du dich beteiligen. Sonst hängen sie dir einen Fall an, weil du Lump dich einer verantwortlichen staatswichtigen Aufgabe entzogen hast. Für viele Komponisten bot sich hier eine Chance, sich auszuzeichnen, sozusagen auf allen vieren in die Geschichte einzugehen.

Manche Komponisten gaben sich große Mühe. Ein Bekannter von mir schrieb gleich sieben Hymnen, so sehr sehnte er sich danach, Staatskomponist zu werden. Normalerweise zeichnete sich dieser weltberühmte Komponist nicht durch Fleiß aus. Aber in diesem Fall erwies er sich als ein Wunder an Arbeitsamkeit.

Auch ich schrieb also eine Hymne. Und dann ging es los mit dem endlosen Anhören dieser Hymnen. Manchmal erschien Stalin bei diesen Vorführungen und hörte zu. Schließlich erteilte er den Befehl, Chatschaturjan und ich sollten gemeinsam eine Hymne schreiben. Etwas Dümmeres konnte ihm gar nicht einfallen. Chatschaturjan und ich sind grundverschiedene Komponisten. Unser Stil, unsere Arbeitsweise und ebenso unsere Temperamente sind verschieden. Und überhaupt – wozu denn einen Komponistenkolchos? Sträuben war unmöglich, wir hatten zu gehorchen. Selbstverständlich arbeiteten wir nicht zusammen, wir wurden kein Gespann wie Ilf und Petrow. Chatschaturjan behinderte mich nicht, und ich behinderte ihn nicht.

Ich mache aus meiner Arbeit kein weihevolles Mysterium. Ich brauche keine besonderen Arbeitsbedingungen und gebe auch nicht vor, beim Komponieren in irgendwelchen jenseitigen Welten zu verweilen. Früher konnte ich überall komponieren, bei jedem Lärm, an einer Tischecke, wenn ich nicht allzusehr gestoßen wurde. Heute bin ich leider empfindlicher. Ich bin auch nicht scharf darauf, großangelegte Arbeitspläne anzukündigen, etwa daß ich eine Oper über ein aktuelles Thema schreiben wolle – über Neulandgewinnung und Bodenmeliorisierung – oder ein Ballett über den Weltfriedenskampf oder eine Symphonie über die Kosmonauten.

Als ich jünger war, machte ich manchmal derartige unkluge Ankündigungen. Noch heute werde ich gelegentlich gefragt, wann ich endlich meine Oper »Der stille Don« vollenden würde. Diese Oper werde ich nie vollenden, weil ich sie nie begonnen habe. Zu meinem ganz großen Bedauern war ich einmal genötigt, dies zu behaupten, um einer heiklen Situation zu entrinnen.

Es gibt bei uns eine spezielle Form der Selbstverteidigung: Um nicht gesteinigt zu werden, behauptet man, an dem und dem Werk zu arbeiten, der Titel muß natürlich bombastisch klingen. Dabei schreibt man ein Quartett und empfindet leise Befriedigung. Den Potentaten erklärt man aber, eine Oper »Karl Marx« oder »Junge Garde« reife heran. Dann verzeihen sie dir das Quartett als Freizeitbeschäftigung und lassen dich in Ruhe. Unter dem mächtigen Schutz dieser »schöpferischen Pläne« kann man dann ein Jährchen oder zwei unbehelligt leben.

Jeder Komponist muß seine Arbeit selber verantworten. Das bedeutet nicht, daß ich ein prinzipieller Gegner jeglicher Ko-Autorschaft wäre. In der Literatur gibt es eine ganze Reihe von Beispielen für gelungene Ko-Autorschaft. In der Musik wüßte ich kein Beispiel zu nennen. Chatschaturjan und ich bildeten keine Ausnahme von der Regel. Es war schließlich nicht unsere eigene Idee, sondern wir waren zu Ko-Autoren kommandiert worden. Ich nahm im übrigen die Sache nicht sehr ernst, Chatschaturjan wohl auch nicht. Ich weiß es nicht. Mit Chatschaturjan zusammenzutreffen bedeutete in allererster Linie, ausgesucht gut zu speisen, mit Vergnügen zu trinken und angenehm zu plaudern. Darum versäumte ich keine Gelegenheit – wenn ich irgend Zeit hatte –, mit ihm zusammenzukommen.

So trafen wir uns also, aßen, tranken, tauschten Neuigkeiten aus und schrieben keine einzige Note, dachten nicht einmal an die uns aufgetragene Arbeit. Später stellte sich heraus, daß Chatschaturjan gerade an diesem Tag drauf und dran gewesen war, mit der Arbeit zu beginnen. Aber ich (o rätselhafte slawische Seele) hatte ihn vom rechten Wege abgebracht. Wir vereinbarten eine neue Zusammenkunft. Dieses Mal war ich voller Arbeitseifer. Mir schwebte so etwas wie ein Sportkampf vor. Los, ran, auf die Plätze! Schaffen wir ein majestätisches Tongemälde, genannt Staatshymne! Wir machten uns also an die Arbeit. Und da ergab sich, daß Chatschaturjan (o rätselhafte armenische Seele) ausgerechnet heute tief deprimiert war und, außerstande zu arbeiten, über die Vergänglichkeit der Jugend philosophierte. Um Chatschaturjan zu überzeugen, daß die Jugend doch noch nicht gänzlich vorbei war, mußte ein bißchen getrunken werden. Darüber wurde es Abend, und wir mußten uns trennen, ohne daß eine einzige Note der Hymne geboren worden wäre.

Die Zwangssymbiose mußte aber ein Ergebnis bringen. Und wir fanden eine wahrhaft salomonische Lösung: Jeder von uns sollte allein für sich eine Hymne schreiben. Dann wollten wir uns wieder treffen, die Hymnen vergleichen und hören, welche besser sei. Die besten Stellen von Chatschaturjan und die besten Stellen von mir wollten wir zur gemeinsamen Hymne vereinen. Natürlich hätte es passieren können, daß wir zwei ganz und gar verschiedene Hymnen schrieben, die sich nicht kombinieren ließen. Daher hielten wir einander während der Arbeit auf dem laufenden. Jeder komponierte zu Hause einen Entwurf, dann trafen wir uns, sahen das Entstandene durch, trennten uns wieder, und jeder behielt die Variante des Ko-Komponisten im Kopf.

Die Sache ging rasch voran, wenn auch mit einigen Schwierigkeiten. Es konnte nicht ausbleiben, daß wir gelegentlich kritische Einwände gegeneinander vorzubringen hatten. Chatschaturjan ist aber sehr empfindlich, man sollte daher vermeiden, ihn zu kritisieren.

Als Chatschaturjan die Konzert-Rhapsodie für Violoncello für Rostropowitsch schrieb, verhielt dieser sich sehr geschickt. Er wollte ein paar Stellen geändert haben. Aber wie sollte man das Chatschaturjan beibringen? Er würde tödlich beleidigt sein. Rostropowitsch machte das so: »Aram Iljitsch, Ihr Werk ist wundervoll. Ein goldenes Werk! Ein paar Stellen sind allerdings silbern, die sollten Sie auch noch vergolden.« In dieser Form akzeptierte Chatschaturjan die Kritik, er überarbeitete die von Rostropowitsch gewünschten Passagen. Leider habe ich Rostropowitschs poetische Gabe nicht.[3]

Überhaupt ist Rostropowitsch ein echter russischer Mensch: Er weiß alles, kann alles, versteht alles. Von Musik will ich gar nicht reden, er kann auch jede physische Arbeit verrichten und kennt sich in technischen Dingen aus. Einiges kann ich auch, zum Beispiel einen Holzstoß mit einem einzigen Streichholz anzünden, bei jedem Wind – äußerstenfalls mit zwei Streichhölzern. Diese Kunst hat man mich als Kind gelehrt, ich bin sehr stolz darauf. Es war meine Lieblingsbeschäftigung, den Ofen einzuheizen. Ich erinnere mich noch ganz genau an das Gefühl von Behagen und Geborgenheit, das mich dabei durchdrang. Das ist lange her.

Ich war im großen und ganzen ein geschickter Bengel, hatte die russische Geschicklichkeit. Aber mit Rostropowitsch kann ich mich nicht messen. Und, natürlich habe ich keinerlei poetisches oder diplomatisches Talent. Es würde schwierig für mich werden, mit Chatschaturjan zurechtzukommen. Trotzdem, wir schafften es, unsere beiden Hymnen zu einem Wunder der Kunst zu vereinen. Die Melodie stammte von mir, der Refrain von ihm. Über die Musik will ich lieber kein Wort weiter verlieren. Ich erwähne dieses »Werk« nur wegen der tragikomischen Umstände seines Entstehens.

Fast wäre es zum Konflikt gekommen, als es um die Frage der Orchestrierung ging. Zwei Varianten zu kombinieren wäre töricht gewesen. Schneller würde es gehen, wenn jeder von uns eine Orchestrierung machte und wir dann die bessere nähmen, noch schneller, wenn bloß einer das Opus orchestrierte und wir mit beiden Namen unterzeichneten. Wer aber sollte die Arbeit übernehmen. Chatschaturjan wollte nicht, ich auch nicht. Jeder aus einem anderen Grund. Da fiel mir ein Kinderspiel ein, das meine Schwestern und ich spielten, wenn wir uns vor unangenehmen häuslichen Pflichten drücken wollten: Man mußte raten, in wessen Hand ein Kieselstein versteckt war; wer es nicht erriet, hatte verloren und mußte die lästige Arbeit verrichten. Ein Steinchen hatte ich nicht bei mir. So schlug ich Chatschaturjan vor, er solle raten, in welcher Hand ich ein Streichholz versteckt hätte. Chatschaturjan erriet es. Also mußte ich, der Verlierer, die Hymne orchestrieren.

Die Anhörungen der Hymnenprojekte zogen sich ermüdend in die Länge. Endlich wurde die Entscheidung des Führers und Lehrers verkündet: Fünf Hymnen kamen in die Schlußauswahl: die von Alexandrow, die des georgischen Komponisten Jona Tuskija, Chatschaturjans, meine und dann noch unsere gemeinsam komponierte.

Nun kam die Endrunde. Sie wurde im Bolschoi veranstaltet. Jede Hymne wurde dreimal gespielt: Zuerst der Chor ohne Orchester, dann das Orchester ohne Chor und schließlich Chor und Orchester zusammen. Auf diese Weise konnte man feststellen, wie die Hymne bei verschiedenen Anlässen wirken würde. Man hätte auch noch den Klang unter Wasser ausprobieren sollen, leider ist niemand darauf gekommen.

Die Ausführung war nicht schlecht. Tauglich für den Export. Das Tanz- und Gesangsensemble der Roten Armee stellte den Chor, das Orchester des Bolschoitheaters spielte. Hätte man die Hymne tanzen können, dann wäre sicher auch noch das Ballett des Bolschoitheaters aufgetreten. Und sie hätten es gut gemacht. Die Orchestrierung war sehr präzis, wie für eine Parade, für Ballettleute leicht zu begreifen.

Alexandrow, der seinen eigenen Chor auch dirigierte, zappelte herum und war völlig aus dem Häuschen. Mit seiner »Hymne an die Partei der Bolschewiki« war er Kandidat für die Staatshymne geworden. Stalin liebte das Lied. Vor Begeisterung stotternd, erzählte Alexandrow mir, wie Stalin dieses Lied unter anderen »ausgesondert« habe. Das Tanz- und Gesangsensemble der Roten Armee unter Alexandrows Leitung hatte das Lied zum erstenmal auf einem Festkonzert gesungen. Das war noch vor dem Krieg gewesen. In der Pause wurde Alexandrow in Stalins Loge gerufen. Der Führer und Lehrer befahl, das Lied nach beendetem Konzert noch einmal vorzutragen, für ihn persönlich. Damals hieß das Opus »Das Lied von der Partei«. Und Alexandrow ließ es im Marschrhythmus singen. Stalin befahl, es langsamer zu bringen, mehr wie eine Hymne. Nachdem er es gehört hatte, nannte er es »ein Schlachtschiff von einem Lied« und gab ihm den neuen Titel »Hymne an die Partei der Bolschewiki«. So heißt es bis heute. Alexandrow wünschte sich heiß, daß sein Lied zum Feldmarschall befördert, das heißt: Nationalhymne werden würde.

Die Anhörung ging weiter, die Komponisten waren sehr aufgeregt, viele hatten ihre Frauen mitgebracht, auch Chatschaturjan und ich. Alle blickten neugierig zur Regierungsloge, versuchten natürlich, es ganz unauffällig zu tun. Endlich verstummte der Krach auf der Bühne. Dann wurden wir zur Regierungsloge befohlen, zu Stalin. Auf dem Wege dorthin wurden wir wie nebenbei durchsucht. Die Regierungsloge hatte ein kleines Foyer, dorthin brachte man uns. Im Foyer stand Stalin.

Sein Äußeres habe ich schon beschrieben. Ich bin absolut ehrlich, wenn ich sage, daß ich keinerlei Schrecken beim Anblick Stalins verspürte. Erregung natürlich, aber keinen Schrecken. Es ist schrecklich, wenn du unverhofft in der Zeitung liest, du seist ein Volksfeind, und du dich nicht rechtfertigen kannst, niemand dich anhören will, keiner ein Wort zu deiner Verteidigung sagt. Wohin du dich wendest, alle haben dieselbe Zeitung in der Hand. Alle sehen dich wortlos an. Und wenn du versuchst, etwas zu sagen, wenden sie sich ab, hören dich nicht. Das ist wirklich schrecklich. Oft und oft erlebe ich es im Traum. Das schrecklichste daran ist, daß alles schon gesagt, alles schon entschieden ist. Aber du weißt nicht, warum so und nicht anders entschieden wurde. Es ist zu spät, etwas zu entgegnen, es ist sinnlos zu streiten.

Aber hier? Was gab es hier zu fürchten? Noch war nichts entschieden. Und du kannst auch etwas sagen. So dachte ich, als ich den fetten Kerl sah. Er war so klein, daß er nie jemandem erlaubte, neben ihm zu stehen. Neben dem Sturmvogel Maxim Gorki hätte Stalin komisch gewirkt. Die beiden hätten Pat und Patachon geglichen. Fotos von Stalin mit Gorki zeigen beide daher immer sitzend.

Hier stand Stalin allein. Die übrigen hohen Chargen drängten sich im Hintergrund. Außer uns Komponisten waren noch die beiden Dirigenten herbefohlen worden: Melik-Paschajew, der das Orchester dirigierte, und Alexandrow, der den Chor leitete. Warum Stalin uns hatte kommen lassen, begreife ich bis heute nicht. Sicher hatte er plötzlich das Bedürfnis, mit mir zu sprechen. Aber ein Gespräch kam nicht zustande.

Zuerst gab Stalin ein paar tiefgründige Bemerkungen darüber von sich, wie eine Staatshymne beschaffen zu sein habe. Platitüden, eine typische Stalinsche Binsenweisheit. So nichtssagend, daß ich die Worte vergessen habe. Seine Vertrauten nickten zustimmend, sprachen sehr leise und vorsichtig. Alle sprachen sehr leise. Die Situation erinnerte an eine heilige Handlung. Wahrscheinlich würde gleich irgendein Wunder geschehen. Vielleicht würde Stalin gebären? Die Erwartung eines Wunders stand allen Lakaien auf dem Gesicht geschrieben. Doch es geschah kein Wunder. Wenn Stalin überhaupt etwas von sich gab, dann höchstens unklare Gedankenfetzen. Dieses »Gespräch« zu fördern war unmöglich, man konnte nur zustimmend nicken oder schweigen. Ich zog es vor, zu schweigen. Außerdem hatte ich nicht im Sinn, über die Kunst des Hymnenkomponierens zu theoretisieren. Ich bin kein Kunsttheoretiker, bin nicht Stalin.

Auf einmal nahm die träge dahintröpfelnde Konversation eine bedrohliche Wendung. Stalin hatte beschlossen, sich als Fachmann in Orchestrierungsfragen hervorzutun. Anscheinend hatte man ihm zugetragen, daß Alexandrow seine Hymne nicht selber orchestriert hatte. Alexandrow hatte sie einem professionellen Orchestrierer gegeben, nicht anders als viele der übrigen Kandidaten auch. Dutzende der zum Wettbewerb eingereichten Hymnen waren von ein und derselben sehr erfahrenen Hand orchestriert worden. Chatschaturjan und ich bildeten hier die Minderheit. Wir orchestrierten beide selbst.

Stalin beschloß also, sich an Alexandrows Orchestrierung festzuhaken. Mit uns wollte er offenbar keine Diskussion, wir waren immerhin Professionals, da könnte ihm am Ende ein kleiner Fehler unterlaufen. Aber am Beispiel Alexandrows konnte der Führer und Lehrer seine ganze Weisheit und Scharfsinnigkeit demonstrieren.

Das war seine bewährte Methode. Das Gespräch über Hymnen verlief also ganz typisch. Es zeigt, wie sorgfältig Stalin sich auf solche Gespräche vorbereitete. Seine weisen Aussprüche arbeitete er vorher aus. Da er aber nicht sehr davon überzeugt war, daß diese Aussprüche tatsächlich das Nonplusultra an Weisheit waren, sorgte er wie der Regisseur eines Provinztheaters für einen »effektvollen Abgang« jedes seiner Goldkörner. Der Regisseur in der Provinz kennt sein Publikum. Er kann ruhig Babel mit Bebel verwechseln. Eins steht fest: Niemand wird ihn korrigieren. Denn das Publikum ist dumm, es frißt alles.

Stalin umgaben rohe, ganz und gar ungebildete Leute. Sie lasen nichts, interessierten sich für nichts. Vor diesem Publikum war es für Stalin leicht, Eindruck zu machen. Schließlich war er der Regisseur und niemand sonst. Er konnte den Gesprächsplan aufbauen, wie er wollte, konnte in jedem beliebigen Augenblick das Thema wechseln, konnte das Gespräch zu einem ihm genehmen Zeitpunkt abbrechen. Kurz: Der Führer und Lehrer hatte alle Karten in der Hand. Mit diesen Trümpfen in der Hand spielte er brillant den Biedermann.

Stalin begann nun, Alexandrow auszufragen, warum er sein Lied so garstig orchestriert habe. Alexandrow hätte alles mögliche erwartet, nur nicht ein Gespräch mit Stalin über die Orchestrierung. Er war wie vom Donner gerührt, am Boden zerstört. In Gedanken nahm er schon Abschied, nicht nur von seiner Hymne, auch von seiner Karriere und vielleicht noch von einigem mehr. Der Verfasser des »Liedes wie ein Schlachtschiff« war mit einem Schlage puterrot und in Schweiß gebadet. Er bot einen traurigen Anblick.

In solchen Augenblicken enthüllt sich ein Mensch bis ins Innerste. Alexandrow beging eine Gemeinheit. Im Versuch, sich zu verteidigen, gab er die Schuld dem Orchestrierer. Das war unwürdig und niedrig. Dem Orchestrierer konnte als Ergebnis dieses Gesprächs der Kopf vom Rumpf fliegen.

Ich sah: Die Sache konnte schlimm enden. Stalin hörte den kläglichen Rechtfertigungsversuchen Alexandrows interessiert zu. Es war ein ungutes Interesse – das des Wolfs für das Lamm. Auch Alexandrow bemerkte das und trug noch dicker auf. Der unglückliche Orchestrierer verwandelte sich in einen Schädling, der absichtlich Alexandrows bedeutendes Lied schlecht orchestriert hatte.

Jetzt hielt ich es nicht mehr aus. Dieses häßliche Spektakel konnte dem Orchestrierer zum Verhängnis werden: Ein Mensch würde für nichts und wieder nichts umgebracht. Das konnte ich nicht hingehen lassen. Ich sagte, daß der in Rede stehende Orchestrierer eine Kapazität auf seinem Gebiet sei, und fügte hinzu, die ihm gemachten Vorwürfe seien ungerecht.

Stalin war sichtlich überrascht, unterbrach mich aber nicht. Auf diese Weise gelang es mir, das Gespräch aus dem gefährlichen Fahrwasser hinauszulotsen. Jetzt wurde die Frage diskutiert, ob ein Komponist sein Werk selber orchestrieren müsse oder ob er das Recht habe, einen anderen damit zu beauftragen. Ich sprach meine eigene unwandelbare Überzeugung aus, daß ein Komponist die Orchestrierung seiner Arbeiten niemand anderem anvertrauen dürfe. Merkwürdigerweise stimmte Stalin mir zu. Ich glaube, er betrachtete die Sache von seiner Kirchturmspitze aus. Ganz gewiß war er nicht bereit, seinen Ruhm mit irgend jemandem zu teilen. Darum beschloß er wohl: Schostakowitsch hat recht. »Das Schlachtschiff« Alexandrow sank. Der Orchestrierer war gerettet. Ich hatte Ursache, zufrieden zu sein.

Zum Schluß fragte Stalin die Anwesenden, welche Hymne ihnen am besten gefallen habe. Er fragte auch mich. Auf diese Frage war ich vorbereitet. Ich war darauf gefaßt gewesen, etwas Ähnliches gefragt zu werden, und hatte mir alles überlegt: Meine oder die mit Chatschaturjan gemeinsam komponierte Hymne zu erwähnen wäre selbstverständlich unschicklich. Chatschaturjans eigene zu nennen ging auch nicht. Es hätte so ausgesehen, als wollte ich meinem Ko-Komponisten einen Gefallen tun. Alexandrows Hymne gefiel mir wirklich nicht. Von den fünf Kandidaten blieb also nur einer: Jona Tuskija. Seine Hymne bezeichnete ich als die beste, fügte aber hinzu, es sei etwas schwierig, sie im Gedächtnis zu behalten. Auch hier stimmte Stalin mir zu, obwohl Tuskija Georgier ist.

Aus dem weiteren Gespräch ergab sich, daß der oberste Richter und Kenner der Hymnen aller Zeiten Chatschaturjans und mein Gemeinschaftswerk für die beste Hymne hielt, aber einige leichte Änderungen im Refrain forderte. Stalin fragte, wieviel Zeit wir dafür benötigten. Ich sagte: fünf Stunden. In Wirklichkeit hätten wir es in fünf Minuten erledigen können. Aber zuzugeben, daß wir die Änderung hier auf der Stelle würden vornehmen können, hätte vielleicht unseriös gewirkt.

Zu meiner großen Überraschung wurde Stalin über diese Antwort sehr böse. Er hatte etwas ganz anderes zu hören erwartet. Stalin sprach langsam, dachte langsam, tat alles langsam. Vermutlich dachte er: Dies ist eine staatswichtige Sache, eine Staatshymne. Da muß man siebenmal Maß nehmen und einmal schneiden. Und da sagt dieser Schostakowitsch, er brauche nur fünf Stunden, um alles in Ordnung zu bringen. Eine unernste Einstellung hat Schostakowitsch. Ein so leichtfertiger Mensch kann nicht Komponist unserer Staatshymne sein.

Dies alles zeigt ein übriges Mal, daß Stalin vom Komponieren nicht das mindeste verstand. Hätte er auch nur die leiseste Vorstellung davon gehabt, würde ihn meine Frist nicht weiter erstaunt haben. Er hatte eindeutig gezeigt, daß er in der Musik genau wie auch auf allen anderen Gebieten ein Banause war. Er hatte das Gespräch über Orchestrierung nur angefangen, um sich zur Schau zu stellen. Das war ihm dieses Mal nicht gelungen.

Unsere gemeinsame Hymne wurde also abgelehnt. Chatschaturjan beschimpfte mich wegen meines Leichtsinns. Ich hätte sagen sollen, wir brauchten einen Monat. Dann hätten wir gewonnen. Ich weiß nicht, aber vielleicht hat Chatschaturjan recht. Jedenfalls: Alexandrows Lied wurde zur Staatshymne ernannt. Das Schlachtschiff war im Hafen.

Trotzdem: Die Hymne hatte kein Glück. Nicht wegen der Musik, sondern wegen ihrer Worte. Was die Musik betrifft, so ist es schon eine Tradition, daß Staatshymnen musikalisch schlecht zu sein haben. Stalin hat, wie zu erwarten, diese ruhmreiche Tradition nicht gebrochen. Auch der untertänige Text gefiel Stalin sehr gut. Doch als nach seinem Tode der Personenkult aufgegeben wurde, paßte der Text nicht mehr so recht. Man konnte die Menschen nicht mehr singen lassen: »Uns hat Stalin aufgezogen«, wenn in aller Öffentlichkeit festgestellt worden war, daß er nicht nur nichts und niemanden aufgezogen, sondern im Gegenteil Millionen Menschen umgebracht hatte. Der Text der Hymne wurde also nicht mehr gesungen, man summte nur noch die Melodie.

Chruschtschow wollte eine neue Hymne in Auftrag geben. Er wollte überhaupt dies und das und tausend andere Dinge. Und fast nichts von alldem hat er getan. So ging es auch mit der Hymne. Zuerst war er Feuer und Flamme. Ich wurde auch herangezogen, diesmal als Experte. Dann verlief alles im Sande. Wir müssen also weiterhin die Staatshymne summen. Das ist natürlich sehr schlecht.[4]

Ich möchte ergänzen, daß Alexandrow ein ganz gutes Lied geschrieben hat: »Heiliger Krieg«. Dieses Lied wurde während des Krieges tatsächlich überall gesungen. Stalin nannte es »geländegängig«. Das eine Lied war ein Schlachtschiff, das andere ein Landrover. Ein regelrechtes Militärtransportlexikon. Traurig, Genossen, sehr traurig.

Wenn ich das Fazit meines Lebens ziehe, kann ich nicht sagen, daß mein Verhalten besonders heroisch war. Gewiß, auch das bißchen, das ich tun konnte, war keineswegs leicht. Es war auch keine leichte Zeit, nicht die beste der möglichen Varianten. Aber wie Soschtschenko sagte: »Kaum ein Mensch der heranwachsenden Generation wird unsere Zeit richtig beurteilen können. Die Informationen fehlen.« Man brauchte aber bloß Soschtschenkos Geschichten als Schulpflichtlektüre einzuführen, dann würde die künftige Jugend sich sehr wohl eine Vorstellung von unserem dürftigen, wenig anziehenden Leben machen können. Denn Soschtschenko war unser Nestor und zugleich unser Pimen.[5]

Ich lernte Soschtschenko bei Samjatin kennen. Ich gestehe, unter unseriösen Umständen – nämlich am Kartentisch beim Pokern. Damals war ich versessen aufs Kartenspielen. Überließ mich mit Vergnügen dieser unschönen Leidenschaft. Ganze Tage und vor allem Nächte hockten wir über den Karten. Dabei fällt mir eine wunderliche Geschichte über Ljadow ein. Der war ein so häuslicher Mensch, wie es wenige gibt, und auch ein passionierter Kartenspieler. Er ging nie aus. Sah sich nichts an. Saß zu Hause und spielte Karten. Einmal hatte Mitrofan Beljajew Ljadow überredet, mit ihm in den Kaukasus zu reisen, um die herrliche Natur zu genießen. So fuhren also der Mäzen und der Komponist in den Kaukasus. Sie stiegen im besten Hotel ab und spielten drei Tage lang Karten, ununterbrochen. An die herrliche Natur konnten sich weder Ljadow noch Beljajew erinnern, aus einem ganz einfachen Grund: Sie hatten nichts von ihr gesehen, weil sie ihr Zimmer überhaupt nicht verlassen hatten. Dann setzten sie sich wieder in den Zug und fuhren nach Petersburg zurück. Später fragte Ljadow sich manchmal verwundert: »Warum bin ich überhaupt in den Kaukasus gefahren?« Die Reise hatte ihn tief enttäuscht. Von nun an blieb er endgültig zu Hause.

Samjatin lebte damals in guten, soliden Verhältnissen. Alles war vorhanden: schöne Tische, Stühle, Sessel aller Art. Den Wohlstand hatte er natürlich nicht seiner schriftstellerischen Arbeit zu verdanken, sondern seinem Brotberuf. Er war ein bekannter Ingenieur, Spezialist für Schiffsbau. Daher hatte er also Geld und die Möglichkeit, bei sich zu Hause literarische Abendempfänge zu veranstalten. Die Jugend kam zu diesen Soireen, um sich satt zu essen und Bekanntschaften zu schließen.

Maître – das ist die richtige Bezeichnung für Samjatin. Er liebte es, alle und alles in der richtigen Schublade unterzubringen. Und außerdem liebte er es, zu dozieren. Das gefiel mir weniger. Aber ich gebe zu, Samjatin war ein immens gebildeter Mann, schade war nur, daß er stets den belehrenden Zeigefinger parat hatte. Auf Soschtschenko blickte er ein bißchen von oben herab, zugegeben – Soschtschenko war kein studierter Mann. Samjatin schätzte Soschtschenkos Erzählungen vom professionellen Standpunkt aus. Aber er spöttelte gern über ihn und behauptete, ein Bär sei ihm aufs Ohr getreten. Soschtschenko teile die Musik in zwei Hälften – die eine sei die »Internationale«, die andere alles übrige. Beide Hälften zu unterscheiden war für Soschtschenko ganz leicht: Wenn alle aufstanden, bedeutete das, man spielte die »Internationale«. Wenn alle hartnäckig, stundenlang auf ihren Stühlen saßen, war es Musik von der anderen Hälfte.

Daß Samjatin mit seinem Urteil über Soschtschenkos musikalisches Gehör wie üblich recht hatte, davon konnte ich mich mehrmals überzeugen. Ein Beispiel: Soschtschenko hört die Neunte Symphonie von Beethoven. Und während des Finales glaubt er, die Sache sei endlich zu Ende. (Da ist so eine vertrackte Stelle im Finale.) Soschtschenko applaudiert also, wie es sich gehört, und schreitet stolz dem Ausgang zu. Erst da merkt er, daß er der einzige ist, der hinausgehen will. Alle übrigen sitzen mucksmäuschenstill auf ihren Plätzen, die Musik geht weiter. Er muß also zurück auf seinen Platz, gerät in Verwirrung, die Nachbarn, denen er auf die Füße tritt, zischeln empört.

Ein andermal hat Soschtschenko mich so gerührt, daß ich darüber meine eigenen Schwierigkeiten vergaß. Das war Ende 1937. Ich kam in die Philharmonie zur Uraufführung meiner Fünften. Die Atmosphäre war gespannt, nervös. Der Saal überfüllt. Die Crème de la Crème, wie man so sagt, hatte sich eingefunden. Der Abschaum auch. Nicht nur für mich war die Situation kritisch. Von wo wehte der Wind? Diese Frage beunruhigte einen gewissen Teil des Publikums aus den Reihen der Literatur-, Kultur- und Körperkulturschaffenden, sie erregte alle fieberhaft.

Im ersten Teil des Konzerts dirigierte Mrawinski unter anderem »Romeo und Julia« von Tschaikowski. Erst im zweiten Teil war die Fünfte dran. Ich fühlte mich wie der Gladiator in Giovagniolis Roman »Spartakus« oder wie eine Karausche in der Bratpfanne, dachte bei mir: »Kleines Fischchen, gebrat'ne Karausche, wo ist dein Lächeln von gestern?«

»Romeo und Julia« war zu Ende. Pause. Strahlend eilte Soschtschenko auf mich zu, wie immer adrett angezogen. Gratulierte mir zu dem wundervollen Erfolg meiner Komposition. Sie hatte ihm so ausnehmend gefallen. Sie war doch so melodiös. »Ich habe es immer gewußt, daß Sie nicht volksfremd schreiben können«, versicherte er mir. Natürlich fühlte ich mich geschmeichelt und mußte lachen, vergaß darüber sogar den noch bevorstehenden zweiten Teil des Konzerts, in dem meine Symphonie gespielt werden würde.

Ich fühlte mich immer zu Soschtschenko hingezogen, er war mir ganz einfach sympathisch, obwohl wir im Temperament sehr verschieden waren. Aber unsere Ansichten stimmten in vielem überein. Manchmal schien es, als überlasse Soschtschenko all seinen Zorn dem Schreibpapier. Im Umgang mit Menschen liebte er es, sich sanft zu geben, den Scheuen zu spielen. Der Humorist versucht, traurig zu sein; der weiche Mensch, hart zu sein – so ist das Leben einfacher.

Soschtschenko bemühte sich, Distanz zwischen sich und seine Arbeiten zu legen. Dabei verstand er es sehr wohl, auch in seinem persönlichen Leben so böse und schonungslos zu sein wie in seinen Geschichten. Soschtschenko war grausam zu Frauen. Es gab viele Frauen um ihn herum. Warum auch nicht? Er war berühmt, hatte Geld, sah gut aus. Die Frauen mochten ihn.

Soschtschenkos gutes Aussehen war mir nie ganz geheuer. Hätte er sich unverschämt betragen, hätte man ihn für eine Art Zuhälter halten können. Aber er benahm sich dezent und bescheiden. Leise und bescheiden sagte er seinen leidenschaftlichen und ausdauernden Anbeterinnen schreckliche Gemeinheiten. Sentimentalität kannte Soschtschenko nicht, überhaupt nicht. Darin stimmten wir überein. Einmal erzählte mir Soschtschenko schmunzelnd von einem Schulaufsatz, den er im Gymnasium hatte schreiben müssen. Das Thema: »Lisa Kalitina als Ideal der russischen Frau«. Was konnte brechreizerregender sein als Turgenjew, noch dazu, wenn es sich um eine seiner Frauengestalten handelte? Ich freute mich, daß Soschtschenko für seinen Aufsatz eine Fünf bekommen hatte.

Ich erzählte ihm daraufhin, daß Tschechow diese »Turgenjewschen« Mädchen auch nicht ausstehen konnte. Er fand alle diese Lisas und Jelenas unerträglich falsch. Sie seien überhaupt keine russischen Mädchen, sondern irgendwelche unnatürlichen Pythias, mit verkehrten Vorstellungen über ihren Status.

Soschtschenko schrieb sehr gut über sich selbst, über seine Beziehungen zu Frauen und über Frauen im allgemeinen. Es ist kaum vorstellbar, daß jemand wahrhaftiger schreiben könnte. Es ist sehr direkte Prosa. Pornographie wird häufig mit Flittergold überdeckt. Hier gibt es keinerlei Flittergold. Nur den kristallklaren Soschtschenko. Einige Seiten in »Vor Sonnenaufgang« sind sehr schwer zu lesen. Sie sind sehr hart. Und was wichtiger ist: keine Fanfare, keine Pose, kein Zynismus. Soschtschenko ist der Frau gegenüber unvoreingenommen.

»Vor Sonnenaufgang« veröffentlichte er während des Krieges. Die hier vorgenommene Selbstanalyse machte Stalin wütend: Es war Krieg. Da hatte man »Hurra« zu schreien, »Nieder mit dem Feind« und »Lang lebe ...«, aber nicht irgendeinen Teufelsdreck zu schreiben. Soschtschenko wurde zum niederträchtigen, geilen Vieh erklärt. Wörtlich. Er habe kein Schamgefühl und kein Gewissen.

Der Führer und Lehrer, außer sich über Soschtschenkos falsche Einstellung den Frauen gegenüber, zögerte nicht, sich für die Frauen einzusetzen. Ein Thema, das die Koryphäe der Wissenschaft besonders beschäftigte. Über meine Oper »Lady Macbeth« war zum Beispiel von oben festgestellt worden, in ihr werde Krämerwollust verherrlicht. So etwas habe in der Musik keinen Platz. Weg mit der Wollust! Warum aber um alles in der Welt hätte ich »Krämerwollust« verherrlichen sollen? Ich weiß es nicht. Der Führer und Lehrer wußte es besser als wir. »Weiß Stalin das?« und »Stalin weiß es« waren zwei beliebte Sätze der sowjetischen Intelligenz in jener Periode. Ich muß betonen: Nicht auf Rednertribünen, bei Versammlungen, nein, zu Hause wurden diese Sätzchen gesprochen, im engsten sowjetischen Familienkreise.

Stalin setzte große Hoffnungen in die Familie. Zuerst hatte er versucht, sie mit allen ihm zugänglichen Mitteln zu zerstören.

Söhne denunzierten ihre Väter, Frauen ihre Männer. Die Zeitungen waren voll von Erklärungen dieser Art: »Ich, der-und-der, erkläre, daß ich nichts mit meinem Vater zu tun habe, dem Volksfeind so-und-so. Ich habe schon vor zehn Jahren mit ihm gebrochen.«

An derartige Erklärungen war man gewöhnt; man beachtete sie schon gar nicht mehr. Sie rangierten unter Kleinanzeigen wie: »Verkaufe gut erhaltene Möbel« oder »Erteile französischen Sprachunterricht, mache Maniküre, Pediküre und Elektrolyse«. Held dieser Epoche war Pawlik Morosow, der seinen Vater angezeigt hatte. Er wurde in Liedern, Gedichten und Prosa verherrlicht. Auch Eisenstein beteiligte sich an der Glorifizierung. Lange und hingebungsvoll arbeitete er an dem hochkünstlerischen Film »Frühlingswiese«, der den kleinen Denunzianten verherrlichte.

Ich hatte in »Lady Macbeth« eine ganz normale russische Familie gezeigt, deren Mitglieder sich gegenseitig schlagen und vergiften. Guckt euch um, ich habe kein bißchen übertrieben, gab nur ein bescheidenes Bild nach der Natur. Ausnahmen waren selten. Eine von ihnen war Tuchatschewskis Mutter, Mawra Petrowna. Sie weigerte sich strikt, ihren Sohn als Volksfeind zu verleumden, gab nicht nach und hatte darum das tragische Geschick ihres Sohnes zu teilen.

Nachdem Stalin die Familie gründlich zerstört hatte, befahl er, sie wiederaufzubauen. Er besaß eine besonders geniale Konsequenz, man nennt sie Dialektik: Barbarisch wird zerstört, barbarisch wird wiederaufgebaut. Stalins schändliche Ehe- und Familiengesetze sind bekannt. Dann wurde es noch schlimmer. Ehen mit Ausländern wurden verboten. Nicht einmal Polen oder Tschechen – strenggenommen unsere eigenen Leute – durfte ein Sowjetbürger heiraten. Dann kam das Gesetz, das die Koedukation in den Schulen verbot – zur Festigung der Moral und damit den Lehrern keine dummen Fragen mehr gestellt würden über »Staubfäden« und »Stempel«.

Bis heute haben wir uns von diesem Kampf um die gesunde sowjetische Familie noch nicht wieder erholt. Einmal saß ich in der Vorortbahn neben einer voluminösen Dame. Sie erzählte ihrer Freundin von dem Film »Die Dame mit dem Hündchen« nach Tschechows Erzählung. Meine Nachbarin kochte vor Empörung: »Er ist ein verheirateter Mann, und sie ist auch verheiratet. Sie hätten sehen sollen, was die beiden miteinander trieben. Ich kann gar nicht drüber sprechen, so schmutzig war das. Da wird Unmoral im Kino propagiert. Und Tschechow wird sogar in der Schule durchgenommen.«

Stalin ist tot, aber seine Sache lebt. Als die Dresdener Galerie in Moskau war, ließ man Schüler nicht hinein. »Eintritt ab 16 Jahre«. Auch dies zum Schutz der sowjetischen Familie. Wenn die Kinder nackte Frauen in der Ausstellung sähen – es gab dort Veronese und Tizian –, wären sie ein für allemal verdorben.

Eins kommt zum andern. Badenymphen aus Gips werden Badeanzüge übergezogen. Aus den Filmen schneidet man die Küsse heraus. Wehe dem Künstler, der eine »Nackte« auszustellen wagt. Er wird mit Drohbriefen überschüttet, und das nicht etwa »von oben«. Das ganz gewöhnliche Volk wird sich aufregen: Die Darstellung nackter Frauen ist vom einfachen, sowjetischen Arbeiter-Bauern-Gesichtspunkt aus absolut ungehörig.

Einer dieser einfachen Menschen prangerte eine derartige Schamlosigkeit in der Kunst mit folgenden Worten an: »Solche Darstellungen erregen tierische Leidenschaften im Menschen und führen zur Zerstörung des gemeinsamen Familienlebens.« Und er schloß seinen Leserbrief: »So etwas gehört vor Gericht – wegen moralischer Zersetzung!« Das hat sich nicht Soschtschenko ausgedacht, auch ich habe es mir nicht aus den Fingern gesogen.

Alle Kunst wird beargwöhnt, alle Literatur. Nicht nur Tschechow. Auch Tolstoi, auch Dostojewski. Ein bestimmtes Kapitel aus den »Dämonen« wird nie veröffentlicht aus Sorge um den sowjetischen Menschen.[6] Der sowjetische Mensch hält alles aus – Hunger, Zerstörung, Kriege, einer schrecklicher als der andere, Stalins Lager. Aber ein Kapitel aus den »Dämonen« kann er nicht aushalten, er würde zusammenbrechen.

So verdächtigte Stalin Soschtschenko böser Absichten im Hinblick auf die sowjetische Familie. Soschtschenko wurde vermöbelt, aber nicht k.o. geschlagen; das kam später, und zwar aus demselben Grund, aus dem man mich verprügelte: Die Alliierten mochten uns. Um korrekt zu sein: Es gibt drei Versionen zur Begründung. Wenn man darüber nachdenkt, fragt man sich, warum gerade Soschtschenko und Achmatowa zur Zielscheibe gewählt wurden, warum gerade sie nackt ausgezogen und gesteinigt wurden.

Die eine Version lautet so: Achmatowa und Soschtschenko waren Opfer des Kampfes zwischen zwei Stalinschen Lakaien: Malenkow und Shdanow. Malenkow[7] wollte Stalins Hauptberater in ideologischen Fragen werden. Ein sehr wichtiger Posten, rangierte gleich hinter dem des Stalinschen Oberhenkers Berija, es war der Posten des Henkers an der Kulturfront. Dieses ehrenvollen Postens sich als würdig zu erweisen war beider eifriges Bestreben.

Der Krieg gegen Hitler war gewonnen. Und Malenkow beschloß, mit Pauken und Trompeten loszulegen, zu jubeln und zu lobpreisen, damit die ganze aufgeklärte Welt staunte und sich davon überzeugte: Rußland ist tatsächlich die Heimat der Elefanten. Malenkow arbeitete großartige Projekte aus, unter anderem plante er eine Serie von Luxusausgaben: Die russische Literatur von den ältesten Zeiten bis heute. Die Serie sollte mit dem Igorlied beginnen und – schwer genug, sich vorzustellen – mit Achmatowa und Soschtschenko enden. Malenkows Plan klappte nicht. Shdanow hintertrieb ihn. Er kannte sich mit Stalin besser aus als Malenkow. So erklärte er, Lobpreisungen seien gut und schön, die Hauptsache aber sei und bleibe unermüdliche Wachsamkeit gegenüber dem Feind. Und er bewies Stalin so unwiderleglich, wie zwei mal zwei vier ist, daß Genosse Malenkow die Wachsamkeit vernachlässigt habe. Shdanow wußte unglücklicherweise, was Achmatowa und Soschtschenko schrieben. Leningrad war seine Satrapie. Shdanow argumentierte vor Stalin so: Die sowjetische Armee hat gesiegt. Wir rücken in Europa vor, und dabei muß die sowjetische Literatur helfen. Sie muß die bürgerliche Kultur attackieren, die sich im Zustand des Verfalls und der Zersetzung befindet. Soschtschenko und Achmatowa tragen nichts zu dieser Attacke bei. Achmatowa schreibt lyrische Gedichtchen, und Soschtschenko ist ein übler Kritikaster.

Shdanow gewann sein Spiel. Stalin stand auf seiner Seite. Malenkow verlor die Führung der Kulturfront. Shdanow wurde ermächtigt, den entscheidenden Schlag gegen schädliche Einflüsse, gegen Kritikastertum, Pessimismus und Kleingläubigkeit zu führen. Später deklamierte er: »Was wäre geschehen, wenn wir unsere Jugend in pessimistischem, kleingläubigem Geist erzogen hätten? Wir hätten den Großen Vaterländischen Krieg nicht gewonnen.« Man stelle sich vor: Eine kleine Geschichte von Soschtschenko, und die Sowjetmacht gerät ins Wanken. Eine weitere Symphonie von Schostakowitsch, und das Land fällt in die Sklaverei des amerikanischen Imperialismus.

Die zweite Version meint, Stalin selber habe auf Soschtschenko hingewiesen, aus persönlichen Gründen. Soschtschenko hatte den Führer und Lehrer beleidigt, allerdings lag das schon Jahrzehnte zurück. Soschtschenko hatte, um Geld zu verdienen, ein paar Geschichten über Lenin geschrieben, in denen er Lenin als sanft und gütig beschreibt, als eine große strahlende Persönlichkeit. Als Kontrast dazu schildert er irgendeinen groben Parteifunktionär, als eine Ausnahme und eben als Kontrast. Dem Grobian gab er natürlich keinen Namen, aber es war deutlich genug, daß dieser Kerl im Kreml arbeitete. Soschtschenko hatte ihn bärtig beschrieben. Das ließ der Zensor nicht durchgehen. Die Leser könnten sonst denken, Kalinin, unser Allunions-Landesvater, sei gemeint. In der Eile begingen Soschtschenko und der Zensor einen nicht wiedergutzumachenden Fehler: Den Bart nahmen sie ab, ließen aber den Schnurrbart stehen. Stalin las die Geschichte und war tief gekränkt, weil er glaubte, mit dem schnurrbärtigen Grobian sei er gemeint. So rezipierte Stalin künstlerische Literatur. Weder der Zensor noch Soschtschenko hatten sich eine solche Möglichkeit vorstellen können, nicht an die schicksalschweren Folgen des abgenommenen Vollbartes gedacht. Beide Versionen haben etwas für sich, sie könnten stimmen. Dennoch glaube ich, daß den Hauptgrund in Soschtschenkos wie in meinem Fall die Alliierten darstellten.

Während des Krieges war Soschtschenkos Popularität im Westen außerordentlich gewachsen. Er wurde viel gedruckt, gern diskutiert. Soschtschenko hat eine Menge Kurzgeschichten geschrieben, die in jedes Zeitungsfeuilleton passen. Man brauchte nicht einmal etwas dafür zu bezahlen, denn die sowjetischen Autorenrechte waren nicht geschützt. Eine hübsche billige Sache für die westlichen Zeitungen und Zeitschriften. Für Soschtschenko wurde eine Tragödie daraus.

Stalin verfolgte die ausländische Presse aufmerksam. Natürlich konnte er keine Fremdsprache, aber seine Lakaien referierten ihm. Sehr genau wog Stalin fremden Ruhm ab, und wenn ihm schien, die Waagschale werde zu schwer – weg damit. Sie fielen über Soschtschenko her, beschimpften ihn mit den allerübelsten Ausdrücken. Er sei moralisch verludert, durch und durch verkommen. Shdanow nannte ihn einen prinzipienlosen und gewissenlosen Literaturstrolch.

Kritik ist bei uns eine große Sache. Sie basiert auf dem Grundsatz: »Man schlägt dich, erlaubt dir aber nicht zu weinen.« In vorsintflutlichen Zeiten war das in Rußland nicht so. Wer in einer Zeitung beschimpft wurde, konnte in einer anderen darauf erwidern. Oder es traten Freunde für den Beschimpften ein. Oder schlimmstenfalls konnte man im Freundeskreis seine gekränkte Seele erleichtern. Aber das waren, wie gesagt, vorsintflutliche Zeiten. Heute herrscht eine andere, erheblich fortschrittlichere Ordnung.

Wenn man dich auf Befehl des Führers und Lehrers von oben bis unten mit Schmutz übergießt, wage es nicht, dich zu säubern. Verbeuge dich und bedanke dich. Bedanke dich und verbeuge dich tief. Es wird sowieso niemand deinen feindlichen Ansichten Beachtung schenken. Niemand wird für dich eintreten. Und das traurigste ist: du kannst dich bei deinen Freunden nicht aussprechen, denn unter diesen traurigen Umständen hast du gar keine Freunde mehr.

Auf der Straße wich man Soschtschenko aus, genauso wie man seinerzeit mir ausgewichen war, wechselte die Straßenseite, um ihn nicht begrüßen zu müssen. Auf eilig einberaumten Schriftstellerversammlungen zogen sie gegen ihn vom Leder, am unflätigsten seine bisherigen Freunde, die ihn noch gestern lauthals gepriesen hatten. Soschtschenko schien von alldem überrascht zu sein. Ich war es nicht. Ich hatte es in sehr viel jüngerem Alter am eigenen Leibe erfahren. Stürme und Schlechtwetterperioden hatten mich abgehärtet.

Anna Achmatowa wurde aus demselben Grund wie Soschtschenko »unschädlich« gemacht: Neid auf fremden Ruhm, schwarzer Neid. Reiner Wahnsinn. Anna Achmatowa hatte viele Schicksalsschläge, viele Verluste zu ertragen, einer nach dem andern: der Mann im Grabe, der Sohn im Gefängnis. Trotz allem wurde die Shdanow-Epopöe ihre härteste Prüfung.

Unser aller Geschicke sind verschieden, doch wir alle haben auch einiges gemeinsam. So vermochte Anna Achmatowa während des Krieges, genau wie ich, leichter zu atmen. Während des Krieges hörte jeder von Achmatowa, auch Leute, die bisher nie eine Gedichtzeile gelesen hatten. Soschtschenko hatten dagegen schon immer alle gelesen. Merkwürdigerweise scheute Anna Achmatowa sich, Prosa zu schreiben. Als höchste Autorität auf diesem Gebiet galt ihr Soschtschenko. Er erzählte mir schmunzelnd davon und nicht ohne Stolz. Kurz nach dem Kriege wurde in Moskau ein Lyrik-Abend für die Leningrader Dichter veranstaltet. Als Anna Achmatowa auftrat, erhoben sich alle von ihren Sitzen. Das war genug. Stalin fragte: »Wer hat diesen Aufstand organisiert?«

Ich lernte Achmatowa schon 1919 – dem unvergeßlichen Jahr – oder vielleicht auch schon 1918 kennen, im Hause des Chirurgen Grekow, eines bemerkenswerten Menschen und Freundes unserer Familie. Er war Leiter des Obuchowskaja-Krankenhauses, und für unsere Familie hat er sehr viel getan. Darum möchte ich ein paar Worte über ihn sagen. Als mein Vater im Sterben lag, blieb Grekow die Nacht über bei uns, um ihm beizustehen. Mir nahm er den Blinddarm heraus, obwohl er immer sagte: »Es macht keinen Spaß, einen Bekannten aufzuschneiden.« Grekow war ein kräftiger Mushik, roch nach Tabak und war wie alle Chirurgen grob.

Ich haßte Grekow. Jedesmal, wenn ich von ihm nach Hause ging, fand ich in meiner Manteltasche Lebensmittel für die Eltern. Mich würgte Zorn. Bin ich denn ein Bettler? Sind wir Bettelleute? Zurückweisen konnte ich die Sachen aber auch nicht, sie wurden zu Hause dringend gebraucht. Milde Gaben sind mir verhaßt, ebenso ungern borge ich mir Geld, tue es nur im dringendsten Notfall und zahle es so schnell wie möglich zurück. Das ist einer meiner Hauptfehler.

Natürlich prahlte Grekow gern. An eine berühmte Operation erinnere ich mich. Es ging um ein Mädchen mit Wachstumsstörungen. Grekow sagte, die Hüften müßten gedehnt werden, dann würde sie sich normal entwickeln können. Er dehnte die Hüftknochen, das Mädchen wuchs tatsächlich, bekam später sogar ein Kind.

Grekows Frau, Jelena Afanassjewna, dilettierte in der Literatur, eine unbegabte Schreibwütige. Vielleicht wäre Jelena Afanassjewna noch an ihrer unerwiderten Liebe zur Literatur gestorben, wenn Grekow, den keine Geldsorgen drückten, nicht von Zeit zu Zeit auf seine Kosten einige Arbeiten seiner Frau hätte drucken lassen. Auf diese Weise verlängerte er ihr Leben.

Außerdem unterhielten die Grekows eine Art literarischen Salon, veranstalteten Soireen mit den köstlichsten kalten Büfetts. Schriftsteller und Musiker aßen sich satt. Bei Grekow also lernte ich Anna Achmatowa kennen. Sie kam gelegentlich, denn auch sie hatte Hunger. Grekows hatten einen großen Konzertflügel. Ich mußte spielen, das gehörte zum Abendprogramm. Damit arbeitete ich sozusagen die Lebensmittel in meinen Manteltaschen ab. Achmatowa schien sich damals für Musik nicht sonderlich zu interessieren. Sie verbreitete eine Aura majestätischer Würde um sich herum. Auf zwei Meter Entfernung erstarb man schon in Ehrfurcht. Sie hatte ihr Benehmen bis ins kleinste ausgearbeitet. Und sie war schön, sehr schön.

Einmal war ich mit meinem Freund Ljonja Arnschtam in der Schriftstellerbuchhandlung. Achmatowa trat ein und fragte nach einem ihrer Bücher, ich weiß nicht, war es »Weißes Rudel« oder »Anno Domini«. Der Verkäufer gab ihr ein Exemplar, aber sie wollte zehn Stück auf einmal kaufen. Der Buchhändler wurde ärgerlich, sagte: »Nein, das ist schon eine unerhörte Frechheit. Das Buch verkauft sich sehr gut. Alle Augenblicke wird es verlangt. Ich habe meine Kunden zu versorgen, und ich denke nicht daran, einem x-beliebigen zehn Stück auf einmal zu verkaufen! Was soll ich dann meinem Kunden sagen?« Die Antwort war grob genug. Anna Achmatowa sah den Buchhändler einigermaßen verdutzt an, wollte ihn aber offensichtlich nicht zurechtweisen. Arnschtam hielt es nicht aus, machte dem Mann empört klar, daß Anna Achmatowa höchstpersönlich vor ihm stehe. Er dürfe doch eine so berühmte Dichterin nicht anschnauzen, noch dazu, wenn es um ihr eigenes Buch gehe. Achmatowa schaute mißbilligend zu uns herüber. Wir hatten ihrer Hoheit Abbruch getan, indem wir ihr königliches Inkognito gelüftet hatten. Sofort verließ sie die Buchhandlung.

In späteren Jahren besuchte Achmatowa die Premieren meiner Werke, und wahrscheinlich gefielen sie ihr, denn sie schrieb Gedichte darüber. Ich mag es nicht sehr, wenn man über meine Musik Gedichte schreibt. Und ich weiß auch, daß Achmatowa ihre Unzufriedenheit darüber äußerte, daß ich für meinen Vokalzyklus »Aus der jüdischen Volkspoesie« so schwache Gedichte verwendet hätte. Es schickt sich nicht, mit einer berühmten Dichterin zu streiten. Aber hier zeigte sie meiner Meinung nach mangelndes Musikverständnis. Genauer, sie verstand nicht, in welcher Weise Musik sich mit dem Wort verbindet.

Für mich war ein Gespräch mit Anna Achmatowa immer ziemlich anstrengend, weil wir gar so verschieden waren. Wir lebten in derselben Stadt, die wir beide lieben. Unsere Ansichten stimmten überein, wir hatten gemeinsame Bekannte. Sie akzeptierte offenbar meine Musik. Ich schätze ihre Dichtung ganz außerordentlich hoch, die frühe ebenso wie die späte und natürlich das »Requiem«. Das Requiem noch mehr als alles andere. Es ist für mich das Denkmal aller in den Jahren des Terrors Umgekommenen. Dabei ist es ganz schlicht geschrieben, hat nichts Melodramatisches. Ich hätte nur zu gern diese Verse vertont. Leider ist mir jemand zuvorgekommen: Boris Tischtschenko. Ich halte seine Vertonung für sehr gut. Tischtschenko spricht in seiner Vertonung des Requiems das aus, was Achmatowa in ihren Worten nicht genügend ausdrückt: den Protest. Bei Anna Achmatowa spürt man eine gewisse Schicksalsergebenheit. Vielleicht liegt dies am Generationsunterschied.

Aber trotz der gegenseitigen Sympathie fiel es mir schwer, mit ihr in ein Gespräch zu kommen. Das bringt mich auf meine »historischen Begegnungen«. Solch eine Begegnung wurde speziell für Achmatowa und mich in Komarowo arrangiert und ging schief. Wir alle trugen keine Krawatten, waren doch auf dem Lande. Man wollte mich überreden, mich zu der bevorstehenden Begegnung mit der berühmten Dichterin etwas korrekter anzuziehen. Ich winkte ab: »Wozu denn? Es kommt doch bloß eine dicke alte Frau.«

Ich zog also nicht meinen guten Anzug an, band mir auch keine Krawatte um, aber als ich Achmatowa erblickte, bekam ich es ein bißchen mit der Angst zu tun. Sie war ganz *grande dame*, königlich, die berühmte Dichterin. Sehr erlesen gekleidet, man sah, daß sie auf ihre Garderobe viel Wert legt. Sie hatte sich also auf die »historische Begegnung« vorbereitet und verhielt sich diesem Anlaß entsprechend. Ich hatte nicht einmal eine Krawatte umgebunden und fühlte mich auf einmal nackt.

Wir sitzen und schweigen. Ich schweige. Anna Achmatowa schweigt. Wir schweigen, schweigen, und dann verabschieden wir uns voneinander. Später soll Achmatowa gesagt haben: »Schostakowitsch hat mich besucht. Wir hatten ein so gutes Gespräch, über alles kann man mit ihm reden.« So geht es gewöhnlich mit »historischen Begegnungen«. In den Memoiren wird dann alles aufgebauscht. »Ich sagte ihm ...«, »Er sagte mir ...« und so weiter, alles Lüge.

Weiß der verehrte Leser eigentlich, wie man »historische Fotos« macht? Wenn man zwei Berühmtheiten nebeneinandergesetzt hat, die nicht wissen, was sie miteinander reden sollen? Da gibt's ein traditionelles Hilfsmittel: Der eine sagt lächelnd zum anderen: »Worüber sollen wir sprechen, wenn wir einander nichts zu sagen haben?« Klick, die Aufnahme ist im Kasten. Ein anderes, noch bequemeres Hilfsmittel, das ich meistens verwende, ist, einfach »achtundachtzig, achtundachtzig« zu sagen. Bei dieser Methode braucht man nicht einmal zu lächeln, die Lippen gehen von selbst auseinander. Es entsteht der Eindruck eines lebhaften Gesprächs. Die Fotografen sind zufrieden und verschwinden rasch wieder.

Nein, ich habe keine Kraft mehr, mein trübseliges Leben noch weiter zu beschreiben. Daran, daß es trübselig war, kann jetzt niemand mehr zweifeln. In meinem Leben gab es keine besonders glücklichen Augenblicke, keine besonderen Freuden. Es war ziemlich grau und farblos. Die Erinnerung daran macht mich traurig. Ärgerlich, das zugeben zu müssen, aber es ist nun mal die Wahrheit, die unfrohe Wahrheit.

Der Mensch ist froh, wenn er gesund und glücklich ist. Ich war viel krank, bin auch jetzt krank. Die Krankheit nimmt mir die Möglichkeit, mich an einfachen Dingen zu freuen. Das Gehen fällt mir schwer, ich muß sogar lernen, mit der linken Hand zu schreiben, für den Fall, daß die rechte endgültig versagt. Ich bin völlig unter der Fuchtel der Ärzte, erfülle alle ihre Anweisungen mit größter Demut, nehme alle verordneten Medikamente ein, auch wenn ich mich vor ihnen ekele.

Aber es gibt keine Diagnose, sie wollen einfach keine Diagnose stellen. Amerikanische Ärzte haben mich besucht und gesagt: »Wir bewundern Ihre Tapferkeit.« Das war alles. Sie konnten nichts tun. Vorher hatten sie geprahlt: »Wir werden Sie gesund machen, seien Sie unbesorgt. Wir haben auf diesem Sektor unerhörte Fortschritte gemacht.« Und jetzt reden sie von Tapferkeit. Ich fühle mich aber gar nicht wie ein mutiger Mann. Ich bin ein schwacher Mensch. Oder stehen die Dinge schon so schlecht?

Eine bedingte Diagnose hat man gestellt: so etwas wie chronische Poliomyelitis. Natürlich nicht Kinderlähmung. Es gibt bei uns ein paar Leute mit dieser rätselhaften Krankheit. Ein Regisseur schleppt beim Gehen mühsam das Bein nach, keine Untersuchungen, keine Behandlungen helfen.

Wenn ich in Moskau bin, fühle ich mich am schlechtesten; ich habe ständig Angst, hinzufallen und mir ein Bein zu brechen. Zu Hause kann ich wenigstens Klavier spielen. Aber auszugehen ist mir eine Qual. Es ist mir schrecklich, gesehen zu werden. Ich fühle mich zerbrechlich.

Mich freut kein neuer Tag meines Lebens mehr. Ich nahm an, es würde mich ablenken, mich an meine Freunde und einfach an Bekannte zu erinnern. Viele von ihnen waren berühmte und begabte Menschen. Sie haben mir interessante Dinge erzählt, lehrreiche Geschichten. Ich nahm an, wenn ich von diesen bedeutenden Zeitgenossen berichten würde, könnte das auch für andere interessant und lehrreich sein. Einige dieser Leute haben eine große Rolle in meinem Leben gespielt, und ich hielt es für meine Pflicht festzuhalten, was ich von ihnen weiß. Doch auch diese Beschäftigung hat sich als traurig herausgestellt.

Ich hatte immer gedacht, mein Leben sei so überreichlich mit Unglück versorgt, daß man kaum einen unglücklicheren Menschen als mich finden könnte. Als ich dann aber die Lebensgeschichten meiner Freunde und Bekannten überdachte, erschrak ich. Keiner von ihnen hat ein leichtes und glückliches Leben gehabt. Einige fanden ein schreckliches Ende. Andere starben unter entsetzlichen Qualen. Viele hatten ein sehr viel unglücklicheres Leben als ich. Das machte mich noch um vieles trauriger. Ich dachte an meine Bekannten. Und ich sah nur Tote, Berge von Toten. Ich übertreibe nicht: Berge von Toten. Und dieses Bild erfüllt mich mit abgrundtiefer Trauer.

Mehrmals wollte ich diese trostlose Beschäftigung des Sich-Erinnerns aufgeben, wollte nicht mehr an mein vergangenes Leben denken, meinte, es käme nichts Sinnvolles dabei heraus. Doch dann ging ich aus mancherlei Gründen den Erinnerungsweg weiter, zwang mich dazu, obwohl einige Erinnerungen sehr schwer für mich waren. Wenn diese Beschäftigung mir hilft, manche Ereignisse, die Schicksale mancher Menschen neu zu sehen, dann ist sie doch nicht nutzlos. Und vielleicht finden andere in diesen unkomplizierten Geschichten für sich selber irgend etwas Aufschlußreiches.

Im übrigen denke ich: Ich erzählte von vielen unerquicklichen und manchen tragischen Ereignissen, auch von einigen üblen und abstoßenden Gestalten, mit denen zusammenzutreffen mir viel Bitterkeit und Leid eintrug. Vielleicht kann meine Erfahrung jüngeren Menschen nützen. Vielleicht bleiben ihnen dann so schreckliche Enttäuschungen erspart, wie ich sie erleben mußte. Vielleicht gehen sie besser vorbereitet, besser abgehärtet als ich ins Leben. Vielleicht wird ihr Leben frei sein von den Bitternissen, die mein Leben grau gefärbt haben.

Zeittafel

Dmitri Schostakowitsch
1906–1975

Hauptkompositionen, Titel und Auszeichnungen

1923–25	I. Symphonie in f-Moll, op. 10
1926	Klaviersonate Nr. 1, op. 12
1927	»Aphorismen«, 10 Stücke für Klavier, op. 13
	II. Symphonie in H-Dur für Orchester mit Chor »Oktober« (zum 10. Jahrestag der Revolution), Text von Alexander Besymenski, op. 14
1927–28	»Die Nase«, Oper in drei Akten, Text nach Gogol, op. 15
1928	»Tahiti-Trott«, Orchester-Transkription von »Tea for two« von Vincent Youmans, op. 16
1928–29	Begleitmusik für Orchester zu dem Stummfilm »Das neue Babylon«, op. 18 (Regie Grigori Kosinzew und Leonid Trauberg)
1928–32	6 Romanzen für Tenor und Orchester nach Gedichten japanischer Dichter, op. 21
1929	Begleitmusik zu Wladimir Majakowskis Komödie »Die Wanze«, op. 19
	III. Symphonie in Es-Dur für Orchester mit Chor, »Der 1. Mai«, op. 20 (Text von Sergej Kirssanow)
1929–30	»Das goldene Zeitalter«, Ballett, op. 22
1930–31	»Der Bolzen«, Ballett, op. 27
1930–32	»Lady Macbeth von Mzensk«, Oper in 4 Akten, op. 29
	Libretto von A. Preiss und D. Schostakowitsch nach der Erzählung von Nikolaj Leskow
1931–32	Musik zu »Hamlet« von Shakespeare, op. 32
1932–33	24 Präludien für Klavier, op. 34
1933	Klavierkonzert Nr. 1 in c-Moll, op. 35, für Klavier, Trompete und Streichorchester
1934	Sonate in d-Moll für Cello und Klavier, op. 40
1934–35	»Der klare Bach« (Ballett), op. 39
1934–38	Begleitmusik zu den Filmen »Maxims Jugend«, »Maxims Rückkehr« und »Die Vyborger Seite«, op. 41, 45, 50 (Regie G. Konsinzew

	und L. Trauberg). Die Filmtrilogie erhielt 1941 den Stalin-Preis 1. Klasse
1935	5 Fragmente für Kammerorchester, op. 42
1934–36	IV. Symphonie in c-Moll, op. 43
1936	4 Romanzen nach Gedichten von Alexander Puschkin für Baß und Klavier, op. 46
1937	V. Symphonie in d-Moll, op. 47
1938	Streichquartett Nr. 1 in C-Dur, op. 49
1938–39	Filmmusik zu »Der große Bürger« in zwei Teilen, op. 52, 55 (Regie Friedrich Ermler). Der Film erhielt 1941 den Stalin-Preis 1. Klasse
1939	VI. Symphonie in h-Moll, op. 54
1940	Klavierquintett in g-Moll, op. 57, 1941 Stalin-Preis 1. Klasse
	Neuinstrumentierung von Modest Mussorgskis Oper »Boris Godunow«, op. 58
	Begleitmusik zu »König Lear« von Shakespeare, op. 58 a. Rotbannerorden
1941	VII. Symphonie in C-Dur, »Leningrad«, op. 60, 1942 Stalin-Preis 1. Klasse
1942	Klaviersonate Nr. 2 in h-Moll, op. 61
	6 Romanzen für Baß und Klavier nach Versen von Walter Raleigh, Robert Burns und William Shakespeare, übersetzt von Samuel Marschak und Boris Pasternak, op. 62 (1971 für Baß und Kammerorchester, op. 140)
	Künstlerehrung der RSFSR (Russische Föderative Sozialistische Sowjetrepublik)
1943	VIII. Symphonie in c-Moll, op. 65
	Ehrenmitglied der American Academy and Institute of Arts and Letters
1944	Musik zu dem Film »Soja«, op. 64 (Regie Lew Arnschtam). Der Film erhielt 1946 den Stalin-Preis 1. Klasse
	Trio Nr. 2 in e-Moll, op. 67, für Violine, Cello und Klavier, 1946 Stalin-Preis 2. Klasse
	Streichquartett Nr. 2 in A-Dur, op. 68
1945	IX. Symphonie in Es-Dur, op. 70
1946	Streichquartett Nr. 3 in F-Dur, op. 73.
	Lenin-Orden
1947	Begleitmusik zu dem Film »Pirogow«, op. 76 (Regie G. Kosinzew). Der Film erhielt 1948 den Stalin-Preis 2. Klasse.
1947–48	Begleitmusik zu dem zweiteiligen Film »Die junge Garde«, op. 75 (Regie Sergej Gerassimow). Der Film erhielt 1949 den Stalin-Preis

	1. Klasse
	Violinkonzert Nr. 1 in a-Moll, op. 77
1948	Begleitmusik für den Film »1. Mitschurin«, op. 78 (Regie Alexander Dowshenko). Der Film erhielt 1949 den Stalin-Preis 2. Klasse.
	Vokalzyklus »Aus jüdischer Volksdichtung« für Sopran, Altstimme, Tenor und Klavier, op. 79
	Begleitmusik zu dem Film »Begegnung an der Elbe«, op. 80 (Regie Grigori Alexandrow). Der Film erhielt 1950 den Stalin-Preis 1. Klasse.
	Volkskünstler der RSFSR
1949	»Das Lied von den Wäldern«, Oratorium nach der Dichtung von J. Dolmatowski, op. 81, 1949 Stalin-Preis 1. Klasse
	Begleitmusik zu dem zweiteiligen Film »Der Fall von Berlin«, op. 82. (Regie Michail Tschiaureli). Der Film erhielt 1950 den Stalin-Preis 1. Klasse.
	Streichquartett Nr. 4 in D-Dur, op. 83
1950–51	24 Präludien und Fugen für Klavier, op. 87
1951	10 Gedichte von Dichtern der Revolution, op. 88, für Chor a cappella. 1951 Stalin-Preis 2. Klasse
	Begleitmusik zu dem Film »Das unvergeßliche Jahr 1919«, op. 89 (Regie Michail Tschiaureli)
1952	4 Monologe nach Versen von Alexander Puschkin für Baß und Klavier, op. 91
	Streichquartett Nr. 5 in B-Dur, op. 92
1953	X. Symphonie in e-Moll, op. 93
1954	Festouvertüre für Orchester, op. 96
	Volkskünstler der UdSSR
	Internationaler Friedenspreis
	Ehrenmitglied der Schwedischen Königlichen Musikakademie
1955	Korrespondierendes Mitglied der Akademie der Künste der DDR
1956	Streichquartett Nr. 6 in G-Dur, op. 101. Lenin-Orden
	Ehrenmitglied der Accademia di S. Cecilia, Rom
1957	Klavierkonzert Nr. 2 in F-Dur, für Klavier und Orchester, op. 102
	XI. Symphonie in g-Moll, »Das Jahr 1905«, op. 103.
	Lenin-Preis 1958
1958	»Moskwa – Tscherjomuschki«, Operette, op. 105
	Mitglied der Britischen Königlichen Musikakademie
	Ehrendoktor Universität Oxford
	Chevallier des Arts et Lettres (Ritter der Künste und Literatur)
	Internationaler Jan-Sibelius-Preis

1959	Instrumentierung der Oper von Mussorgski »Chowanschtschina«, op. 106
	Cellokonzert Nr. 1 in Es-Dur, op. 107
	Silbermedaille, Weltfriedensrat
	Mitglied der Amerikanischen Akademie der Wissenschaften
1960	Streichquartett Nr. 7 in fis-Moll, op. 108
	»Satiren« (Bilder der Vergangenheit), op. 109, 5 Romanzen für Sopran und Klavier nach Sascha Tschorny
	Streichquartett Nr. 8 in c-Moll, op. 110, »Zum Gedenken an die Opfer von Faschismus und Krieg«, Bearbeitung für Streichorchester von Rudolf Barschaj. Diese Version ist unter dem Titel »Kammer-Symphonie« bekannt.
	Vorsitzender des Komponistenverbands der RSFSR
1960–61	XII. Symphonie in d-Moll, »1917«, op. 112
1961–62	XIII. Symphonie in b-Moll, »Babi Jar«, op. 113, für Baßsolo, Baßchor und Orchester mit Texten von J. Jewtuschenko
	Instrumentierung von Mussorgskis Vokalzyklus »Lieder und Tänze des Todes«
	Abgeordneter des Obersten Sowjet der UdSSR
1956–63	»Katerina Ismajlowa« (Neuausgabe der »Lady Macbeth von Mzensk«, op. 116)
	Ouvertüre nach russischen und kirgisischen Volksweisen, op. 115
	Ehrenmitglied des Internationalen Musikrates der UNESCO
1963–64	Begleitmusik für den Film »Hamlet«, op. 116 (Regie G. Kosinzew)
1964	Streichquartett Nr. 9 in Es-Dur, op. 117
	Streichquartett Nr. 10 in As-Dur, op. 118
	»Die Exekution des Stepan Rasin«, op. 119, Kantate für Baß, gemischten Chor und Orchester, Text von J. Jewtuschenko
	Staatspreis der UdSSR, 1968
1965	5 Romanzen für Baß und Klavier nach Texten aus der satirischen Wochenzeitschrift »Krokodil«, op. 121
	Ehrendoktor der Musik
	Ehrenmitglied der Serbischen Akademie der Künste
1966	Streichquartett Nr. 11 in f-Moll, op. 122
	»Vorwort zu der vollständigen Sammlung meiner Werke und kurze Betrachtungen zu diesem Vorwort«, für Baß und Klavier, op. 123
	Lenin-Orden
	Held der Sozialistischen Arbeit
	Mitglied des Internationalen Musikrates der UNESCO

	Goldene Medaille der Britischen Königlichen Philharmonischen Gesellschaft
	Cellokonzert Nr. 2 in g-Moll, op. 126
1967	7 Romanzen nach Gedichten von Alexander Blok, op. 127, für Sopran, Violine, Cello und Klavier
	Violinkonzert Nr. 2 in cis-Moll, op. 129
	Großes Ehrenzeichen in Silber der Bundesrepublik Österreich
1968	Streichquartett Nr. 12 in Des-Dur, op. 133
	Sonate für Violine und Klavier, op. 134
	Korrespondierendes Mitglied der Bayerischen Akademie der Schönen Künste
1969	XIV. Symphonie für Sopran, Baß, Streichorchester und Schlagzeug mit Gedichten von Federico García Lorca, Guillaume Appollinaire, Wilhelm Küchelbecker und Rainer Maria Rilke, op. 135
	Mozart-Gedenkmedaille der Mozartgesellschaft in Wien
1970	»Treue«, 8 Balladen für Männerchor nach der Dichtung von Jewgeni Dolmatowski, op. 136
	Staatspreis der RSFSR, 1974
	Begleitmusik zu dem Film »König Lear« (Regie G. Kosinzew), op. 137
	Ehrenmitglied des finnischen Komponistenverbandes
1971	XV. Symphonie in A-Dur, op. 141
1972	»Großer Stern der Völkerfreundschaft« in Gold (DDR)
	Ehrendoktor für Musik, Holy Trinity College (Dublin)
1972–73	Streichquartett Nr. 14 in Fis-Dur, op. 142, Staatspreis der RSFSR, 1974
	6 Gedichte von Marina Zwetajewa für Alt und Klavier, op. 143 (für Alt und Kammerorchester, op. 143 a)
	Sonning Price (Dänemark)
	Ehrendoktor der Schönen Künste, Northwestern-Universität, Evanston, USA
1974	Streichquartett Nr. 15 in es-Moll, op. 144
	Suite nach Versen von Michelangelo Buonarotti für Baß und Klavier, op. 145 (für Baß und Symphonieorchester, op. 145 a, im selben Jahr)
1975	4 Gedichte des Kapitäns Lebjadkin (aus Dostojewskis Roman »Die Dämonen«) für Baß und Klavier, op. 146
	Sonate für Viola und Klavier, op. 147
	Ehrenmitglied der Französischen Akademie der Schönen Künste

Anmerkungen

Vorwort zur Neuausgabe von Michael Koball

1 Volkow, Solomon (Hg.): *Zeugenaussage – Die Memoiren des Dmitri Schostakowitsch*. Aufgezeichnet und herausgegeben von Solomon Volkow, München und Hamburg 1989, S. 11.
2 Volkow: *Memoiren*, S. 13/14.
3 Zit. nach Alan B. Ho und Dmitry Feofanov: *Shostakovich Reconsidered*, London 1998, S. 61.
4 Übersetzung d. Verf.
5 BBC Summary of World Broadcasts, 26. November 1979; zit. nach: Ho/Feofanov, S. 85.
6 Fay, Laurel E.: »Shostakovich versus Volkov: Whose Testimony?« In: *The Russian Review*, October 1980, Jg. 39, S. 484–493.
7 Fay, S. 493
8 Taruskin, Richard: »The Opera and the Dictator«. In: *The New Republic*,. 20. 3. 1989, Washington D.C.
9 Zit. nach Ho/Feofanov: *Shostakovich Reconsidered*, S. 113.
10 Dubinsky, Rostislav: *Stormy Applause. Making Music in a Worker's State*, New York 1989, Übersetzung des Verfassers.
11 Wilson, Elizabeth: *Shostakovich – A Life Remembered*, London 1994.
12 Erinnerungen Yakov Milkis in: Wilson, S. 315, Übersetzung des Verfassers.
13 Volkow: *Memoiren*, S. 203.
14 Westendorf, Reimar (Hg.): *Dmitri Schostakowitsch, Chaos statt Musik? Briefe an einen Freund* [d. i. Isaak Glikman, der Verf.]. Deutsche Ausgabe herausgegeben und mit Anmerkungen versehen von Reimar Westendorf, Berlin 1995.
15 Westendorf/Glikman: *Briefe an einen Freund*, S. 53. (Hervorhebung d. Verf.)
16 Ebenda, S. 147 f.
17 Shitomirski, Daniel: *Blindheit als Schutz vor der Wahrheit. Aufzeichnungen eines Beteiligten zu Musik und Musikleben in der ehemaligen Sowjetunion*. OPYT Bd. 1, Berlin 1996, S. 232.

18 Shitomirski, S. 277.
19 Schdanow, Andrej: *Über Kunst und Wissenschaft,* Berlin 1951, S. 71.
20 Zit. nach: Notenausgabe *Dmitri Schostakowitsch – Antiformalistischer Rajok,* Hamburg 1996, S. 19. Deutsche Fassung der Gesangstexte von Jürgen Köchel.
21 Zit. nach Allan Ho: »The Testimony Affair: An Answer to Critics« Vortragsmanuskript vom 1998er nationalen Treffen der American Musical Society. Im Besitz des Verfassers.
22 Siehe Edward Rothstein: »Sly dissident or soviet tool? A war over Shostakovich memoirs«. In: *New York Times,* 17.10.1998.
23 Ho, Vortragsmanuskript.
24 Ebenda.
25 Mercer, Alan (Hg.): *DSCH-Journal,* No. 6/Winter 1996/97, S. 4. Übersetzung d. Verfassers.

Vorwort von Solomon Wolkow

1 In vielen Fällen wurde Schostakowitsch gar nicht erst um seine Unterschrift gebeten. Man hielt eine derartige Formalität für überflüssig und zweifelte nicht daran, daß Schostakowitsch wie alle übrigen Sowjetbürger den Führer und Lehrer vergötterte. Am 30. 9. 1950 erschien z. B. in der »Literaturnaja gaseta« ein überschwengliches Loblied auf die »herrlichen Werke des Genossen Stalin« mit der Unterschrift von Schostakowitsch, der den Artikel gar nicht kannte.

2 Neben unserer Hauptarbeit war ich Schostakowitsch bei einer Reihe unbedeutender, ihm lästiger Dinge behilflich. So war Schostakowitsch Mitglied des Redaktionskomitees der Zeitschrift »Sowjetskaja musyka« und hatte zur Veröffentlichung vorgesehenes Material zu begutachten. Man wandte sich überdies an ihn, wenn Konfliktsituationen bei einem musikalischen Problem entstanden waren. Ich bereitete für Schostakowitsch die Gutachten, Antworten und Briefe vor und war auf diese Weise eine Art Vermittler zwischen ihm und der Redaktion.

3 Es handelt sich um Boris Tischtschenko, einen von Schostakowitschs Lieblingskompositionsschülern, der laut späterer Auskunft Wolkows »einer der Hauptunterstützer der ganzen Idee und des ganzen Projekts« der Schostakowitsch-Memoiren war. Um ihn zu schützen, konnte Wolkow zum Zeitpunkt der Veröffentlichung der *Memoiren,* 1979, seinen Namen nicht nennen. Offensichtlich wurde Tischtschenko zudem zur Unterschrift unter den in der Zeitschrift *Literaturnaja Gaseta* veröffentlichten Brief gedrängt. (Anm. Michael Koball)

Einführung

1 *Semlja i Wolja (Land und Freiheit)*. Vgl. Kapitel 1, Anmerkung 5.
2 In reiferen Jahren sagte er einem Schüler, der darüber klagte, daß er für den zweiten Satz einer Symphonie kein Thema finden könne: »Sie sollen nicht nach einem Thema suchen, sie sollten den zweiten Satz schreiben.« Noch 1972 unterstrich er in einem Brief an mich die Wichtigkeit des musikalischen Handwerks.
3 *Oberiu* = Objedinenije Realnogo Iskusstwa (Vereinigung der Realen Kunst). Vereinigung von Schriftstellern und bildenden Künstlern in Leningrad 1926–1930, die nach einer Erneuerung der Kunst durch Lösung vom kanonisch werdenden Realismus suchten.
4 Die Uraufführung fand ein Vierteljahrhundert später statt. In all den Jahren ließ der Komponist geduldig Presseberichte über sich ergehen, denen zufolge er die Symphonie zurückhalte, weil er unzufrieden mit ihr sei; er ermutigte diesen Unsinn sogar. Als aber die Symphonie noch einmal vor der Aufführung geprobt wurde, änderte er nicht eine einzige Note. Dem Dirigenten, der ein paar Kürzungen angeregt hatte, erwiderte er kategorisch: »Sollen sie es fressen, sollen sie es fressen.« Die Vierte Symphonie war dann ebenso wie Wiederaufführungen anderer lange verbotener Werke ein rauschender Erfolg. Seine Musik hatte die Probe der Zeit bestanden.
5 Vom rein musikalischen Standpunkt aus ist nicht schwer zu begreifen, woher dieser Eindruck kam: Das Marsch-Thema nimmt eine volkstümliche Melodie aus Lehárs Operette *Die lustige Witwe* auf: »Heute geh ich ins Maxim«. Möglicherweise wurde dieser Satz in Schostakowitschs Familie außerdem auf den Sohn Maxim bezogen.
6 In seiner Dreizehnten Symphonie stellte sich Schostakowitsch offen gegen den Antisemitismus. Das war 1962; Chruschtschow und nicht Stalin war an der Macht, aber die offizielle Einstellung Juden gegenüber war wie immer feindselig. Die moralisierende Dreizehnte (die Jewgeni Jewtuschenkos berühmtes Gedicht *Babi Jar* enthält) war die Ursache für den letzten harten und wohlbekannten Konflikt zwischen der Sowjetmacht und dem Komponisten.
7 Schostakowitsch hegte ambivalente Gefühle Solschenizyn gegenüber. Er achtete ihn als Schriftsteller hoch und fand sein Leben außerordentlich mutig. Aber er fand auch, daß Solschenizyn sich zu einem »Erleuchteten« hochstilisierte, zu einem neuen russischen Heiligen. Die ambivalente Einstellung spiegelt sich in zwei Kompositionen, die nacheinander im Anschluß an Solschenizyns Ausweisung in den Westen 1974 erschienen. In der Vokal-Suite zu Gedichten von Michelangelo verwendet Schostakowitsch die zornigen

Strophen Michelangelos über die Verbannung Dantes aus Florenz an die Adresse Solschenizyns mit schmerzlich bewegter Musik. Daneben gibt es das satirische Stück »Erleuchtete Persönlichkeit« auf die parodierenden Worten Dostojewskis in den »Dämonen«, das in Schostakowitschs letztem Liederzyklus »Verse des Kapitän Lebadkin« steht.

Kindheit und Jugend

1 *Wsewolod Meyerhold (1874–1940)* Schauspieler und bedeutendster russischer avantgardistischer Regisseur. Im Herbst 1920 proklamierte er den »Theater-Oktober«, denn er glaubte, der politischen Oktoberrevolution müsse die Revolution der Theaterkunst folgen. Es genüge nicht, dem neuen proletarischen Zuschauer lediglich die Theatertore weit zu öffnen; der bürgerliche Illusionszauber müsse von der Bühne gefegt werden; nur revolutionäre Form könne revolutionären Inhalt vermitteln. Bertolt Brecht hob später vier besonders wichtige Punkte der Meyerhold-Methode hervor: Bekämpfung des Privaten, Betonung des Artistischen, die Bewegung in ihrer Mechanik, das Milieu abstrakt.
Um 1930 begannen die Kulturpolitiker, avantgardistische Bestrebungen auf allen Gebieten der Kunst zurückzudrängen und zu befehden. Seit 1936 geriet Meyerholds »unrussisches« Theater immer häufiger in die Schußlinie, 1938 wurde es geschlossen. Er selbst, am 20. 6. 1939 verhaftet, starb im Straflager und wurde 1956 posthum rehabilitiert.

2 Die Oper »Das Märchen vom Zaren Saltan« schrieb Nikolaj Rimski-Korssakow 1900 nach dem gleichnamigen Märchen von Alexander Puschkin.

3 Die deutsche Oberste Heeresleitung gestattete dem in Zürich lebenden Lenin die Durchreise durch Deutschland in einem plombierten Zug. Am 3. April alten Stils (16. 4.) 1917 traf Lenin auf dem Finnischen Bahnhof in Petrograd ein.

4 Am 27. Februar alten Stils (12.3.) 1917 hatte in Petrograd die Revolution begonnen. Am 1. (14.) März dankte Zar Nikolaj II. ab und wurde am 8. (21.) März verhaftet.

5 *Volkstümler-Neigungen*: Die Bewegung der Volkstümler (Narodniki) entstand um 1862 mit dem Ziel, den von der Leibeigenschaft befreiten Bauern zu helfen, ihren neuen Status wirtschaftlich und politisch zu nutzen und auszubauen. Diese Bestrebungen hatten so gut wie keinen praktischen Erfolg. Es spalteten sich daher bald Geheimorganisationen ab, die nur durch Terroraktionen ihre volksbefreienden Ziele glaubten verwirklichen zu können. Eine dieser Organisationen war »Semlja i Wolja« (Land und Freiheit).

6 Die Revolution von 1905 brach im Januar aus, als eine friedliche Bittdemonstration zum Winterpalais zusammengeschossen worden war, und ebbte erst nach dem Oktober-Manifest des Zaren allmählich ab. Das Manifest garantierte Presse-, Rede- und Versammlungsfreiheit, proklamierte in vagen Formulierungen ein allgemeines Wahlrecht für den Reichstag (Duma) und verhieß die Umwandlung der Autokratie in eine konstitutionelle Monarchie.

7 *Michail Soschtschenko (1895–1958)* wurde weltberühmt durch seine satirischen Kurzgeschichten, in denen er in unnachahmlicher Weise den sowjetischen Alltag glossierte. Nachdem 1934 der sozialistische Realismus zur alleinverbindlichen künstlerischen Methode deklariert worden war, wurde den völlig humorlosen und gänzlich ungebildeten neuen Kulturfunktionären Soschtschenkos Kunst ein Dorn im Auge. Doch seine ungeheure Popularität schützte ihn zunächst noch vor allzu schroffen Maßregelungen. Erst 1946 rechnete das ZK drastisch mit ihm ab und vernichtete ihn als Schriftsteller (vgl. Kap. 2, Anm. 13). Zwar erschienen seit 1950 hier und da wieder ein paar Kurzgeschichten von ihm in der sowjetischen Presse, so fade jedoch, daß in ihnen Soschtschenko nicht mehr wiederzuerkennen ist.

8 *Michail Tuchatschewski (1893–1937)* Bürgerkriegsheld. Marschall der Sowjetunion. Stellvertretender Volkskommissar für Verteidigung. Reorganisator der Roten Armee. Mitglied des Zentralkomitees der KPdSU (B). Tuchatschewski und sieben Generale wurden vom Sondertribunal des Militärkollegiums beim Obersten Gerichtshof am 11. 6. 1937 wegen Landesverrat zum Tode verurteilt. Das Urteil wurde am 12. 6. 1937 vollstreckt.
Die Gerüchte um diesen Prozeß sind bis heute nicht verstummt. Eines davon besagt, es habe sich in der Armee eine Fronde gegen Stalins Säuberungsmethoden gebildet. Einem anderen Gerücht zufolge ließ Hitler von den Gestapoführern Heydrich und Behrens Material anfertigen, das Tuchatschewski und die sowjetische Generalität denunzierte, im geheimen Einverständnis mit Deutschland zu stehen. Die gefälschten Dokumente seien über Prag nach Moskau gelangt. Ein drittes Gerücht will wissen, die Initiative zur Anfertigung des Belastungsmaterials sei von Stalin ausgegangen, der NKWD-Agenten in die Gestapo habe einschleusen lassen. Für keine der Hypothesen liegen Beweise vor. Auch nach der Rehabilitierung der Stalinopfer (1956) wurde keine Dokumentation über den Tuchatschewski-Prozeß veröffentlicht.

9 Gemeint ist *Andrej Tarkowski (1932–1986)*. Die Episode ereignete sich bei den Dreharbeiten zu dem Film »Andrej Rubljow«.

10 *Boris Kustodijew (1878–1927)* Maler, Graphiker und Bühnenbildner. Er wurde vor allem durch seine farbstarken Genrebilder aus dem russischen All-

tagsleben berühmt: bärtige Kaufleute, üppige Kaufmannsfrauen, verwegene Handwerksburschen, Jahrmärkte, wilde Troikafahrten, Kneipenszenen. Er war ein Meister sowohl des Pathos wie der Ironie.

11 *Jewgeni Samjatin (1884–1937)* Als überragend begabter russischer Schriftsteller des frühen 20. Jahrhunderts hatte er seit 1929 keine Veröffentlichungsmöglichkeiten mehr. 1931 bat er Stalin um die Erlaubnis, das Land zu verlassen, und erhielt die Genehmigung. Sein berühmter utopischer Roman »Wir« (1920) ist eine Vorwegnahme von Orwells »1984«. In deutscher Sprache liegen außer diesem Roman die Erzählungsbände »Morgen« und »Rußland ist groß« vor.

12 Schostakowitschs Oper »Lady Macbeth von Mzensk« wurde in Moskau unter dem Titel »Katerina Ismailowa« aufgeführt. Auch der nach der Oper gedrehte Film lief unter diesem Titel.

13 Vgl. Einführung S. 39, Absatz 4.

14 *Alexander Glasunow (1865–1936)* Direktor des Petersburger, dann Petrograder, schließlich Leningrader Konservatoriums von 1906 bis 1928. Unter dem Druck jüngerer Dozenten und Studenten, die mit der akademischen Tradition des Konservatoriums brechen wollten, resignierte er und verließ Rußland 1928.

15 Gemeint ist *Jewgeni Mrawinski (1903–1988)*, Chefdirigent und musikalischer Leiter der Leningrader Philharmonie seit 1938. Er dirigierte die Uraufführungen von Schostakowitschs Fünfter, Sechster, Achter, Neunter und Zehnter Symphonie. Die Achte Symphonie (1943) ist Mrawinski gewidmet. Die enge Freundschaft zwischen Dirigent und Komponist erkaltete in den letzten Lebensjahren Schostakowitschs.

16 Der schwerkranke Lenin diktierte Ende Dezember 1922 und Anfang Januar 1923 einen »Brief an den Parteitag«. Es war der XII. Parteitag, der im April 1923 tagte. Das Schreiben enthält vergleichende Beurteilungen seiner möglichen Nachfolger, unter ihnen auch Stalin.
Das 1926 im Westen als »Lenins Testament« publizierte Dokument galt in der Sowjetunion 30 Jahre lang offiziell als Fälschung. Erst 1956, nach Chruschtschows Enthüllungen über die Stalin-Ära, wurde es publiziert und in die vollständige Ausgabe der Werke Lenins aufgenommen.

17 *Grigori (gen. Sergo) Ordshonikidse (1886–1937)* Jugendfreund Stalins und dessen enger Mitarbeiter. Seit 1932 Volkskommissar für Schwerindustrie. Er erschoß sich (18. 2. 1937), weil er Stalins Methode der »großen Säuberung« (1936–1938) nicht billigte und ihr nicht wirksam entgegentreten konnte. Der Selbstmord wurde offiziell als Herzschlag kaschiert.

18 NEP = Neue Ökonomische Politik (1921–1928) Um die während des Bürgerkriegs von 1918–1920 völlig ruinierte Volkswirtschaft wieder in Gang zu

bringen und die hungernde Bevölkerung mit dem Nötigsten zu versorgen, führte Lenin ein gemischtes Wirtschaftssystem ein, in dem der sozialistische und der kapitalistische Wirtschaftssektor miteinander wetteifern sollten. Diese Politik brachte einen raschen wirtschaftlichen Aufschwung, zugleich damit die »Sumpfblüte« des Schieber- und Spekulantenwesens.

19 *Nikolaj Mjaskowski (1881–1950)* war 30 Jahre lang Professor am Moskauer Konservatorium. Er nimmt als Haupt der Moskauer Komponistenschule einen beachtlichen Platz in der neueren russischen Musikgeschichte ein. Er schrieb 27 Symphonien. Zusammen mit Prokofjew und Schostakowitsch wurde Mjaskowski 1948 als »volksfremd« und »formalistisch« verurteilt.

20 *Wissarion, gen. Ronja Schebalin (1902–1963)* war Schüler von Mjaskowski und Direktor des Moskauer Konservatoriums. 1948 wurde entlassen als einer der Repräsentanten der »volksfremden, formalistischen« Richtung in der Musik. Schostakowitsch widmete Schebalin sein zweites Quartett.

21 *Michail Sokolowski (1901–1941)* gründete das Leningrader »Theater der jungen Arbeiter«, ein avantgardistisches Kollektiv, dessen Ästhetik der Piscators und des frühen Brecht verwandt war. 1935 zog Sokolowski sich unter dem Druck der Kulturfunktionäre von dem Theater zurück, das bald darauf geschlossen wurde. Er fiel 1941 vor Leningrad.

Musikwelt Leningrad

1 *Polnische Vorfahren.* Vgl. Einführung S. 39. Es mag immerhin für Schostakowitschs geistige Entwicklung eine gewisse Rolle gespielt haben, daß Polen im Verlauf seiner gesamten Geschichte – anders als Rußland – wichtiger Bestandteil des Abendlandes gewesen ist, daher Denk- und Verhaltensmodelle der Familie Schostakowitsch »westlich« geprägt waren.

2 Gemeint sind die Musikwissenschaftler *Boris Jarustowski (1911–1937)* und *Grigori Schnejerson (1900–1982).*

3 *Ilja Ilf (1897–1937)* und *Jewgeni Petrow (1903–1942)* entwickelten Mitte der zwanziger Jahre eine einzigartige Schriftstellersymbiose. Ihre satirischen Feuilletons zur Gegenwart machten sie rasch sehr populär. In ihren beiden Romanen »Zwölf Stühle« und »Das goldene Kalb« schufen sie Charaktertypen, die zu Synonymen für bestimmte menschliche Schwächen und Qualitäten wurden.

4 *Chaos statt Musik.* Der so überschriebene Artikel in der »Prawda« vom 28. 1. 1936 war eine grimmige Attacke gegen die Oper »Lady Macbeth von Mzensk«. Er bildete den Auftakt für die Bekämpfung der modernen Musik in der Sowjetunion.

5 Dieser Briefwechsel ist inzwischen veröffentlicht, wenn auch, wie vorauszusehen war, mit gewissen Auslassungen. Alexander Hauk dirigierte die Uraufführung der Dritten Symphonie und zweier Ballette von Schostakowitsch.
6 *Irakli Andronikow (1908–1990)* Literaturhistoriker. Seine »mündlichen Geschichten« in Rundfunk und Fernsehen wurden überaus populär, vor allem durch Andronikows brillante Gabe, Berühmtheiten zu imitieren.
7 RSFSR = Russische Sozialistische Sowjetrepublik, die größte der 15 sowjetischen Unionsrepubliken.
8 *Boris Assafjew (1884–1949)* war Komponist und Musikwissenschaftler und zugleich der bedeutendste Musiktheoretiker der russischen Musikgeschichte. Leider gehörte charakterliche Integrität nicht zu den Qualitäten dieses hervorragenden Gelehrten. Es ist notwendig, an dieser Stelle Assafjews Bedeutung als Musikwissenschaftler hervorzuheben, da der Leser sonst eine falsche Vorstellung gewinnen würde. Einiges vom Besten, das über Schostakowitsch bisher geschrieben wurde, stammt aus Assafjews Feder. Die Beziehungen zwischen Assafjew und Schostakowitsch wechselten im Laufe der Jahre verschiedentlich. Zum völligen Bruch kam es, als Assafjew 1948 sich an der Kampagne gegen die »formalistischen« Komponisten beteiligte. Schostakowitsch vernichtete auch seine Korrespondenz mit Assafjew. Für seine Musikkritiken benutzte Assafjew das Pseudonym Igor Glebow. Daher Schostakowitschs ironische Bezeichnung »die Igors und Borise«.
9 *Gawriil Dershawin (1743–1816)* war ein hoher Staatsbeamter, 1802 Justizminister. Odendichter.
10 Gemeint ist *Michail Lermontow (1814–1841)*, der im Duell fiel.
11 Der Eherne Reiter ist das Reiterstandbild Peters des Großen, das die Zarin Katharina die Große auf dem Senatsplatz in St. Petersburg errichten ließ. Dieses Denkmal inspirierte Puschkin zu seinem Poem »Der Eherne Reiter«.
12 Schostakowitschs Vater arbeitete in einem staatlichen Institut, das unter anderem die Einführung des metrischen Systems in Rußland vorzubereiten hatte. Als Mitglied der Direktion der technischen Abteilung war er mit großen Vollmachten ausgestattet und konnte über sogenannte defizitäre Produkte und Materialien verfügen.
13 *Andrej Shdanow (1896–1952)* Seit 1934 Erster Sekretär des Parteigebietskomitees Leningrad. Nach 1945 war er als Leiter der Kulturabteilung des ZK verantwortlich für die Nachkriegskulturpolitik. Während des Krieges war nicht nur die ideologische Bevormundung gemildert worden, es hatten sich auch kulturelle Kontakte mit den westlichen Alliierten ergeben. Beides sollte schleunigst geändert, westliche Einflüsse sollten unterbunden werden. Es begann erneut der Kampf gegen »westliche Dekadenz« in Literatur, Musik und bildender Kunst. Maßgebend für die neue Linie wurden Shdanows Re-

den vor dem ZK und die daran anschließenden »historischen Beschlüsse« des ZK zwischen 1946 und 1948. Den ersten schweren Schlag führte Shdanow im August und September 1946 gegen die Zeitschriften »Swesda« und »Leningrad« sowie gegen Anna Achmatowa und Michail Soschtschenko. Diese beiden Schriftsteller wurden als Opfer ausersehen, weil sie in geistiger Souveränität, völlig unbeirrbar durch ideologische Parolen, ihren eigenen künstlerischen Weg gingen und daher am bequemsten als »dekadent« verurteilt werden konnten; als Brunnenvergifter, deren »ideologisch schädliche Werke unsere Jugend desorientieren und ihr Bewußtsein verseuchen«.

14 *Anna Achmatowa (1889–1966)* gilt als bedeutendste russische Lyrikerin des 20. Jahrhunderts. Da sie wenig Publikationsmöglichkeiten hatte, wurde sie lange Jahre nur in Intellektuellenkreisen verehrt. Erst während des Zweiten Weltkriegs wurden ihre Gedichte dem breiten Publikum bekannt. Sie fanden begeisterten Anklang und hatten so absolut nichts mit pathetischem Hurrapatriotismus zu tun, daß ihre Autorin genau die richtige Zielscheibe für Shdanows unflätigen Angriff war. Er nannte sie »halb Hure, halb Nonne, Vertreterin des literarischen Sumpfes«.

15 *Wladimir Nemirowitsch-Dantschenko (1858–1943)* Dramatiker und Regisseur. Er gründete zusammen mit Konstantin Stanislawski das Moskauer Künstler-Theater (MCHAT). 1934 inszenierte er die Premiere der Oper »Lady Macbeth« in dem seiner Leitung unterstehenden Musiktheater. Nemirowitsch-Dantschenko hat sich nie an Angriffen auf Schostakowitsch beteiligt, sondern vertrat stets unbeirrbar den Standpunkt, Schostakowitsch sei ein Genie.

16 *Juri Olescha (1899–1960)* gehörte zur Generation jener Prosaschriftsteller, die in den zwanziger Jahren der jungen sowjetischen Literatur Weltgeltung verschaffte. Nach seinem Kurzroman »Neid« (1927), der ihm von der Parteipresse scharfe Verurteilung eintrug, verstummte er auf Jahrzehnte.
Obwohl Olescha Schostakowitsch sehr schätzte, kritisierte auch er nach Erscheinen des »Prawda«Artikels »Chaos statt Musik« öffentlich Schostakowitschs Werk (vermutlich als Selbstschutz). Er sagte unter anderem, den »Prawda«-Artikel würde Tolstoi unterzeichnet haben und er (Olescha) fühle sich durch Schostakowitschs Musik beleidigt.

Theater im Stalinismus

1 *Sascha Tschorny (1880–1952)* Satiriker. Schostakowitsch schrieb 1960 einen satirischen Vokalzyklus zu Texten von Tschorny.

2 *Grigori Sinowjew (1883–1936)* Erster Sekretär des Parteigebietskomitees Le-

ningrad und Vorsitzender der Komintern. Er verlor wegen seiner Verbindungen zu Trotzki 1926 seine Ämter. Im Prozeß gegen die Kirow-Attentäter (vgl. Kap. 3 Anm. 12) zu 10 Jahren Straflager verurteilt, wurde er im ersten der drei großen Schauprozesse, dem »Prozeß der Sechzehn« vom 19.–24. 8. 1936, wegen Linksopposition und konterrevolutionärer Verschwörung zum Tode verurteilt und hingerichtet.

3 *Nikolaj Bucharin (1888–1938)* Parteitheoretiker. Mitglied des Politbüros und Chefredakteur der »Prawda« bis 1929. Vorsitzender der Komintern 1926–1930. Danach nur noch Chefredakteur der »Iswestija«. Als führender Kopf des rechten Flügels der Partei, der eine mildere Bauernpolitik forderte, wurde er 1937 verhaftet und im letzten Schauprozeß, dem »Prozeß der Einundzwanzig« vom 2.–12. März 1938, wegen Rechtsopposition und konterrevolutionärer Verschwörung zum Tode verurteilt und hingerichtet.
Karl Radek (1885–1939) Publizist und Parteiagitator. Er wurde im »Prozeß der Siebzehn« vom 23.–30. 1. 1937 gegen die »trotzkistisch-sinowjewistische Opposition« zu zehn Jahren Haft verurteilt. Das Urteil war so milde ausgefallen, weil Radek in seinen Aussagen vor Gericht andere – darunter auch Tuchatschewski – belastet und dadurch Anklagematerial für spätere Prozesse geliefert hatte.

4 *Lasar Kaganowitsch (1893–1992)* Schwager und enger Mitarbeiter Stalins. Er war als Politbüromitglied mitverantwortlich für die Durchführung der »Großen Säuberung« 1936–1938. Erster stellvertretender Vorsitzender des Ministerrats von 1953–1957. Dann von Chruschtschow als Mitglied der »parteifeindlichen Gruppe Malenkow-Molotow-Kaganowitsch-Schepilow« aller Ämter enthoben, 1961 aus der Partei ausgeschlossen.

5 *Formalismus*: Der Begriff stammt aus der russischen Literaturtheorie des frühen 20. Jahrhunderts. Die formale Methode in Literaturkritik und Literaturwissenschaft, begründet von Viktor Schklowski und Juri Tynjanow, verwarf alle außerkünstlerischen Kriterien bei der Beurteilung eines Kunstwerks, seien sie psychologischer, soziologischer, historischer oder biographischer Natur. Damit befand sich die formale Schule in Gegnerschaft zur marxistischen soziologischen und soziographischen Literaturauffassung. In der großen Formalismus-Diskussion (März 1936) wurde die formale Methode in der Literatur endgültig verworfen. In der Folgezeit wurden die Bezeichnungen »Formalist« und »Formalismus« auf Musik und bildende Kunst ausgedehnt, zu Gummibegriffen, in die alles hineingezwängt wurde, was nicht in den Rahmen des sozialistischen Realismus paßte. Die Termini »Formalist« und »Formalismus« wurden zum politisch-ideologischen Kainsmal. 1948 im Zuge der »Kampagne gegen Kosmopolitismus und Speichelleckerei vor dem Westen« kam es zu einer zweiten großangelegten Antiformalismus-

Attacke, dieses Mal waren ausschließlich Komponisten das Angriffsziel. Die damalige offiziöse Definition des Begriffs Formalismus lautete: »Formalismus in der Kunst ist Ausdruck einer dem sowjetischen Volk feindlich gesinnten bürgerlichen Ideologie. Die Partei hat nie auch nur einen Augenblick den Kampf gegen jede auch der geringfügigsten Erscheinungen des Formalismus aufgegeben.«

6 Der Regisseur Grigori Kosinzew verwendete bei seiner Inszenierung des »Hamlet« im Dramatischen Theater eine ziemlich frühe Musik Schostakowitschs zu »König Lear«. Später schrieb Schostakowitsch neue Musiken zu Kosinzews Filmen »Hamlet« und »König Lear«.

7 1931, während der Arbeit an seiner Oper »Lady Macbeth«, litt Schostakowitsch unter einer Reihe von Mißerfolgen. Sein Ballett »Der Bolzen« wurde aus den Repertoires gestrichen, in Musiken zu einigen Schauspielen und Filmen erreichte er nicht sein sonstiges Niveau. In einer Zirkusnummer ließ man sogar Pferde und den dressierten Hund Alma nach seiner Musik auftreten. Schostakowitsch wollte hohe Kunst, es erbitterte ihn, daß er davon immer wieder durch Auftragsarbeiten abgehalten wurde.

8 Zu den zahlreichen Epitheta ornantia, mit denen Stalin ständig belegt wurde, gehört außer dem von Schostakowitsch bevorzugt benutzten unter anderem: der große Gärtner, Weisester der Weisen, geniale Koryphäe aller Wissenschaften; der große Kinder- und Menschenfreund; Führer und Lehrer der fortschrittlichen Menschheit.

9 *Solomon Michoëls (1890–1948)* Schauspieler, Gründer des staatlichen Jiddischen Theaters in Moskau, wurde auf Parteibefehl in Minsk ermordet. Der Mord wurde als Überfall von Gewaltverbrechern getarnt. Das Jiddische Theater wurde 1949 geschlossen.

10 Boris Pasternak fand zwischen 1936 und 1943 kaum Verlage oder Zeitschriften, die seine Arbeiten druckten. Um seinen Lebensunterhalt zu verdienen, übersetzte er georgische Lyrik (Tabidse, Jaschwili, Barataschwili u.a.) sowie Dramen von Shakespeare, Goethe und Schiller.

11 *Anatoli Lunatscharski (1875–1933)* wurde 1917 der erste sowjetische Volkskommissar für Volksbildung. Er war ein hochgebildeter Literaturwissenschaftler und -kritiker. Seinem Wirken ist es zu verdanken, daß den Kunstschaffenden in den zwanziger Jahren parteiliche Restriktionen noch weitgehend erspart blieben.

12 *Sergej Kirow (1886–1934)* Erster Sekretär des Parteigebietskomitees Leningrad. Er wurde am 1.12.1934 ermordet. Der Mord, später als »Attentat trotzkistisch-sinowjewistisch-bucharinistischer Schurken« bezeichnet, wurde zum Auslöser der »Großen Säuberung«, der die Elite der Altbolschewiki und Millionen gewöhnlicher Bürger zum Opfer fielen. Die Säuberung erreichte

1937/38 ihren Höhepunkt. Schwerwiegende Indizien sprechen dafür, daß Stalin den Mord an Kirow befohlen hat. Beweise wurden bisher nicht veröffentlicht.

13 *Kronstädter Aufstand*: Wegen der allgemeinen Notlage hatten in den Petrograder Betrieben im Februar 1921 die Lebensmittelrationen gekürzt werden müssen. Die Folge war eine Streikwelle, die politisch-oppositionelle Demonstrationen nach sich zog. Die Unruhe griff auf die in Kronstadt stationierte Ostseeflotte über. Der Kronstädter Sowjet verhaftete den Kommissar der Flotte. Ein provisorisches Revolutionskomitee übernahm die Macht. Man wollte die »Dritte Revolution« – nach den beiden von 1917 – gegen die Diktatur der Bolschewiki durchsetzen. Nachdem Kalinin (seit 1919 Staatspräsident) vergeblich versucht hatte, die Rebellen zur Vernunft zu bringen, verlangte Trotzki ihre gewaltsame Unterwerfung. Tuchatschewski griff mit schwerer Artillerie an. 10 Tage widerstanden die Kronstädter der Übermacht. Am 16.3. setzte Tuchatschewski zum Sturm an, am 18.3. brach der Widerstand zusammen. Die Überlebenden wurden erschossen oder kamen ins Straflager.

14 Öffentliche Auspeitschung. Gemeint ist die sogenannte »Prorabotka«, wörtlich übersetzt: Durcharbeitung. Sie ist ein raffiniertes Verfahren zur »Umerziehung« einer Person durch ein Kollektiv. Der Durchzuarbeitende hat sich einer sorgfältig präparierten Versammlung zu stellen, deren Mitglieder der Reihe nach zu vernichtender Kritik des Betreffenden auftreten. Ziel der Kritik ist es, die Verderbtheit, Schädlichkeit, Volksfeindlichkeit etc. einer wissenschaftlichen Theorie, eines Kunstwerks, eines philosophischen Prinzips zu »entlarven« und das Opfer der Durcharbeitung zu zwingen, die Kritik der Versammlung als richtig zu akzeptieren. Der Durchzuarbeitende ist von Anfang an im Unrecht, er kann zwar versuchen, sich zu widersetzen, verschlimmert jedoch dadurch seine Lage noch, denn er beweist ja mit seinem Widerspruch die Notwendigkeit seiner Umerziehung.

15 *Semjon Budjonny (1883–1971)* Bürgerkriegsheld, Marschall der Sowjetunion. Chef der Roten Kavallerie.
Kliment Woroschilow (1881–1969) Jugendfreund Stalins. Bürgerkriegsheld. Marschall der Sowjetunion. Vorsitzender des Revolutionären Kriegsrates. Volkskommissar für Verteidigung 1925–1941. Bei Kriegsbeginn übernahm Stalin das Volkskommissariat sowie den Oberbefehl über die sowjetischen Streitkräfte.

16 *Michail Frunse (1885–1925)* Bürgerkriegsheld. Stabschef der Roten Armee. Leiter der Militärakademie der Roten Armee. Vorsitzender des Revolutionären Kriegsrates und Volkskommissar für Verteidigung. Er starb an einer Operation, der er sich auf Parteibefehl hatte unterziehen müssen. Sein Nachfolger wurde Woroschilow.

17 *Unternehmen Barbarossa.* So hieß in Anspielung auf Friedrich Barbarossas Kreuzzug 1189 der deutsche Angriffsplan auf die Sowjetunion 1941.

»Chaos statt Musik«

1 *Galina Wischnewskaja (*1926)* Sängerin, verheiratet mit Mstislaw Rostropowitsch. Schostakowitsch widmete ihr seinen Vokalzyklus »Satiren« und seine Instrumentierung der »Lieder und Tänze des Todes« von Modest Mussorgski.
2 *Sergej Tretjakow (1892–1939)* Bedeutender avantgardistischer Schriftsteller und Dramatiker, arbeitete eng mit Meyerhold, Majakowski und Eisenstein zusammen, war mit Bertolt Brecht befreundet. Er starb im Straflager.
3 *Grischka Kuterma* ist als Figur aus Rimski-Korssakows Oper »Legende von der unsichtbaren Stadt Kitesch« die Personifizierung von Verrat und Verleumdung.
4 *RAPP = Russische Assoziation Proletarischer Schriftsteller.* Sie bestand von 1920–1932. Analog zu ihr wurde 1923 die RAPM = Russische Assoziation Proletarischer Musiker gebildet. Obwohl die RAPP von Anfang an ihren Führungsanspruch lautstark verkündete, hatte sie zunächst weder Machtnoch Druckmittel, diesen Anspruch durchzusetzen. Kulturell führend blieben die vielfältigen Gruppierungen der nichtproletarischen Künstler, der von Trotzki so genannten »Weggenossen«. Erst 1929 erhielten RAPP und RAPM diktatorische Vollmachten, die sie so rigoros ausnutzten, daß sie 1932 mit allen anderen noch bestehenden Künstler- und Schriftstellervereinigungen aufgelöst wurden.
In seiner Resolution vom 23. 4. 1932 verfügte das ZK die Schaffung je eines einzigen Verbandes für Schriftsteller und Musiker. Sich außerhalb dieser Verbände zu organisieren wurde verboten.
5 *David Sasslawski (1880–1965)* Journalist. Lenin hatte ihn als »schmierigen käuflichen Lumpen« charakterisiert. Stalin dagegen schätzte ihn sehr. Sasslawski war es auch, der 1958 die Pressekampagne gegen Pasternak eröffnete. Sein Artikel endete: »Pasternak bestätigt mit seinem ganzen Geschreibsel, daß er in unserem, vom Aufbaupathos einer lichten kommunistischen Gesellschaft erfüllten Land nichts anderes ist als Unkraut.«
6 Es handelte sich um den Pianisten und Musikwissenschaftler *Viktor Delsson (1907–1970)*, der fast 20 Jahre in Straflagern verbrachte, und den Musikwissenschaftler *Lew Danilewitsch (1912–1980)*, der mehrere Arbeiten über Schostakowitsch veröffentlichte.
7 *Maljuta Skuratow († 1572)* stammte aus dem Dienstadel und erwarb sich durch seine bestialische Skrupellosigkeit das Vertrauen Iwans IV., des

Schrecklichen, der ihn in seinem Kampf gegen die alten Bojarenfamilien als Exekutor einsetzte. 1565 hatte Iwan IV. sein Reich in zwei getrennte Teile gegliedert: die Semschtschina, die in bisheriger Weise durch einen Bojarenrat verwaltet wurde, und die Opritschnina, die dem Zaren direkt unterstand. Sie erhielt eine eigene Verwaltung, eigenes Finanzwesen und ein eigenes Heer, das die Leibgarde des Zaren, die Opritschniki, zu stellen hatte. Diese ausgesucht brutale Elitetruppe unter dem Kommando von Maljuta Skuratow wurde zum Instrument des Terrors, der seit 1565 bis in die siebziger Jahre die Bevölkerung in Furcht und Schrecken setzte mit immer neuen Verhaftungswellen, Morden, Brandschatzungen, Vermögenskonfiskationen und Hinrichtungen.

8 *Andrej Wyschinski (1883–1954)* Generalstaatsanwalt der UdSSR 1935–1939, dann Volkskommissar für Justiz, 1949–1953 sowjetischer Außenminister.

9 Schostakowitschs Fünfte Symphonie, vollendet 1937, wurde am 21. November desselben Jahres, dem schlimmsten der Terrorwelle, aufgeführt und rief bei den Leningradern, die besonders unter der Säuberung zu leiden hatten, tiefe Erschütterung hervor.

10 »Die Siebte Symphonie entstand aus dem Gewissen des russischen Volkes, das, ohne zu schwanken, den tödlichen Kampf gegen die finsteren Mächte aufnahm.« Dieser Satz von Alexej Tolstoi ist typisch für die Zeitsituation. Die Symphonie wurde während des Zweiten Weltkriegs zum Symbol des Verteidigungskampfes gegen den deutschen Überfall nicht nur in der Sowjetunion, sondern weltweit. Diese von Schostakowitsch ungewollte politische Resonanz der Symphonie hat bis heute eine objektive musikalische Bewertung verhindert.

Die Achte Symphonie (1943) wurde von den Kulturfunktionären abgelehnt, doch Schostakowitschs Weltruhm und die politische Resonanz der Siebten verhinderten zunächst die offene Attacke. Erst 1948 wurden fast alle Werke, angefangen von der Ersten Symphonie, verurteilt. Es wurden sogar Werke verdammt, die schon mit Stalin-Preisen prämiiert waren.

11 *Lawrenti Berija (1889–1953)* war 1938 bis zu seinem Tode Volkskommissar des Inneren (NKWD) und Generalkommissar für Staatssicherheit, nach Umwandlung der Volkskommissariate in Ministerien (1946) Minister des Inneren (MWD) und Chef des Komitees für Staatssicherheit (KGB). Vier Monate nach Stalins Tod wurde Berija verhaftet und im Dezember 1953 hingerichtet.

12 *Wano Muradeli (1908–1970)* Komponist. Seine Oper »Die große Freundschaft« (1947) wurde zum Anlaß, noch einmal mit dem Formalismus abzurechnen, dieses Mal auf musikalischem Gebiet. Am 10. 2. 1948 verkündete das Zentralkomitee seinen »historischen Beschluß« zur Bekämpfung des Formalismus in der Musik und verurteilte als Formalisten Muradeli, Pro-

kofjew, Schostakowitsch und eine Reihe anderer moderner russischer Komponisten. In einem 1948 vom Komponistenverband veröffentlichten Gemeinschaftswerk heißt es dazu: »Das Jahr 1948 ist das Jahr einer historischen Wende in der sowjetischen und internationalen Musikkultur. Der Beschluß des ZK der KPdSU(B) vom 10. 2. 1948 über die Oper ›Die große Freundschaft‹ von W. Muradeli verurteilte scharf die volksfremde, formalistische Richtung in der Musik und zerbrach die Fesseln der Dekadenz, die lange Jahre das Schaffen vieler sowjetischer Komponisten eingeengt hatten. Auf viele Jahre im voraus ist nun der einzig richtige Weg zur Entwicklung der sowjetischen Musikkultur festgelegt worden.« Schostakowitsch verlor damals seine Professur am Leningrader Konservatorium.

13 Stalin hatte während und kurz nach dem Zweiten Weltkrieg sowjetische Völker, denen er nicht traute, entweder prophylaktisch – wie die Wolgadeutschen – oder als Strafe für Kollaboration mit den deutschen Okkupanten deportieren lassen. »Zur Strafe« wurden die Tschetschenen, Inguschen, Krimtataren und einige kleine Kaukasusvölker vorwiegend nach Kasachstan und Ostsibirien verbracht.

14 Hier ist speziell der geglückte Versuch von Dmitri Kabalewski (1904–1987) zu nennen, dem es gelang, seinen Namen von Shdanows Liste streichen und durch den des begabten Gawriil Popow (1904–1972) ersetzen zu lassen.

15 Um Schostakowitschs Äußerungen zu verstehen, muß man sich die Ausschließlichkeit vor Augen führen, mit der 1948 die »Diskussion« über den Formalismus in der Musik geführt wurde. Im Unterschied zur Formalismus-Debatte von 1936, die zwar sehr hart zuschlug, aber von der bereits angelaufenen großen Säuberung und ihren Schrecken überschattet worden war, wurde 1948 das Formalisten-Thema zum Hauptthema und dominierte in jedem Gespräch.

16 Gemeint ist der satirische Vokalzyklus »Rajok«, in dem Schostakowitsch die Antiformalismus-Kampagne und ihre Organisatoren verspottet.

17 *Wjatscheslaw Molotow (1890–1986)* Altbolschewik. 1939–1949 Außenminister, wurde dann ein wenig in den Hintergrund geschoben, da seine Frau wegen »zionistischer Betätigung« in ein Straflager verbannt worden war. 1953 nach Stalins Tod Erster stellvertretender Vorsitzender des Ministerrats, wieder Außenminister, dann Minister für Staatskontrolle. 1957 als Mitglied der »parteifeindlichen Gruppe Malenkow-Molotow-Kaganowitsch-Schepilow« aller Ämter enthoben.

18 Diese in der Presse bejubelten und mit Stalin-Preisen ausgezeichneten Filme verherrlichten Stalin als den Weisesten, Kühnsten und Größten. Schostakowitsch wirkte bei vierzig Filmen als Komponist mit. In Anbetracht der geringen jährlichen Filmproduktion eine außerordentlich große Zahl.

19 Die Dreizehnte Symphonie für Solisten, Chor und Orchester (1962) war Schostakowitschs letztes Werk, das mit Aufführungsverbot belegt wurde. Er hatte für den ersten Satz das Gedicht »Babi Jar« von Jewgeni Jewtuschenko gewählt.
20 Gemeint ist der ZK-Beschluß vom 28. 5. 1958 »Über die Berichtigung von Fehlern in der Bewertung der Opern ›Die große Freundschaft‹, ›Bogdan Chmelnytzki‹ und ›Von ganzem Herzen‹«. Wie sehr viele Aktionen Chruschtschows war auch dieser Beschluß widersprüchlich. Einerseits wurde die Verurteilung einiger musikalischer Werke als »ungerecht« bezeichnet, andererseits die »Formalismus-Kritik« von 1948 als richtig und zeitgemäß bestätigt.
21 *Marian Kowal (1907–1971)* gehörte zu den von Schostakowitsch so genannten »Bluthunden«, welche die antiformalistische Kampagne vorantrieben.

Musik als aktive Kraft

1 *Ansiedlungszonen, Prozentnormen*: Vor der Revolution besaßen Juden kein Niederlassungsrecht in Großrußland. Ihre Ansiedlungsgebiete waren beschränkt auf Polen, die Ukraine, Bjelorußland, die baltischen Provinzen, Bessarabien und Taurien. Seit etwa 1865 wurden zunehmend Ausnahmegenehmigungen erteilt, in erster Linie für Gelehrte, Künstler und wohlhabende Kaufleute. An weiterbildenden Schulen und Universitäten bestand ein Numerus clausus für Juden: In den Ansiedlungszonen und in Kiew 10 %, in den übrigen Gouvernements 5 %, in Petersburg und Moskau 2 %.
2 Hauptevakuierungsgebiete für feindgefährdete Betriebe, Institutionen und Zivilpersonen waren Usbekistan und Kasachstan. »Du hast wohl in Taschkent gekämpft« bedeutete, jemanden als Etappenhengst und Drückeberger zu verdächtigen.
3 In der Schlucht von Babi Jar bei Kiew ließen die Deutschen im September 1941 mehr als 50 000 Juden ermorden. Jewtuschenkos berühmtes Gedicht »Babi Jar« ist ein Memento mori, eine aufrüttelnde Warnung vor dem Antisemitismus im eigenen Lande.
4 Trotz in der Verfassung verankerter Gleichberechtigung aller sowjetischen Nationalitäten werden Juden bei der Zulassung zum Universitätsstudium benachteiligt.
5 *Mitrofan Beljajew (1836–1903)* war ein millionenschwerer Kaufmann, der seine Lebensaufgabe darin sah, die russische Musik zu fördern. In seinem Musikverlag edierte er großzügig die Werke zeitgenössischer russischer Komponisten. Er gründete die erste russische Konzertagentur.

6 *Pjotr Stolypin (1863–1911)*. Während der Revolution von 1905 russischer Innenminister, seit 1906 russischer Ministerpräsident, er wurde 1911 ermordet.
7 1948 begann etwa gleichzeitig mit der Kampagne gegen den Formalismus in der Musik die Kampagne gegen »Kosmopolitismus und Speichelleckerei vor dem Westen«. Der Kampf gegen »Kosmopolitismus« richtete sich in erster Linie gegen die sowjetische jüdische Intelligenz. Um der »Speichelleckerei vor dem Westen« entgegenzuwirken, wurde in grotesker Weise die russische geistige Priorität auf allen Gebieten deklariert. Es gab nichts, was die Russen nicht erfunden hatten, vom Brikett über die Buchdruckerkunst bis zum Telefon, Flugzeug und Radio. Daher die spöttische Behauptung: Rußland ist die Heimat der Elefanten.
8 Schostakowitsch war am 14. 9. 1960 zum Vorsitzenden des Komponistenverbandes der RSFSR gewählt worden.

Staatskünstler der UdSSR

1 Das berühmte Bild von Ilja Repin (1844–1930) zeigt eine malerische Gruppe ausgelassen-fröhlicher Saporoger Kosaken, die einen herausfordernd beleidigenden Brief an den türkischen Sultan Mohammed IV. schreibt.
2 Gemeint ist der Dirigent Mrawinski.
3 *Alexander Fadejew (1901–1956)* gehört zu jenen Schriftstellern der ersten sowjetischen Generation, die sich in der Stalin-Ära korrumpieren ließen. Seine Linientreue brachte ihm Ämter und Ehren ein, denen er sein Gewissen opferte. Von 1946–1954 Generalsekretär des Sowjetischen Schriftstellerverbandes, nahm er sich 1956, 2 Monate nach Chruschtschows Enthüllungen über die Stalinzeit auf dem XX. Parteitag, das Leben.
4 Gemeint ist die »Deutsche Welle«, die über Ereignisse berichtete, die die sowjetische Presse nicht mitteilte.
5 Gemeint ist Alexander Solschenizyn.
6 Die »Kurze Biographie« Stalins und der »Kurze Lehrgang der Geschichte der Kommunistischen Partei« waren die beiden Standardwerke, die jeder Sowjetbürger so gut zu kennen hatte, daß er im Bedarfsfall die passenden Zitate auswendig aufsagen konnte. Stalin hatte beide Bücher redigiert und Sätze formuliert wie: »Mit genialem Scharfblick erkannte Genosse Stalin die Pläne der Feinde und durchkreuzte sie« oder »Die führende Kraft in Partei und Staat war Genosse Stalin«.
7 *Fürst Andrej Kurbski (1531–1583)*. Heerführer und Berater Iwans IV. in dessen erster Regierungsphase. Kurbski war maßgeblich an den russischen Sie-

gen über die Tatarenkhanate Kasan (1552) und Astrachan (1556) beteiligt. Als Iwan 1564 mit der Vernichtung der alten Bojarenfamilien begann, floh er nach Polen. In einem Brief legte er dem Zaren seine Fluchtgründe dar und machte ihm Vorhaltungen wegen seiner Terrorpolitik. Iwan konterte. Es ergab sich ein Briefwechsel, der ein eminent wichtiges Zeugnis jener Epoche darstellt.

8 *Paul I., Russischer Zar 1796–1801* war Psychopath. Mit Zustimmung seines ältesten Sohnes, des späteren Zaren Alexander I., sollte er in einer Palastrevolution zur Abdankung veranlaßt werden. Da er nicht einwilligte, wurde er in seinem Schlafzimmer erdrosselt.

9 *Alexander I., Russischer Zar 1801–1825*, Vater des Nikolaj I., starb während eines Aufenthalts in Taganrog. Unmittelbar danach verbreitete sich das Gerücht, der Zar sei gar nicht gestorben, man habe in Moskau einen leeren Sarg beigesetzt. Er selber aber wandere als frommer Pilger Fjodor Kusmitsch durchs Land. Diesen Pilger, der in Gesicht, Gestalt und Gestik gewisse Ähnlichkeiten mit dem Zaren aufwies, hat es tatsächlich gegeben, wodurch die Gerüchte, der Kaiser sei nicht gestorben, immer wieder neue Nahrung erhielten.

10 Gemeint ist der Atomwissenschaftler Andrej Sacharow.

11 Zum Bau des Weißmeerkanals 1931–1933 wurden überwiegend Straflager-Häftlinge eingesetzt. Hunderttausende kamen dabei um. Die oft genannte Zahl eine Million ist zu hoch gegriffen. Um den sozialistischen Aufbau vor Ort kennenzulernen, begab sich eine Schriftstellerbrigade an den Weißmeerkanal. Zu ihr gehörten unter anderem Alexej Tolstoi, Michail Soschtschenko, Vera Inber, Valentin Katajew, Leopold Auerbach, Kornei Selinski.

12 Stalins überstürzte, gewaltsame Kollektivierung der Landwirtschaft führte zum Zusammenbruch der Lebensmittelversorgung. Nach sowjetischen Statistiken kamen zwischen 1931 und 1934 sechs Millionen Menschen durch Hunger und Zwangsmaßnahmen um. 1932 bis 1934 starben $2\,^1/_2$ Millionen Säuglinge an Unterernährung. (Vgl. M. Maksudow: »Bevölkerungsverluste der UdSSR 1917–1959«. In: »Dwadzjaty wjek« [Das XX. Jahrhundert], Samisdat 1976.)

13 Schostakowitsch meint den Hollywood-Film »Liebe« (1927) mit Regisseur Edmund Goulding, Greta Garbo als Anna, Jakob Gilbert als Wronski. 1935 kam ein neuer Anna-Karenina-Film ebenfalls mit Greta Garbo heraus, der sich an die Romanfabel hielt.

14 *Nikolaj Gumiljow (1886–1921)* begann als symbolistischer Dichter und gründete in Absage an den Symbolismus 1911 die akmeistische Schule, der sich unter anderen Ossip Mandelstam und Anna Achmatowa anschlossen. Wäh-

rend der Symbolismus im Wort die verborgenen verbindenden musikalischen Elemente ins Bewußtsein gebracht hatte, fochten die Akmeisten für die Elemente der Vernunft und der Logik in der Kunst der Worte. Gumiljow wurde 1921 als Konterrevolutionär erschossen.

Nikolaj Punin (1888–1953) war Kunsthistoriker und nach der Revolution Leiter der Eremitage. Er wurde mehrere Male inhaftiert und starb in Sibirien.

15 Vgl. Kap. 2, Anm. 13.
16 *Besprisornyje (Besprisorniki)* waren in den Wirren von Revolution und Bürgerkrieg und später während der Hungersnöte elternlos gewordene Kinder und Halbwüchsige, die sich zu Kriminellenbanden zusammentaten. Anton Makarenko (1888–1939) begann 1920 mit großem erzieherischem Erfolg Arbeitskommunen und Erziehungskolonien für Besprisornyje nach modernen pädagogischen Methoden aufzubauen. Seinem Vorbild folgten viele begabte Pädagogen im ganzen Land.
17 *Nikolaj Jeshow (1895–1939)* Als Volkskommissar des Inneren seit September 1936 und als Generalkommissar für Staatssicherheit seit Januar 1937 war er der Vollstrecker der »großen Säuberung«. Im Dezember 1938 wurde er abgesetzt, durch Lawrenti Berija ersetzt und 1939 hingerichtet.
18 Nazmin – Verächtlicher Spitzname für Angehörige nationaler Minderheiten, die sich ehrgeizig der sowjetischen Kulturpolitik als Mitarbeiter zur Verfügung stellten.
19 »Die Spieler« wurde 1978 in konzertanter Besetzung unter der Leitung von Gennadi Roshdestwenski zum erstenmal aufgeführt.
20 Es handelt sich um eine Zeile aus einem Gedicht des symbolistischen Dichters *Konstantin Balmont (1867–1940)*.
21 NEP-Musik: In den Jahren der NEP (vgl. Kap. 1, Anm. 18) waren rasch üppige Lokale, Tanzdielen und Vergnügungsstätten entstanden, in denen außer westlichen modernen Tänzen wie Shimmy und Charleston Zigeunermusik gespielt wurde. Nach dem Ende der NEP verschwanden diese Lokale. Jazz und Zigeunermusik wurden als Musik der Bourgeoisie verteufelt. Gorki nannte sie in der »Prawda« »Musik der fetten Bäuche«.

Bearbeitungen und Orchestrierungen

1 *Ernst Johann Reichsgraf Biron (1690–1772)* war ein Günstling der Zarin Anna (1730–1740). Sie machte ihn zum Herzog von Kurland und bestimmte ihn zum Regenten nach ihrem Tode. Durch eine Palastrevolution zugunsten der Großfürstin Anna Leopoldowna wurde Biron 1740 gestürzt und auf Lebenszeit nach Sibirien verbannt.

2 »Die mächtigen Fünf«: Diesen Gruppennamen hatte der Kritiker Wladimir Stassow geprägt für die Komponisten Mili Balakirew, Cesare Cui, Modest Mussorgski, Nikolaj Rimski-Korssakow, Alexander Borodin. Die fünf Komponisten, sehr verschieden in Begabung, Temperament, Geschmack und Niveau, verband das Streben nach musikalischem Realismus.

3 *Boris Godunow (um 1550–1605)* war nach dem Tode Iwans IV. von 1584–1598 Regent für den kränklichen Zaren Fjodor Iwanowitsch. Er ließ dessen jüngeren Bruder Dmitri 1591 ermorden und wurde nach Fjodors Tod 1598 zum Zaren gewählt. Er starb an einem Blutsturz, als sich ein falscher Thronprätendent Dmitri mit einem polnischen Freiwilligenheer Moskau näherte, um ihn zu stürzen.
Mussorgski schrieb 1874 die Oper »Boris Godunow« nach Puschkins gleichnamigem Drama (1825).

4 *Smuta = Zeit der Wirren (1605–1613)*. Polen hatte den ungeklärten Tod des Zarewitsch Dmitri (1591) genutzt, um einen Thronprätendenten heranzuziehen und als den seinen Mördern entkommenen Dmitri mit einem stattlichen Truppenaufgebot nach Moskau zu schicken. Er wurde von den Bojaren zunächst als Zar akzeptiert, aber schon 1606 fallengelassen und umgebracht. Die folgenden sieben Jahre war Rußland, im Innern zerrüttet, Zankapfel zwischen Polen und Schweden. Dem ersten falschen Dmitri folgte eine Reihe anderer. Mit letzter Anstrengung konnten 1612 die Polen vertrieben werden. Ein entfernter Verwandter Iwans IV. wurde 1613 zum Zaren gewählt: Michail Fjodorowitsch Romanow, der Begründer der letzten Zarendynastie.

5 Das Wort »Idiot« charakterisiert im Russischen anders als im Deutschen einen gar zu sanften, gütig-vertrauensseligen Menschen, zu gut, um die Schlechtigkeit der Welt überhaupt begreifen zu können. Vgl. Dostojewskis Roman »Der Idiot«.

6 Zitat aus der Arie des Fürsten Jeletzki in Tschaikowskis Oper »Pique-Dame«. Dieses Musikzitat nahm Schostakowitsch in sein vorletztes Werk, einen satirischen Vokalzyklus nach Texten aus Dostojewskis Roman »Die Dämonen«: »Verse des Kapitäns Lebjadkin«.

7 *Pskow*: Die im Mittelalter reiche Handelsstadt war ähnlich wie Nowgorod eine Art Stadtrepublik mit einem von der Volksversammlung gewählten und absetzbaren Fürsten. Im Zuge der Zentralisierung des Moskauer Reiches verleibte 1510 Großfürst Wassili III. die Stadt gewaltsam seinem Staat ein, nahm ihr alle bisherigen Rechte, deportierte 300 Kaufherren und siedelte Kaufleute aus dem Inneren an. 1570, anläßlich einer grauenvollen Strafexpedition gegen Nowgorod, suchte Iwan IV. auch Pskow heim, es gab kein Blutvergießen, er begnügte sich mit Plünderungen und Vermögenskonfiskationen.

8 Gemeint ist Alexander Solschenizyn.
9 Gemeint ist Andrej Sacharow.

Filmmusik und Staatshymne

1 *Feliks Dzierżynski (1887–1926)* wurde 1917 Organisator der »Außerordentlichen Kommission zur Unterdrückung der Gegenrevolution«. Abkürzung: Tscheka.
2 *General Alexander Graf Benckendorff (1788–1844)*. Er organisierte als Chef der Gendarmerie 1826 die als »Dritte Abteilung der persönlichen Kanzlei des Zaren« umschriebene Geheimpolizei zusammen mit seinem Stellvertreter *General Leonuj Dubelt (1792–1862)*.
3 Schostakowitsch komponierte für Rostropowitsch mehrere Violoncellosonaten.
4 Der neue Text der sowjetischen Nationalhymne wurde 1977 genehmigt und eingeführt.
5 *Nestor und Pimen*: Zwischen 1110 und 1116 entstand die älteste russische Chronik. Sie wird nach ihrem mutmaßlichen Verfasser, dem Mönch Nestor aus dem Kiewer Höhlenkloster, Nestor-Chronik genannt. Pimen, eine Figur aus Puschkins Drama »Boris Godunow«, ist ebenfalls Chronikschreiber. »... Daß unserer Enkel Kinder schauen mögen der Heimat längst vergangenes Geschick.«
6 Gemeint ist das Kapitel »Bei Tichon«, bekannter unter der Überschrift »Stawrogins Beichte« aus Dostojewskis Roman »Die Dämonen«. Seinerzeit hatte die zaristische Zensur den Abdruck dieses Kapitels verboten, in der Sowjetunion wurde es ebenfalls mehr als 50 Jahre nicht zum Druck freigegeben, obwohl bekannt war, daß Dostojewski dieses Kapitel am Herzen gelegen hatte.
7 *Georgi Malenkow (1902–1988)* galt in Stalins letztem Lebensjahr als dessen designierter Kronprinz. Daher wurde er 1953 nach Stalins Tod Vorsitzender des Ministerrats; 1955 von Bulganin abgelöst, blieb er dennoch Mitglied des Präsidiums des ZK der Partei. 1957 wurde er als Haupt der »parteifeindlichen Gruppe Malenkow-Molotow-Kaganowitsch-Schepilow« politisch kaltgestellt.

Personenregister

Die kursiven Ziffern verweisen auf die Abbildungen.

Abendroth, Hermann 146
Achmatowa, Anna 34, 58, 128, 224f., 275, 308ff., 328f., 396f., 400ff., 421, 432
Akimenko, Komponist 108
Akimow, Nikolaj 161ff., 165–168
Alexander I., Zar 432
Alexandrow, Boris 383–389
Alexandrow, Grigori 371
Andersen, Hans Christian 43
Andronikow, Irakli 106, 420
Anna Leopoldowna, Großfürstin 434
Anna, Zarin 434
Apollinaire, Guillaume 282ff.
Apostolow, Pawel 284f.
Aristow, A. A. 20
Arnschtam, Leonid 156f., 401
Aschrafi, Muchtar 273f.
Assafjew, Boris (alias Igor Glebow) 46, 110f., 114, 134, 236, 282, 340f., 344, 358ff., 420
Atatürk, Mustafa Kemal 195
Auerbach, Leopold 432
Auric, Georges 43

Bach, Johann Sebastian 40, 69, 108, 125f., 132, 210, 268
Balakirew, Mili 259, 262, 352, 355, 434
Balmont, Konstantin 433

Balzac, Honoré de 168
Barataschwili, Lyriker 424
Bartók, Béla 43, 124, 330
Bechterew, Wladimir 295
Beethoven, Ludwig van 21, 40, 54, 108, 122f., 126, 146f., 212ff., 230, 321, 391
Behrens, Gestapoführer 417
Beljajew, A. I. 20
Beljajew, Mitrofan 259, 390, 430
Benckendorff, Alexander Graf 368, 435
Berg, Alban 111–114
Berija, Lawrenti 230, 242, 396, 428
Bernstein, Leonid *16*
Besymenski, Alexander 44
Biron, Ernst Johann 434
Bolschakow, Minister 373
Borodin, Alexander 254ff., 358, 360, 434
Brahms, Johannes 54, 87, 108, 217, 270
Brecht, Bertolt 415, 419, 426
Breschnew, Leonid 20, 38
Britten, Benjamin *17*, 51
Bruckner, Anton 270
Bucharin, Nikolaj 157, 422
Budjonny, Semjon 181, 425
Bulgakow, Michail 34
Bulganin, Nikolaj 20, 436
Burns, Robert 80

432

Chaplin, Charles 54
Charms, Daniil 174
Chatschaturjan, Aram 24, 59, 238, 330, 379–385, 387f.
Chopin, Frédéryk 157
Chrennikow, Tichon 205, 226ff., 231, 236, 240f., 244f., 368, 374ff.
Chruschtschow, Nikita 20, 61, 175, 243f., 389, 415, 418, 423, 429, 431
Cobland, Aaron 18
Cromwell, Oliver 305
Cui, Cesare 343, 352, 434

Daniel, Juli 63
Danilewitsch, Lew 427
Dante Alighieri 415
Dargomyshski, Alexander 349
Dawidenko, Komponist 195, 368
Debussy, Claude 136
Delsson, Viktor 427
Dershawin, Gawriil 115f., 420
Desprez, Josquin 133
Djagilew, Sergej 215f.
Dmitrijew, Bühnenbildner 85
Dostojewski, Fjodor 11, 34, 38, 48, 54, 64f., 192, 272, 415, 434f.
Dranischnikow, Wladimir 112
Dshabajew, Dshambul 316–319, 334
Dubelt, Leonti 368, 435
Dubinski, Rostislaw 16
Durey, Louis 43
Durow, Clown 81
Dworischtschin, Issaj 84
Dzierżynski, Feliks 368, 435
Dzierżynski, Iwan 133, 227

Ehrenburg, Ilja 56
Einstein, Albert 181
Eisenstein, Sergej 47, 217–220, 368, 370, 394, 426

Engels, Friedrich 20
Erdenko, Michail (Geiger) 182
Erdenko, Musiklehrer 182

Fadejew, Alexander 9, 284, 431
Fanning, David 24
Fay, Laurel E. 14, 24
Feffer, Itzig 303
Feofanow, Dmitri 23ff.
Feuchtwanger, Lion 304
Fjodor Iwanowitsch, Zar 434
Fleischman, Benjamin 29f., 337f.
Friedrich Barbarossa, Kaiser 425
Frunse, Michail 184, 425
Furzewa, Jekaterina 9, 20

Gabrieli, Andrea 133
Garbo, Greta 307, 432
Gatschew, Dima 206
Gelowani, Schauspieler 377
Gerdt, Jelisaweta 107
Gilbert, Jakob 432
Giovagnioli, Raffaello 391
Gladkowski, Komponist 184
Glasser, Ignati 69
Glasunow, Alexander 3, 11, 36, 87ff., 94–97, 99, 108, 114–121, 130–137, 139, 143–147, 149–152, 204, 256–268, 341, 344, 418
Glasunow, Jelena 145f., 260
Glière, Reinhold 110f.
Glikman, Isaak 19f.
Glinka, Michail 108, 141f., 154, 215, 271, 293, 314, 358
Gnessin, Michail 260, 262, 314
Godowsky, Leopold 149
Godunow, Boris 434
Goethe, Johann Wolfgang von 424
Gogol, Nikolaj 11, 34, 37, 43, 48,

82, 140, 280, 285, 294, 298, 311–317, 334f., 350, 361
Gorki, Maxim 142, 188, 307, 384, 433
Gorodetzki, Sergej 293
Goulding, Edmund 432
Grekow, Iwan 295, 399f.
Grekow, Jelena 400
Gumiljow, Nikolaj 308, 432f.

Hartman 363
Harun al Raschid, Kalif 182
Hauk, Alexander 106ff., 420
Haydn, Franz Joseph 54, 69, 132
Heydrich, Reinhard 417
Hindemith, Paul 43, 111, 124, 148, 337
Hitler, Adolf 180, 184, 214, 217, 229, 247f., 396
Ho, Allan 23ff.
Hoffmann, Ernst Theodor Amadeus 316, 347
Honegger, Arthur 43

Ignatow, N. G. 20
Ilf, Ilja (eigtl. Ilja Fainsilberg) 34, 103, 160, 173, 187, 231, 253, 285, 307, 370, 379, 419
Iljinski, Schauspieler 365
Inber, Vera 432
Ionin, Georgi 312f.
Iwan IV., der Schreckliche, Zar 209, 294, 358, 427, 431, 434f.
Iwanow, Komponist 108

Jagodkin, Wladimir 38
Jakobson, Choreograph 341
Jarustowski, Boris 419
Jaschwili, Lyriker 424

Jegorowa, Schauspielerin 193
Jeshow, Nikolaj 433
Jewtuschenko, Jewgeni 61, 243, 251, 285f., 308, 415, 429f.
Judina, Maria 113, 122–130, 148, 289, 296ff.

Kabalewski, Dmitri 428
Kaganowitsch, Lasar 157f., 423, 429, 436
Kainowa, Margarita 60
Kalafati, Wassili 108
Kalinin, Michail 397, 425
Kalmykow, Betal 242
Kalnbersin, J. E. 20
Kaltschenko, N. T. 20
Karajan, Herbert von 289
Karajew, Kara 12
Karapetjan, Sänger 109f.
Katajew, Valentin 432
Katharina die Große, Zarin 420
Katschaturjan, Karen 12
Kirilenko, Andrej 20
Kiritschenko, A. P. 20
Kirow, Sergej 6, 174f., 242, 422, 424
Klemperer, Otto 42
Klimow, Chormeister 99
Knipper, Olga 277
Kokoulina, Sofia 40f.
Koreschtschenko, Komponist 108
Kornejtschuk, Alexander 244
Korotschenko, D. S. 20
Kosinzew, Grigori 423
Koslow, F. R. 20
Kossygin, Alexej 20
Kowal, Marian 231, 244, 429
Krenek, Ernst 43, 111, 124, 175
Krylow, Iwan 313, 367
Kubatzki, Viktor 196
Kurbski, Andrej 294, 431

Kussewitzky, Serge 57
Kustodijew, Boris *1*, 42, 83–87, 193, 417
Kustodijew, Irina 84
Kuterjma, Grischka 192
Kuusinen, Otto Wilhelm 20

Lamm, Pawel 206, 344
Landrin, Georg 312
Lasso, Orlando di 133
Lehár, Franz 414
Lenin, Wladimir 20, 40f., 71, 83, 90, 104, 119, 174f., 186f., 230, 239, 397, 416, 418
Leonardo da Vinci 75
Lermontow, Michail 160, 258, 420
Leskow, Nikolaj 48, 85, 105, 188f., 193, 361
Lewitin, Juri 12
Liszt, Franz 122, 129f., 146f., 157, 215
Litwinow, Maxim 214
Litwinowa, Flora 24
Ljadow, Anatoli 120, 390
Lopuchin, Regisseur 110
Lopuchow, Fjodor 198
Lunatscharski, Anatoli 174, 262, 424

MacDonald, Ian 15
Mahler, Gustav 53, 106, 111, 144, 270
Mailer, Norman 9
Majakowski, Wladimir 47, 97, 113, 159f., 320, 326, 341, 364–368, 378, 426
Makarenko, Anton 433
Malaschkin, Sergej 191
Malenkow, Georgi 396f., 423, 429, 436
Malko, Nikolaj 124

Malraux, André 304, 307
Mandelstam, Ossip 41, 378, 432
Marx, Karl 20
Masurow, Kyrill 20
Melik-Paschajew 385
Mendelejew, Dmitri 40
Mendelsohn, Mira Alexandrowa 105
Mendelssohn-Bartholdy, Felix 70
Meyerbeer, Giacomo 215
Meyerhold, Wsewolod 11, 36, 47, 50, 67f., 84, 104, 129, 137f., 154–163, 166, 177, 187, 191f., 198, 215, 219f., 224, 248, 311, 313f., 321f., 345, 364, 366f., 415f., 426
Michelangelo 415
Michoëls, Solomon 165, 424
Mikojan, Anastas 20
Milhaud, Darius 43, 111
Milkis, Jakow 17
Miller, Arthur 9
Mjaskowski, Nikolaj 59, 98, 105, 238, 419
Mohammed IV., Sultan 431
Molotow, Wjatscheslaw 238, 423, 429, 436
Morosow, Pawlik 394
Moskwin, Iwan 137
Mozart, Wolfgang Amadeus 40, 54, 69, 71, 132, 135, 210f., 296
Mrawinski, Jewgeni 18, 27, 56, 391, 418, 431
Mshawanadse, W. P. 20
Muchitdinow, N. A. 20
Muradeli, Wano 58f., 231–235, 428
Mussolini, Benito 323
Mussorgski, Modest 39, 45ff., 64, 73, 125, 192, 215f., 249, 262, 282, 294, 298, 329, 339–352, 354–360, 362f., 426, 434

Nalbandjan, Dmitri 378
Nekrassow, Nikolaj 350, 368
Nemirowitsch-Dantschenko,
    Wladimir 85, 137f., 194, 306, 421
Nero, Claudius Drusus Germanicus, römischer Kaiser 294
Nielsen, Asta 166
Nikolaj I., Zar 245, 295, 432
Nikolaj II., Zar 40, 109, 416
Nikolajew, Leonid 41, 121 ff., 129 f., 289

Oborin, Lew 195
Offenbach, Jacques 268
Oistrach, David 195
Olescha, Juri 152, 422
Ordshonikidse, Grigori 91, 184, 232, 418
Ormandy, Eugene 57
Orwell, George 417
Ostrowski, Nikolaj 160

Palestrina, Giovanni 133
Pasowski, Ari 293
Pasternak, Boris 65, 126, 165, 289, 328 f., 424
Paul I., Zar 294 f., 319, 432
Pawlow, Iwan 255
Perwuchin, M. G. 20
Peter I., Zar 38, 420
Petipa, Marius 115
Petri, Egon 146
Petrow, Jewgeni 34, 103, 160, 173, 187, 307, 370, 379, 419
Petschkowski, Sänger 198 f.
Piscator, Erwin 419
Pogrebow, Komponist 104
Popow, Gawriil 59, 238, 428
Popow, Sergej 206

Poskrjobyschew, Sekretär Stalins 373
Pospelow, P. A. 20
Poulenc, Francis 43
Preiss, Alexander 188, 194, 312 f., 315
Prokofjew, Sergej 43, 53, 59, 70, 72, 94 ff., 102–106, 141, 144, 148, 216, 219 f., 234 f., 237 f., 244, 315, 330, 337, 368, 419, 428
Przybyschewski, Direktor des Moskauer Konservatoriums 206
Punin, Nikolaj 308, 433
Puschkin, Alexander 38, 47 f., 98, 109, 114 ff., 140, 142, 242, 298, 305, 334, 346 f., 367 f., 416, 420, 434 f.
Puschkin, Natalija Nikolajewa 109

Radek, Karl 157, 422
Rasin, Stepan 285, 357
Reich, Sinaida 155 ff., 162, 166, 314
Repin, Ilja 142, 282, 431
Rimski-Korssakow, Nikolaj 42, 95, 101, 132, 134, 136, 139 ff., 142, 144, 215 f., 252 ff., 256 f., 262, 268 f., 327 f., 331 f., 339 f., 344 f., 348 ff., 357 f., 416, 434
Robeson, Paul 303
Rodzinsky, Arthur 49, 57
Rolland, Romain 206, 305
Romm, Michail 371
Roshdestwenski, Gennadi 22, 433
Rostand, Claude 191
Rostropowitsch, Mstislaw 17, 381 f., 426
Rubinstein, Anton 146 f., 355

Sacharow, Andrej 63, 432, 435
Saltykow-Schtschedrin, Michail 334, 361

Samjatin, Jewgeni 85, 278, 312, 389ff., 417
Sasslawski, David 196f., 426
Sawinski, Tscheslaw 193
Schaljapin, Fjodor 84
Schaljapin, Marfa 84
Schaljapin, Marina 84
Schaporin, Juri 113
Schebalin, Wissarion (Ronja) 59, 98, 195, 206, 238, 419
Schepilow, Dmitri 22, 423, 429, 436
Scherbatschow, Komponist 102
Schiller, Friedrich von 424
Schklowski, Viktor 423
Schnabel, Arthur 146
Schnejerson, Grigori 419
Scholem Alejchem 148
Schostakowitsch, Boleslaw 39
Schostakowitsch, Dmitri 40, 118
Schostakowitsch, Galja 24, 51
Schostakowitsch, Irina 1, 12f., 14, 15, 24, 25
Schostakowitsch, Maria 41, 86
Schostakowitsch, Maxim 13, 15, 24, 30, 51, 414
Schostakowitsch, Peter 39
Schostakowitsch, Sofija 10, 68
Schostakowitsch, Soja 41
Schreker, Franz 136
Schtschukin, Boris 168f.
Schubert, Franz 210
Schuman, William 270
Schumann, Robert 129, 134, 270
Schwarz, Jewgeni 292
Schwernik, N. M. 20
Selinski, Korneli 432
Serebrjakow, Pawel 127
Shakespeare, William 163–166, 191, 298, 424
Shaw, George Bernard 304f.

Shdanow, Andrej 6, 22, 128, 175, 181, 235ff., 252, 293, 309f., 396–399, 421, 428
Shiljajew, Nikolaj 84, 205f.
Shitomirski, Daniel 21f.
Sigeti, Joseph 146
Simeonow, Konstantin 189
Simonow, Konstantin 318
Simonow, Nikolaj 193
Sinjawski, Andrej 63
Sinowjew, Grigori 157, 174f., 422
Sitnikow, Wassili 12
Skrjabin, Alexander 108, 114, 134f.
Skuratow, Maljuta 209, 294, 427
Smirenski, Komponist 108
Smolitsch, Regisseur 194, 314
Sobakjewitsch 252
Sofronitzki, Wladimir 113, 129f., 148
Sokolowski, Michail 98, 419
Sollertinski, Iwan 4, 54, 92f., 101, 106–109, 111, 144, 190, 302
Sologub, Fjodor 77–80
Sologub, Frau (Tschebotarjewskaja) 77ff.
Solschenizyn, Alexander 63f., 415, 432, 435
Sophokles 107
Soschtschenko, Michail 5, 11, 34, 36, 46, 58, 74, 78–81, 118, 169f., 174, 199–203, 275, 278ff., 290, 308ff., 353, 361, 389–393, 395–399, 416f., 421, 432
Stalin, Josef 6, 20, 22f., 49–52, 54f., 58–61, 90, 104, 129, 138, 141f., 157f., 163ff., 175, 178–181, 184ff., 196f., 206, 212ff., 217, 220, 222, 225–232, 234–241, 244, 247f., 283, 286f., 290–298, 301, 304, 309f., 317–320, 323f., 347,

358, 367–379, 383–389, 393–399, 413, 415, 417f., 423ff., 428f., 431, 436
Stanislawski, Konstantin 137, 169, 171, 212, 220, 421
Stapledon, William Olaf 9
Stassow, Wladimir 339, 352, 363
Steinberg, Maximilian 42, 96, 140ff., 205, 316
Steinberg, Nadjeschda 141
Stiedry, Fritz 204f.
Stokowski, Leopold 42, 57
Stolypin, Pjotr 262, 430
Strauss, Richard 137, 282
Strauß, Johann 137, 369
Strawinski, Igor 43, 53, 71f., 99ff., 104, 106, 110, 123f., 135, 144, 216, 285, 293, 301, 329f.
Strelnikow, Nikolaj 112
Surikow, Wassili 142
Suslow, Michail 20

Tabidse, Tizian 424
Tagore, Rabindranath 174
Tailleferre, Germaine 43
Tanejew, Sergej 143
Tarkowski, Andrej 417
Taruskin, Richard 14
Thomson, Virgil 49
Tinjakow, Lyriker 275f.
Tischtschenko, Boris *1*, 12f., 329, 402, 414
Tizian 395
Tolstoi, Alexej 174, 336, 422, 427, 432
Tolstoi, Lew 71, 75, 142, 395
Toscanini, Arturo 43, 49, 57, 91f.
Tretjakow, Sergej 191f., 426
Trotzki, Lew 157, 422, 425f.

Truman, Harry S. 130
Tschaikowski, Pjotr 54, 69, 140ff., 166, 190, 206, 228, 241, 282, 328, 351, 391
Tschechow, Anton 29f., 71, 75, 103, 111, 115, 142, 160, 192, 239, 277–280, 298, 335–338, 357, 361, 392, 395
Tschechow, Michail 165f.
Tschiaureli, Michail 242, 371
Tschorny, Sascha 155, 268, 361, 374, 422
Tschukowski, Kornej 151
Tschulako, Michail 231
Tuchatschewski, Mawra 394
Tuchatschewski, Michail *7*, 50, 81, 84, 176–187, 199, 205, 224, 248, 394, 417, 422, 425
Turgenjew, Iwan 392
Tuskija, Jona 383, 387f.
Twardowski, Alexander 290
Tynjanow, Juri 319f., 423
Tyschler, Alexander 218

Verdi, Giuseppe 282
Veronese 395

Wagner, Richard 136, 214f., 217, 221, 270
Wallace, Henry 308
Walter, Bruno 42
Warsar, Nina *11*, *12*, 51, 60
Wasner, Benjamin 12
Wassili III., Großfürst 435
Weinberg, Moshe 12
Weingartner, Felix 146
Wilhelm II., deutscher Kaiser 217
Willkie, Wendell 225
Wilson, Elizabeth 17f., 24f.

Wischnewskaja, Galina 190, 358, 426
Wolkow, Solomon *1*, 9–18, *22*, 23–27, 414
Wolynski, Akim (alias Flesker) 75ff., 79
Wood, Sir Henry Joseph 56

Woronski, Alexander 290f.
Woroschilow, Kliment 20, 181, 425
Wygodski, Nikolaj 206
Wyschinski, Andrej 220f., 427

Zechanowski, Michail 85f.

Bildnachweis

Archiv Solomon Wolkow: 1–5, 8, 10–15, 20–24; HarperCollins, New York: 6, 7, 9, 16, 18, 19; Ullstein Bilderdienst, Berlin: 17.